Todos los libros de Linkgua Ediciones cuentan con modelos de Inteligencia Artificial entrenados por hispanistas. Pregúntale al chat de tu libro lo que desees acerca de la obra o su autor/a.

Para **ebooks**: Accede a nuestro modelo de IA a través de este enlace.

Para **libros impresos**: Escanea el código QR de la portada con tu dispositivo móvil.

Obtén análisis detallados de nuestros libros, resúmenes, respuestas a tus preguntas y accede a nuestras ediciones críticas generativas para una experiencia de lectura más enriquecedora.

La transparencia y el respeto hacia la autoría de las fuentes utilizadas son distintivos básicos de nuestro proyecto. Por ello, las respuestas ofrecen, mediante un sistema de citas, las fuentes con las que han sido elaboradas.

Félix Varela y Morales

Obras

Tomo II

Barcelona **2024**
Linkgua-ediciones.com

Créditos

Título original: Obras.

© 2024, Red ediciones S.L.

e-mail: info@linkgua.com

Diseño de cubierta: Mario Eskenazi.

ISBN tapa dura: 978-84-1126-565-2.
ISBN rústica: 978-84-9007-959-1.
ISBN ebook: 978-84-9007-657-6.

Cualquier forma de reproducción, distribución, comunicación pública o transformación de esta obra solo puede ser realizada con la autorización de sus titulares, salvo excepción prevista por la ley. Diríjase a CEDRO (Centro Español de Derechos Reprográficos, www.cedro.org) si necesita fotocopiar, escanear o hacer copias digitales de algún fragmento de esta obra.

Sumario

Créditos _____ 4

Brevísima presentación _____ 13
    La vida _____ 13

Primera parte
Cátedra de Constitución Escritos y discursos _____ 15

Comunicaciones en la prensa acerca de Félix Varela _____ 17
    Varela, Félix. 7 enero/1821 _____ 17
    Varela, Félix. 14 de mayo/1821 _____ 17

Discurso pronunciado por el presbítero don Félix Varela, en la apertura de la clase de Constitución, de que es catedrático (1820) _____ 18

Observaciones sobre la constitución política de la monarquía española por Félix Varela Imprenta don Pedro Nolasco Palmen e Hijo Habana, 1821 _____ 22
    Introducción _____ 22

Segunda parte
El Diputado Documentación, intervenciones y proposiciones ___ 91

El ciudadano don Félix Varela, a los habitantes de La Habana despidiéndose para ir a ejercer el cargo de diputado en las Cortes de 1822-1823 _____ 93

Comunicaciones dirigidas al cura del pueblo de la Salud, al Sr. Jefe superior político de esta provincia [Habana] y a don Tomás Gener (1822) _____ 94

Carta dirigida el 2 de abril de 1822, a don Nicolás Mahy _____ 95

«Breve exposición del estado actual de los estudios de La Habana».
Presentada por Félix Varela, Madrid, mayo 14 de 1822 _____ 96

Intervenciones de Félix Varela en las sesiones a Cortes del período legislativo 1822-1823 _____ 99

    Intervención del Presbítero, Félix Varela en la Sesión de 11 de octubre de 1822 de la legislatura de Cortes _____ 99

    Intervención del Presbítero, Félix Varela en la sesión del 25 de octubre de 1822 de la legislatura extraordinaria de Cortes _____ 99

    Segunda Intervención _____ 99

    Intervención del Presbítero, Félix Varela en la sesión del 4 de noviembre de 1822 de la legislatura extraordinaria de Cortes _____ 100

    Intervención del Presbítero, Félix Varela en la sesión de 16 de noviembre de 1822 de la legislatura extraordinaria de Cortes _____ 100

    Intervención del Presbítero, Félix Varela en la sesión de 19 de noviembre de 1822 de la legislatura extraordinaria de Cortes _____ 101

    Intervención del Presbítero, Félix Varela en la sesión de 27 de noviembre de 1822 de la legislatura extraordinaria de Cortes _____ 102

    Intervención del Presbítero, Félix Varela en la sesión de 30 de noviembre de 1822 de la legislatura extraordinaria de Cortes _____ 102

    Intervención del Presbítero, Félix Varela en la sesión de 8 de diciembre de 1822 de la legislatura extraordinaria de Cortes _____ 103

    Segunda intervención _____ 103

    Intervención del Presbítero, Félix Varela en la sesión de 14 de diciembre de 1822 de la legislatura extraordinaria de Cortes _____ 104

    Segunda intervención _____ 105

    Intervención del Presbítero, Félix Varela en la sesión de 27 de diciembre de 1822 de la legislatura extraordinaria de Cortes _____ 105

    Intervención del Presbítero, Félix Varela en la sesión de 30 de diciembre de 1822 de la legislatura extraordinaria de Cortes _____ 105

    Proposición de los diputados Varela y Santos Suárez en la sesión del 10 de mayo de 1823 _____ 106

    Proposición de los diputados Varela y Santos Suárez en la sesión del 11 de mayo de 1823 _____ 106

    Proposición de los diputados Varela, Santos Suárez y Gener en la sesión del 14 de mayo de 1823 _____ 106

    Proposición aprobada de los diputados cubanos en la sesión del 23 de mayo de 1823 _____ 107

Proposición de los diputados Varela, Gener y Santos Suárez aprobada en la sesión del 28 de mayo de 1823 _____ 107
Proposición de los diputados Varela, Gener y Santos Suárez presentada en la Sesión del 4 de junio de 1823 _____ 107
Proposición del diputado Varela en la sesión del 7 de junio de 1823 _____ 108

Proyecto para el gobierno de las provincias de ultramar _____ 109

Polémica en cortes sobre la independencia de América _____ 114
Dictamen de la Comisión de las Cortes españolas sobre el reconocimiento de la independencia de Las Américas_____ 126
Discurso de Félix Varela que no llegó a pronunciar, sobre la independencia de Las Américas _____ 130

Proyecto y memoria para la extinción de la esclavitud en la isla de Cuba _____ 135

Proyecto de decreto sobre la abolición de la esclavitud en la isla de Cuba y sobre los medios de evitar los daños que pueden ocasionarse a la población blanca y a la agricultura _____ 143

Relato de Félix Varela sobre la caída del régimen constitucional en España ___ 152

Tercera parte
El Habanero Papel político, científico y literario (1824-1829) _____ 163

El Habanero _____ 165
Máscaras políticas_____ 165

Cambia-colores _____ 170

Consideraciones sobre el estado actual de la isla de Cuba _____ 173

Conspiraciones en la isla de Cuba _____ 177

Sociedades secretas en la isla de Cuba _____ 180

El Habanero — 189
    Tranquilidad de la isla de Cuba — 189

Estado eclesiástico en la isla de Cuba — 199

Bombas habaneras — 205

Amor de los americanos a la independencia — 208

Carta a un amigo respondiendo a algunas dudas ideológicas — 214

El Habanero — 218
    Paralelo entre la revolución que puede formarse en la isla de Cuba por sus mismos habitantes, y la que se formara por la invasión de tropas extranjeras — 218

Instrucciones secretas dadas por el duque de Rauzan al coronel Galabert en París — 223

Diálogo que han tenido en esta ciudad un español partidario de la independencia de la isla de Cuba y un paisano suyo antiindependiente — 229

Reflexiones sobre la situación de España — 233

Instrucciones dadas por el gabinete francés a Mr. Chasserian, enviado a Colombia — 247

Suplemento al n.º 3 de «El Habanero» — 250

El Habanero — 253
    Persecución de este papel en la isla de Cuba — 253

Comisión militar en La Habana — 258

Run run — 262

Carta del editor de este papel a un amigo — 264

El Habanero ___ 269
    ¿Necesita la isla de Cuba unirse a alguno de los gobiernos del continente americano para emanciparse de España? ___ 269

¿Es necesario, para un cambio político en la isla de Cuba, esperar las tropas de Colombia o México? ___ 274

¿Qué deberá hacerse en caso de una invasión? ___ 275

¿Es probable la invasión? ___ 277

¿Hay unión en la isla de Cuba? ___ 278

Dos palabras a los enemigos de «El Habanero» ___ 279

El Habanero ___ 281
    Real orden de Fernando VII prohibiendo «El Habanero» ___ 281

Reflexiones sobre la real orden anterior ___ 282

Esperanzas frustradas ___ 285

Reflexiones sobre los motivos que suelen alegarse para no intentar un cambio político en la isla de Cuba ___ 291

Consecuencias de la rendición del castillo de San Juan de Ulúa respecto a la isla de Cuba ___ 294

El Habanero ___ 296
    Carta al redactor del Diario de La Habana ___ 296

Comunicación oficial ___ 304

Reflexiones sobre los fundamentos de la confianza que se tiene o aparenta tener en La Habana sobre la permanencia del estado político de la isla ___ 307

Fuerza naval de los estados independientes que se hallan en el Pacífico y acaso está ya en camino para el Atlántico _____ 310
    Estado económico de la isla de Cuba _____ 310

Cuarta parte
Escritos, documentos y cartas (1824-1834) _____ 311

Documentos oficiales contra actividades y publicaciones políticas de Félix Varela en el exilio _____ 313
    Comunicación dirigida al capitán general de la Isla, fecha Matanzas 13 diciembre 1824 referente a la llegada a dicha ciudad procedente de Nueva York del catalán Félix Bans que conducía ejemplares del periódico *El Habanero* del pbro Félix Varela y otros papeles sediciosos _____ 313
    Real orden, fecha Aranjuez 19 de abril 1825, acusando recibo del periódico EL HABANERO publicado por el pbtro Félix Varela en los Estados Unidos y aprobando las providencias tomadas para evitar la introducción de este y otros papeles revolucionarios _____ 314
    Cartas cruzadas entre las autoridades españolas y el ministro Español en los Estados Unidos sobre las actividades políticas de Félix Varela _____ 315

Tres cartas políticas de Félix Varela (1825) _____ 322
    Cartas a don Joel R. Poinsett _____ 322
    Carta al S.D.P.I. de A. _____ 324

Félix Varela. Correspondencia con José de la Luz y Caballero (1825-1829) _____ 328
    Carta a José de la Luz y Caballero, 29 diciembre, 1825 _____ 328
    Carta a José de la Luz y Caballero _____ 328
    Carta manuscrita firmada por Félix Varela a José de la Luz y Caballero _____ 328

Escritos varios 1826-1830 _____ 330
    Instrucción Pública _____ 330
    Artículo sobre el presidente de Portugal supuestamente escrito por Félix Varela _____ 339
    Consejo a los casados _____ 340

Epistolario político, filosófico (1832-1834) _____ 343
    Carta a los redactores de la *Revista Bimestre Cubana* _____ *343*

Carta a José de la Luz y Caballero _____345
Carta a José de la Luz y Caballero _____346
Carta a José del Castillo _____347
Carta a un amigo mencionando que una obra suya ha sido desechada por no considerarse útil _____348
Carta a José del Castillo _____348
Carta a José de la Luz y Caballero, 16 de agosto de 1833 _____349
Carta a José de la Luz y Caballero, 20 de agosto de 1833 _____350
Carta a José de la Luz y Caballero, 24 de agosto de 1833_____351
Carta a don José del Castillo _____352
Carta a don José del Castillo _____352
Carta a José del Castillo, 18 de abril de 1834. New York_____354
Carta de Félix Varela y Tomás Gener sobre la trata y la esclavitud (Nueva York, septiembre 12 de 1834)_____354
Carta a José de la Luz y Caballero, 10 de diciembre de 1834 _____359

Colaboraciones para la Revista Bimestre Cubana (1832-1834) _____ **360**
Reseña del libro Gramática de la lengua castellana según ahora se habla de don Vicente Salvá (Revista Bimestre Cubana; marzo-abril de 1832) _____360
Trabajo inédito de Félix Varela en el que se analiza la obra de W. Paley titulada «Teología natural o demostración de la existencia de los atributos de la divinidad, fundada en los fenómenos de la naturaleza» publicado en 1825_____376

Espíritu público (1834) _____ **408**

Libros a la carta_____ **421**

Brevísima presentación

La vida

Félix Varela y Morales (teólogo, sacerdote, investigador cubano).

Hijo de un militar español. A los seis años vivió con su familia en La Florida, bajo dominio española. Allí cursó la primera enseñanza. En 1801 regresó a La Habana, donde, al año siguiente, entró en el Seminario de San Carlos y San Ambrosio. En 1806 obtuvo el título de Bachiller en Teología y tomó los hábitos. Recibió el subdiaconato en 1809 y el diaconato en 1810. Ese mismo año se graduó de Licenciado en Teología. En 1811 hizo oposición a la cátedra de Latinidad y Retórica y a la de Filosofía en el Seminario de San Carlos. Obtuvo ésta tras reñidos y brillantes ejercicios y pudo desempeñarla gracias a una dispensa de edad.

También en 1811 se ordenó de sacerdote. A partir de entonces y hasta 1816 desplegó una intensa labor como orador. En 1817 fue admitido como socio de número en la Real Sociedad Económica, que más tarde le confirió el título de Socio de Mérito. Por estos años aparecieron sus discursos en *Diario del Gobierno, El Observador Habanero* y *Memorias de la Real Sociedad Económica de La Habana*. Cuando en 1820, a raíz del establecimiento en España de la constitución de 1812, fue agregada la cátedra de Constitución al Seminario de San Carlos, la obtuvo por oposición mas solo pudo desempeñarla durante tres meses en 1821, porque fue elegido diputado a las Cortes de 1822. El 22 de diciembre del mismo año presentó en éstas, con otras personalidades, una proposición pidiendo un gobierno económico y político para las provincias de ultramar. También presentó un proyecto pidiendo el reconocimiento de la independencia de Hispanoamérica y escribió una Memoria que demuestra la necesidad de extinguir la esclavitud de los negros en la Isla de Cuba, atendiendo a los intereses de sus propietarios, que no llegó a presentar a las Cortes.

Votó por la regencia en 1823, por lo que, al ser reimplantado el absolutismo por el rey Fernando VII, tuvo que refugiarse en Gibraltar. Poco después fue condenado a muerte. El 17 de diciembre de ese año llegó a Estados Unidos. Vivió en Filadelfia y después en Nueva York, donde publicó el periódico independentista *El Habanero*. Redactó, junto a José Antonio Saco, *El Mensajero Semanal*.

En 1837 fue nombrado vicario general de Nueva York. En 1841 el claustro de Teología del Seminario de Santa María de Baltimore le confirió el grado de Doctor de la Facultad. En unión de Charles C. Pise editó la revista mensual *The catholic expositor and literary magazine* (1841-1843). Publicó con seudónimo la primera edición de las *Poesías* (Nueva York, 1829) de Manuel de Zequeira.

Murió en los Estados Unidos.

Primera parte
Cátedra de Constitución Escritos y discursos

Comunicaciones en la prensa acerca de Félix Varela

Varela, Félix. 7 enero/1821
Toma de posesión de la cátedra de Constitución por Félix Varela.

Habiendo nombrado el Excmo. a Ilmo. señor obispo diocesano, según el acuerdo tenido con La Sociedad Patriótica acerca de la provisión de la Cátedra, por catedrático propietario de la de Constitución, al Presb. ldo. doctor Félix Varela y por sustituto, en caso de impedimento al doctor don Nicolás Escovedo, se da al público que el día nueve del corriente se empezarán a dar las lecciones en el colegio seminario, conforme al reglamento del asunto aprobado por la misma sociedad. Francisco Marín Castañeda.

[Tomado de: *Diario del Gob. Constitucional de La Habana*. Domingo 7 de enero de 1821, B.N. pág. 3. B.N.]

Varela, Félix. 14 de mayo/1821
Varela como integrante de la comisión para el análisis de los elementos de la lengua castellana.

Félix Varela y Justo Velez fueron nombrados por la Sección de Educación para examinar la obra de don Mariano Vazquez sobre «Los elementos de la lengua castellana» y llegaron a la conclusión de que era excelente y que solo algunos defectos ligeros que no eran de importancia por ello la aprueban para que pueda aplicarse a la enseñanza por considerar que simplificaba el estudio de nuestro idioma.

[Tomado de: *Diario del Gob. Constitucional de La Habana*, 14 de mayo de 1821, pág. 3. B.N.]

Discurso pronunciado por el presbítero don Félix Varela, en la apertura de la clase de Constitución, de que es catedrático (1820)
Si al empezar mis lecciones en esta nueva cátedra de Constitución pretendiera manifestar la dignidad del objeto, exigiendo vuestros esfuerzos y empeños en su estudio, haría sin duda un agravio a las luces, y una injuria al patriotismo; pues, hablando a españoles en el siglo XIX, debe suponerse que no solo aman su patria, su libertad y sus derechos, sino que por un instinto, fruto de los tiempos, saben distinguir estos bienes, y que un código político que los representa con tanta armonía y fijeza merecerá siempre su consideración y aprecio.

Fácil me sería prodigar justos elogios a este nuevo establecimiento debido al patriotismo de una corporación ilustrada, y al celo de un Prelado, a quien distinguen más que los honores, las virtudes: y yo llamaría a esta cátedra, la cátedra de la libertad, de los derechos del hombre, de las garantías nacionales, de la regeneración de la ilustre España, la fuente de las virtudes cívicas, la base del gran edificio de nuestra felicidad, la que por primera vez ha conciliado entre nosotros las leyes con la Filosofía, que es decir, las ha hecho leyes; la que contiene al fanático y déspota, estableciendo y conservando la Religión Santa y el sabio Gobierno; la que se opone a los atentados de las naciones extranjeras, presentando al pueblo español no como una tribu de salvajes con visos de civilización, sino como es en sí, generoso, magnánimo, justo e ilustrado.

Mas éstos y otros muchos elogios me alejarían demasiado de mi objeto que es dar una corta idea del plan que me propongo seguir en la explicación de nuestras leyes fundamentales, para manifestar el armonioso sistema político que contiene una constitución, que, para valerme de las expresiones del heroico y sensato Agar, si no es la obra más perfecta del entendimiento humano, al menos es la mejor que conocemos en su clase, y el fruto más sazonado que podía prometerse la España, en las angustiadas circunstancias del año de 1812. El mundo entero vio con asombro salir casi de entre las filas un código en que se proclamaba y establecía casi de un modo permanente la libertad del más noble pero más desgraciado de los pueblos. Sus opresores temblaron ante este nuevo esfuerzo de la antigua madre de los héroes. Viéronla, viéronla, sí, conmoverse a la tremenda voz de libertad lanzada por el patriotismo, y temieron pisar su suelo que de cada punto brotaba miles de Alfonsos y Pelayos, que la hacían no menos insigne y admirable en la política, que gloriosa y formidable en las batallas. El teatro de la guerra fue el centro de las luces; y la virtud pensó tranquila, discurrió sensata, mientras la perfidia cometía turbada, proyectaba vacilante. La patria dictaba leyes justas, mientras el déspota maquinaba inicuas opresiones. La patria hacía felices, mientras el tirano inmolaba víctimas.

Los inmortales de nuestra sabia Constitución clasificaron con tanto acierto las materias, que ahorran todo trabajo en su enseñanza; y juiciosamente se ha establecido en el Reglamento de esta Cátedra que se expliquen los artículos por su orden, pues ellos mismos van conduciendo por pasos analíticos exactísimos al conocimiento de todo el sistema político que forma la base de toda la monarquía española, sistema que consiste en un conjunto de normas sencillas, bien enlazadas, y deducidas, no de vanas teorías y delirios políticos, sino de la experiencia y observación exacta sobre la naturaleza y relaciones de España, sobre sus leyes, religión y costumbres, sobre el estado actual de las potencias de Europa, y últimamente sobre el progreso de los conocimientos humanos y el distinto aspecto que el tiempo ha dado a la política como a todas las cosas.

Sin embargo, un código jamás puede ser una obra elemental, pues los legisladores establecen reglas sin exponer razones y sin explicar las doctrinas en que estriba, y que deben ser como los preliminares el estudio de las mismas leyes. Para explicar, pues, con alguna propiedad la constitución política de la monarquía española, creo que debo empezar fijando algunas ideas, y el sentido de algunos términos, que suelen tener diversa acepción aun entre los sabios, y de otros que vulgarmente se confunden, produciendo el mayor trastorno en el plan de los conocimientos.

Expondremos con exactitud lo que se entiende por Constitución política, y su diferencia del Código civil y de la Política general, sus fundamentos, lo que propiamente le pertenece, y lo que es extraño a su naturaleza, el origen y constitutivo de la soberanía, sus diversas formas en el pacto social, la división y el equilibrio de los poderes, la naturaleza del gobierno representativo, y los diversos sistemas de elecciones, la iniciativa y sanción de las leyes, la diferencia entre el veto absoluto y temporal, y los efectos de ambos, la verdadera naturaleza de la libertad nacional e individual, y cuales son los límites de cada una de ellas, la distinción entre derechos y garantías, así como entre derechos políticos y civiles, la armonía entre la fuerza física protectora de la ley, y la fuerza moral.

Con estos preliminares, fácilmente se podrán entender y aplicar los artículos de nuestra Constitución política, que no son más que un extracto de las mejores ideas adquiridas sobre dichas materias, que expondré verbalmente, según lo exijan los artículos que deben explicarse, y dentro de poco tiempo espero presentar a Uds. una obra pequeña en que procuraré tratarlas con toda la brevedad y claridad que me sea posible. Respondo de mis esfuerzos, no de mi acierto. Pero sea cual fuere el resultado, yo tendré una gran complacencia en dar un ligero testimonio de mi deseo de contribuir a facilitar el estudio de las leyes fundamentales de la nación española a una juventud que acaso un día será su más firme apoyo. Anticipo una promesa que parecerá intempestiva, y que algunos graduarán de imprudente; mas la práctica en la enseñanza me ha hecho conocer lo que desalienta, a todo el que empieza, la carencia de algún texto para dirigirse en el estudio privado, y verse en la necesidad de conservar en la memoria lo que se explica en las lecciones públicas, mayormente cuando éstas no son diarias. He querido, pues, ocurrir a un inconveniente que haría vano todo mi empeño, manifestando que en lo sucesivo no será la memoria, que es la más débil de las operaciones del alma, sino los sentidos con repetidas impresiones, el órgano de nuestra inteligencia.

He manifestado mi método que espero produzca los mejores efectos, pues tiene por base la razón, y por auxilio el entusiasmo patriótico de una juventud cuyas luces me son tan conocidas. La clase se compone de 193 individuos, y de ellos solo 41 han sido mis discípulos en Filosofía.

Concluyo, pues, esta lección preliminar, congratulándome con las lisonjeras esperanzas de los abundantes frutos que conseguirá la nación del establecimiento de esta nueva cátedra, que será la gloria de la sabia e ilustrada Sociedad Patriótica que la ha dotado, el elogio de su digno fundador, el Excmo. e Illmo. Obispo diocesano don Juan José Díaz de Espada y Landa, no menos conocido por su acendrado patriotismo, ilustración y virtudes, que por su alta dignidad, y el ornamento del Seminario de San Carlos de La Habana.

[«Discurso pronunciado por el Presbítero don Félix Varela, en la apertura de la clase de Constitución, de que era catedrático». *El Observador Habanero*, n.º 11, tomo I, págs. 1-6]

Observaciones sobre la constitución política de la monarquía española por Félix Varela Imprenta don Pedro Nolasco Palmen e Hijo Habana, 1821

La Constitución, si bien no podrá llamarse la obra más perfecta del humano ingenio, como exageradamente dijo Adams de la inglesa, es al menos una mejora visible del caos confuso que cubría la de varios de los antiguos reinos que forman hoy la España.

AGAR, Proclama a los habitantes de Galicia, de 3 de marzo de 1820.

Introducción

El objeto de estas observaciones no es formar un comentario de la Constitución política de la Monarquía Española, sino presentar sus bases. La soberanía y libertad son los principios de que emana toda constitución, y de ésta la división de poderes y sus atribuciones. He aquí todo el sistema constitucional.

Como para la formación de las leyes en un gobierno representativo es necesario el nombramiento de diputados que compongan una gran junta o congreso, he tratado estos puntos manifestando que las cámaras y estamentos no son aplicables a las circunstancias de la España.

Presentado ya el plan de nuestro código político, me he detenido en observaciones sobre algunos de sus artículos más interesantes, y concluyo por la resolución de varias dudas que pueden ofrecerse en la práctica.

No he seguido el orden de los capítulos de la Constitución, por separar la parte reglamentaria que impide el percibir a un golpe de vista el plan constitucional.

Observación Primera Soberanía Si atendemos al origen del poder que ejercen los monarcas sobre los pueblos, o del que tiene cualquier especie de corporación, advertiremos que, o la fuerza les hizo dueños de lo que la justicia no les había concedido o su autoridad no proviene sino de la renuncia voluntaria que han hecho los individuos de una parte de su libertad, en favor suyo y de sus conciudadanos. Efectivamente, por la naturaleza todos los hombres tienen iguales derechos y libertad, pero reunidos en grandes sociedades, diversificados por sus intereses y pasiones, necesitan una dirección, y lo que es más, una autoridad que los conserve en sus mutuos derechos, no permitiendo que la sociedad se disuelva, ni que se perjudiquen mutuamente sus miembros.

Esta autoridad no podía ejercerse por todos los individuos; pero sí estaba en todos, pues estaba en la sociedad, supuesto que no se habían constituido personas que la tuvieran. Se constituyeron éstas, y por consecuencia no recibieron más poder que el que voluntariamente quiso darlas la misma sociedad, que jamás pretendió ser esclava de su gobierno, ni renunciar los derechos a su adelantamiento y perfección: renunció sí cada individuo una parte de su libertad, pues muchas acciones, que antes hubiera ejercido sin temor de castigo, posteriormente le son prohibidas, y sufre por ellas una pena. Esta pérdida de libertad le es favorable, proporcionándole todos los bienes sociales, y evitando otros males a que estaría expuesto por el desenfreno de algunos de sus semejantes.

Al presentar estas ideas, no hemos querido suponer, como el orador de Roma, un tiempo quimérico en que existían los hombres en las selvas a manera de las bestias, y que después se hayan reunido por medio de la palabra. Sabemos bien cuál es el origen del género humano, y que desde los primeros tiempos las sociedades, aunque cortas, fueron perfectas, y que en ellas el padre de familias ejercía una autoridad, fundada en los vínculos de la misma naturaleza. Sin embargo, es claro que cuando se reunieron en grandes pueblos estas familias, que ya desconocían su origen, sabiendo solo que provenían del primer hombre —y cuyas relaciones habían variado tanto, que muchos individuos podrían denominarse con igual derecho padre de la gran familia, o para hablar con más exactitud, ninguno tenía semejante derecho—, debió resultar necesariamente que los primeros gobernantes fueron constituidos por elección o por consentimiento de la sociedad, y que ninguno de ellos tenía un derecho a serlo por naturaleza.

Se infiere, pues, de lo dicho que toda soberanía está esencialmente en la sociedad, porque ella produce con el objeto de su engrandecimiento, incompatible con su esclavitud, y jamás renuncia el derecho de procurar su bien y su libertad, cuando se viere defraudada de tan apreciables dones. En estos sólidos fundamentos estriba el artículo de la Constitución en que se dice que la soberanía reside esencialmente en la nación, y por lo mismo pertenece a ésta exclusivamente el derecho de establecer sus leyes fundamentales. Nada más razonable y justo; pues si el pueblo es quien ha de renunciar una parte de su libertad voluntariamente, y no por violencias tiránicas, contrarias a toda justicia y razón, a él toca exclusivamente el derecho de establecer sus leyes fundamentales, que incluyen estos derechos renunciados, esta parte de libertad que pierde cada individuo en favor de la sociedad, y en él reside esencialmente la soberanía, que no es otra cosa sino el primer poder y el origen de los demás.

¿Qué libertad tendrá una nación que no posea en sí misma el poder? Y ¿qué nación podrá merecer este nombre si no es libre? Cuando todas las cosas se hayan trastornado, y los hombres por un cúmulo de relaciones, el más embarazoso e inevitable, hayan llegado a perder sus derechos imprescriptibles, sin poder reclamarlos sino a costa de su existencia; cuando un corto número, olvidando el origen de su poder, se haya hecho árbitro de la suerte de los demás, ¿diremos que éste es un pueblo feliz, o un conjunto de esclavos en que la desgracia ha fijado su mansión? Hasta ahora hemos demostrado las sólidas razones en que se apoya la soberanía nacional; falta que observemos su naturaleza y orden de ejercerla. Cada ciudadano español es parte de la nación, y puede decirse parte de la soberanía; pero ésta es indivisible, y solo existe reunida la representación nacional, de la cual emanan después todos los poderes. Si cada individuo se creyera con facultad de ejercer por sí la soberanía, solo porque es parte de ella, nadie duda que todo sería un desorden y confusión, y que donde quiera que se juntara un número mayor o menor de ciudadanos, se creerían autorizados para tomar determinaciones, y el orden social se trastornaría, debilitándose la autoridad del gobierno y comprometiéndose la tranquilidad pública. No pocos de los ciudadanos españoles, no acostumbrados hasta ahora a este orden de cosas, opinan que es lo mismo reunir ciudadanos que reunir soberanía y ejercicio de ella. Los ciudadanos que se reúnen para los actos constitucionales, están autorizados para ello por la misma nación y ejercen una parte de su libertad, que la ley les ha conservado en la elección de sus representantes, pero jamás debe creerse que la soberanía está dividida; en términos que formándose facciones, el choque de estas sea un choque ridículo de la soberanía.

No podemos terminar esta observación acerca de la soberanía popular, sin ocurrir a desvanecer algunas ideas que erróneamente se han atribuido a la ciencia teológica, y que solo prueban una ignorancia de ella en los que así piensan. Se dice con frecuencia que la soberanía reside en los reyes, que la han recibido de Dios.

Fundan esta opinión en varios textos de la Sagrada Escritura, y principalmente en los del Apóstol que nos manda obedecer a la autoridad, no solo por temor sino por conciencia, diciéndonos asimismo que el que resiste a la potestad resiste a la orden de Dios, y que el rey es un ministro de Dios para nuestro bien si cumplimos la ley. Estas doctrinas celestiales de que tanto se ha abusado, nada tienen que ver con la residencia de la soberanía en los reyes, según manifestaremos brevemente.

Todo bien nos proviene de Dios, y la justicia, que es una de las principales virtudes, no puede tener otro origen: el que la quebranta ofende a Dios, y en vano se justificará ante los hombres, eludiendo las penas impuestas por la ley; pues está obligado no solo por temor temporal, sino también por conciencia o responsabilidad ante Dios. La sociedad, como un cuerpo moral, tiene sus derechos que ninguno puede atacar sin quebrantar la justicia: hay un pacto mutuo entre los pueblos y la autoridad suprema, cuyo cumplimiento es acto de la misma virtud: y he aquí el sentido en que habla el Apóstol, y que es aplicable a toda clase de gobierno, y no precisamente al monárquico, pues las divinas letras no se arreglan por las instituciones de los hombres, sino por la justicia esencial de Dios.

Le llama al rey ministro del Señor, y lo es como todo el que ejerce la justicia, pero no es un tirano a quien Dios haya puesto para que abuse de su poder infringiendo esta misma virtud.

Distingamos la autoridad real, y la persona real, o los individuos que gobiernan en una república; pues la primera debe decirse que es dada por Dios, de quien proviene todo poder, aunque se valga de la elección hecha por los mismos hombres; mas la persona del rey depende enteramente de esta elección, y no se dirá que se falta a lo que Dios manda porque reine uno con tales o con cuáles facultades, o que reine otro, o porque el pueblo, como sucede en algunas naciones, esté constituido en república y no en monarquía.

Suele decirse que los reyes son puestos por Dios, porque lo fueron los primeros que tuvo el pueblo escogido; consecuencia la más descabellada que puede darse, pues de ese modo también podríamos decir que las leyes de todas las monarquías son dadas por Dios, porque lo fueron las del pueblo del Señor. En una nación establecida en la verdadera creencia, pero llena de tinieblas por los hábitos contraídos con los demás pueblos, fue necesario y quiso Dios dirigirla por los expresos mandatos a sus profetas, y aun en el establecimiento del primer rey, manifestó el Señor que accedía a los votos del pueblo que clamaba por ello; pero en las monarquías posteriores, ¿dónde está esa misión divina? ¿No han sido las armas unas veces, y otras el voto general quien ha constituido los reyes? Se dirá que esto es a impulsos divinos, y lo confieso, pues ni la hoja del árbol se mueve sin la voluntad eficaz del Señor; mas repito que hallo una inexactitud ideológica en las consecuencias que han querido deducir de estas verdades; pues entonces diríamos igualmente que un congreso republicano es puesto por Dios, sin cuyo permiso e impulso jamás se hubiera formado, y que una nación republicana no está autorizada para dejar esta clase de gobierno y establecer el monárquico. Donde quiera que se hallen las virtudes, son hijas de Dios, y éstas no están vinculadas ni en las repúblicas, ni en las monarquías, sino en la sociedad de los hombres, que puede tener diversas formas.

Demos, pues, al César lo que es del César, que se reduce a una potestad temporal conferida por los pueblos, y que ningún individuo debe desobedecer. Demos a Dios lo que es de Dios, observando su santa ley y los deberes esenciales de justicia en cualquiera forma de sociedad; pero jamás se diga que un Dios justo y piadoso ha querido privar a los hombres de los derechos, que él mismo les dio por naturaleza, y que erigiendo un tirano, los ha hecho esclavos. El lenguaje de la adulación será muy distinto; pero éste es el de la verdadera religión.

Por último, no puedo privarme del placer de transcribir las enérgicas palabras del Demóstenes americano, del sublime e incomparable Mejía, tratando este punto. «Jamás, dice, ha llovido reyes el cielo, y es propio solo de los oscuros y aborrecidos tiranos, de esas negras y ensangrentadas aves de rapiña, el volar a esconderse entre las pardas nubes, buscando sacrílegamente en el trono del Altísimo los rayos desoladores del despotismo, en que transformaron su precaria y ceñidísima autoridad, toda destinada, en su establecimiento y fin, a la felicidad general. Bien persuadidos de esto los españoles desde la fundación de la monarquía, han regulado la instalación y sucesión de sus reyes por el solo santo principio de ser la suprema, la única inviolable ley la salud del estado. Así es que en Aragón se les decía al colocarlos sobre el trono: nosotros, que cada uno de por sí, somos iguales a vos, y todos juntos muy superiores a vos, etc.; y que la corona de Castilla no dejó la augusta frente de los infantes de la Cerda para ceñir la del príncipe don Sancho, su tío; ni el conde de Trastamara fue preferido al legítimo sucesor don Pedro el Cruel (de cuyos troncos descienden y por cuya sucesión reinan los Borbones en España), sino por la utilidad y exigencia pública, manifestada la decisiva voluntad de las Cortes, aunque débil representación entonces de la soberanía del pueblo.»[1] Observación Segunda Libertad. Igualdad Los pueblos pierden su libertad, o por la opresión de un tirano, o por la malicia y ambición de algunos individuos, que se valen del mismo pueblo para esclavizarlo, al paso que le proclaman su soberanía. El primer medio es bien conocido, y aun los más ignorantes reclaman contra las injusticias de un tirano: el segundo es menos perceptible, y suele escaparse aun a los políticos más versados. Si el ejercicio de la soberanía del pueblo no conoce límites, sus representantes, que se consideran con toda ella, podrán erigirse en unos déspotas, y a veces el interés rastrero de un partido formaría la desgracia de la nación. Nada le importa a un ciudadano oprimido que su calamidad le provenga de una persona o de un congreso.

Es preciso, pues, aclarar las ideas de libertad nacional y de limitación del primer poder y de la soberanía; pues el hombre tiene derechos imprescriptibles de que no puede privarle la nación, sin ser tan inicua como el tirano más horrible. Mas ¿cuál es esta libertad? El célebre Benjamín Constant nos presenta una definición exacta de ella, diciendo que consiste en practicar lo que la sociedad no tiene derecho de impedir. Montesquieu la había definido: el derecho de hacer lo que las leyes permiten; pero como observa el citado Constant, en esta definición se expresa lo que no puede hacer el ciudadano, pero no lo que no pueden mandar las leyes; y si éstas, por el influjo de los

---

1 Diario de Cortes, sesión del 29 de diciembre de 1810.

gobernantes, llegan a multiplicarse y atacar los derechos de los ciudadanos, queda destruida la libertad nacional e individual de un modo el más sensible; pues se obliga al pueblo, como soberano, a que ejerza su tiranía sobre el mismo, como esclavos sin recursos para evitar este mal, pues sus representantes se garantizan con la misma soberanía, y el pueblo no se atreve a contrariar unas leyes que él mismo ha autorizado.

¿Cuál es, pues, el límite que debe ponerse a la soberanía popular? El que el cuerpo representativo y todas las ramificaciones del gobierno tengan, entendido que los ciudadanos no han renunciado otra parte de la libertad ni otros derechos que los que fueron necesarios para la conservación del cuerpo social, distribuyendo estas cargas con justicia e igualdad: que las propiedades individuales, la libertad personal, los intereses domésticos, cuando no perturben el orden de la sociedad, no están bajo el imperio de la nación; y que atacar estos objetos no es ejercer soberanía sino oprimir los pueblos. Jamás lo que es injusto será justo, porque muchos lo quieran. Un inocente no puede ser castigado, ni un culpable, si no se le califica su delito. Sea cual fuere la autoridad que comete estos atentados, es inicua, y no tiene otro derecho que la fuerza. El gobierno, de cualquiera especie que sea, no tiene derecho de vida y muerte, en el sentido absoluto que hasta ahora se ha dado a estas expresiones, ni es señor de vidas y haciendas, como se ha dicho con agravio de los pueblos. Tampoco tiene el derecho de imponer penas arbitrarias sin guardar proporción con los delitos; pues sería un código criminal injusto; y el pueblo jamás ha facultado al gobierno para que haga injusticias.

Consideradas en abstracto las limitaciones que debe tener toda soberanía, observemos el modo con que las ha prescripto nuestra constitución política. En ella se detallan las facultades de las Cortes, limitándolas a objetos generales, que conspiran al bien de la sociedad; pero de ninguna manera se las faculta para infringir los derechos particulares de los ciudadanos, ni se les da un dominio tan absoluto sobre el pueblo, que pueda extenderse a más de los artículos que allí se expresan.

Se prohíbe al rey entre otras cosas la enajenación de cualquier parte de la monarquía; el tomar la propiedad de ningún particular o corporación, sino en caso de conocida utilidad común, y no lo podrá hacer sin que al mismo tiempo sea indemnizado el particular; se le prohíbe asimismo el privar de la libertad a ningún individuo, ni imponerle por sí pena alguna, y solo cuando lo exija el bien del Estado, podrá poner en arresto a un ciudadano, pero con la condición de que dentro de cuarenta y ocho horas deberá ser entregado al tribunal competente. No puede ser allanada la casa de ningún español, sino en casos extraordinarios determinados por la ley para la seguridad del Estado; y se prohíbe aprisionarle sin que preceda la información sumaria del hecho; no se le permite el embargo de bienes, sino cuando se procede por delitos que lleven consigo responsabilidad pecuniaria, y en proporción a la cantidad a que esta pueda extenderse; se manda que no sea encarcelado el que dé fiador en los casos que la ley no lo prohíbe; que se ponga en libertad el reo en cualquier estado de la causa en que aparezca que no puede imponérsele pena corporal, admitiéndosele fianza; las cárceles, se previene, que solo sirvan para asegurar los presos, y no para molestarlos, y así se prohíbe el que se coloque en calabozos subterráneos y malsanos; se concede al reo una plena defensa, leyéndole íntegramente todos los documentos y declaraciones de los testigos, con los nombres de éstos; se prohíben los tormentos, los apremios y la confiscación de bienes, disponiendo con igual sabiduría que las penas impuestas a un individuo no sean trascendentales ni deshonren su familia.

La simple relación de estos artículos manifiesta claramente que se han dejado ilesos los derechos del hombre como individuo privado al formar la constitución política de la Monarquía Española.

Es preciso no perder de vista que una cosa es soberanía y otra gobierno; aquélla resulta de la voluntad general que forma el primer poder inseparable de la nación; mas el gobierno es un mero ejecutor de la voluntad general, y solo consiste en una o muchas personas que merecen la confianza pública y están autorizadas para juzgar según las leyes y dictar otras nuevas cuando la necesidad lo exija, pero siempre conformándose a la justicia. El gobierno ejerce funciones de soberanía; no las posee, ni puede decirse dueño de ellas. El hombre libre que vive en una sociedad justa, no obedece sino a la ley; mandarle invocando otro nombre, es valerse de uno de los muchos prestigios de la tiranía, que solo producen su efecto en almas débiles. El hombre no manda a otro hombre; la ley los manda a todos.

Uno de los resultados de la verdadera libertad es el derecho de igualdad, que quiere decir «el derecho de que se aprecien sus perfecciones y méritos del mismo modo que otros iguales que se hallen en cualquier individuo», de manera que una acción no pierde por la persona que la ejecuta. Hay tres especies de igualdad: la natural, que consiste en la identidad de especie en la naturaleza, pues todos los hombres tienen los mismos principios y les convienen o repugnan generalmente unas mismas cosas. La social, que consiste en la igual participación de los bienes sociales, debidos al influjo igual de todos los individuos; y la legal, que consiste en la atribución de los derechos e imposición de premios y penas, sin excepción de personas. La igualdad natural y social van acompañadas necesariamente de una desigualdad, pues los hombres en la naturaleza, sin embargo de que constan de unos mismos principios y tienen iguales derechos de la especie, se diferencian en las perfecciones individuales: ya en lo corpóreo, ya en lo intelectual; en la sociedad, del mismo modo, es preciso que haya diferencia, pues el sabio jamás será igual al ignorante, el rico al pobre, el fuerte al débil, pues estas cosas dependen o de la fuerza de la opinión, mereciendo siempre mayor atención el hombre de quien se espera mayores bienes o de quien se temen mayores males. La igualdad legal se halla en la distribución de derechos, y es la única que no va acompañada de desigualdad en las operaciones, pues lo mismo debe decidirse el derecho de un pobre que el de un rico, el de un sabio que el de un ignorante, supuesto que no dependen de la opinión que se tiene de las personas, ni de lo que éstas puedan prometer, sino de la naturaleza de los hechos sobre que se juzga. Una sociedad en que los derechos individuales son respetados, es una sociedad de hombres libres, y ésta, ¿de quién podrá ser esclava, teniendo en sí una fuerza moral irresistible, por la unidad de opinión, y una fuerza física, no menos formidable, por el denuedo con que cada uno de sus miembros le presta a la defensa de la patria? ¿Podrá temerse que sufran las cadenas de la tiranía? La independencia y libertad nacional son hijas de la libertad individual, y consisten en que una nación no se reconozca súbdita de otra alguna, que pueda darse a sí misma sus leyes, sin dar influencia a un poder extranjero, y que en todos sus actos solo consulte a su voluntad, arreglándola únicamente a los principios de justicia, para no infringir derechos ajenos.

Observación Tercera ¿Qué es una constitución política y cuál es el objeto de la española? Un gran pueblo libre y soberano se halla en aptitud para darse una forma o carácter público, depositando la autoridad en un individuo, concediéndola a ciertas clases privilegiadas, o conservándolas en los representantes del mismo pueblo, y a estas formas se les ha dado los nombres de monarquía, aristocracia y democracia; pero en todas ellas se han conservado ciertas relaciones entre los gobernantes y los gobernados, imponiéndose mutuos deberes, cuyo estudio formó la ciencia de la política o derecho público, que definió muy bien el Barón de Bielfeld, diciendo que es la ciencia que comprende los derechos recíprocos de los que gobiernan y de los que son gobernados.

Constituidas las sociedades con una forma pública, y establecida la ciencia de su gobierno, extendió ésta sus límites procurando la prosperidad de una nación, no solo en sus relaciones interiores, sino también en las que tiene con las otras, para impedir su exterminio y proporcionarse medios adecuados a su aumento y prosperidad. He aquí una nueva acepción, y la más frecuente, de la palabra política, tomada por la ciencia que contempla las relaciones de los pueblos, para proporcionar su felicidad por medio de gobiernos justos.

Todas las naciones han formado leyes, que conspiran a su organización interior, pero no todas han sabido fijar los límites de los poderes en los que mandan y de las libertades del pueblo, formando como un cuadro cuya vista recuerde estos monumentos de su tranquilidad y buen orden. En unas, la autoridad de los gobernantes se extendió hasta el extremo de esclavizar los pueblos de quienes la habían recibido; en otras, la muchedumbre, reducida a sus posiciones hizo nulo el gobierno, faltó a sus pactos, y trastornó todo el orden social.

Una experiencia tan lamentable hizo conocer a algunos pueblos que era absolutamente necesario formar un conjunto de normas sabias que presenten de un modo constante los deberes sociales, recordando siempre el pacto solemne que ha hecho la sociedad con su gobierno, y he aquí lo que llamamos su constitución política. Se dice constitución porque incluye la forma o establecimiento de la sociedad; política, porque solo expresa las relaciones generales de ella. Se distingue de la Constitución o código civil, en que éste contiene leyes, que aunque generales y obligatorias a toda nación, tienen sin embargo un objeto particular, y puede variarse sin que se varíe la naturaleza de la sociedad. Así es que dos monarquías absolutas, sin alterar su naturaleza, pueden tener distinta Constitución o código civil; pero si una de ellas tiene Constitución política diversa de la otra, seguramente deja de ser absoluta y altera su naturaleza. El derecho político tiene por objeto la organización general de la sociedad; el derecho civil, la aplicación de la justicia conmutativa y distributiva entre los ciudadanos.

De estos antecedentes podemos inferir que la Constitución política de la monarquía española, no es otra cosa que un código, que presenta la verdadera forma o carácter público de la nación española y que detalla, breve y claramente, las libertades nacionales imprescriptibles, los deberes del rey para con el pueblo y los de este para aquél.

Conocida la naturaleza de nuestra Constitución política, no es difícil percibir su objeto. En ella solo se ha intentado libertar a la nación de los infinitos males que hasta ahora le han afligido por la perfidia e intereses rastreros de algunos individuos, que han abusado de las facultades ilimitadas que con el tiempo fueron arrogándose sus reyes, y de las que carecieron los primeros monarcas españoles. Se han restaurado los congresos nacionales que siempre fueron el baluarte de la libertad del pueblo y el verdadero apoyo del trono, que en tiempos posteriores ha vacilado tanto más cuando más absolutos se creyeron sus reyes.

Dos males amenazaron la nación, ambos terribles: la tiranía y la anarquía, pues, o los favoritos hubieran llegado a formar de los reyes unos tiranos, o los pueblos cansados de sufrir hubieran roto impetuosamente todas las cadenas, y entregados al furor, hubieran destruido lo más útil y sagrado, sin que jamás acertaran a consolidar su gobierno, y quizás por mucho tiempo presentaría la ilustre España el triste cuadro de la Francia, que con tantas constituciones formadas en tiempos en que los males eran ya inevitables, jamás consiguió la tranquilidad del pueblo, cuya sangre se vertía a torrentes, a veces por mero capricho.

En la invasión del territorio español, los representantes de este pueblo magnánimo, previendo unos males tan considerables, formaron para evitarlo una Constitución que aunque nueva en su aspecto y en varios de sus artículos, por exigirlo así los progresos de las luces, es sin embargo muy análoga al carácter, intereses nacionales, leyes e instituciones antiguas del pueblo español, y que por estas razones no podía menos de producir felices resultados, pues tenía por apoyo la opinión general.

Observación Cuarta De la división de poderes La soberanía es sin duda indivisible en su naturaleza, mas en sus operaciones exige una división de poderes, no siendo conveniente que todos ellos se reúnan en un individuo o en una corporación, pues el cúmulo del poder propende al despotismo, y las pasiones protegidas por la fuerza sin contraste, dan lugar al error y al crimen.

Es preciso que en toda sociedad se formen leyes que la gobiernen, y éstas deben provenir de la misma soberanía. Conviene, además, que dichas leyes sean establecidas en la nación por otro poder, que de algún modo modere la animosidad a que propende un congreso soberano; últimamente, las leyes deben ser aplicadas a los casos particulares por un poder distinto de los dos primeros, para que juzgue desapasionadamente sobre los intereses y causas de los ciudadanos; y he aquí la división de poderes en representativo, ejecutivo y judicial.

La Comisión nombrada para formar la Constitución política no intentó decidir las cuestiones que se han suscitado acerca de la división y límites de los poderes; sino consultar al espíritu de la nación española y de sus leyes fundamentales, investigando, no lo que es más útil en abstracto, sino lo más conveniente contrayéndose al pueblo español. Así lo insinuó en su discurso preliminar a la Constitución, presentado a las Cortes.

Diremos, pues, que en España el poder representativo está en el supremo congreso, que representa la nación y dicta sus leyes, porque se le ha concedido el ejercicio de la soberanía. El poder ejecutivo se halla en el rey, que es quien sanciona las leyes y las establece en la monarquía. Y el poder judicial está en los tribunales, que aplican las leyes, juzgando sobre los derechos de los ciudadanos administrando justicia.

El poder ejecutivo se halla de algún modo dividido entre el rey y los ministros, pues a éstos se les impone responsabilidad, y se les concede que ninguna orden valga en el reino sin su aprobación, lo cual es darle un poder. De aquí se infiere, que atendido el espíritu de la Constitución, hay un poder ejecutivo real y otro ejecutivo ministerial, distintos en sus funciones, pero no en su naturaleza, pues ambos conspiran a establecer las leyes y gobierno de la monarquía.

Esta división del poder ejecutivo es muy conveniente, porque la dignidad real exige que esté exenta de toda responsabilidad, y como sería un abuso conceder un poder sin ella, se ha tratado de conciliar estas cosas, haciendo el homenaje al rey de que no tenga responsabilidad, y evitando los funestos efectos de un poder semejante por medio del ministerio, que es como un contrapeso para conservar en equilibrio la balanza política.

El poder ejecutivo ministerial se halla igualmente contenido por el representativo, que puede hacer efectiva su responsabilidad, y por el real, pues el ministro nada pueda mandar sin orden del rey.

Del mismo modo el poder representativo, en que tienen gran lugar el acaloramiento de las pasiones y el espíritu del partido, se contiene por el veto real o por la facultad que se concede al rey de no sancionar una ley, exponiendo a las Cortes las razones en que se funda para ello, y solo cuando sea presentada por tercera vez, que es decir por distintos individuos, y pasado un tiempo notable, estará obligado a sancionarla; porque entonces debe creerse que aquel es el voto de la nación, un dictamen de prudencia, y no el fruto de un acaloramiento o de un interés privado.

Los excesos del poder judicial, no solo son contenidos por el legislativo, a quien pertenece hacer efectiva la responsabilidad del supremo tribunal de justicia, e indirectamente de los demás tribunales, sino también por el poder real, a quien concede la Constitución que intervenga en la observancia de las leyes y administración de justicia.

De lo dicho se infiere que el rey tiene un poder intermediario entre el representativo, ministerial y judicial, y que los modera a todos sin dominar a ninguno, pues no puede impedir las funciones de las Cortes, violentar el ministerio ni los tribunales. Se ha concedido éste al rey, para que se halle en la persona más desinteresada respecto de los demás poderes; pues el verdadero interés personal del rey, consiste en la permanencia y prosperidad de la nación; y ésta depende de la armonía entre los tres poderes representativo, ejecutivo y judicial. No le interesa al rey que ninguno de ellos predomine o exceda los límites prescriptos por la Constitución; pero sí interesaría a las personas poseedoras de cualquiera de estos poderes extenderlo al infinito. El rey tiene un interés general, identificado con el suyo, y el ministro, por ejemplo, puede tener un interés personal muy contrario al común.

Estas ideas, desenvueltas admirablemente por Benjamín Constant, se hallan aplicadas en la constitución política de la monarquía española. Es cierto que no se establecen, como quiere este sabio, cuatro poderes: real, ministerial, representativo y judicial; pero hallándose dividido el ejecutivo (que es el que llama ministerial) entre el rey y el ministro, resultan los cuatro poderes, o mejor dicho, los efectos de ellos, aunque en realidad son tres. Por otra parte, advertimos que Constant define los poderes por las personas que los poseen, diciendo ministerial y real, y no por su naturaleza, pues atendida ésta, se conoce que tan ejecutivo es el poder del rey como el del ministro, y que deben llamarse divisiones de un solo poder, mas no dos distintos. Es muy fácil creer que se han hallado dos cosas cuando se han establecido dos nombres.

Debemos por último advertir que aunque todos los poderes ejecutan algo, solo se le da el nombre de ejecutivo al que sanciona la ley y la establece en la sociedad, que es decir al poder real y ministerial, de modo que podría distinguirse un ejecutivo político, que opera en toda la sociedad de un modo constante, y un ejecutivo civil, que opera en casos particulares y entre intereses privados de los ciudadanos. Hemos hecho esta advertencia, porque sin duda que a primera vista no se percibe la razón por que el ministerial, ejecutando tantas cosas, no se llama ejecutivo, y sí el ministerial. No olvidemos que estas denominaciones se refieren a la Constitución política, esto es, a la forma general de la sociedad, y no a los actos particulares.

Pasemos a considerar las ventajas de la organización de poderes en una monarquía constitucional donde el rey, aunque sujeto a la voluntad de la nación, tiene sin embargo el poder de nombrar los ministros y el de privarlos de sus empleos, pero sin imponerles por sí pena ni castigo alguno.

La privación del poder ejecutivo ministerial es sin duda uno de los asuntos más interesantes y más delicados en la práctica, pues un exceso acarrearía enormes males. Si la autoridad real se extendiera a imponer castigo a los ministros, además de su remoción, el poder de éstos haría cuantos esfuerzos estuvieran a su alcance para sobrepujar, aunque fuera a costa del bien público; lo que no sucede cuando los ministros, privados de un encargo que tal vez les era gravoso, quedan en el seno de sus conciudadanos y en el goce de sus derechos.

La autoridad que reprime el poder ejecutivo debe ser constante, para que no opere según los intereses del momento, como suele suceder en las repúblicas, donde a veces se traspasan los límites de la justicia y razón, no contentándose un congreso exaltado con remover los obstáculos de la prosperidad pública, sino con destruir las personas poseedoras del poder, sean o no verdaderamente culpables. Las pasiones se encienden y las personas que ejercen un poder, suelen hallarse en la necesidad de conservarlo o de perecer, según advierte juiciosamente Benjamín Constant. Estos males se remedian en una monarquía moderada, donde el poder que reprime el ejecutivo ministerial no es creado por la necesidad del momento, sino constante, y así no hiere en lo esencial de los derechos individuales, sino que remueve los males comunes de la sociedad.

El veto real o la facultad que tiene el rey de suspender la sanción de las leyes, puede ser absoluto o temporal; el primero, cuando sin fijar época rehúsa la sanción de la ley; el segundo, cuando rehúsa sancionarla hasta cierto tiempo. Comúnmente, se opina que en nuestra Constitución el veto es temporal porque el rey solo puede negar la sanción de una ley dos veces, y a la tercera debe sancionarla. Mas esto solo prueba que no se le concede siempre el veto absoluto. A la verdad, cuando el rey niega la sanción, su ánimo no es que vuelvan a proponerle la ley, ni dice la niego por tanto o por cuánto tiempo, sino absolutamente; y así creo que hablando con rigor, debe decirse que en nuestra Constitución el veto es absoluto, lo cual es conforme a las más exactas doctrinas de política; un veto temporal sanciona ya para tal o cual época una ley contraria al bien del Estado en todo tiempo y que solo pudo dictarse por unos intereses del momento y por unas pasiones exaltadas. Además, sucede con frecuencia que se descarría la opinión pública, haciendo que el pueblo fije su ánimo en la época, y no en la naturaleza de la ley, que ya se supone justa y conveniente, solo porque tiene la sanción real, aunque diferida hasta cierta época. Se da una traducción siniestra a las expresiones, y se dice al pueblo: tal ley es justa, pero el rey no quiere que se observe hasta tal tiempo, lo cual conmueve los ánimos, creyendo un despotismo en el monarca, y no una convicción racional.

Las ventajas de un veto temporal consisten únicamente en impedir que el rey haga nulas las discusiones del congreso y que solo las detenga para dar tiempo a que se calmen los ánimos; pero obsérvese que éstos, seguros ya de su victoria, se alarman cada vez más, y no pueden sufrir la tardanza. Por otra parte, previniéndose en la Constitución española que sea sancionada una ley luego que se haya presentado en tres cortes consecutivas, se evita el obstáculo de que el rey haga nulas las discusiones del poder representativo, y el veto absoluto viene a producir los efectos del veto temporal, pero sin su riesgo.

Examinemos detenidamente las razones en que se funda el veto absoluto, que a primera vista parece contrario a la libertad nacional y a la dignidad del congreso representativo. Cuando los que establecen una ley no son los que la han de poner en práctica, ni han aprendido por una larga experiencia los inconvenientes que se encuentran en ejecutar alguna cosa que en la especulativa y en abstracto parecen utilísimas, es muy fácil que se tomen determinaciones arriesgadas o imposibles de practicar, que solo sirven para hacer ridículo el gobierno.

Un congreso representativo y soberano propende a dictar leyes sobre todos los asuntos, y la multiplicidad de éstas es el vicio de las repúblicas; así como la carencia de ellas el de la monarquía absoluta, en que la voluntad del hombre llena los vacíos que debían ocupar las leyes. El veto real impide la multitud de leyes y su poca conformidad con las circunstancias de la nación; pero al mismo tiempo, nada se deja a la voluntad del rey por sí sola en lo esencial del gobierno.

Si el poder ejecutivo real no interviene en la formación de las leyes, no puede impedirlas, sucederá con frecuencia que se hallen contrariados los dos poderes, y que el poder ejecutivo no se crea responsable de los funestos efectos de una ley, que se formó sin su anuencia y que le han mandado a practicar teniendo una especie de placer en los malos resultados, que son otros tantos triunfos de su opinión. ¿Cómo puede esperarse una buena administración de gobierno cuando éste sea enteramente violentado y cuando los súbditos reclamen en su favor la opinión que los mismos gobernantes tienen acerca de la ley? ¿Cómo habrá confianza y seguridad en una clase de gobierno en que el rey y sus ministros sean unos ciegos ejecutores contra sus sentimientos?¿No deberá temerse que dividida la opinión entre los dos poderes, se divida también en el pueblo, trastornando el orden social por inmensos partidos con riesgo del Estado? Un rey a quien se le priva de toda influencia en las leyes y se le deja como un mero ejecutor, ¿no se creerá enteramente degradado, y procurará por todos los medios rehacerse de los derechos que él creía tener, y que juzga le han quitado injustamente? ¿Le faltarán personas que le favorezcan y aun naciones enteras que le protejan en sus proyectos? Esta reflexión del señor Gutiérrez de la Huerta me parece de gran peso, porque a la verdad, es tremendo el tránsito del poder absoluto a la nulidad del poder, y aun cuando sea moderado, concediéndole al rey lo que parece no debía negársele, la experiencia ha demostrado cuántas dificultades presenta un trastorno semejante. ¿Qué se debía esperar si nuestros legisladores hubieran excluido totalmente al rey de toda intervención? Ahora el rey, si se quiere, podrá ser enemigo del congreso, pero no de la ley, porque él la sanciona, y en el sistema opuesto odiaría la ley, a sus autores y a la nación entera que así lo había querido. Bien sé que cuando el rey niegue la sanción, se pase el tiempo prescrito y sea presentada la ley tres veces, tendrá que sancionarla, y se establecerá en este tiempo una rivalidad entre el rey y el congreso; pero éstos son casos particulares que no pueden producir los funestos efectos de una exclusión general. No es aquí la Constitución quien degrada la persona real; es sí un capricho o pertinancia en no acceder a una ley justa después de advertido que merece la aprobación general. En una palabra, el rey, si se le excluye, dirá: se duda de mí; se me cree injusto; la Constitución me degrada.

¿Bajo qué aspecto se vería entre las naciones extranjeras, y aún en la misma nación española, un rey tan excluido, y por decirlo así, arrinconado? ¿No sería de temer que le siguiera el desprecio, y decayera enteramente su autoridad, o por el contrario, la nación, acostumbrada a que por sus leyes siempre los monarcas han tenido parte en el poder legislativo, tratara de restablecerlo? Supongamos que al rey no se le concede el veto: ¿quién contiene al congreso? Dice el señor conde de Toreno que para esto basta que se establezca algún tiempo entre la discusión y la sanción de la ley, pues calmadas las pasiones se vota tranquilamente. Mas yo creo que un congreso exaltado no pensaría ya en examinar nuevas razones, sino en que llegara el término para planificar sus ideas, y si el proyecto de ley era fruto inicuo de un partido, aunque pasara un siglo era segura la pluralidad en votación, como permanecieran los mismos intereses. Además, el rey no siempre negará la sanción; antes es probable que esto suceda rara vez; luego las leyes útiles se establecerán prontamente, y en el sistema opuesto nunca se establecerían hasta un cierto tiempo, y entre tanto, la nación carecería de las ventajas de la ley, en términos que el veto puede dañar; pero el establecimiento de una época entre la discusión y la sanción, siempre daña. Reflexionemos asimismo que o este tiempo prefijado es corto, y entonces no es de esperar que hayan calmado las pasiones, o es algo más considerable para que pueda examinarse el punto en distintas diputaciones; y en ese caso, ya tenemos sobre poco más o menos la misma demora que podría producir el veto real. Por otra parte, cuando el rey niega la sanción, debe alegar algunas razones, y esto mismo prueba que el punto no está decidido y que la prudencia pide dar más tiempo para ventilarlo; puede el rey temerariamente no hacer caso del dictamen del consejo de estado ni del informe del ministerio para negar la sanción, procediendo por sus propias luces; pero esto no es lo regular, y lo que sucede con más frecuencia es que la sanción se niega por dictamen del consejo y por informe del ministerio en cuyo caso, repito que el punto no está decidido y que es imprudencia establecer una ley.

El rey no es rey por dos años, sino por toda su vida; si antes de concluirla, concluye su reinado, porque la Nación se ha sumergido en la miseria, experimenta una muerte civil la más tremenda; su fortuna está identificada con la del pueblo; si éste es grande, él es rey de un pueblo grande; si abatido, él es rey de un pueblo abatido. Deduzcamos de aquí que aun cuando se equivoque en los medios, la prudencia exige que se crea que las intenciones del rey se dirigen a la prosperidad nacional, y que fuera del reino, no puede encontrar una cosa que atraiga su corazón, pues dejar de ser rey, es morir. Mas los individuos del congreso ejercen sus funciones por dos años, y después quedan en el número de sus conciudadanos, sin más que el honor de haber servido a la patria, que es bastante para las almas grandes, pero que no debe suponerse suficiente contrapeso en todos los espíritus contra los atractivos de la riqueza, de los honores, etc. Supongamos, pues, lo que no es muy difícil, que por facciones populares o por intrigas de los gabinetes extranjeros vayan al congreso hombres indignos de ocupar sus asientos, consiguen pluralidad de votos y empiezan a dictar leyes contra la Nación: ¿qué recurso le queda a ésta? Ningún otro que el de una desobediencia a las leyes de un congreso que ella misma había elegido, en una palabra, los horrores de una revolución.

Últimamente, me parecen muy juiciosas las reflexiones de D.P.F.S. en su español constitucional número 24. «Hablando dice, política y filosóficamente, ¿qué efecto debe de producir el veto real aplicado a una ley adoptada por el cuerpo legislativo? Ningún otro sino el de informar a la Nación que hay discordia entre la opinión del príncipe y la opinión de la representación nacional, sobre cierta materia de utilidad pública. Esta discordia, generalmente conocida, dará motivo a discusiones en las cuales, teniendo la prensa su debida libertad, podrán conocerse las razones en que se funda cada opinión. El público imparcial juzgará, y la opinión universal, derivada de los juicios y exámenes particulares, tendrá lugar de formarse. Pasado el tiempo necesario para formularla, entonces sucederá una de tres cosas: o el cuerpo legislativo verá contra sí la opinión de los ciudadanos (y en este caso cesará de contrarrestar la opinión del rey apoyada sobre la voz pública), o el rey, si ve contra sí el voto general, desistirá de su veto, o últimamente, continuará en oponerse al cuerpo representativo, aun cuando vea a toda la Nación apoyando y deseando la ley, y en este caso su veto debe ser de ningún momento. Todos estos casos diferentes, están comprendidos en la siguiente máxima: El veto real tendrá su efecto contra una ley decretada por el cuerpo legislativo durante dos legislaturas consecutivas; pero si la tercera insiste en la promulgación de la ley, el monarca estará obligado a hacerla, y su veto solo servirá para anunciar a la Nación que dicha ley no es de la aprobación del poder ejecutivo. Así se evitan dos males que aunque opuestos, son igualmente funestos: uno, que el rey logre destruir la fuerza legislativa de la Nación, ejerciendo a cada paso el veto; otro, que la representación nacional abrume la prerrogativa real por medio de frecuentes leyes que le sean contrarias.» El sabio Martínez Marina, oponiéndose al veto real, juzga que debían establecerse en las provincias juntas electorales permanentes para consultarlas cuando hubiera disensión en el Congreso. Pero reflexionemos que o a estas juntas se consultaría siempre, o en algunos casos: si siempre, ¡qué atraso en las leyes!, ¡qué inutilidad del Congreso! Si en algunos casos, ¿quién decide esto? ¿No será el mismo Congreso? La pluralidad que bastó a formar la ley, ¿no bastará para decidir que no ha lugar a consultar? Y cuando todo el Congreso, no por malicia, sino por falta de datos, se extravíe, ¿se sospechará siquiera que debe consultarse? Además, ¡qué inconvenientes no presenta este gran número de pequeñas Cortes, si podemos llamarlas así, en las provincias! ¡Qué rivalidades de provincialismo! ¡Cuántos recursos en las manos hábiles y perversas para detenerlo todo y trastornar el Estado! Por otra parte, ¿no se demoraría más la sanción de una ley justa, que esperando el tiempo en que expira el veto real? Primero que se consultaban a las provincias más remotas de la América, que se les daba tiempo suficiente para una seria y prolija discusión; en una palabra, primero que legalmente pudiera decirse que constaba de opinión de las provincias, yo creo que pasaría mucho más tiempo que el que se concede al rey para negar la sanción. El cuerpo representativo se creería entonces mucho más desairado cuando sus mismos poderdantes desaprobaban su conducta, porque al fin, de un rey podían ellos esperar sentimientos contrarios, pero de la Nación ni siquiera lo sospechaban, y sería lo más humillante para un diputado el ver que su misma provincia graduara su voto de imprudente y mandara a reformarlo. En las provincias, por lo contrario, ¿qué empeño no podría haber para llevar adelante el dictamen de sus representantes? Además, ¿para qué esta consulta? Debe suponerse que los diputados llevan instrucciones de sus provincias y que conservan relaciones con ellas para informarse de su opinión; por otra parte, se supone que la ley es de una utilidad general ya bien manifestada en toda la Nación; repito, ¿para qué la consulta? Si la utilidad no es tan manifiesta, no puede decirse que se priva de ella a la Nación por el veto real, y este solo servirá de un medio prudente para dar tiempo a la decisión del punto. Todas estas razones me persuaden que el proyecto del señor Marina de ninguna manera hubiera convenido a la España.

Por lo que hace a las objeciones que presenta el citado autor, no puedo menos que confesar que me parecen infundadas, y que tal vez no debieran esperarse de uno de los primeros sabios de la Nación. Dice en primer lugar: «La soberanía reside esencialmente en la Nación, y por lo mismo pertenece a ésta exclusivamente el derecho de establecer sus leyes fundamentales, ¿y por qué no las leyes políticas y civiles, económicas y gubernativas, sin las cuales sería vano e infructuoso el establecimiento de las primeras?» Todas las leyes las establece la Nación, pues no hay poder alguno que no sea nacional y que no provenga de la soberanía; mas la Nación puede considerarse como constituyente o como constituida; en el primer caso, trata de formar sus leyes fundamentales y darse una forma pública; en el segundo, solo trata de ejercer los poderes que ella misma ha constituido, y así no deben confundirse las Cortes ordinarias con la Nación, ni aun las extraordinarias, si no son constituyentes, sin embargo de que ejercen uno de los poderes nacionales; de modo que cuando opera el rey, opera la Nación, cuando operan los tribunales, opera la Nación, y no debe llamarse exclusivamente poder nacional el que ejercen las Cortes; luego, nunca podría decirse que se priva a la Nación del derecho de establecer sus leyes civiles. Además, en el artículo se habla de las Cortes y nación constituidas, y éstas no pueden establecer leyes fundamentales como supone el señor Marina para formar su argumento, diciendo que si pueden en las fundamentales, mucho más en las civiles. Es una inexactitud confundir la Nación con las Cortes.

Quiere igualmente el citado autor, fundado en el vago principio de que el que puede lo más, puede lo menos, en caso de tener facultad para las leyes fundamentales, se infiera necesariamente que deban tenerlas para civiles, sin advertir que aun las mismas Cortes constituyentes no se entienden con los reglamentos y leyes particulares ni se dice que pertenecen a su atribución, aunque se las conceda el ejercicio pleno de la soberanía, pues hay gran diferencia entre un poder y ejercerlo de un modo conveniente.

Pretende el mismo autor que hay una contradicción en negar a las Cortes la plena libertad de formar las leyes sin dependencia del poder ejecutivo, y establecer leyes sabias y justas de la libertad civil, la propiedad, etc., pues dice que mal podrán llenar estos encargos si dependen de otros.

Permítaseme que diga que la consecuencia no es muy buena, pues no hay cosa más frecuente que conspirar muchos a un mismo fin y establecerse como obligación cada uno de ellos el hacer cuanto estuviere de su parte para conseguirlo. Las Cortes tienen la iniciativa de las leyes o la facultad de proyectarlas, tienen la discusión y aun su decreto, y si en todo esto procedieren con acierto, habrán llenado su encargo según la Constitución, y no se las exige más, de manera que no sé en qué está la implicancia.

Por otra parte, advierto que vuelve a confundir la Nación con las Cortes, y siendo esto totalmente inexacto, lo es el argumento. Otra objeción presenta el mismo señor Marina, concebida en estos términos: «si el poder legislativo no tiene ni debe tener influencia ni mezclarse en asuntos del poder ejecutivo, ¿por qué el depositario de este poder ha de tener parte en los del cuerpo legislativo?» Porque este carece necesariamente de algunos datos y conocimientos sobre las relaciones nacionales que posee el ejecutivo; porque el Congreso es, por decirlo así, una fuerza momentánea y muy poderosa que necesita ser moderada por un poder constante y más tranquilo en sus operaciones; porque para ejecutar lo sancionado, no se necesitan las Cortes, y para formar las leyes sí conviene que tenga alguna intervención el poder ejecutivo, y a cada poder se le da en política el influjo que es necesario, y nada más.

El señor conde de Toreno, que también se opone al veto real concedido por la Constitución, presenta, sobre poco más o menos, las mismas objeciones que acabamos de examinar; pero agrega una especie que alucina a primera vista, pues dice que jamás la voluntad de todos, ni el entendimiento de uno tiene más probabilidad de acertar que el de muchos reunidos, y tal es el caso entre el rey y el congreso. Aquí se habla de una voluntad ligada con un interés que se identifica con el nacional, y de un entendimiento que no procede por sí solo, sino por consulta de un consejo de estado y de un ministerio, que juzgan en calma y con mayor número de datos y relaciones, agregándose que tiene a la vista todas las razones alegadas por las Cortes. De cualquier modo que sea, es menester confesarlo, la proposición que sirve de base al señor Toreno: una voluntad no debe contrarrestar a muchas, ni un entendimiento a muchos, es totalmente falsa, o a lo menos, tiene tantas excepciones que no puede establecerse como fundamento en que estriben los discursos acerca de un punto interesante.

Rechazadas las objeciones que se presentan contra el veto, no puedo menos que ocurrir a una excesiva ampliación que, opina Benjamín Constant, debe concederse a la autoridad real, y es la de disolver el poder legislativo cuando considere que va extraviado. En este caso, ¿qué poder es el que tiene el congreso?, ¿no estaría reducido a una mera junta consultiva cuya existencia dependería totalmente de la voluntad real? ¿Quién podría poner freno al poder ejecutivo si éste puede disolver el congreso cuando advierta que quiere limitar sus facultades o, mejor dicho, contener sus excesos? ¿Qué podría esperarse de un cuerpo legislativo, que no lo sería sino en el nombre, lleno de temores y sin libertad alguna? A la verdad que no comprendo las razones que pudieron mover a un político del crédito de Benjamín Constant, para juzgar conveniente que se conceda al poder ejecutivo la tiránica facultad de disolver el legislativo. En nuestra Constitución las cosas están mejor equilibradas: el rey nada puede sobre el congreso, pero sí sobre tal o cual ley que juzgue perjudicial; disuelto el cuerpo legislativo, se evitarán si se quiere los males, pero no se conseguirán bienes positivos. Concediendo solo el veto al rey, y no la facultad de disolver el congreso, se evitarán los males que pudieran producir algunas leyes poco premeditadas, y no se priva la nación de los abundantes bienes que puede proporcionarle un congreso que continúa en sus útiles trabajos.

En vista de todo lo expuesto, debemos concluir que en la Constitución política de la monarquía española, concediendo al rey la sanción de las leyes y el veto, lejos de haberse tomado una medida contraria a la libertad nacional, debe decirse que se le ha puesto un firme apoyo, pues sirve de contrapeso al poder del cuerpo representativo, concilia los intereses nacionales, y establece un equilibrio en todas las funciones del cuerpo social, que tal vez se destruiría porque en el ejercicio de grandes potencias suelen producirse grandes estragos si se abandonan a ellas mismas.

Observación quinta ¿Por qué no se han establecido en España dos cámaras como en Inglaterra, ni se han formado las Cortes por estamentos? Los políticos extranjeros no cesan de exagerar la necesidad de dos juntas o cámaras que balanceen sus poderes, impidiendo la una los excesos de la otra, para que la sociedad no se vea envuelta en una horrible anarquía. Todos acusan a la Constitución española en esta parte, y creen que es un defecto el más notable. Examinemos la materia desapasionadamente observando las circunstancias de la España.

En el discurso preliminar a la Constitución, se exponen razones solidísimas que deben recordarse. Si se forman dos cámaras, constituida una de ellas por la nobleza y otra por los representantes que elige el pueblo, es de marcar una raya de división hacer de la nobleza como una parte distinta del pueblo, excitar el odio de éste contra aquélla, poner en movimiento las pasiones más rastreras y hacer que cada una de estas cámaras piense más en rivalizar la contraria que en el bien de la Nación. Se trata de reunir a los españoles como hermanos, en una época en que resentidos los ánimos por agravios anteriores, la menor división causaría estragos muy horrendos.

Además, la nobleza de Inglaterra está reducida a la clase de los Lores; pero en España se halla dividida en tantas clases y esparcida con tanta desigualdad en las provincias, que es casi imposible determinar el orden y número en que debían concurrir a la formación de la cámara. En América, donde es mucho menor el número de títulos de nobleza, ¿cómo se podría guardar la exacta igualdad en la concurrencia a Cortes con las provincias de Europa, a menos que en éstas no se excluyeran infinitos nobles del derecho de representar? Si los prelados entraban igualmente en la formación de la cámara, tendríamos un nuevo choque de intereses y rivalidades entre los eclesiásticos y los seglares.

Por otra parte, no sería conveniente que los obispos se separaran por tanto tiempo de sus diócesis, mayormente los de América, que deberían estar muchos años fuera de ella, y el autorizarlos para que sustituyeran en otra persona, sobre traer grandes inconvenientes, no obtendría jamás la aprobación de los pueblos que, por más que se quiera, no siempre ven en los delegados las circunstancias que merecen su aprecio en los delegantes.

Últimamente, debemos reflexionar que el verdadero interés de la Nación consiste en que ningún individuo tenga derecho a representarla ni a influir en la formación de sus leyes, para que haya una completa libertad de elegir las personas más capaces y que merezcan mayor confianza del pueblo, sean de la clase o condición que fueren, lo que no sucede cuando algún estado o clase de persona tiene un derecho particular para intervenir con referencia en las determinaciones del gobierno. Crece la probabilidad de hallar un buen representante según crece el número de las personas que pueden ser elegidas, y así la totalidad de las Cortes será mejor cuando cada uno de sus miembros se haya escogido de entre todo un pueblo.

El veto real produce en España los efectos de la cámara alta de Inglaterra, pues contiene y balancea los esfuerzos del poder representativo, que es todo lo que se desea, y no creo fundados los temores de los políticos extranjeros, que no han consultado la naturaleza y circunstancia de nuestra nación, y solo se gobiernan por ideas generales. El ejemplo de Inglaterra no puede aplicarse a la España, pues si en aquella nación son útiles las dos cámaras, es porque se establecieron desde el principio y en circunstancias más favorables; pues aquella monarquía puede decirse que nació con tales establecimientos, y pasados tantos años, las costumbres del pueblo se han amoldado a ellos y no pueden experimentar los males que necesariamente resultan de una rivalidad tan conocida. No sería, sin embargo, muy difícil manifestar que la nación inglesa sufre algunos males que traen origen de la división de sus cámaras; mas éste no es nuestro asunto.

Las mismas dificultades se encuentran en la formación de las Cortes por estamentos, pues siempre resultaría que un número determinado de individuos tendría derecho a la representación, y esto difícilmente podría conciliarse con la libertad nacional y con las luces que deben desearse en el congreso representativo; pues los talentos y los conocimientos exactos no están vinculados en una clase de persona.

Si en tiempos anteriores, en que existían derechos señoriales, en un sistema casi feudal, fue conveniente que asistieran y tomaran parte en las determinaciones del gobierno los magnates y señores, no tanto para representar los pueblos, de quienes no recibían nombramiento, como para sostener sus fueros y prerrogativas: en esta época venturosa de la España, en que ha caído todo aquel edificio señorial, no puede de manera alguna convenir la formación de Cortes por semejantes estamentos, que siempre recordarían el antiguo sistema, con peligro de renovarlo, si no en los derechos, a lo menos en los hechos.

Repetiremos, una y mil veces, que todo lo que se dirige a conceder preferencia a una clase de individuos sobre las otras, inspira desunión, y es medida contraria al estado actual de la España y al progreso que han hecho las luces en ella y en todas las naciones.

Por lo demás, nuestras antiguas Cortes representaban libremente los derechos del pueblo, sin sujetarse a la voluntad del rey antes bien, éste se hallaba obligado a la formación de Cortes y a no decidir cosa alguna contra lo determinado por ellas, de modo que en la constitución política de la monarquía española no se ha hecho más que reducir la autoridad real a lo que fue en su origen y en los tiempos felices de la España, y solo se ha limitado en lo que poseía sin derecho alguno.

Una de las razones principales que suelen alegarse en favor de la formación de Cortes por estamentos, es que en el sistema actual se produce un monstruo político, reuniendo la democracia con la monarquía, que son dos formas de gobierno tan distintas, y dos poderes tan rivales, que están expuestos a destruirse mutuamente si no hay unas clases intermedias que moderen sus acciones, lo cual se consigue con los estamentos del clero y la nobleza, cuyos derechos e intereses los obligan a conservar el equilibrio de las fuerzas políticas.

Si efectivamente quisieran conciliarse dos soberanías, una real y otra popular, no hay duda que el Estado sería un monstruo político que prometería poca duración; mas cuando no se establecen dos poderes soberanos, sino uno que está esencialmente en la Nación, y cuando el rey no se considera sino como un poder ejecutivo de la voluntad general y no de la suya, no encuentro la implicancia que pueda haber en semejante orden de cosas, ni la destrucción que amenaza no habiendo tal choque de poderes soberanos. Si valieran semejantes razones deberíamos concluir que todo sistema político que no fuera una monarquía absoluta, sería monstruoso, pues en todos ellos se puede suponer un choque entre el poder representativo y el ejecutivo.

Los estamentos se dice que servirían de poder intermedio. No hay duda que algunas veces podría suceder esto, pero con más frecuencia se inclinarían a extender los límites del poder que más les favoreciera, estableciendo una aristocracia insufrible para minorar la autoridad real y oprimir el pueblo, como ha sucedido no pocas veces en nuestra misma España. Siempre que los intereses de los nobles y eclesiásticos se hallaran identificados, los veríamos reunidos y en contraposición a los representantes del pueblo; mas cuando fueran contrarios, se dividirían, resultando tres partidos, todos ellos fuertemente apasionados. Y se dirá que estos cuerpos podrían ser el principio de la armonía y tranquilidad.

Hablando así de las cámaras como de los estamentos que quieren establecer como unos principios de equilibrio para evitar acaloramiento y precipitación en las leyes, reflexionemos que es mucho más posible que un proyecto de ley justo y sabio sea rechazado por la otra cámara que o no se penetra de las razones alegadas o tiene un interés en oscurecerlas. En este caso, ¿qué partido queda? Si se concede al rey la facultad de decidir, es exponerse a que apoyada en el dictamen de la cámara de nobles y eclesiásticos, se erija en un déspota; si se concede este poder, se forma una aristocracia en la cámara alta, y hacen cuanto quieren; si la opinión de esta cámara no impide que se establezca la ley proyectada por los representantes del pueblo, ¿para qué sirve dicha oposición sino para demorar los negocios y perturbar la paz? Continuamente se exageran los males que podrían resultar de ser arrastrado un congreso por la elocuencia de un famoso orador. ¿No será más fácil esto en una cámara, donde es menor el número de individuos y tienen mayor predisposición para oponerse a la otra cámara, a quien siempre mira como un rival? ¿No serán nulos todos los efectos en este caso? Varias veces he reflexionado sobre la facilidad con que se dice que un orador puede arrastrar un congreso numeroso y sabio, como deben ser nuestras Cortes, según la Constitución, y he deducido que en semejante caso arrastrar es ilustrar, proposición que ha parecido extraña a muchos; pero que está fundada en la misma naturaleza de las cosas. ¿Será moralmente posible que sin unos raciocinios exactos y unas pruebas convincentes, pueda un orador traer a su partido un número considerable de sabios, que están perfectamente impuestos en todos los giros de la oratoria y poseen un sano juicio para desnudar los pensamientos del atavío de palabras vanas y verlo a luz de una recta lógica? Yo no lo creo.

Se ha querido manifestar que nuestras Cortes no son formadas según el espíritu de nuestras antiguas leyes fundamentales, pues en éstas se dice que necesariamente debían concurrir los estamentos, o los tres ramos, a saber: de la nobleza, del clero y del pueblo. A la profunda erudición del señor Marina debemos en esta materia cuanto puede desearse para demostrar que jamás en España se ha tenido por esencial la concurrencia de estamentos a las Cortes; que nuestro gobierno siempre ha sido representativo popular, y que en la nueva Constitución política no se ha hecho más que reglamentarlo y corregirlo, según el progreso de las luces y según las circunstancias y necesidades de la España. Yo me limitaré a formar como un extracto de sus ideas presentadas en la obra que tituló Teoría de las Cortes: Las primeras juntas o Cortes fueron los concilios nacionales de Toledo, etc. A ellos concurrirían los eclesiásticos, y en los tres primeros días trataban de los asuntos pertenecientes a la iglesia, con la asistencia de las personas comisionadas por los reyes para enterarse de lo determinado con relación al orden civil, y después, por el canon 1.º del Concilio Toledano 17, celebrado en el año 694, se prohibió en estos primeros días la concurrencia de dichas personas seglares. Pasados estos días, empezaban a tratar sobre objetos de utilidad pública que llamaban causas del pueblo, y entonces el concilio tomaba el aspecto de junta general de la Nación, y entraban en él los personajes que por costumbre debían asistir, valiéndose los príncipes de las luces del Concilio, no por una necesidad de ocurrir a él, sino por una costumbre y una utilidad de los mismos pueblos que así lo deseaban, porque al fin debían de esperar mayor acierto de una reunión de sabios y personas virtuosas; pero nunca creyó el pueblo que esas personas tenían derecho a decidir, sino que eran unos meros consultores del gobierno. Así es que, en los casos graves, no decidían estas juntas generales sino después de obtener el consentimiento del pueblo, como se practicó en el 4.º Concilio de Toledo para el decreto contra los delitos de infidelidad a la patria, repitiéndose por tres veces la sentencia y pidiendo expresamente la aprobación según estas palabras. «Por tanto, si esta sentencia repetida por tres veces os agrada a todos los que estáis presentes, confirmadla con un consentimiento dado por vuestra propia voz. Todo el clero y el pueblo dijo que fuera excomulgado el que intentare contra esta definición nuestra». En el mismo Concilio, para aprobar la elección de Sisenando y excomulgar a su predecesor Suintila, se usa de estas palabras: «Hemos decretado con la consulta del pueblo». Últimamente, en el 16.º Concilio de Toledo, se fulminó una sentencia contra los delitos de infidelidad al rey Egica, y para este decreto se exigió el placet de todos los concurrentes: «si os agrada a todos los presentes esta sentencia repetida tres veces, confirmadla con el consentimiento de vuestra propia voz». Todos los sacerdotes de Dios, los más ancianos de palacio, el clero y todo el pueblo dijeron: «Sea excomulgado el que atentare contra esta definición nuestra». De todo lo dicho se infiere que estas primeras juntas generales, aunque autorizadas por un consentimiento tácito de los pueblos, no ejercían un verdadero poder legislativo, como separado de la voluntad popular; ni tenían un verdadero derecho las personas que concurrían a ellas, sino el que quería darles la misma Nación por costumbre o por aprobación de sus dictámenes, que es decir claramente que eran unos meros consultores cuyo voto no tenía fuerza coactiva, dirigiéndose solo a ilustrar las materias y a manifestar los derechos de los pueblos.

Estas juntas generales no eran compuestas de personas convocadas de todos los pueblos o ciudades principales de la monarquía, sino a veces se formaban convocando a ellas ciertas ciudades determinadas que se decían de voto en Cortes. Asistían a estas juntas generales «el rey o la reina propietaria, y en su ausencia o minoridad del monarca, el tutor o tutores gobernadores de los reinos: los infantes y personas reales: la corte y grandes oficiales de palacio: consejo del rey y su cancillería: los grandes, nobles y fijos dalgos: los prelados y maestres de las órdenes militares: los personeros o procuradores de los comunes, concejos y ayuntamientos de las ciudades y villas del reino que representaban el pueblo: en fin debían asistir algunos magistrados, en calidad de jurisconsultos, y los secretarios del rey y de las Cortes».[2] Estas personas no asistían a las Cortes por elección popular, ni por derecho a formarlas, sino que debiéndose congregar concilios en determinadas épocas según los cánones, se aprovechaban los príncipes de estas circunstancias para agregar las personas que juzgaban convenientes y tratar los asuntos de grande importancia. El pueblo no asistía con representación, pues no nombraba diputados, y solo se le pedía alguna vez su consentimiento, como hemos dicho anteriormente.

---

2 Martínez Marina, Teoría de las Cortes, tomo I, pág. 47.

De aquí infiere el señor Martínez Marina, que en los siete primeros siglos no hubo tal representación nacional por estamentos del clero, nobleza y pueblo, pues éste poco o nada, influía, y aquéllos no asistieron por voto de la Nación, ni por derecho personal, sino por voluntad de los príncipes, y que la Comisión de Cortes nombraba para formar la Constitución, seguramente buscaba lo que no sabía, y se equivocó cuando dijo: «es indudable que en España, antes de la irrupción sarracena y después de la restauración, los Congresos de la Nación se componían ya de tres, ya de cuatro y aun de dos brazos en que se dividía la universalidad de los españoles». Y después añade: «las reglas, los principios que se observaban para la clasificación y método de la elección de diputados es lo que conviene averiguar». Hasta fines del siglo XII no empezaron los pueblos a tener verdadera representación, nombrando sus procuradores para asistir a las Cortes, y desde este tiempo se conoce claramente el modo y carácter con que asistieron el clero, la nobleza y los procuradores de los pueblos, pues sin éstos no había Cortes, y sin aquéllos las hubo varias veces. En las Cortes celebradas en Madrigal el año 1476, para jurar a la infanta Doña Isabel, hija de los reyes Católicos, y en las de Toledo, en 1480, para jurar a su hermano el infante don Juan, en las del Toro, de 1505, para reconocer a la princesa Doña Juana por reina propietaria de Castilla, no se hace mención del clero, ni de la nobleza, y solo se componían de los representantes del pueblo. En las de Valladolid, del año de 1295, fueron excluidos expresamente el clero y la nobleza, a petición de los representantes del pueblo, y sin embargo se tuvieron por verdaderas Cortes y por legítimas las decisiones dadas en el tiempo en que fueron excluidos los dos estamentos, que es decir, los nobles y eclesiásticos.

El citado Marina demuestra igualmente que la comisión de Cortes en el discurso preliminar a la Constitución se equivoca, diciendo que los brazos o estamentos traen su origen en el sistema feudal, pues éste empezó a existir después de la destrucción del imperio gótico, y es sabido que mucho antes de esta época concurrían a las Cortes los que se llaman estamentos.

Por lo que hace al origen de la representación popular en las Cortes, debe referirse al siglo XII, como hemos dicho antes pues consta que asistieron los procuradores de los pueblos a las Cortes de León de 1188 a 1189.

Antes de esta época, no se tiene noticia de que hubieran concurrido. La causa de esta innovación en el modo de formar las Cortes, fue la preponderancia de la nobleza, que abusó de tal modo de sus honores y prerrogativas que llegó al extremo de debilitar la autoridad real, trastornando el orden público, como sucedió en tiempo de Alonso VII con los condes Bertrando y Pedro de Lara, González Girón y Gonzalo Peláez, llegando este último al extremo de ser preciso que el mismo rey personalmente fuese a atraerle con dádivas y honores para que desistiera de la revolución que tenía suscitada, pues era tanto su ascendiente popular que no creyó el monarca que sería prudencia valerse de otros medios. Los reyes que advirtieron esta pérdida progresiva de su autoridad, buscaron un apoyo en los mismos pueblos, que se prestaron gustosos porque reprobaban la conducta de la nobleza y porque se resentían de las opresiones que diariamente estaban experimentando. Pidieron, pues, los monarcas que los ayuntamientos de las ciudades mandasen sus procuradores a Cortes para representar sus derechos, consultar al rey sobre los puntos arduos y reprimir los atentados de la nobleza. Desde el siglo XI se conocieron ya estos ayuntamientos, pero no su representación en Cortes, como queda dicho. Al principio fueron formados por las vecindades o cabeza de familia que representaban la población de un distrito llamado entonces Alfoz, el cual comprendía varios lugares. Se reunían anualmente para la elección de alcaldes y demás ministros en lo económico, político y militar. Por entonces tuvieron el nombre de comunes, porque representaban a la comunidad.

    En el siglo XIII, se redujo esta representación de comunes a cierto número de personas con el nombre de regidores, jurados, veinticuatros. Esta alteración fue hecha por don Alonso undécimo, de acuerdo con los mismos ayuntamientos, para evitar las grandes disensiones que se originaban de la multitud de los votantes, y con el mismo fin estableció que los oficios fuesen perpetuos y que no pudiesen sustituirse o delegarse. La elección de estos regidores, en caso de vacante, era hecha por el mismo pueblo, y se prohibió toda influencia de gobierno en estos casos, como asimismo el que se nombrase a ningún extranjero, a no ser que tuviese diez años de vecindad. De lo expuesto se infiere que los ayuntamientos eran verdaderos baluartes de la libertad nacional.

Este apoyo de los pueblos en sus legítimos representantes empezó a debilitarse en el siglo XV en los reinados de don Juan segundo y don Enrique cuarto, entregados enteramente a sus validos, que procuraron por todos medios destruir las barreras de su despotismo, y con este intento hicieron que solo ciertas ciudades tuvieran voto en Cortes, para que siendo menos el número de los representantes, fuera más fácil ganarles, mayormente cuando podían temer que se les excluyese de la representación en lo futuro.

Al mismo tiempo, era tal el estado de miseria a que fueron reducidas las ciudades por las continuas exacciones que bajo distintos pretextos se les hacían para sostener el lujo de la corte, que ya era imposible costeasen sus procuradores, y por esta causa dejaron de enviarlos.

Otro de los medios de que se valió el ministerio para oprimir los pueblos coartando las facultades de los cabildos, fue el de nombrar el rey por sí mismo las personas que quería fuesen procuradores de tal o cuál ciudad, bajo pretexto de la gran confianza que tenía en sus virtudes y conocimientos; pedirles a los cabildos que otorgasen poderes generales a los procuradores para todos los asuntos que el rey quisiese tratar con ellos, y aún llegó este abuso a tanto extremo que el Ministerio mandaba hasta la fórmula de los poderes. Para conseguir su intento se procuró ganar los ayuntamientos con dádivas, honores y empleos vitalicios, permitiendo asimismo la situación de los cargos y empleos concejiles, para poder colocar distintas personas y remover otros; en una palabra, no se omitió medio alguno para que los ayuntamientos se convirtieran en verdaderos ministros del despotismo. De aquí empezó el abuso de elegir para procuradores de los pueblos muchas personas que tenían empleo por el gobierno y grandes relaciones con el Ministerio, y aun algunas veces fueron nombrados los mismos individuos de la casa real. Pero no bastaba todo esto. La tiranía extendió su dominio y exigió de los procuradores un juramento de no traer más instrucciones de su provincia que las que expresaba su poder con que venían autorizados; que no intentarían nada que fuese contrario a los mandatos del rey, aun cuando fuese conforme a la voluntad de sus pueblos, y últimamente se les prohibió que consultasen a la ciudad que representaban y recibiesen nuevas instrucciones de ella, en caso que se las mandase, y que así se lo manifestarían al rey, de modo que era convertirlos en unos acusadores de la ciudad que representaban. Claramente consta este juramento en la fórmula de que se usó en los años 1632 y 1638, bajo la cual fueron recibidos los procuradores de las Cortes, en los términos siguientes: «Juran a Dios y a Santa Cruz y a las palabras de los santos cuatro evangelios; y hacen pleito homenaje de que su ciudad no les ha dado instrumento, instrucción ni otro despacho que restrinja, limite el poder que tiene presentado, ni orden pública o secreta que le contravenga, y que si durante las Cortes les dieron alguna que se oponga a la libertad del poder, lo revelarán y harán notorio al presidente de Castilla que fuere y asistentes de las Cortes, para que provean lo que más sea del servicio de S. M. Asimismo, juran que no traen hecho pleito homenaje en contrario de lo que suena y dispone el poder». Estos han sido los pasos que ha dado el despotismo hasta extinguir totalmente la representación nacional, pues poco a poco dejó de haber Cortes, y hasta su nombre se había borrado de la memoria de los españoles de los últimos tiempos.

De todo lo dicho se infiere que al formar nuestra Constitución política, convino excluir las cámaras, estamentos, y todo lo que pudiera parecer privilegio, acepción de persona, división de intereses, en una palabra, todo lo que no conspire a reunir la opinión por una justa igualdad, y en vano se alega en favor de los estamentos nuestras antiguas instituciones, pues queda demostrado cuál fue el verdadero espíritu de todas ellas.

Observación sexta Diputados La Constitución política de la monarquía española, exige en los diputados no solo la cualidad de ciudadano en el ejercicio de sus derechos y la mayor edad de 25 años, sino la precisa circunstancia de que haya nacido en la provincia o esté avecindado en ella con residencia a lo menos de siete años, excluyendo sin embargo a los secretarios del despacho y a todos los que tengan empleo público en la provincia con nombramiento del gobierno, y a los extranjeros, aunque hayan obtenido de las Cortes carta de ciudadanía.

Las razones en que se funda esta exclusión de las personas nombradas son muy fáciles de percibir, pues la división de poderes exige que las personas en quienes existe el ejecutivo o las ramificaciones de él no pasen a obtener el legislativo, pues siempre sería de sospechar que el ministerio intrigase en su favor, como hemos dicho que sucedió en otra época de nuestra historia, con ruina total de los pueblos que fueron esclavizados. La experiencia demuestra el gran influjo que tienen en su provincia los empleados por el gobierno, y las estrechas relaciones que conservan por depender unos de otros y cubrirse a veces mutuamente sus defectos, de modo que un diputado con tales vínculos debe sospecharse que no tenga la energía, desinterés y constancia necesarios para desempeñar su cargo, pues concluido éste vuelve a su antiguo puesto y pierde tal vez toda su fortuna por haber servido a la patria. Además, el pueblo casi nunca está acorde con los ministros del gobierno, pues siempre recela que propenden al despotismo, y si alguno de ellos adquiere popularidad, basta la más ligera circunstancia para que las pierda, pues siempre está prevenida la muchedumbre a creer cuanto se dice contra un funcionario público y a desconfiar de todas sus operaciones. De aquí puede inferirse que sería muy fácil perder un diputado la confianza pública, y con ella perderlo todo.

Conviene aclarar la idea de empleado público nombrado por el gobierno, pues estas palabras mal entendidas, pueden dar origen a graves disputas. Hay empleos que provienen de una elección hecha por el rey entre los individuos que presenta el consejo de estado, como son los empleos eclesiásticos; otros se dan por las mismas Cortes, cuales son los oficiales y ministros de su secretaría, y todos éstos seguramente no están comprendidos en la exclusión, la cual solo se limita a aquellos empleos que da el rey sin necesidad de consulta del consejo, como son todos los que pertenecen al poder ejecutivo, v. g. consulado, embajadas, intendencias, gobiernos, y también aquellos que aunque de algún modo son a propuesta de él, sin embargo deben excluirse porque ejercen el poder judicial, como sucede en los jueces de letras, pues sería muy fácil que ya por temor, ya por la esperanza de algunos bienes, consiguieran el número de votos necesarios para el nombramiento de diputado. De manera que todos estos empleos se dicen propiamente nombrados por el rey, mas los eclesiásticos son de presentación, y así es que mientras estas voces se conserven en el sentido que siempre se las ha dado, no habrá duda alguna en su inteligencia. Los jueces de letras, aunque elegidos a propuesta del consejo, no son presentados por el rey para que reciban de otro el nombramiento, sino que se dan dichas judicaturas por provisión real, y así es que se dice en el artículo 237: «pertenecerá a este consejo hacer al rey la propuesta por ternas para la presentación de todos los beneficios eclesiásticos y para la provisión de las plazas de judicatura». De aquí se infiere la gran diferencia que hay entre las dos elecciones, pues la de los obispos se pasa al Sumo Pontífice, para que éste dé las bulas; y por lo que hace a curato y otros beneficios, se forma por terna presentada por los obispos a los vicepatronos en América, y al rey en la Península. Es cierto que todos estos empleos, hablando con rigor, dependen del rey, porque puede elegir cualquiera de las personas contenidas en la terna, y sin esta elección, seguramente, no tiene efecto cuanto se haya practicado para promover la plaza. Pero siempre hay una gran diferencia entre unos puestos que se ocupan por concurso de oposiciones, como sucede en los curatos, o a propuesta del consejo, como en las canonjías y obispados, los que se conceden al pleno arbitrio del poder ejecutivo. Además, las relaciones de estos empleos con el ministerio, nunca son tan estrechas y necesarias que formen con él un verdadero sistema, lo cual sucede en los otros cargos públicos.

Los extranjeros son excluidos, aun cuando obtengan la carta de ciudadanos, porque sería de temer algún abuso en esta materia, y aun cuando no lo hubiera, sería muy posible que las relaciones en su antigua patria, hicieran revivir en su espíritu los afectos que el tiempo había apagado, pero no extinguido. El pueblo siempre tendría una justa desconfianza en tales representantes, lo cual produciría unos daños muy considerables.

Para asegurar la libertad de los diputados y que expongan su dictamen con franqueza, se ha determinado que sean inviolables por sus opiniones, y que en ningún tiempo ni caso, ni por ninguna autoridad puedan ser reconvenidos por ellas; pero esto no quiere decir que los diputados sean unos hombres no comprendidos en la esfera de las leyes, ni con plena facultad para infringirla. Como observó muy bien el señor Argüelles, no debe confundirse la inviolabilidad con la impunidad, pues si un diputado delinque, debe ser responsable de su delito ante la ley. Yo creo que las mismas expresiones aclaran la materia, pues inviolabilidad parece que equivale a seguridad de derechos personales, y seguramente ninguno tiene derecho a ser criminal, ni hay ley que pueda concederlo; mas la impunidad supone coexistente con el delito un derecho quimérico a excluir la pena; he dicho un derecho quimérico, pues no creo que bien meditadas las cosas, haya un entendimiento que crea útil o, mejor dicho, posible concederlo. Sin embargo los diputados no podrán ser juzgados sino por el tribunal de Cortes, para evitar los recursos de que podría valerse el poder ejecutivo y el judicial, con el objeto de hacer nulo el poder legislativo o de remover las personas que fueran contrarias a sus miras.

El artículo 128 en que se concede esta inviolabilidad a los diputados, habla expresamente de opiniones, pero no de excesos como observó muy bien el señor Llerena. «Creo, dice, que es diferente la opinión del exceso. En cuanto a sus opiniones, será inviolable un diputado; en cuanto a sus excesos no puede ser impune». Y el señor Muñoz Torreno dijo con mucho juicio, que si un diputado impugnare algún artículo de fe o votase contra él, por el mismo hecho, sería criminal y debería ser juzgado por el tribunal de Cortes, proposición que fue repetida e ilustrada por el señor Villanueva, haciendo ver que la inviolabilidad es por sus opiniones y no por sus errores, y en toda la discusión parece que no fue otra la mente del Congreso, pues ni una palabra se lee que contraríe estas ideas.

La cuestión que puede presentarse de algún interés en esta materia, se reduce a decidir cuándo lo propuesto por un diputado se debe tener por mera opinión y cuándo por crimen. Si nos extraviamos en investigaciones abstractas sobre política y moral, seguramente será muy difícil prefijar estos límites que se desean; pero es muy fácil si nos ceñimos a la Constitución y si se traducen algunos términos. Diputado quiere decir lo mismo que enviado por una provincia, con facultades para representar derechos y proponer mejoras, de manera que es un verdadero apoderado de la Provincia, pero que al mismo tiempo lo es de toda la Nación en virtud de sus leyes fundamentales; luego, para decidir lo que pueden o no pueden representar los diputados, no hay más que observar los términos del poder que llevan y la naturaleza del cuerpo que forman. Los poderes tienen por cláusula expresa «que como representante de la nación española, puedan acordar y resolver cuanto entendieren conducente al bien general de ella, en uso de las facultades que la Constitución determina y dentro de los límites que la misma prescribe, sin poder derogar, alterar o variar en manera alguna ninguno de sus artículos bajo ningún pretexto»; luego, cuando un diputado proponga o pida contra alguno de los artículos de la Constitución directamente y con plena advertencia de que no está facultado para ello, es criminal. Un diputado, en tanto es diputado, en cuanto se extiende su poder, cuando opera fuera de sus límites, no es diputado, y menos es inviolable, sino que debe responder de sus opiniones como otro cualquiera. El juramento que prestan los diputados está concebido en los términos siguientes: «¿Juráis defender y conservar la religión católica apostólica romana, sin admitir otra alguna en el reino?

—Sí, juro.

—¿Juráis guardar y hacer guardar religiosamente la Constitución política de la monarquía española, sancionada por las Cortes generales y extraordinarias de la Nación en el año de 1812?

—Sí, juro». Si el que acaba de hacer un juramento semejante, y después abiertamente pide contra esta misma Constitución, no es criminal, yo ignoro lo que es crimen.

Supongamos que un diputado impugna uno de los artículos de nuestra fe, entonces, además de la ley del juramento que acaba de prestar, ¿no es claro que manifiesta su depravada intención la misma naturaleza del cuerpo moral a quien pertenece? Las Cortes son un cuerpo político instituido exclusivamente para materias de política civiles y económicas, pero no para decidir puntos que pertenecen al fuero interno. Cuando la Constitución dice que la religión católica es la única verdadera, no la declara tal, sino que la supone ya declarada y admitida en todo el reino, y que es la voluntad nacional que se conserve perpetuamente, pues la declaración de puntos dogmáticos no pertenece sino a la Iglesia. Luego, cuando un diputado estableciere una discusión semejante, habría traspasado los límites que prefija la misma naturaleza de las Cortes, y está ya clara la perversidad de su intención.

Si se entendiera una verdadera impunidad cuando se dice que los diputados son inviolables por sus opiniones, tendríamos que bastaría a un diputado escudarse con decir ésta es mi opinión, para enseguida difundir las doctrinas más perversas en moral y en política con la más clara intención de dañar, y que podría constituirse un verdadero demagogo protegido por la misma cualidad de miembro del Congreso. ¡Qué absurdo establecer un asilo de la perversidad en el mismo santuario de las leyes! Si un diputado dijera: es mi opinión que el ministerio es infame y que la mayor parte de los individuos de este Congreso están de acuerdo con los ministros para arruinar la patria y que el pueblo ya no tiene otro recurso sino vengarse por sí mismo, para lo cual le creo autorizado, y que el primer paso en su nueva planificación debe ser el de destruir todo el sistema constitucional, ¿se le dejaría impune? Supongamos que el pueblo ignorante conducido por los facciosos, acometía a los ministros y aun al mismo Congreso, todo el impulso que recibió de la que se llamaba opinión del señor diputado; repito, ¿se le dejaría impune? Yo creo muy bien que si en el calor de una discusión se escapa una u otra doctrina que a primera vista no perciba su autor la contradicción que tiene con la sana moral, recta política y sistema constitucional, no debe ser juzgado por ella, pues el crimen no se constituye sino por la intención, y ésta depende de la advertencia; mas cuando se ve claramente y aún el mismo diputado confiesa que su intención es atacar el sistema constitucional, faltando a su juramento y excediendo totalmente las facultades de su poder, no creo que puede haber duda en que la que él llama opinión manifestada, no es en realidad sino un crimen intentado y ejecutado.

«El que los diputados, decía el señor Aner, son inviolables en sus opiniones, mientras ejerzan su cargo, es claro...; pero ha de ser en aquellas opiniones que no supongan delito, pues entonces ya no le fueran, sino que serían agravios. Supongamos que yo dijera que el general A no había procedido con la inteligencia correspondiente en una acción: ¿por qué no había de poder decir esto dentro y fuera del Congreso, sin que nadie pudiese acriminarme, si ésta era mi opinión? Pero si dijese que el general A era un traidor a la patria, éste tendría un derecho para exigir que yo probase el delito que le imputaba». Nada me parece más racional, pues de otra suerte los diputados podrían a su salvo injuriar a todo el mundo, satisfacer sus pasiones y arruinar a los hombres de bien, haciéndoles perder su crédito público. La inviolabilidad se concede a los diputados, como las armas y su libre ejercicio a los guerreros defensores de la patria, que se entienden facultados para destruir a los enemigos, pero no para herir a sus hermanos, y si se les convence de que maliciosamente han hecho de ellas este uso perverso, serán castigados con la mayor severidad.

Para convencernos más de que la inviolabilidad de los diputados no es el desenfreno de opiniones, mejor dicho, de operaciones políticas puestas bajo el sagrado nombre de opinión inviolable, reflexionemos que la libertad que se concede a los diputados no es tanto en favor de ellos como en favor de la patria; y ésta, ¿qué puede esperar de un perverso o un frenético que, lejos de sostener los fundamentos en que estriba la felicidad pública, trate de destruirlos para formar su partido? ¿Podrá creerse que sea éste el espíritu de la Constitución, cuando concede la inviolabilidad a los diputados? Seguramente no lo entenderían así sus mismos autores, como aparece a la simple lectura de la discusión del artículo.

Basta para la tranquilidad de los diputados saber que pueden hablar libremente sobre todos los puntos que estuvieren en la esfera del poder que llevan de sus provincias, y que en caso de imputarles algún crimen, sea el que fuere, no serán juzgados sino por el tribunal de Cortes, y aún contrayéndose a los delitos contra la religión, se cortará el abuso de forjarlos al capricho para arruinar a los hombres beneméritos; y así dijo muy bien el señor Villanueva, después de haber apoyado el dictamen del señor Muñoz Torrero, que hacía responsables a los diputados que impugnaran algún artículo de nuestra santa fe: «no tratándose, pues, de errores sino de opiniones en las cuales sin perjuicio de la religión, puede uno decir que si o que no; y habiéndose visto por experiencia que aún contra los que así han opinado, se han suscitado persecuciones, tengo por prudente la precaución de este artículo y por conforme al espíritu y a la práctica de la religión, la cual no consiente que ningún católico sea incomodado por opiniones que ni directa ni indirectamente, se oponen a la verdad de sus dogmas». Se conoce, pues, que los legisladores no pretendieron (ni era justo que hubieran pretendido) autorizar a los diputados para que faltaran a todos sus deberes y cometieran mil crímenes en política, cohonestándolos con la palabra opinión, de modo que solo por un asesinato, por un robo u otra cosa semejante pudieran ser juzgados; sino que la única intención fue ponerlos a cubierto de los ataques de la perversidad, mas no sustraerlos del justo imperio de las leyes y autorizar sus excesos.

Esta inviolabilidad de los diputados se extiende aún a las opiniones que manifiesten fuera del Congreso, en las diversas comisiones que puedan dárseles, y aún en el trato particular, pues de lo contrario vendría a ser nula o ridícula, porque seguramente un diputado, fuera del Congreso, y aún fuera de toda comisión, no ha de impugnar las ideas que él mismo ha manifestado en las Cortes, a menos que se exponga a ser ridiculizado y a merecer la execración pública, lo cual de nadie puede exigirse; mas repito que esto debe entenderse de las opiniones que pudo manifestar en el Congreso, pero no de los errores y máximas perversas que pretenda difundir en el pueblo, las cuales tal vez no se atrevió ni aun a insinuar en las Cortes, pues entonces tendríamos que un diputado sería el hombre más perjudicial a la patria, en vez de serle uno de los más útiles.

En cuanto a lo establecido en el mismo artículo 128, sobre el tribunal de Cortes que debe juzgar a los diputados, manifestó el señor Dueñas que era odioso hasta el nombre de tribunal en las Cortes; que los jueces nombrados se adquirirían mil enemigos; que cuando no por facción al menos por una generosidad que inspiraba la identidad de funciones, propenderían los jueces nombrados a libertad de toda pena y delito a unos compañeros suyos; que las causas sufrirían mil demoras por las graves ocupaciones de los mismos diputados, y últimamente, que esto poco a poco iría conduciendo a la impunidad, y aún llegaría el caso de extenderse hasta la familia de los diputados. Estas razones no son tan sólidas que puedan preponderar a las que apoyan lo determinado en el artículo, pues solo indican que puede haber indulgencia y privilegio. La primera no es de esperarse que se extienda hasta el término de ser injusticia, cuando los que juzgan son personas de toda probidad y luces, y escogidas de entre los miembros de un Congreso tan numeroso, y cuando la causa de un diputado tendrá siempre la publicidad que servirá de barrera a todas las maquinaciones poco decorosas, y por lo que hace a los privilegios de familia, no expresándolos la Constitución, no debe esperarse que se trate de infringir la Ley, y entonces el mal no será producido por ella, sino por su infracción. Mucho más temor deberá haber de que los tribunales civiles ejerzan o sumo rigor o suma indulgencia con un diputado criminal, pues, o se propondrán satisfacer agravios y tomar venganzas rastreras, o para captarse la voluntad de todos los amigos del diputado en el Congreso y evitar de este modo el que se les juzgue con la severidad competente por algunos hechos a que sean responsables, cederán débilmente, y entonces sí que establecería una verdadera impunidad, o una verdadera persecución y atropellamiento, pues lo más fácil es forjar una causa criminal cuando hay muchos criminales que se presten a ser los instrumentos de tal iniquidad por eludir ellos mismos el castigo que merecen por sus crímenes. ¡Qué poco duraría en las Cortes un diputado de probidad, energía y luces, si se concediera a los tribunales civiles este poder para sacarlos del Congreso por un medio tan obvio como el de forjarles una causa! Para evitar los excesos de los diputados en el ejercicio de sus funciones, ha removido la Constitución dos grandes obstáculos, que podían oponerse a su rectitud de ideas y probidad de sentimientos, cuales son la avaricia y la ambición, prohibiendo que durante el tiempo de su diputación puedan admitir para sí, ni solicitar para otro, empleo alguno de provisión del rey, ni ascenso, como no sea de escala en su respectiva carrera (artículo 129), e igualmente se prohíbe, artículo 130, que durante el tiempo de su diputación y un año después del último acto de sus funciones, puedan obtener para sí, ni solicitar para otro, pensión ni condecoración alguna que sea también de provisión del rey. En ambos artículos se ponen las expresiones de provisión del rey, porque hay algunos empleos como los de secretaría de Cortes y todos los eclesiásticos que no son dados por el rey, pues en los primeros nada influye, y en los segundos solo tiene el derecho de presentación, según hemos manifestado anteriormente. Respecto de las pensiones y condecoraciones, debe decirse lo mismo, porque muchas de ellas son concedidas por las Cortes para premiar los talentos y las virtudes.

El señor Copmany pretendió que estos artículos debían reducirse a uno solo por su identidad de objeto, que es impedir la corrupción de los diputados, la cual puede conseguirse lo mismo ofreciendo empleos, que concediendo pensiones. Además alegó que no había una razón para extender el tiempo a un año después del último acto de las funciones del diputado respecto de las pensiones de los empleos, de manera que al día siguiente de concluir su diputación puede el diputado solicitar un empleo, pero no una pensión. La razón de diferencia fue expuesta con mucho tino por el señor Gallego, diciendo que los empleos se proveen no tanto en favor de los individuos cuanto en utilidad de la nación, y que esta no debe privarse del derecho de colocar las personas que le sean convenientes; más las pensiones y condecoraciones son cosas personalísimas que pueden tener el aspecto de un verdadero soborno, y que se conceden con más facilidad porque no hay tanto número de personas interesadas en impedirlo.

Muchos de los señores diputados pretendieron que estas prohibiciones fueran extensivas aún a los parientes, pero se demostró que además de ser injusta esta determinación respecto de una multitud de personas que ningún delito habían cometido por tener un pariente diputado en Cortes, resultaría la nación privada de las luces y demás ventajas que pudieran hallarse en tales individuos. La diputación llegaría a ser una carga tan grave y odiosa, que como dijo el señor Gallego, «tal vez llegaría tiempo en que fuese menester ordenar una leva para tener diputados de Cortes». No debe aspirarse a impedir todos los medios de que pueda valerse la malicia para corromper el corazón humano; basta haber tomado las medidas prudentes para remover los obstáculos más poderosos, cuáles son los intereses personales, pues extender las miras hasta las más remotas relaciones de los hombres es un delirio en política y un agravio que se hace a la honradez de los diputados, pues seguramente se piensa muy mal de un hombre cuando se cree que por la más remota relación de utilidad, podrá vender la patria. «Demos por hecho, decía el citado señor Gallego, que la prohibición de obtener empleos y pensiones se extienda a todos los parientes dentro de cierto grado. ¿Se habrán cegado todos los canales de la seducción que es tan ingeniosa y fecunda? Ni los medios propuestos, ni cuantos invente la previsión humana, impedirán el más obvio, el más sencillo, el más halagüeño camino del soborno, es decir el dinero, los regalos. No es menester insistir sobre la eficacia que inducen una talega y otra y otra, para dejar a todos convencidos de que siendo imposible precaver este arbitrio funesto, todo lo demás es de absoluta insuficiencia.» En el artículo 91 se amplía la elección de diputados para que pueda recaer no solo en los naturales de una provincia, sino también en los que se hallaren avecindados en ella, con residencia a lo menos de siete años, sin embargo de lo que expusieron en contra algunos individuos del Congreso, pretendiendo restringir esta elección precisamente a los naturales, pues en ellos se supone mayor amor a la provincia y conocimientos prácticos más extensos, supuestos que por lo regular recaería la elección en naturales que hubieran pasado su niñez y juventud en la misma provincia, y que por decirlo así con la leche hubieran mamado el amor a ella, circunstancia que no proporcionará fácilmente un vecindario de siete años. Sin embargo, uno de los señores del Congreso, apoyando lo determinado por el artículo, recalcitró en que los diputados lo eran de la Nación y no exclusivamente de tal o cuál provincia, y que si se entiende por amor a la patria el amor a la provincia, esto es, aquel amor exclusivo que ha producido tan funestas consecuencias, desearía se borrase esta palabra del diccionario de la lengua; a lo cual contestó el señor Morales Suárez, con la energía y tino que le caracteriza: «He oído con extrañeza que entiendo por patria el lugar del nacimiento; debía borrarse esta palabra del diccionario de la lengua castellana, pues solo debe contraerse a la Metrópoli o a la mayor parte de la Nación. Los hombres nos diferenciamos más en las opiniones que en los rostros, pues la mía en este punto es que, entendida la patria en el primer sentido, la obligación de amarla había de estamparse en cada hoja de todos los diccionarios, porque así la reconozco como un deber natural y divino, inspirado por la naturaleza, recomendado por el mismo Dios, y universalmente reconocido por superior a los intereses individuales y aún a la misma naturaleza, viéndose por tanto el padre gozoso inmolando a sus caros hijos en beneficio de su país. ¿Qué deberá esperar la patria política de quien no ama su patria natural? Mal podrá respetar y amar a sus padres políticos quien no ha tenido los mismos sentimientos con sus padres naturales. Hablando, pues, de esta calidad tan esencial en nuestro propósito no es posible equiparar en ella al natural con el extraño.» Las razones en que se apoyaba el artículo son de bastante peso, y sin embargo del mérito que puedan tener las contrarias, siempre manifestarán que las Cortes, al sancionar esta parte del artículo, seguramente no procedieron con ligereza. Manifestó el señor Espiga que si se limitaba la elección a los naturales, sería excluida una multitud de personas beneméritas que se hallan avecindadas en otras provincias, y que acaso no conservan la más ligera relación con la suya, careciendo de este modo la Nación, y aún la misma provincia en que se hallan estos sujetos avecindados, de las utilidades que pudieran proporcionar sus talentos y virtudes. Además la representación se da no solo por las personas, sino también por los intereses y aún de estos depende en gran parte el amor a la provincia, pues mucho más interés tendrá uno en conservar las ventajas de un suelo en que se hallan todos sus bienes, que no en favor de la provincia en que nació, y en la que acaso no conserva relaciones algunas. «Si el interés de la representación, dice el señor Espiga, consiste en que las leyes sean justas y sabias, y si el objeto de éstas no puede ser otro que la persona y bienes de los ciudadanos, ¿se puede dudar que allí está el verdadero interés del ciudadano en donde está su persona y bienes? ¿Cómo negar el derecho de ser elegido para la representación nacional en donde la ley que han de dictar las Cortes, le ha de obligar a pagar impuestos, contribuir a la fuerza armada y a sufrir todos sus efectos?» Esta razón es muy débil, y tanto, que se halla destruida por el mismo señor Espiga, cuando para excluir a las castas del derecho de representación y responder a unas objeciones semejantes que se hacían en su favor, expuso que no había ninguna necesidad de conceder los derechos políticos solo porque se tuvieran bienes raíces, se pagasen contribuciones y se hiciesen otros servicios semejantes a la patria, pues éstos, decía, solo exigen la protección de las leyes o la concesión de los derechos civiles; y no juzgó preciso que en la formación de estas leyes influyeran de modo alguno las castas, sin embargo de quedar obligadas a pagar impuestos, contribuir a la fuerza armada y a sufrir todos sus efectos. Aún se conoce más inexactitud e incoherencia de dictámenes, cuando se advierte que en este caso no se excluía a los no naturales de todos los derechos políticos en la provincia, pues les quedaba la voz activa, y de ningunos en la Nación, pues podían ser elegidos por la provincia de su nacimiento como otro cualquiera por la suya; mas las castas de modo ninguno entran.

Decía el señor Espiga que quedarían privados del derecho de ser elegidos muchos europeos residentes en América; yo creo que nadie tiene derecho a ser elegido, sino una aptitud para que lo elijan; pero sí hay un derecho a elegir, de modo que yo encuentro una gran diferencia entre la voz activa y pasiva, pues no es lo mismo tener derecho a ser representado, que tenerlo a representar, y así juzgo que a pesar de las grandes luces del señor Espiga, procedió con bastante inexactitud cuando dijo, hablando de los europeos residentes en América: tienen un derecho de justicia a la representación de aquellas provincias y a tener parte en el establecimiento de las leyes que han de servir de regla para el ejercicio de todas sus funciones. ¿No es esta la defensa de las castas que sin embargo están excluidas hasta de la voz activa por los esfuerzos del mismo señor Espiga? Cómo se conoce que eran otras las circunstancias. Los extranjeros, aunque sean ciudadanos, están excluidos de la diputación en Cortes; y ¿no tienen bienes, pagan contribuciones y sufren todos los efectos de las leyes? Véase, pues, qué débil es el fundamento, pues si razones políticas muy políticas muy poderosas hicieron justa la determinación en orden a los extranjeros con respecto a toda la Nación, iguales o semejantes razones la harían justas en una provincia respecto a los extranjeros de ella.

No por esto se crea que opino que el artículo es injusto, pero sí que da margen a que sucedan casos semejantes a los que reclamaron los diputados de América, manifestando que hallándose casi todos los empleos en manos de los europeos, el influjo de éstos podría ser muy poderoso, y como dijo el señor Alcoser, debe recordarse el dicho del poeta: *est rogitare ducum species quaedam invendi*, y podría muy bien suceder que la representación de América fuera un patrimonio de los europeos avecindados en ella. Recordó muy bien el señor Morales Duarez que la ley de Castilla, que es la 8 en el título de procuradores de Cortes, califica de un desorden imperdonable el uso de la diputación por un extraño de provincia, y esto prueba que aún cuando las cosas no estaban tan divididas por la misma situación de los lugares, no se creyó conveniente confiar estos cargos sino a los naturales de las mismas provincias. «Figurémonos el caso, decía el citado Morales Duarez, de hallar éste (el diputado) en las Cortes una decidida contrariedad de intereses entre su patria natural y la otra provincia que le comisiona; preguntó: ¿cuál sería entonces la suerte de la comisión o del comisionado? He oído aquí algunas veces calificar por imaginario este caso, avanzando una proposición que por prudencia he querido bautizar con el nombre de ingeniosidad, pero que realmente estimo como una paradoja improbable. Se dice que siendo todos hermanos, no debe reinar más que la unión, ni nunca puede haber ni entenderse diferencia de intereses. La proposición confunde al derecho con el hecho, a la potencia con el acto, y a las prácticas reales y universales del mundo con los bellos deseos de una pura imaginación». Para hablar en esta materia con imparcialidad, de confesarse que cuando por una residencia de muchos años y por intereses y relaciones contraídas en una provincia, llega un individuo a connaturalizarse tanto en ella que sentiría la mayor violencia en abandonarla, entonces ya en los efectos debe reputarse como un natural de ella, y acaso la amará más que los que realmente lo son, de modo que toda rivalidad respecto de estas personas es infundada; pero todo esto no es probable que tenga lugar cuando solo hay relaciones de un vecindario de siete años, y cuando no están prefijados los bienes que debe poseer el diputado de Cortes, dejándose esto para lo futuro; y aún cuando lleguen a prefijarse, nunca serán tan cuantiosos que hagan difícil la elección de diputados, y por consiguiente, podrán serlo casi todos los que solo tengan siete años de vecindario, tiempo muy corto para destruir todos los recelos en esta materia.

Deduzcamos, pues, que el artículo es justo y por consiguiente muy conforme a las miras filantrópicas que inspira una sana filosofía, y más que nada la moral evangélica, pues los hombres somos uno, y todos los que forman la sociedad particular de las provincias deben reputarse iguales, ora hayan nacido o no en su suelo: y que es inmejorable aplicado a la nación española como debería ser, mas no como por desgracia es. El tiempo y las luces conformando las ideas, conformarán los sentimientos; cesarán los temores entre hermanos, y esta ley constitucional que los une en representación, formará el vínculo de paz más sagrado y duradero, pues no agravará a ningún ciudadano, porque a ninguno excluye, ya sea natural, ya vecino, y hará sentir a todos los benéficos efectos de la unidad de intenciones.

Observación Séptima

Atribuciones de los poderes Todas las atribuciones que hace la Constitución a las Cortes, me parecen tan claras y arregladas que no necesitan más explicación que su simple lectura, si exceptuamos la cuarta, que ofrece algunos inconvenientes, pues dar al poder legislativo la facultad de elegir la regencia o regente del reino, y señalar las limitaciones con que han de ejercer la autoridad real, sin que se exprese hasta qué punto pueden llegar estas limitaciones, sino dejándolo a la libre voluntad de las Cortes, faculta a éstas para que hagan nulo el poder ejecutivo, o a lo menos lo entorpezcan de modo que todo el orden constitucional sufra graves atrasos. En vano se alegarían otros artículos de la misma Constitución, pues las Cortes, apoyadas en éste, siempre se creerían con derecho a alterarlo todo, y nadie podría exigir de ellas los fundamentos de tales o cuáles limitaciones. Esto se confirma con lo que dice el artículo 195: «La regencia ejercerá la autoridad del rey en los términos que estimen las Cortes». Supongamos, pues, que las Cortes, fundada o infundadamente, quisieran privar a la regencia de la sanción de las leyes, que es una de las principales prerrogativas del rey y un verdadero acto de autoridad que le concede la Constitución; tendríamos trastornado el sistema constitucional y el equilibrio de poderes. Aun cuando nos contrajéramos a las otras facultades indicadas en la misma Constitución, siempre sería de temer, como dije al principio, que el poder legislativo entorpeciera al ejecutivo con limitaciones odiosas y acaso temerarias. Mas en la gran dificultad de señalar hasta donde puedan extenderse las Cortes en estas limitaciones que dependen precisamente de los tiempos y circunstancias, se determinó con bastante prudencia que corriese el artículo como está.

Entre las atribuciones del poder ejecutivo, se halla la de declarar la guerra y hacer la paz, punto que se discutió en las Cortes con la mayor extensión y sabiduría, alegándose cuantas razones pueden ocurrir en favor y en contra; y así me parece conveniente formar un extracto de las discusiones sobre esta materia, para que cada cual pueda percibir, como suele decirse, a un golpe de vista, los fundamentos de una y otra opinión y graduar sus méritos, desnudándolos de los adornos y ampliaciones oratorias con que fueron presentados.

Razones para no conceder al rey la facultad de declarar la guerra

1.ª No hay secreto, pues en el momento en que los embajadores noten la menor novedad, informarán a sus respectivas potencias, y mil personas con infinitas relaciones con el ministerio serán otros tantos poros por donde transpire lo proyectado. Juntas las Cortes, para decretar los subsidios, el secreto está enteramente revelado, y sin dichos subsidios la guerra es imprudente. Aún cuando otras potencias no presintieran la declaración de guerra, la que había dado margen a ella lo conocerá fácilmente.

2.ª El rey tiene en su mano la distribución de la fuerza armada, y así puede tomar todas las medidas prontas que se necesiten para la seguridad del reino, y cuando se renuncia a la ambición de conquistar, no son necesarios otros medios, y tenemos toda la celeridad necesaria en las operaciones.

3.ª Los monarcas tienen en esta facultad un medio para extender sus prerrogativas indirectamente, comprometiendo a la Nación con una guerra injusta.

4.ª En caso de dar motivo al rey en la declaración de guerra y de ocupar los enemigos alguna parte de nuestro territorio, ¿qué recurso le queda ya sino subsidiar o perecer?

5.ª Los ministros, ¿no podrán influir en la declaración de guerra para quedar a cubierto, porque una derrota todo lo compone, y para dar empleos que entonces se multiplican considerablemente?

6.ª ¿No podrán eludir la responsabilidad de mil maneras, suprimiendo documentos bajo el pretexto de consideraciones diplomáticas a las naciones extranjeras? Y aún cuando muera el ministro, ¿que habrá ganado la Nación? Ni se diga que la responsabilidad podrá retraerlos, pues la esperanza de salir bien anima a todos.

7.ª Si el rey puede entrar en guerra con solo la fuerza que tiene en tiempo de paz, no ocurrirá a las Cortes, y ya es independiente, y si ha de estar obligado a convocar Cortes, para pedir subsidios, ya falta el secreto. He aquí demostrado que el argumento del secreto es un verdadero sofisma. Asimismo, es ilusoria la facultad de las Cortes para conceder subsidios. No debe confundirse el secreto militar con el diplomático; aquél es más fácil de guardar que éste.

8.ª Si se quiere celeridad en la declaración de guerra, concédasele al rey la facultad de poner contribuciones y proporcionar subsidios, pues de lo contrario siempre estará entorpecido.

9.ª Más fácil es seducir al ministerio que a las Cortes.

10.ª Las Cortes, declarándose en sesión permanente, podrían tener toda la prontitud necesaria sobre guerra o paz, mayormente cuando se supone que tienen razones justas.

11.ª El ministerio se retraerá de hacer propuesta de una guerra injusta, sabiendo que antes han de examinarla las Cortes.

12.ª La Constitución no suministra medio a las Cortes para evitar la ruina de la patria.

13.ª Más probabilidad hay de acertar en las Cortes, reunidas con el rey, que en éste solo.

14.ª La Constitución concede a las Cortes la facultad de hacer las leyes, porque percibe la justicia con más facilidad, y ¿por qué no la conveniencia de la guerra? A las Cortes pertenecen las contribuciones, los auxilios, la admisión de tropas extranjeras y los tratados de alianza ofensiva, y ¿por qué no la declaración de guerra, que puede dar motivo a todas estas cosas?

15.ª Aunque se dice que el rey oiga al consejo de estado, no se le manda que lo siga, y así el negocio más interesante de la Nación queda sujeto a la voluntad de un hombre.

16.ª La dignidad real no exige tal prerrogativa, pues en ese caso sería preciso constituir al rey de España un déspota, para que estuviera al nivel del gran Turco.

17.ª No hay libertad nacional si el rey puede conducir los españoles, decía el señor Alcocer, «como una manada de carneros a quienes el pastor lleva a su arbitrio al monte o a la selva, al pasto o al matadero».

18.ª Siendo las Cortes cada nueve meses, no es probable que se ofrezcan demoras en la declaración de guerra, que rara vez será tan imprevista.

19.ª La anuencia de las Cortes a dar los subsidios es libre o es necesaria; si lo primero, podrá negarlos, y queda desairada la autoridad real a vista de todas las naciones, y los enemigos se prevaldrán de esta falta de recursos para aumentar sus esfuerzos y conseguir victoria: si lo segundo, ¿para qué son las Cortes? «Dígase en un artículo separado —expuso el señor Terrero—: las Cortes concederán lo que el rey pidiere, y ni más ni menos. No engañemos a la Nación diciendo que se pone un contrapeso al poder ejecutivo, en atención a que la administración de los subsidios queda únicamente al arbitrio de las Cortes. No hay tal cosa. Si necesariamente se han de conceder, ¿cuándo, cómo, de qué manera o en qué circunstancias cohíben el desarreglo que pueda sobrevenir?» Razones para conceder al poder ejecutivo la facultad de declarar la guerra y hacer la paz

1.ª La declaración de guerra exige una prontitud y un secreto incompatible con la convocación de Cortes y las discusiones de éstas. Siempre podrán traslucirse las intenciones de declarar la guerra, aun cuando se cometa la facultad de hacerlo al poder ejecutivo; pero nunca serán tan plenamente como si se avisara, por decirlo así, al público la declaratoria, convocando las Cortes, y después se diera cuenta de las razones que hay para hacer la guerra y de los recursos y medios proyectados para sostenerla; todo lo cual se verificará en las sesiones de Cortes, por más que secretas que fueran. Es innegable que, al discutir las Cortes para conceder los subsidios, siempre se divulgarán muchas cosas que convendría estuviesen reservadas, pero no es lo mismo publicar un secreto después de haber conseguido un primer golpe oportuno en la declaratoria de una guerra, que publicarlo antes de ella en términos que impida los felices resultados que prometen las circunstancias.

2.ª Las circunstancias políticas de la Europa y los progresos que se han hecho en el arte de la guerra, exigen que la España, para nivelarse a las demás naciones, siga su orden de proceder en estas materias, que es decir, conceda al poder ejecutivo la facultad de que tratamos, para que pueda manejarse tan expeditamente y con la misma reserva y presteza que lo hacen las naciones limítrofes; pues de otra suerte será sorprendido a cada paso el gobierno, prevaleciéndose el enemigo de esta misma debilidad, observada en su Constitución, pues solo le facultaría para hacer una defensa inevitable, como podría hacerla un gobernador cualquiera de las provincias.

3.ª Dependiendo la continuación de la guerra de los subsidios decretados por las Cortes, y siendo responsables los ministros, no es dable que ni éstos ni el rey se comprometan en una guerra injusta que acarrearía sobre ellos graves daños. Extendiendo nuestros pensamientos en la vasta esfera de lo posible, no hay duda que pueda acaecer el extraordinario hecho de que el rey quiera despojarse de sus verdaderas prerrogativas e intereses, que están identificados con la prosperidad de la Nación, y los ministros renuncien hasta su misma existencia por hacer un mal; estas depravaciones del corazón humano, seguramente no están al alcance de las leyes, y el empeño en impedir todos los males es el medio más seguro de causarlos. Mucho más frecuentes son los casos en que la Nación estará comprometida si no se concede al poder ejecutivo esta facultad, que no aquellos en que podrá ser arruinada por la más horrenda perfidia de su ministerio. En la política no hay demostraciones, o a lo menos, son muy raras; por lo regular se procede por mera probabilidad, y ésta crece según la relación de los casos favorables a los posibles; luego, si es mayor el número de los casos en que favorece la concesión de esta facultad al rey que el de los adversos o en que puede dañar, es claro que la prudencia pide que se le conceda como está establecido en el artículo.

4.ª En la Constitución se ponen los medios para impedir el abuso de la autoridad real en esta materia, oponiéndose a las miras ambiciosas de los monarcas. Las guerras son gratas a los reyes, o por el deseo de conquistar o por intereses de familia; el primer caso es opuesto a las circunstancias de la España, que abunda en territorios y carece de población, de modo que el rey nunca obtendría subsidios, y por tanto no debe esperase que intente semejante guerra; el segundo está previsto con la autoridad que se concede a las Cortes respecto de las personas que deben ocupar el trono y de toda la dinastía real, de modo que el rey vería frustradas sus esperanzas, y así no es fácil que las conciba. En orden a la paz, no pueden tenerse grandes temores cuando no se concede al rey la facultad de enajenar territorio, ni disponer de las propiedades o gravar los pueblos con contribuciones.

5.ª Si se concede a las Cortes la facultad de declarar la guerra, es muy fácil que bajo el pretexto de proyectarla y de permitir que se haga bajo de tales o cuales condiciones que se estimen favorables, llegue el poder legislativo a gobernar los ejércitos, que es decir, a arrogarse facultades del poder ejecutivo.

6.ª Conservando siempre el rey la facultad de mandar los ejércitos, si se le supone de mala fe, tiene en su mano el comprometer la Nación a una paz forzada, con solo proporcionar que se pierda una acción de guerra; y del mismo modo, manejando las relaciones diplomáticas, puede poner las cosas en términos que sea preciso declarar la guerra sin que las Cortes puedan evitarlo. Se infiere, pues, que concediendo a las Cortes dicha facultad, no se evitarían los males que se supone podría producir el rey con ella.

7.ª Bajo mil pretextos y reservas diplomáticas, podrá el ministerio retardar la manifestación de las circunstancias que exigen se declare la guerra de modo que cuando llegue a deliberarse, todo esté ya perdido, de lo cual se infiere que siempre quedarán los ministros con la misma facultad de hacer mal, y que nada se gana con que se prive al rey del derecho de declarar la guerra.

Expuestas ya las razones en que se fundan los que quieren se conceda al rey la facultad de declarar la guerra y hacer la paz, y las de los que desearían se atribuyese a las Cortes, concluyamos con lo que dijo el señor Pérez de Castro: «Por mi parte, me atrevo a asegurar que si esta cuestión se hubiese de discutir académicamente en un liceo o a la manera que lo hacen los libros, habría tanto que decir en pro y en contra, que aunque reconozco mi insuficiencia, no tendría reparo en defender uno u otro extremo sacados a la suerte; pero tratándose el punto para establecer reglas que sirvan en la práctica, creo firmemente que los que sostienen lo contrario al artículo, se verían embarazados desde el primer paso que hubiesen de dar en un caso práctico».

La décima quinta facultad del rey o del poder ejecutivo, está concebida en estos términos: «conceder el pase o retener los decretos conciliares y bulas pontificias con el conocimiento de las Cortes si contienen disposiciones generales; oyendo al consejo de estado, si versan sobre negocios particulares o gubernativos; y si contienen puntos contenciosos, pasando su conocimiento y decisión al supremo tribunal de justicia, para que resuelva con arreglo a las leyes». Algunos de los señores diputados se opusieron a esta división, opinando que el pase de todas las bulas debía depender únicamente del poder ejecutivo, no solo en el efecto como actualmente sucede (pues siempre el rey es quien da el pase), sino también en el examen. Fundaban su opinión en que el poder ejecutivo es el que tiene el encargo de vigilar sobre la observancia de las leyes y el que puede percibir si una bula se opone o no a los intereses nacionales y a la organización del gobierno.

Sin embargo, el señor Espiga manifestó con la mayor claridad la distinta naturaleza de los casos que pueden presentarse respecto de las bulas pontificias, exigiendo a cada una de ellas el examen de uno de los poderes exclusivamente, para que la Constitución guarde el orden y armonía que tanto se necesita. Puede haber algunas bulas que se opongan a nuestras leyes, y por consiguiente, para su observancia sería preciso derogar o al menos interpretar las mismas leyes; y ¿a quién pertenece esto por la Constitución sino a las Cortes? Si el poder ejecutivo pudiera dar pase a semejantes bulas, podría también derogar las leyes, y se haría legislativo. Otras bulas pueden entorpecer las disposiciones del gobierno, sin que por esta sean contrarias a la ley, y en este caso, claro está que el poder ejecutivo es el único que debe entender en ello; puede por último una bula oponerse a las prerrogativas o derechos particulares, y por consecuencia envuelve un punto puramente contencioso, en que hay derechos que deducir, lo cual no puede pertenecer a otro que al poder judicial y por eso se le concede su examen al supremo tribunal de justicia. Siempre pertenece al rey conceder el pase, y por eso se ha puesto entre sus atribuciones, pero depende, según los diversos casos, ya de las Cortes, ya del consejo, ya del supremo tribunal de justicia, con la diferencia que si éste o las Cortes, lo niegan, no puede el rey concederlo; mas respecto del consejo de estado, solo se manda que lo oiga, porque en este caso el punto es gubernativo, y no es el consejo de estado quien tiene estas facultades, sino el rey, en quien reside el poder ejecutivo, siendo responsables los ministros.

Por lo que hace a las atribuciones del poder judicial, son tan claras, ora se consideren respecto del supremo tribunal de justicia, ora en orden de las audiencias y tribunales inferiores, que basta la simple lectura de los artículos para percibir su exactitud y utilidad. Todo se reduce a dos puntos: evitar el abuso de los tribunales que se erigían en legisladores, bajo el pretexto de prever lo conveniente para la pronta administración de justicia, y del poder ejecutivo erigiéndose en tribunal. Por eso se dice en el artículo 243: «ni las Cortes ni el rey podrán en ningún caso ejercer las funciones judiciales», y en el 45: «los tribunales no podrán ejercer otras funciones que las de juzgar y hacer que se ejecute lo juzgado». Para el cumplimiento de la última parte de este artículo, puede llegar el caso en que el poder judicial necesite, por decirlo así, la fuerza física, e implore el auxilio del poder ejecutivo, mas nunca se dirá que es otra cosa, sino una fuerza protectora, perteneciendo sin embargo la ejecución de lo juzgado al tribunal que lo determine. Recordemos que la palabra poder ejecutivo solo se refiere al establecimiento y protección de las leyes, mas no a su aplicación y ejecución jurídica. Con el mismo fin de cortar abusos de los tribunales, se dice en el artículo 246: «tampoco podrán suspender la ejecución de las leyes, ni hacer reglamento para la administración de justicia».

La experiencia ha hecho conocer que los tribunales formados por mera comisión, se creen como en la necesidad de hacer algo, esto es, de imponer alguna pena, y buscan delito donde no le hay, o por el extremo opuesto, propenden a una indulgencia hija de las circunstancias, y si se quiere, del crimen, pues un tribunal momentáneo todo lo allana o todo lo trastorna, para aprovechar, por decirlo así, el corto tiempo de su existencia. Se ven aparecer los criminales a proporción que se aumentan las comisiones para juzgarlos. Además, la falta de instrucción y de práctica es una fuente de mil errores en los tribunales formados por meras comisiones. Últimamente, en la elección de jueces comisionados, suele haber tal intriga y perfidia que se forma un tribunal aparente, pues en realidad no es más que un protector del crimen o un opresor de la virtud. Estos son los fundamentos del artículo 247, que dice: «ningún español podrá ser juzgado en causas civiles ni criminales por ninguna comisión, sino por el tribunal competente establecido con anterioridad por la ley».

Otro de los obstáculos de la pronta administración de justicia consistía en las atribuciones particulares de tribunales, por los fueros de las personas, y para ocurrir a ello determina la Constitución que «en los negocios comunes, civiles y criminales, no habrá más que un solo fuero para toda clase de personas», esto es, que en todos aquellos negocios que comúnmente suceden, y que por su naturaleza no pertenecen a un orden particular y exigen distinto orden de proceder, como sucede en los consulados, no habrá fueros particulares. Exceptúanse los militares y eclesiásticos que, aun en estos mismos casos comunes, v. g. una demanda por deuda, continúan gozando su fuero y no pueden ser juzgados sino por el tribunal militar o eclesiástico. De modo que según el artículo 32, capítulo 2, de la ley de 9 de octubre de 1812: «no debiendo haber, según lo dispuesto por la Constitución, más fueros privilegiados que el eclesiástico y militar, cesarán en el ejercicio de su jurisdicción todos los jueces privativos de cualquier clase; y cuantos negocios civiles y criminales ocurran en cada partido se tratarán ante el Juez letrado del mismo y los alcaldes de los pueblos, como se previene en esa ley. Exceptúase, sin embargo, los juzgados de hacienda pública, los consulados y tribunales de minería que subsistirán por ahora según se hallan, hasta nueva resolución de las Cortes».

Para hacer la excepción, están autorizadas las Cortes por el artículo 278, que dice: «las leyes decidirán si ha de haber tribunales especiales para conocer de determinados negocios». Se infiere, pues, que en estos casos no es un fuero de personas, sino una exigencia de la naturaleza de los negocios quien determina el tribunal que debe conocer en una causa.[3] El artículo 185, así como otros muchos de la Constitución, verdaderamente no contiene atribuciones de los poderes, sino reglas o normas en su aplicación, lo cual ha tenido muchos por un defecto; pero es una de las perfecciones de ella, pues demuestra que al formarla no se procuró tanto la exactitud en divisiones abstractas y en rigor político, cuanto la conformidad con las circunstancias de la nación y el impedir muchos absurdos que solo por una ley constitucional de difícil variación podrían evitarse. Dice, pues, el artículo citado: «En todo negocio, sea cual fuere su cuantía, habrá a lo más tres instancias definitivas pronunciadas en ellas. Cuando la tercera instancia se interponga de dos sentencias conformes, el número de jueces que haya de decidirla, deberá ser mayor que el que asistió a la vista de la segunda, en la forma que lo disponga la ley. A esta toca también determinar, atendida la entidad de los negocios y la naturaleza y calidad de los diferentes juicios, qué sentencia ha de ser la que en cada una deba causar ejecutoria».

El señor Gallego pretendió que dos sentencias conformes deben formar ejecutoria, fundándose no solo en la mayor brevedad de los juicios, sino también en la mayor probabilidad del acierto, pues cuando dos sentencias conformes son revocadas por una tercera, resulta que la probabilidad es de uno a tres respecto de la tercera sentencia, y de dos a tres respecto de las dos primeras.

Para manifestar su opinión presentó las siguientes tablas de probabilidad.[4]

SEGÚN EL ARTÍCULO
Primer caso
INSTANCIAS   SENTENCIAS

---

[3] Por decreto posterior pierden los eclesiásticos este fuero en causas criminales.
[4] Diario de Cortes, sesión del 6 de diciembre de 1811.

Primera...	Pro
Segunda...	Contra
Tercera...	Pro

Segundo caso

Primera...	Pro
Segunda...	Contra
Tercera...	Contra

«En estos dos casos, hay dos sentencias conformes contra una, de que resulta una probabilidad de justicia, en razón de dos a uno, y que en mi juicio debe tenerse por suficiente. Y respecto a ellos, no hay diferencia ninguna del artículo a mi proposición».

SEGÚN EL ARTÍCULO

Tercer caso

INSTANCIAS	SENTENCIAS
Primera...	Pro
Segunda...	Pro
Tercera...	Contra

«En este caso, quiere el artículo que cause ejecutoria la tercera sentencia, cuya presunción de error está en la misma razón que lo estaba de acierto los dos casos anteriores. Cosa más que repugnante».

Según el artículo, admitida cuarta instancia.

Cuarto caso

INSTANCIAS	SENTENCIAS
Primera...	Pro
Segunda...	Pro
Tercera...	Contra
Cuarta...	Contra

«En este caso, después de la enorme dilación de cuatro instancias, no resulta mayor presunción de acierto que de error, pues siendo dos fallos favorables y dos contrarios, no hay más razón para sostener los unos que los otros, y nos hallamos en la misma incertidumbre que al tiempo de empezar el juicio».

Toda esta demostración del señor Gallego, que a primera vista parece tan exacta, no lo es si recordamos el fundamento principal de toda probabilidad. Tratando esta materia en mis lecciones filosóficas,[5] he manifestado, según las doctrinas de Laplace, que cuando los casos son igualmente posibles, la probabilidad está en razón directa del número de los casos favorables al número total de los posibles, de modo que la igualdad en la posibilidad de cada caso es condición necesaria para el cómputo de las probabilidades. Si el señor Gallego hubiera demostrado que en cada una de las dos sentencias de que habla su proposición, o en cada una de las tres de que trata el artículo, hay igual posibilidad de acierto, la demostración sería concluyente, mas es preciso advertir que en la primera sentencia no hay tanta posibilidad de acertar como en la segunda, ni en esta hay tanta como en la tercera, pues sucesivamente van presentándose nuevas pruebas, oyéndose nuevas razones y aumentándose el número de los jueces, de modo que todo esto influye en dar a la tercera sentencia una posibilidad del acierto mucho mayor que las anteriores, aunque se hallen conformes; y el cálculo de probabilidad no debe establecer aquí por el número de las sentencias, sino por el de jueces y el de las pruebas, graduando éstas no tanto por su número, cuanto por su valor jurídico. Por esta razón, se determina en el artículo que cuando la tercera instancia se interponga de dos sentencias conformes, el número de jueces que haya de decidirla deberá ser mayor que el que asistió a la vista de la segunda, para balancear, por decirlo así, con la pluralidad de jueces la conformidad de las sentencias anteriores; pues aunque, según se demostró en la misma discusión, los tribunales colegiados no tienen más probabilidades del acierto que los otros; pues aunque es mayor el número de los que juzgan, es menor el conocimiento de los asuntos, decidiéndose las más veces sobre la marcha, no haciéndose más que oír rápidamente la relación del proceso; sin embargo, esto solo prueba un abuso, y no una

---

5 Tomo I, pág. 79.

necesidad, en tales tribunales, cuyo instituto no les prohíbe el detenido examen de las materias, prolongándolo a todo el término que racionalmente está concedido por la ley. A ésta toca también determinar, atendida la entidad de los negocios y la naturaleza y variedad de los diferentes juicios, qué sentencia ha de ser la que en cada uno ha de causar ejecutoria y efectivamente se ha determinado por la ley de 9 de octubre de 1812, que en las causas criminales, la segunda sentencia conforme se dé por ejecutoriada.

Los artículos 287 y 296 presentan a primera vista alguna contradicción, pues en el primero se dice: «ningún español podrá ser preso sin que preceda información sumaria del hecho por el que merezca según la ley ser castigado con pena temporal, etc»., de modo que bajo ningún pretexto debe estar en prisión el que no merece pena corporal; y en el otro artículo se dice: «en cualquier estado de la causa en que aparezca que no puede imponerse al preso pena corporal, se le pondrá en libertad dando fianza». Estas últimas palabras dando fianza, dijeron algunos de los diputados que estaban en abierta contradicción con el otro artículo, pues si aparece que no merece pena corporal, aunque no dé fianza no puede retenérsele en prisión, supuesto que tampoco pudo ser preso; además, se opone a la justicia que solo por carecer de fianza se imponga una pena como es la de prisión a un reo que por el proceso resulta no merecerla.

Para conciliar estos artículos, observemos que basta una información sumaria de que resulte una probabilidad de crimen, para poner a uno en prisión, y no debe salir de ella hasta no estar plenamente destruidos los fundamentos por que se impuso. Supongamos, pues, que en el discurso de una causa se presentan las cosas en términos que hacen creer probablemente que el reo no merece pena corporal; en este caso, aun no puede decirse que están destruidos los primeros fundamentos o mejor dicho, aun no sabemos si verdaderamente merece el reo pena corporal, pues en lo que resta de la actuación, tal vez aparecerá convencido del crimen; luego, debería retenérsele en prisión. Sin embargo, la ley para proteger en cuanto sea posible la libertad individual, quiere concederle al reo el derecho de dar una fianza para salir de la prisión. Se exige la fianza porque de otra suerte en caso de resultar criminal en la continuación de la causa, no podría aprenderse el reo, que tal vez habría profugado. Son, pues, dos cosas las que deben atenderse: la libertad individual y el efecto de las leyes, pues tan malo sería atacar a aquélla como debilitar ésta, y así para acudir a ambas cosas, se ha tomado un partido prudente, concediendo al reo lo más que puede concedérsele y conservándole a la ley lo que ella no debe perder.

Observación octava Sobre ayuntamientos y juntas provinciales Los ayuntamientos y diputaciones provinciales, bajo ninguna relación debe decirse que ejercen ninguno de los poderes, sino que son unas corporaciones establecidas para vigilar sobre lo económico de los pueblos y provincias, para promover su adelantamiento, ya removiendo obstáculos, ya proyectando nuevos medios, y últimamente, para auxiliar al poder ejecutivo con sus luces y con todos los recursos pecuniarios o de cualquier género, siempre que no excedan los límites prescritos en la Constitución, en la cual se previene que cuando no basten los fondos de propios y sea preciso recurrir a nuevos arbitrios o imposiciones, no se haga sin la aprobación de las Cortes. No puede decirse que los regidores son representantes del pueblo, si por esta palabra se entiende que son parte del poder legislativo, y solo debe admitirse la expresión (que mejor sería no usarla jamás) cuando se entienda que son unos sujetos que merecen la confianza del público, que les ha encargado sus intereses puramente económicos, y que para promoverlos, tienen autoridad para formar ordenanzas municipales y tomar todas las medidas económicas que no exigen aprobación del gobierno. Decía muy bien el señor conde de Toreno: «es un principio a mi ver equivocado cuando se ha manifestado que los ayuntamientos eran representantes de aquellos pueblos por quienes eran nombrados. Este es un error; en la nación no hay más representación que la del Congreso nacional. Si fuera según se ha dicho, tendríamos que los ayuntamientos, siendo una representación, y existiendo consiguientemente como cuerpos separados, formarían una nación federada, en vez de constituir una sola e indivisible nación. Los ayuntamientos no son más que unos agentes del poder ejecutivo para el gobierno económico de los pueblos; pero como el mejor modo de plantear esta parte tan esencial para la felicidad de las provincias debe reposar sobre el interés que sus mismos vecinos tienen en su propiedad, evitando todos los gravámenes posibles y fomentando todas las fuentes de aquéllas, se prefiere que estos agentes sean escogidos por sus propios convecinos, en la persuasión de que desempeñarán mejor su cargo y corresponderán a la confianza que los ha distinguido...; los ayuntamientos son esencialmente subalternos del poder ejecutivo, de manera que solo son un instrumento de éste, elegidos de un modo particular».⁶ Estas mismas ideas presentó el señor Argüelles, aplicándolas no solo a los ayuntamientos, sino a las diputaciones provinciales: «es igualmente necesario insistir en desvanecer cualquiera idea de representación que se pueda suponer en las diputaciones de provincia. Tal vez las opiniones de algunos señores nacen de este principio equivocado. Las diputaciones son elegidas por los pueblos para combinar la confianza y amovilidad de sus individuos con la subordinación al gobierno, de quien este se vale para la ejecución de sus órdenes. La representación nacional no puede ser más que una; y ésta está refundida solamente en las Cortes. Es la que únicamente puede expresar la voluntad de los pueblos; y así las diputaciones provinciales no tienen, ni por su naturaleza pueden tener, ningún carácter representativo, así como los ayuntamientos jamás fueron considerados como cuerpos representativos, sino en la parte económica, y con sujeción absoluta a la autoridad suprema. Cada diputado es como un ayuntamiento céntrico para reunir en un punto todos los de la provincia y conservar la unión, haciendo en esto las mismas funciones que antes los acuerdos de las audiencias. El freno del gobierno no ha de estar en cuerpo tan subalternos y subdivididos. Existe con menos artificio y complicación en la reunión anual de Cortes. Estas son las salvaguardias de la libertad. El señor conde de Toreno ha dicho bien que las diputaciones son unos agentes del gobierno. Solo bajo este aspecto se podrá conciliar con la naturaleza de una monarquía la organización del gobierno municipal subdividido en ayuntamientos y diputaciones. Y aún para la tranquilidad y buen orden de la nación, es necesario fijar bien la naturaleza de ambas corporaciones, desvaneciendo el menor vestigio de la equivocada idea que considera las diputaciones como cuerpos representativos».⁷ Es muy de notar la diferencia que hay entre ejercer el poder ejecutivo y ser agente de él, pues en el primer caso reside una verdadera autoridad o poder

---

6   Diario de Cortes, tomo II, pág. 211.
7   Diario de Cortes, tomo II, pág. 245.

gubernativo en la persona que ejerce las funciones; mas en el segundo, solo debe decirse que facilita y coadyuva al ejercicio del poder que reside en otro. Sin embargo, algunos publicistas usan de la palabra poder municipal como distinto del legislativo y ejecutivo, lo cual solo puede admitirse en cuanto a lo económico, que por ninguna relación envuelva algún punto contencioso, y mucho menos establezca ley, o derogue o interprete las establecidas, pues estas funciones son totalmente ajenas de los ayuntamientos y diputaciones provinciales.

Toca a los ayuntamientos entre otras cosas cuidar de las escuelas de primeras y los demás establecimientos de educación que se paguen de los fondos del común; pero no de los que son propiedad de un particular o de alguna corporación. Aún en cuanto a los primeros, debe decirse que solo toca a los ayuntamientos el velar sobre la buena administración de los fondos y sobre que se cumplan sus estatutos, pues el formar éstos y el dirigir la enseñanza no es de su institución perteneciendo a las Cortes, que son las únicas que pueden establecer el plan de enseñanza. En general, debe decirse que ni los ayuntamientos ni el gobierno, conviene que tengan más inspección sobre la enseñanza pública, por lo menos en cuanto a las escuelas particulares, que lo necesario para impedir que se enseñen doctrinas opuestas a la buena moral y a nuestras leyes. Yo siempre miraré como un rasgo el más brillante del talento y tino del señor Argüelles, lo que dijo cuando la discusión de esta materia: «O se cree que el gobierno es el que solamente puede dirigir estos establecimientos, o no. Si lo primero, todos convendremos en que tenga la inspección; pero si se dice que no, como yo creo debe hacerse, y que todo español esté autorizado para contribuir por su parte al fin de la enseñanza, no debe mezclarse el gobierno en ello, porque éste puede ser un ramo de industria, y si se quiere de especulación, y se debe permitir como hasta aquí que cualquiera pueda enseñar a leer y escribir latinidad, matemáticas, lenguas vivas o muertas, en fin, lo que se llama educación; y ¿qué necesidad hay de que el gobierno inspeccione esto? Creo que cuanta más inspección se trata de poner sobre estos establecimientos, tanto más presto viene abajo la libertad de los españoles. ¿Por qué yo, que quisiera poner una cátedra de matemáticas u otra cualquiera, he de estar sujeto a que el gobierno me diga la hora en que he de empezar, porque autor he de enseñar y de qué modo he de explicar? Lo que dice el señor Aner es una verdad; porque el gobierno está encargado de velar para que en nada se contravenga a las leyes, ¿cómo es posible que ningún ayuntamiento deje continuar una escuela, si ve que en ella se corrompe la moral de los jóvenes, si se falta a la religión, etc.?; no puede ser; durará veinticuatro horas; pero al instante se descubrirá el abuso, y aquí entra el gobierno. Pasar de esto, es atacar la libertad de los españoles.»[8] La relación que tienen estas ideas con el artículo 368, en que tratando de la educación pública, se dice que el plan general de enseñanza será uniforme en todo el reino, me obliga a manifestar con franqueza lo que pienso, sea cual fuere la opinión que prevalezca en esta materia. Si la generalidad del plan es generalidad de doctrinas, no hay mayor absurdo, pues o se supone que todos los españoles coinciden en unas mismas ideas y que no pueden variarlas, lo cual es ridículo, o se supone que solo se enseñe lo que quiere el gobierno, quitando la libertad de pensar aun en las materias que nada ofenden ni a la moral ni a la política, lo cual no puede convenir a un pueblo libre. Si la uniformidad del plan es en el método, éste debe acomodarse a las circunstancias, y la prudencia de los profesores, cimentada en conocimientos prácticos, es quien únicamente puede conducirle, y jamás habrá un método que sea acomodable para todas las circunstancias. El método y el orden de colocar las materias, es uno de los puntos más difíciles en la enseñanza, y en que se desean mayores progresos; y así conviene que se deje en libertad a los profesores para ensayar y discurrir en esta materia cuanto fuere posible. Si se establece un método por el gobierno, ya no se pensará más que en cumplir lo bueno o malo; ni se me diga que siempre queda el derecho de representar, pues muy pocos querrán meterse en eso, y solo se hará ya sean insufribles los atrasos que produzca el plan establecido. Se dirá que la Nación debe estar uniforme en esto, ¿por qué? Yo no alcanzo el fundamento, pues distinguiéndose los hombres en sus ideas más que en sus rostros, la variedad de pensamientos no puede desdecir, antes adorna una nación que aspira a distinguirse por las luces. ¿Se manda una uniformidad de vestidos? Pues esta sería más llevadera que la uniformidad de ideas.

---

8   Diario de Cortes, tomo II, pág. 232.

Bien sé que se trata de la enseñanza, y no de la libertad de pensar que genéricamente tienen los españoles; pero siendo las primeras ideas como las bases de todas las futuras, yo creo que es como darle a uno libertad para caminar, después de haberle roto los pies, o por lo menos, después de habituarle a torcerlos.

Se dice que podría haber profesores temerarios o alucinados que en favor de sus caprichos y doctrinas absurdas, sacrificaran la utilidad de la juventud. Muy pronto se quedarían solos; el público es un juez que castiga sobre la marcha y sin apelación. Tales profesores tendrían que buscar otro oficio, y si eran puestos por el gobierno, éste debería removerlos, pues en todo cabe la prudencia, y la libertad de pensar no es libertad de ser loco.

Convengamos en que una reunión de los primeros sabios de España no contiene, sin embargo, las luces de todo el reino; y ¿por qué se quiere que estos hombres obliguen a todos los demás a seguir sus ideas, aún cuando solo nos limitemos al método? Las luces van en progresión, y si el plan de enseñanza no se va conformando a estos progresos, se queda atrasado, y resulta que lo que debería ser el centro de la ilustración nacional será lo más ignorante de la España.

Por lo que hace a la intervención de los ayuntamientos en los hospitales, hospicios, casas de expósitos, etc., está determinado por el artículo 6.º, capítulo 1.º, de la instrucción para el gobierno económico político de las provincias, dado en 23 de junio de 1813, que «para desempeñar lo que previene el párrafo 6 del artículo 221 de la Constitución, cuidará el ayuntamiento de los hospitales y casas de expósitos o de beneficencia que se mantengan de los fondos del común del pueblo, bajo las reglas que para ello estuvieren dadas o se dieren por el gobierno; pero en los establecimientos de esta clase, que fueren de fundación particular de alguna persona, familia o corporación, o que estuvieren encargados por el gobierno a personas o cuerpos particulares, con sujeción a reglamento, solo tocará al ayuntamiento, si observare abusos, dar parte de ello al jefe político, para el conveniente remedio; pero sin perturbar de modo alguno en el ejercicio de sus respectivas funciones a los directores, administradores y demás empleados en ellos».

Observación Nona Sobre algunos artículos en particular

El artículo 4.º no expresa otra cosa que la obligación que tiene toda sociedad de proteger a sus individuos, cosa que nadie ignora, ni era preciso determinarla.

El artículo 13.º es del mismo orden, pues solo dice que el objeto del gobierno es la felicidad de la Nación.

En los artículos 6.º y 7.º se establece el amor de la patria, la justicia y la beneficencia, la fidelidad a la Constitución, la obediencia a las leyes y el respeto a las autoridades como unos deberes de los españoles. Pero ¿podrá castigarse a uno porque no sea benéfico, o porque no ame a la patria, siempre que cumpla las leyes? Y por lo que hace ser fiel a la Constitución, etc., ¿necesitaba esto un artículo constitucional? Por estas razones, quisieron algunos diputados que se oprimieran semejantes artículos; pero se manifestó que aunque contienen verdades obvias y en mucha parte unos meros consejos que no pueden ser el objeto de una ley, sin embargo las circunstancias de la Nación, agobiada por la perfidia de sus mismos hijos, y la utilidad de estas máximas saludables exigían se recordase a los españoles en su mismo código constitucional el origen de sus males y la fuente de su prosperidad futura, es decir, el verdadero patriotismo.

En el artículo 24, se dice que se suspende el ejercicio de los derechos de ciudadano por el estado de deudor quebrado, lo cual parece muy genérico y que ofende a muchos individuos beneméritos que por desgracia sufren una quiebra; pero sin embargo, la ley no ofende a nadie, pues se promulga para todos los que pueden hallarse en tal o cuál caso; y mayormente en la concesión de ejercicios de derechos políticos, la sociedad puede establecer sus restricciones. Además, las leyes se establecen por lo que generalmente sucede, y nadie negará que son muy raras las quiebras legítimas; y que pierde la opinión pública el deudor quebrado, sea como fuere, porque siempre se sospecha de la legitimidad de la quiebra, y no parecía conforme a razón que un hombre desacreditado influyera en la formación de las leyes. También se ha establecido que la circunstancia de deudor a los caudales públicos suspende los derechos de ciudadanos; mas sobre este punto acaba de resolver el rey provisionalmente, a consulta del consejo de estado, que solo se entienda con los deudores morosos, en un sentido jurídico, que es decir, después de habérseles reconvenido por la autoridad competente.

También se suspenden estos derechos por el estado de sirviente doméstico, que quiere decir, por estar dedicado al servicio material de alguna persona y no al manejo de sus intereses, y así un ayuda de cámara, un lacayo, etc., son los excluidos; pero no un mayordomo, aunque reciba un salario y entienda en el gobierno doméstico, un dependiente de comercio, etc., pues estos individuos, aunque sirven a los intereses de una casa, y tal vez viven en ella y reciben un sueldo, no pueden llamarse sirvientes domésticos, pues sus funciones son de orden muy distinto, y no pueden suponer en ellos la escasez de ideas, la debilidad de sentimientos, y la deferencia absoluta a un dueño que pueden sospecharse en un sirviente verdaderamente doméstico.

Suele preguntarse a qué edad se empieza a gozar de los derechos de ciudadano. La Constitución nada determina, y aunque es más probable que esto se verifique a los dieciocho años, en cuyo tiempo, si estuviere casado, se le computa capaz de manejar sus bienes, que es decir, se juzga que tiene ya una edad competente para contarle en el número de los vecinos que por sí tienen persona; sin embargo, a los catorce años puede nombrar curador, que es decir, se le considera con el tino suficiente para la elección de un sujeto que le represente, y por esta causa muchos opinan que de dicha edad empiece el goce de los derechos de ciudadano, y así lo vemos practicar algunas veces. Me parece que podría hacerse una reflexión para manifestar la diferencia de uno y otro caso, reducida a considerar que al menor, nombrando curador, no va a influir en la formación de las leyes, ni va a dar representación a otros individuos, sino a sí mismo, y esto en los derechos puramente civiles, de modo que espera la protección propiamente de las leyes; y así hasta que haya elegido una persona cuya probidad le conste, lo que no es muy difícil; pero cuando da su voto para influir en la elección de un diputado, necesita mayores conocimientos de las personas que elige; y por otra parte, va a perjudicar con su poco tino a los ciudadanos aumentando la votación de un individuo que tal vez no la merece. No puede haber un gran interés para seducir a un joven de catorce años y hacerle que nombre tal o cuál curador, pues éste siempre será responsable de cuanto hiciere, y el nombramiento puede revocarse; mas en las elecciones constitucionales, ¡cuántos hay interesados en engañar, por decirlo así, a un muchacho y hacerle dar un voto ilegítimo! Pasada la elección, ya todo está conseguido y no hay responsabilidad, o es tan remota que puede despreciarse.

En el artículo 168, se declara inviolable la persona del rey y en el 172, se dice que pierde la corona si se ausentase del reino o se casase sin el consentimiento de las Cortes; y del mismo modo, en el artículo 183, se determina que cuando «la corona haya de recaer inmediatamente, o haya recaído en hembra, no podrá ésta elegir marido sin consentimiento de las Cortes, y si lo contrario hiciere, se entiende que abdica la corona». Esto parece un verdadero castigo opuesto a la inviolabilidad sancionada; pero advirtamos que se usa de la expresión se entiende que abdica la corona, que es decir, hay un pacto entre el rey y la Nación, sancionado por un artículo constitucional, en que se obliga al monarca a no ausentarse del reino, ni a contraer matrimonio sin consentimiento de las Cortes, y a dar una expresión voluntaria de haber abdicado la Corona al practicar cualquiera de las cosas sobredichas. La abdicación es libre en el monarca, y se entiende que la ha hecho por estos medios, que también son libres. Ninguno se dice castigado cuando voluntariamente se despoja de algunas prerrogativas, queriendo rescindir un contrato que la otra parte cumple religiosamente.

En el artículo 371 se concede la libertad política de la imprenta, cuya utilidad sería superfluo recomendar cuando no hay nación que no esté convencida de ella. Sus restricciones están bien demostradas en las palabras ideas políticas, de que usa el artículo; pero aún en estas mismas concede a las leyes civiles que se formaren el disponer lo conveniente. Por lo que hace a los abusos y daños que causa, baste un símil de Benjamín Constant: si hubiera un gran pueblo privado del don de la palabra, y que al pronto se le concediera, todos tal vez reclamarían contra los daños causados por este medio fácil y pronto de comunicar las ideas, y aunque conocieran sus ventajas, no faltarían hombres temerarios que quisieran destruirla bajo el pretexto que no se difundieran ideas perniciosas. ¿Sería conveniente que este afortunado pueblo volviera a su antigua mudez? Lo mismo puede decirse de la libertad política de la imprenta, sin la cual el pueblo es mudo.

Muchos han impugnado el artículo en que se prohíbe hacer propuesta de reforma de la Constitución hasta pasados ocho años, creyendo que esto es contrario a la libertad nacional, y que puede causar muchos males impidiendo la reforma de un artículo perjudicial; pero advirtamos que esta prohibición no se entiende sino en los ocho primeros años, que es decir en el tiempo en que había más peligro, por no estar bien concedido el sistema, ni experimentadas sus ventajas, pero pasado este tiempo, cada diputado puede proponer las reformas que estimare conveniente. Ni se diga que la Nación deja de ser soberana, pues en nada demuestra más su soberanía que en obligarse voluntariamente a esperar tanto o cuánto tiempo para que conste la voluntad general, que es la que constituye la soberanía, y no la voluntad de uno u otro partido, y para proceder con acierto después que la experiencia enseña si debe alterarse o no. En materia tan delicada, es fácil equivocarse, y ninguna precaución es superflua.

Observación décima Sobre algunas dudas en la parte reglamentaria ¿Qué se entiende por vecino cuando se forma el cómputo para asignar por cada doscientos un elector parroquial? En la práctica, se ha resuelto dividiendo por cinco la totalidad de la población de la parroquia, contando solo las personas que según el artículo 29 no forman la base de la población, por suponerse que cada vecino es un padre de familia, y que esta, por un término medio, conste de cinco individuos. No es difícil conocer que este método es muy inexacto, y que con alguna mayor prolijidad en la formación de padrones, podría formarse el cómputo no precisamente por el que tiene familia, sino por todo el que está avecindado y no se le halle bajo de patria potestad, o tiene persona civil; porque precisamente en América, donde hay una multitud de europeos cimentados y que, sin embargo, no tienen familia, sino que sirven en alguna casa de comercio, o se dedican a la agricultura, a las artes, etc., se rebaja considerablemente el cómputo en la división por cinco, y a la parroquia que podía tener seis electores, por ejemplo, le tocan solo dos. Por otra parte, la Constitución nada dice, y así la palabra vecino debe tomarse en su sentido genérico, y no haciendo una restricción odiosa.

Si uno quisiera votar por menor número de personas que el de los compromisarios que debe elegir su parroquial, ¿se le podrá permitir o debe obligársele a que nombre un número igual como dice el artículo? El poder nombrar es un derecho, y cada cual renuncia sus derechos en el todo o en parte, según le parece. Si no quiere concurrir un ciudadano a la junta, no podría ser obligado, y renunciaría todos sus derechos, lo cual prueba que está en su arbitrio. Además, no se puede obligar a nadie a que precisamente halle un gran número de personas que merezcan su confianza, y que solo por no encontrar este número, pierda el derecho de nombrar a muchos hombres de mérito, y éstos pierdan el voto de un ciudadano juicioso, que si no elige a muchos, es porque medita su elección, y no procede al acaso.

El empate de que habla el artículo 74 sobre electores del partido, y que después se repite en el artículo 89, hablando de diputados de Cortes, para que decida la suerte, ¿debe entenderse en la primera y segunda votación, o solo en ésta, que es decir en el escrutinio? Yo opino que en todas, porque en ambos artículos encuentro que precede a la cláusula en caso de empate decidirá la suerte, un punto final que constituye a esta cláusula como desprendida y genérica para poderse aplicar a todas las partes del artículo, que es decir, siempre que se verifique empate, decidirá la suerte, sea en la primera votación, sea en la segunda, que es la que se hace para el escrutinio. Este es el medio más expedito, pues siguiendo la opinión contraria, yo no sé qué es resolver en ciertos casos; v. g., son veinte los electores, y en la primera votación, se dividen de cinco en cinco, y resultan cuatro individuos empatados en votación. Según el artículo, se han de elegir dos nada más, para votar acerca de ellos en la segunda votación, que es la que ha de servir para el escrutinio. Pregunto: ¿cuáles son los dos que se eligen? ¿Con qué derecho se rechazan tales o cuáles individuos? se dirá que se forme nueva votación, para ver si no hay nuevo empate. El artículo no nos autoriza para eso, pues la segunda votación ha de ser precisamente sobre los individuos que entren en el escrutinio.

Estas y otras razones semejantes han hecho que el rey, a consulta del consejo de estado, resuelva con calidad de por ahora en los términos siguientes.

«Sobre cómo se han de decidir los empates que ocurran en las elecciones o nombramientos de los electores de parroquia, bien en el caso de salir con igualdad de votos mayor número de sujetos del que se necesita, o bien en el de estar empatados los que falten para completarle».

«Resolución. En todos estos casos, debe decidir la suerte, porque éste es el método que establece la Constitución para casos iguales y el más sencillo y exento de dificultades y dudas.⁹ Esta resolución se contrae a las juntas parroquiales para ayuntamientos; pero claramente se refiere a los artículos de la Constitución que tratan de electores de partido y diputados de Cortes.

Sin embargo, yo no opinaría que siendo veinte los electores como en el caso propuesto, y dividiéndose de cinco en cinco, la suerte decida cuál de los individuos ha de quedar nombrado elector de partido o diputado de Cortes, sino cuáles han de entrar en el escrutinio; pues me parece un poco violento que con cinco votos se nombre un elector, siendo veinte los votantes, o con dos votos, si diera la gran casualidad de dividirse de dos en dos. Es también contrario al espíritu del artículo que pide pluralidad absoluta, que es decir la mitad y uno más; y solo en el escrutinio donde el empate es precisamente con la mitad de los votos, puede la suerte determinar racionalmente el elector o diputado, pues un voto menos de la pluralidad absoluta, no es cosa de mucha importancia, o a lo menos no es tanto como cuando faltan seis u ocho votos para dicha pluralidad absoluta, como sucedería muchas veces si, desde el primer empate, la suerte determinara el elector o diputado.

---

9   Gaceta del Gobierno de 18 de noviembre de 1820.

Segunda parte
El Diputado Documentación, intervenciones y proposiciones

El ciudadano don Félix Varela, a los habitantes de La Habana despidiéndose para ir a ejercer el cargo de diputado en las Cortes de 1822-1823[10]

El amor de la patria es una de las principales obligaciones de los españoles (art. 6 de la Constitución política).

Mi corazón juró este artículo antes que mis labios, escrito estaba en el gran libro de la naturaleza, y el género humano me lo había enseñado desde el momento en que puesto entre el número de los seres, oí sus voces. No hay sacrificios: honor, placer, es todo cuanto se renuncia en obsequio de la Patria. Hijo de la ilustre Habana, educado en ella, degeneraría de los sentimientos del más constante y más generoso de los pueblos, si el temor a los peligros pudiera arrebatarme. Ya sea que el árbitro de los destinos, separándome de los mortales, me prepara una mansión funesta en las inmensas olas, ya los tiranos para oprimir la España ejerzan todo su poder contra el augusto Congreso en que os habéis dignado colocarme, nada importa: un hijo de la libertad, un alma americana, desconoce el miedo. Mis conciudadanos, haciéndome el mayor de los honores, me habéis impuesto la más grave de las obligaciones. Yo no seré feliz si no la desempeño. Entre tanto recibid mis votos..

---

10 Félix Varela [Diario del Gobierno Constitucional de La Habana, miércoles 18 de abril de 1821.]

Comunicaciones dirigidas al cura del pueblo de la Salud, al Sr. Jefe superior político de esta provincia [Habana] y a don Tomás Gener (1822)[11]

Altura del Pueblo de la Salud.

Con fecha de 2 de abril último me hace presente desde Madrid el Presbítero don Félix Varela, electo Diputado a Cortes por esta Provincia que las copias del acta de su nombramiento y demás Señores se perdieron en el naufragio que sufrió el Buque Correo donde se dirigían y que por falta de este preciso requisito no han sido admitidos en el Congreso nacional pidiéndome con tal motivo las remita de nuevo en su consecuencia pues he dispuesto se saque copia de la referida acta de como se ha verificado por el Secrt.o que fue de Las Juntas electorales de Provincia don Lucas Ariza y a fin de que esta no quede sin representación en la propia legislatura para que vayan arregladas dichas copias de la Constitución adjuntas las acompaño a usted para que. las subscriba, como escrutador que fue entonces, esperando me las devuelva inmediatamente con el mismo Portador.

Es copia de las actas reelecciones de Diputados a Cortes por esta Prov a. pa. los años de 1822 y 1823 la que firmamos en virtud de lo dispuesto por el Excmo. Sor Jefe Supr. Política con motivo de haber recibido un oficio del señor Diputado don Félix Varela en que con fecha de 2 de abril último 11 dic. de Madrid le dice no haber llegado la referida copia. Habana 28 de junio de 1822.

[Archivo Nacional de Cuba. Fondo: Asuntos políticos, legajo 303, número 199.]

---

11 Que se relacionan con el envío al Congreso o a la Diputación permanente, de copia de las actas de elección de los diputados a Cortes don Félix Varela y don Tomás Gener, ya que las primeras copias se perdieron en el naufragio del buque correo que las conducían.

Carta dirigida el 2 de abril de 1822, a don Nicolás Mahy
He recibido un oficio con fha 14 de Dice de 1821 que no he podido dudar sea de V. E. aunque por equivocación ha venido sin firma y en el se me anuncia que esa Prova me ha hecho el honor de reelegirme diputado pa las actuales Cortes de 822 y 823 y q debía recibir mis poderes por el Ministerio de Ultramar.

Efectivamente se me remitieron con fecha 30 de marzo y los he presentado a las Cortes y esperaba que hoy se diese cuenta cuando se me dice en secretaría que falta el testimonio del acta de elecciones; ocurro inmediatamente al Ministerio de Ultramar y se me asegura que no existe en él y que no ha venido; pues se remitieron a la secretaría de Cortes todos los documentos que V. E. ha enviado.

He querido hacer esta sencilla relación para que V. E. se imponga de todos los pasos y resultados de este desgraciado negocio.

Dios que a V. E. S a Madrid y Ab 12 de 1822.

Excmo. Señor Félix Varela

[Archivo Nacional de Cuba. Fondo: Asuntos políticos, legajo 303, signatura o número 196.]

«Breve exposición del estado actual de los estudios de La Habana». Presentada por Félix Varela, Madrid, mayo 14 de 1822

Breve exposición del estado actual de los estudios de La Habana. Presentada a la Dirección general de este ramo por don Félix Varela. Diputado por dicha provincia, con el objeto de facilitar el establecimiento de la Universidad de segunda y tercera enseñanza mandada fundar por decreto de 29 de julio de 1821.

En La Habana existen elementos para la formación de la Universidad de segunda y tercera enseñanza mandada fundar por decreto de 29 de julio de 1821, y solo necesitan reunirse. Para demostrarlo solo hacer una sencilla narración de aquellos estudios. La actual Universidad puede decirse que no tiene cátedra alguna, pues todas se sirven sin sueldo, y por solo el honor de la borla que se concede gratis a los catedráticos, aunque no por esto evitan muchos gastos indispensables al recibirla. En virtud de esta gracia se obligan a servir seis años la cátedra, no creyéndose jamás que los derechos de una borla pueden ser paga correspondiente al trabajo. No es difícil inferir los resultados, y en esta parte no debo detenerme. Dicha Universidad se halla en el Convento de Predicadores, que hasta ahora han tenido el privilegio (y aun creo que lo tienen) de obtener exclusivamente los empleos de Rectores, Vicerrectores, secretarios, y las cátedras de Latinidad, Filosofía y Teología, graduándose estas como de la Universidad, sin embargo de ser del Convento. Asimismo han tenido el privilegio de hacer oposiciones sin ser bachilleres, y otras exenciones de igual naturaleza. Por esta causa ha estado siempre sujeta la Universidad al influjo de los frailes, acomodándose a los reglamentos de su orden, sin aspirar a reforma alguna, porque habían de ponerla los mismos que tenían que un interés en lo contrario.

La Cerda o Nebrija, Coudin, Santo Tomás, Melchor Cano, Murillo, Vinnio, Riberio, he aquí los autores que hasta ahora se han seguido. Yo dejo a la sabiduría de la Dirección formar juicio sobre el mérito de estos autores para poder servir de texto en las cátedras.

En el Colegio de San Carlos existen dotadas nueve cátedras; dos de idioma latino, dividiendo la enseñanza en mayores y menores, a esta última está ajena la de Retórica; una de Filosofía, y dos de Teología. La Sociedad Económica ha fundado en el mismo Colegio otras dos cátedras y son la de Economía y la de Constitución. En las Cátedras de Latinidad se enseña por Nebrija; y la Retórica por un compendio que forma el catedrático; las Matemáticas por Bailes sin embargo de que el catedrático forma unos cuadernos agregando de otros autores lo que estima conveniente y laconizando el texto. En orden a Filosofía, nada debo decir pues he tenido el honor de presentar a la Dirección la obra por donde he enseñado, y que actualmente se sigue en aquel Colegio. Dicha cátedra tiene un gabinete de Física que se debe casi todo a la generosidad del señor obispo de aquella Diócesis, pero solo se halla surtido en los ramos de neumática, electricidad, galvanismo y astronomía, bien que en este último aun le falta mucho de lo absolutamente necesario. Los instrumentos son todos de los más modernos y de las mejores fábricas inglesas pues la mayor parte son de la acreditadísima de Adams. Los de electricidad y galvanismo son idénticos a los que se presentan en las láminas de mis lecciones de Filosofía, que la Dirección me hizo el honor de admitir. El Derecho patrio se enseña por Salas; la Teología por Melchor Cano y el Lugdunense; la Economía política por Say, y en la cátedra de Constitución que igualmente tengo el honor de servir, se explican los artículos conforme a las discusiones y Decretos de las Cortes.

La Sociedad patriótica, a quien se concedió un tres por ciento de los fondos municipales con el objeto de atender a la enseñanza pública y a otros objetos de su instituto, no solo fundó la mencionada cátedra de Economía en el Colegio de San Carlos, sino también otra de Química en el Hospital de San Ambrosio y otra de Botánica que solo esperaba para abrirse que estuviese fomentado el jardín en que lleva consumida sumas considerables. La totalidad del Hospital, de San Ambrosio, extraviado para toda clase de personas que no sean del corto número de los practicantes hacía molesta la concurrencia a la cátedra de Química, y además la única pieza que pudo destinarse al objeto era muy incómoda y reducida. Actualmente está sin proveerse dicha cátedra. Tiene un gabinete aunque dista mucho de estar completo, puede bastar para lo más sustancial de la enseñanza.

Tal es el verdadero estado de los estudios de La Habana, y en consecuencia me parece que si se reconcentraran, pasando la Universidad al Colegio de San Carlos y trayendo igualmente a éste las cátedras de Química y Botánica podría adquirir gran estímulo y fomento la instrucción, pues de los fondos de la Universidad se podrían ir dotando otras cátedras, y por ahora se surtirían las de Química, de Física y de Matemáticas. Como individuo de la Sociedad Patriótica de La Habana, debo manifestar a la Dirección que en este y todos los proyectos que propendan al progreso de las luces puede contar con el celo de aquella corporación; y los constantes esfuerzos del señor obispo de La Habana en favor de las ciencias dan motivo a esperar que acaso nadie se le anticipará en acoger este proyecto.

Madrid, 14 de mayo de 1822 (es copia) Félix Varela

[Archivo Nacional de Cuba. Fondo: Donativos y Remisiones, legajo 602, número 49.]

Intervenciones de Félix Varela en las sesiones a Cortes del período legislativo 1822-1823

Intervención del Presbítero, Félix Varela en la Sesión de 11 de octubre de 1822 de la legislatura de Cortes

El señor VARELA: Convengo en que el examen *ad curam animarum* que sufren los capellanes de ejército, supone, como ha dicho el señor Infante, que deben ser a propósito parte el desempeño de su encargo; pero este examen no da suficiente garantía de la ciencia que deben tener los párrocos. En cuánto a las personas a cuyo cargo deba estar el examinar a los candidatos, yo tengo por mucho mejor que sean eclesiásticos, pues en el orden eclesiástico, además de la virtud y talento que deben tener sus individuos, y principalmente los que desempeñan el grave y delicado encargo de la cura de almas, se necesitan otras muchas cosas que solo ellos mismos hasta cierto punto pueden graduar, y es muy necesario entrar en la calificación de estas circunstancias, calificación que no podrá hacer la junta de inspectores: ésta en todo caso deberá proceder en virtud de propuesta de una corporación eclesiástica.

Intervención del Presbítero, Félix Varela en la sesión del 25 de octubre de 1822 de la legislatura extraordinaria de Cortes

El señor VARELA: Según las razones que acaba de dar la comisión, parece que se funda todo en que los eclesiásticos trasladados sean desafectos al sistema constitucional, aun cuando por no gozar rentas del Estado no pasen de la clase de simples ciudadanos. En este caso facúltese al Gobierno para que a todo ciudadano desafecto a la Constitución le traslade donde le parezca, y no se le faculta para todos los ciudadanos, tampoco debe facultársele para un eclesiástico que no pende del Estado ni es parte de él más que como un particular.

Segunda Intervención

El señor VARELA: Yo no he hablado de los eclesiásticos que se mantienen de capellanías, de curatos o beneficios, sino de los que se mantienen de patrimonio propio. Los bienes que se dicen espiritualizados no son de la

Iglesia, son del ordenado, tanto como de sus hermanos o familia que después los heredan sin que éste tenga otra influencia que el que le sirva de garantía para su decente manutención.

Intervención del Presbítero, Félix Varela en la sesión del 4 de noviembre de 1822 de la legislatura extraordinaria de Cortes

El señor VARELA: Nada es más cierto, Señor, que el que los hombres que se destinan a los presidios de Ultramar son hombres perdidos para la Patria. Aquellos presidios están reducidos al arsenal de La Habana, a Puerto Rico y a San Juan de Ulúa en Veracruz. Los que van al arsenal de La Habana, seguramente son por todos aspectos hombres perdidos, porque no habiendo allí ningunos trabajos en que ocuparlos, no sirven de nada a la Nación, viven en la holganza y se comunican unos a otros los vicios.

Por otra parte, una provincia que casi es la única que se conserva fiel a la Metrópoli, y que se trata de conservar por todos los medios, no parece lo más político llenarla de facciosos y de hombres descontentos con el sistema que han de proteger.

Podría sin embargo, sacarse de ellos algún partido, haciendo que fuesen útiles desde luego a la Nación, y en lo sucesivo podría redundar utilidad a los mismos, aunque no por ahora. Esto se conseguiría enviándolos a disposición de los jefes de la provincia para que éstos los destinasen a varios puntos desiertos, que es conveniente poblarlos. Con estas providencias ellos podrían reportar algún día un beneficio, y la Patria le lograba desde luego mayor que enviándolos al presidio. Por otra parte, estos hombres son criminales de opinión; y si entre ellos hubiese algunos que tuviesen otros delitos, enhorabuena que se les imponga el castigo más fuerte y duro; pero a los miserables ilusos que han sido llevados a la facción por la seducción de otros, debe tenérseles alguna consideración.

Intervención del Presbítero, Félix Varela en la sesión de 16 de noviembre de 1822 de la legislatura extraordinaria de Cortes

El señor VARELA: Sí porque hemos de entrar en una discusión prolija sobre cada uno de los artículos del decreto, hemos de dejar las facultades de las Cortes confundidas con las del Trono, me parece que será por ganar tiempo cometer errores. Todas las razones que acaba de exponer el señor Falcó no parece se dirigen a otro objeto. Si esta fuera una proposición hecha contra la mente de los Diputados, desde luego podrían hacerse contra ella las objeciones que se han propuesto; pero no es así: se ha manifestado en el Congreso que muchos Diputados votaban con sentimiento porque estaban en conflicto. Habrá algunos que querrán que todo pase; pero yo me atrevo a asegurar al Congreso que muchos señores que no convienen en este mismo voto, es porque juzgan que algunas cosas son propias de las Cortes, y otras exigen sanción. Es preciso que por los reglamentos, fórmulas y costumbres no nos liguemos las manos: es necesario que tengan los Diputados toda la libertad debida para procurar el bien de la nación del modo que fuere. Se dice que se destruye por estos medios lo dicho por las Cortes. No señor; se rectifica, se mejora, y se conduce la Patria al feliz término que todos deseamos. Muy lejos están los señores que hacen la proposición, de abarcar sentimientos contrarios a la prosperidad de la Patria, al bien nacional y particular de todos los españoles; pero hemos creído que no debían ir reunidas todas las cosas que contiene el decreto. Si los mismos señores de la Comisión conocen que algunas materias podían ir a la sanción, éstas se separan. ¿Por qué ha de recaer una sanción general sobre todo este decreto? ¿Qué resultará? Sanción Real sobre facultades de las Cortes de que no pueden desentenderse. Si no hubiera tenido sanción, ¿qué resultaría? Cosas del Trono que no tenían sanción. En esta ansiedad, en este choque de ideas, admitimos la proposición muchos, pero a nuestro pesar y con la intención de pedir al Congreso aclarara estas dificultades. Tal ha sido nuestro ánimo: si no hemos acertado, el Congreso lo juzgará.

Intervención del Presbítero, Félix Varela en la sesión de 19 de noviembre de 1822 de la legislatura extraordinaria de Cortes

El señor VARELA: expuso que no estaba conforme con el artículo, porque si en tiempo de guerra debían ser prohibidos libremente los matrimonios, la misma razón había para que lo fuesen en tiempo de paz, para evitar que cuando llegase una guerra se hallasen todos casados. Añadió que no debían estar tampoco estas licencias al arbitrio de los jefes, para evitar la arbitrariedad.

Intervención del Presbítero, Félix Varela en la sesión de 27 de noviembre de 1822 de la legislatura extraordinaria de Cortes

El señor VARELA: En la discusión de ayer se suprimió la última parte del artículo anterior, en que se decía «teniéndose por hecho el abono si no se hubiese aprovechado de las disposiciones que se prescriben en el artículo siguiente». Por tanto, queda en pie la dificultad del señor Gómez Becerra. Resulta entonces una paga entera, la mitad que se le abona al oficial por el artículo anterior, y la otra a su esposa, o a sus hijos por el presente. Si se hubiera dejado el artículo anterior como estaba, desde luego no habría dificultad, pero habiéndose suprimido esa parte, parece que a este oficial se le va a dar todo el sueldo. Además, no se han contestado las objeciones del señor Oliver. A nadie se le puede obligar a desprenderse de lo suyo, y habrá casos en que la madre de un militar prisionero tendrá con qué mantenerse, y se la obligue a que reciba lo que pertenece a un pobre que está prisionero y cautivo por el bien de la Patria y por defender el honor nacional. Bien sé que hay una obligación de mantener a los hijos, a los padres y las madres pobres; pero esto estará bien respecto de aquel hijo que tenga más que sus padres. Así, pues, me parece que no se han disuelto las dificultades, y no debe correr el artículo como está.

Intervención del Presbítero, Félix Varela en la sesión de 30 de noviembre de 1822 de la legislatura extraordinaria de Cortes

El señor VARELA: Aunque carezco de los conocimientos militares necesarios para graduar la influencia que pueden tener en la pérdida de una plaza las disposiciones de los artículos anteriores, sí comprendo que no todas son igualmente necesarias. Puede suceder el caso de que no se haya observado alguno de estos artículos, y su inobservancia no haya influido en la capitulación que se haya hecho mucho tiempo después, y por distintas razones; caso en que creo que el gobernador no sería digno de la pena de muerte: y esto es menester mirarlo con algún cuidado, porque se trata nada menos que de la vida y del honor de los hombres.

Intervención del Presbítero, Félix Varela en la sesión de 8 de diciembre de 1822 de la legislatura extraordinaria de Cortes

El señor VARELA: La misma práctica que hoy se observa sobre el particular a que aluden nuestra adición y el dictamen de la comisión, parece que hace necesaria la aclaración que se solicita; porque si efectivamente las leyes estuviesen claras no hubieran ocurrido las dificultades que se han visto en los que las han de poner en ejecución. Así, o las Cortes deben admitir esta adición, o bien declarar que los individuos de que habla no están incluidos en el sorteo para el reemplazo del ejército. Las razones en que el señor Cuevas y yo fundamos la adición, son muy claras. Sin duda alguna la contribución de sangre es como la de dinero; y así como ningún pueblo responde en la contribución pecuniaria por otro pueblo, así tampoco debe responder en la contribución de sangre; porque si no, el decir de Madrid, por ejemplo, responda con su cupo de contribuciones por Lima, es lo mismo que decir que se paguen con los capitales de Lima las contribuciones correspondientes a Madrid. Así yo pido a las Cortes que digan claramente si estos pasajeros que no tiene domicilio en los pueblos, están excluidos del sorteo o no; porque aunque es verdad que el reglamento a que se refiere el artículo, que es la ordenanza de reemplazos de 800, empieza diciendo que la base para las quintas es el vecindario, también he visto por los hechos posteriores que en la práctica se ha hecho lo contrario, lo cual da lugar a creer que estas leyes no están vigentes o que no están bastante claras.

Segunda intervención

El señor VARELA: Por lo que acaba de exponer el señor Infante, conozco que la mente de la comisión está en favor de estos individuos: sin embargo, su señoría ha dicho que yo no me refería a ley alguna determinada, creyendo que la adición se fundaba en la exposición que ha citado su señoría, y no es así. El señor Cuevas y yo, creyendo que la ley de reemplazos estaba oscura, hicimos la adición, que recaía, no sobre el dictamen, sino sobre aquella ordenanza de reemplazos. Verdad es que no decimos a tal o cual artículo, pero la ordenanza del año 800 tiene por base la vecindad, y sin embargo hemos visto que en Córdoba se incluyó en la quinta a un individuo que se hallaba de tránsito a Cádiz para embarcarse. Si la comisión dice que debe entenderse el dictamen en el sentido de que se requiere la vecindad, entonces no tengo inconveniente en que la adición no se admita».

Intervención del Presbítero, Félix Varela en la sesión de 14 de diciembre de 1822 de la legislatura extraordinaria de Cortes

El señor VARELA: Las Cortes, al aprobar el artículo anteriormente presentado, no hicieron más que poner la base sobre la que debía fundarse sus determinaciones posteriores. Bajo este concepto hizo su adición el señor Suárez, y así por haberla admitido las Cortes, como por la razón que acabo de expresar, el Congreso está en el día en toda la libertad para deliberar lo que mejor le pareciere sobre esta materia. Así las reflexiones que ha hecho el señor Romero para aprobar que ya las Cortes parece que están ligadas en virtud de lo aprobado, no tiene fundamento alguno. Insistiendo en los mismos principios del señor preopinante, a saber, que al militar se la dan por dicho artículo los mismos derechos o todo lo favorable como a los demás ciudadanos, diré que cabalmente esto no se consigue si no se aprueba lo que propone el señor Suárez, pues es favorable que tenga el militar todas las garantías que tienen los demás ciudadanos para que se obedezca su última voluntad. Aquí se trata, no solo de un militar, sino de su familia, que puede quedar reducida a la mayor miseria por la perversidad de uno o dos testigos. Creo, pues, que el Congreso debe aprobar la adición, pues de lo contrario concederá un privilegio odioso, que ninguna clase de la sociedad debe tener. Todo cuanto se concede a los militares no es por un privilegio, sino por necesidad, y por esta se les dispensa de testar en ciertos casos apurados con las formalidades a que están sujetos los demás ciudadanos, pero no deben quedar dispensados de estas formalidades cuando puedan sujetarse a ellas, como sucederá, por ejemplo, cuando un militar esté en Madrid o en otra parte en que pueda testar como los demás ciudadanos. Este repito, sería un privilegio odioso que se le quiere conceder, y que lejos de favorecerle, le perjudica, e igualmente a la sociedad, que está interesada como el militar en que su última voluntad no quede contrariada, y en que sus bienes no puedan usurparse.

Segunda intervención

El señor VARELA: Las Cortes, admitiendo la adición del señor Santos Suárez, ha dado a entender que el artículo aprobado necesita de alguna modificación.

Intervención del Presbítero, Félix Varela en la sesión de 27 de diciembre de 1822 de la legislatura extraordinaria de Cortes

El señor VARELA: «Los mismos presidentes, secretarios y escrutadores, dice el artículo, serán responsables si no se extendieren las actas con la formalidad que corresponde.» Yo no sé qué especie de responsabilidad pueden tener unos individuos que admiten un cargo que se les da por una votación popular, si no tienen la instrucción necesaria y si no desempeñan este cargo con la propiedad que las circunstancias requieren. Si estos encargos se pretendieran, o fuera libre el renunciarlos, yo convendría; pero al que se le obliga, solo puede castigársele por la malicia en el desempeño. Los hombres responden de sus crímenes; pero no de sus errores, a menos que no estén obligados a la instrucción que los evite. Además de que una responsabilidad que no tiene penas señaladas por la ley, no sé a qué atribuirla.

Intervención del Presbítero, Félix Varela en la sesión de 30 de diciembre de 1822 de la legislatura extraordinaria de Cortes

El señor VARELA: No dudaría aprobar la última parte del artículo, en que se dice que el jefe político competente para conceder a los menores la licencia para casarse es el de la provincia donde tenga su vecindad, domicilio o residencia ordinaria el padre, madre o persona cuyo consentimiento se haya de suplir, si al mismo tiempo no se mandara observar la pragmática de 10 de abril de 1803, en que expresamente se prohíbe que se exija de los padres la causa por que niegan su permiso. Esta determinación tan sabia en el sentido general en que habla la pragmática, será absurda en el que expresa el artículo, pues la contrae precisamente al jefe político que menos puede entender en la materia. Se dan mil casos en que el jefe político de la provincia en que reside el padre de un joven no tiene la más ligera idea de éste, porque nunca ha existido en dicha provincia, y mucho menos puede calificar la conveniencia de un matrimonio que se pretende contraer a tan larga distancia y con persona que le es igualmente desconocida. Resulta pues, que procederá a ciegas, porque no puede examinar los hechos y las circunstancias de las personas, y por otra parte, tampoco puede exigir de los padres las causas de su negativa, que le servirían de ilustración. Esto no va a producir más que trastornos, costos y otros inconvenientes gravísimos, que se evitarían si se concediese esta facultad al jefe político de la provincia donde existan los contrayentes, exigiendo que estos califiquen haberles negado la licencia su padre o persona que debiera dársela, y las justas causas que tuvieron para pedirla. Además, el contrato de matrimonio es como todos los contratos civiles, y yo creo que es un absurdo determinar que el jefe político de Granada, v. gr., autorice un contrato que se celebre en Toledo, donde no tiene jurisdicción alguna. Por estas razones, no puedo aprobar la última parte del artículo.

Proposición de los diputados Varela y Santos Suárez en la sesión del 10 de mayo de 1823

A la comisión primera de Hacienda se mandó pasar una adición de los señores Suárez y Varela al artículo 1.º del dictamen de la misma comisión, relativo a la venta de fincas urbanas en La Habana.

Proposición de los diputados Varela y Santos Suárez en la sesión del 11 de mayo de 1823

La Comisión primera de Hacienda, en vista de la adición de los señores Santos Suárez y Varela, para que en el artículo 1.º del decreto sobre las fincas urbanas de algunos monasterios suprimidos de La Habana, se añada que algunos de estos sirvan de establecimientos de instrucción pública, satisfaciéndose los gastos de los predios rústicos, era de opinión que debía ser aprobada.

Proposición de los diputados Varela, Santos Suárez y Gener en la sesión del 14 de mayo de 1823

La comisión primera de Hacienda opinaba que debía aprobarse la siguiente proposición de los señores Gener, Santos Suárez y Varela: Habiendo decretado las Cortes que del producto de las fincas rurales de algunos conventos suprimidos de La Habana, cuya enajenación no se había decretado, se abonasen los gastos de las escuelas, y habiéndose después aprobado el dictamen de la comisión de Hacienda, en que proponía la venta de estas fincas, pedimos a las Cortes se sirvan admitir la siguiente adición al dictamen citado, para que no quede ilusoria la primera resolución, destinándose para atender a los gastos de la enseñanza pública el producto de todos los censos e imposiciones que haya en favor de aquellas fincas que se sujetan a la venta, sin que por consiguiente pueda intervenir en su administración otra autoridad que la Diputación provincial respectiva, debiendo ser satisfecha de las demás cargas y pensiones de la justicia que poseen sobre estos bienes.
Aprobado.

Proposición aprobada de los diputados cubanos en la sesión del 23 de mayo de 1823

La misma comisión, en vista de la proposición de los señores Seoane, Varela, Alfonso y otros, para que se declare que todos los profesores aprobados, de cualquier profesión que fueren, puedan ejercerla en todos los puntos de la Monarquía solo con presentar sus títulos a la autoridad local, opinaba debía aprobarse así. Se mandó quedase sobre la mesa.

Proposición de los diputados Varela, Gener y Santos Suárez aprobada en la sesión del 28 de mayo de 1823

A la misma comisión se mandó pasar una adición de los señores Gener, Varela y Suárez al dictamen de la comisión de Hacienda sobre la venta de las alhajas existentes en el convento suprimido de betlemitas de La Habana, para que se añadiese a él: «sin perjuicio de lo prevenido en la ley de 25 de octubre sobre reforma de regulares».

Proposición de los diputados Varela, Gener y Santos Suárez presentada en la Sesión del 4 de junio de 1823

La Comisión primera de Hacienda, informando sobre la adición de los señores Gener, Suárez y Varela al dictamen de la misma comisión, para que se autorice al gobierno para la enajenación de las alhajas de los conventos suprimidos de La Habana, para que al final de él se añada «sin perjuicio de lo provenido en la ley de 9 de octubre de 1820», opinaba que las Cortes podían aprobarla.

Aprobado.

Proposición del diputado Varela en la sesión del 7 de junio de 1823

Se mandó pasar a la comisión de Instrucción pública una proposición del señor Varela, relativa a que en atención a la escasez de fondos que hay en La Habana para la enseñanza pública, se establezca la universidad que corresponda a aquella capital en el colegio de San Carlos, hasta que la universidad tenga fondos suficientes.

[Diario de sesiones de Cortes. Legislatura extraordinaria (1822-1823); Imprenta de J. A. García, tomo I, Madrid 1872 y tomo II, Madrid, 1875.]

Proyecto para el gobierno de las provincias de ultramar
Preámbulo de la Instrucción para el gobierno de Ultramar
Proyecto de instrucción para el gobierno económico político de las provincias de Ultramar
Impreso de orden de las Cortes, Madrid, imprenta de don Tomás Alban y compañía, 1823 y siguientes.

Formar un proyecto de instrucción para el gobierno político de las provincias de Ultramar, cuya localidad, clima, población, estado económico, relaciones, costumbres e ideas distan tanto de las peninsulares, es sin duda un empeño superior a las luces de los individuos a quienes el congreso ha honrado con tan difícil como importante encargo. Muy lejos está la comisión de creer que presentan a las Cortes una obra perfecta, tratando de un asunto tan vario e implicado por su naturaleza, y en que se ofrecen dificultades de tanta consideración para formar un plan general. Se complace sin embargo en haber hecho todos los esfuerzos para establecer las bases de la propiedad de aquellos países dándoles un sistema fijo de gobierno, y en haber procurado la gloria de la magnánima nación a que pertenecen poniendo fin a las arbitrariedades, corrigiendo los vicios de la administración, abriendo las fuentes de felicidad que la naturaleza puso en aquel suelo delicioso, proveyendo a sus moradores de todos los recursos que, sin interrumpir las relaciones generales y el sistema político de la nación, pueden hallar entre sí mismos, estrechando los lazos de amistad que deben unir a los españoles de ambos hemisferios, y alejando de este modo las quejas tan antiguas como desagradables y funestas.

La comisión ha tenido por base de su proyecto reprimir la arbitrariedad en aquellos países, y minorar cuanto sea posible los casos en que sus habitantes se lamenten de vivir a tanta distancia del gobierno y de la representación nacional. Inútil sería detenerse en probar la solidez de esta base, y la magnificencia de la grande obra que sobre ella puede formarse, erigiendo un coloso estribado en dos mundos, y cuyas partes perfectamente asimiladas no pueden separarse ni por los esfuerzos de la malicia ni por el imperio de los tiempos.

Imposible sería a la comisión acercarse siquiera a un objeto tan grandioso sin proponer a las Cortes algunos medios que, aunque reclamados imperiosamente por la razón, la justicia y la política, tienen sin embargo el carácter de novedad, y es preciso manifestar su fundamento para justificarlos.

La población de América se halla reconcentrada en ciertos puntos, formando pueblos y ciudades acaso más populosas de lo que exige la conveniencia pública y lo que demuestra la economía política. De aquí resulta que solo hay inmensos terrenos despoblados, sino que mucha parte de las poblaciones distantes de las ciudades más bien son unos caseríos diseminados a grandes distancias de unos verdaderos pueblos. En consecuencia el régimen político se hace sobremanera dificultoso, pues no es posible constituir ayuntamiento que pueda reunirse con la frecuencia necesaria, y proveer a las necesidades y fomento de la comarca; y los jueces pedáneos que hasta ahora se conocen con los nombres de capitanes de partidos no son constitucionales y sí unos delegados del gobierno, puestos por la necesidad, sin haber merecido la confianza de los pueblos, aunque por otra parte sean muy acreedores a ella. Estas consideraciones han movido a la comisión a proponer a las Cortes que solo se establezca ayuntamiento en los pueblos que reúnan a lo menos veinticinco casas, y que las poblaciones dispersas se agreguen al ayuntamiento inmediato, nombrándose en él un alcalde que deba residir en el caserío agregado para atender inmediatamente a la conservación del orden y a las demás necesidades públicas.

Otro objeto, y sin duda el más importante, ha ocupado a la comisión, persuadida de que en él estriba todo el edificio del régimen político de las provincias de Ultramar; tal es la conveniente organización y las facultades de las diputaciones en aquellos países.

Sabido es por las grandes distancias a que se hallan unas de otras las poblaciones de América, por la naturaleza de los terrenos y otra multitud de causas, que todas ellas contribuyen a dificultar la comunicación, es incalculable el trabajo de las diputaciones provinciales, y se hace necesario en ellas un cúmulo de conocimientos topográficos que no se pueden adquirir sino recorriendo los partidos y si se quiere hasta los lugares.

El estado naciente de las poblaciones, los inmensos terrenos despoblados y que exigen la mayor eficacia en promover la colonización, el estado decadente de las artes, y el fenómeno de la agricultura y comercio amenazados por mil rivales que conspiran a su ruina, forman un conjunto de dificultades y de trabajos difíciles de vencer, siéndolo igualmente que reúnan los conocimientos locales necesarios al intento. Además se hace preciso que a tan inmensas distancias sea la diputación un cuerpo consultivo en los casos de urgencia, casos que siempre son de la mayor gravedad, y para los cuales conviene reunir el mayor número de luces y de autoridad, lo que no puede conseguirse sin exponerse a mil abusos, sino haciendo que haya en la diputación un individuo por cada partido y exigiendo que el que se nombre por un partido tenga todos los conocimientos locales, por haber nacido en él, por un largo tiempo de vecindad, o por tener algún arraigo que le haya obligado a su observación. Es indispensable ampliar las facultades de las diputaciones en América, presentándolas como una barrera a la arbitrariedad; la comisión cree que sobre este punto no cabe duda, y se persuade igualmente que sería impolítico confiar a un corto número de individuos un encargo de tanta trascendencia. Estos motivos la han obligado a proponer a las Cortes que en uso de las facultades que les concede la constitución, extiendan el número de los diputados provinciales en términos que siempre haya uno por cada partido con los conocimientos de el que sean necesarios, y que jamás bajen de siete aunque sea menor el número de partidos.

Las leyes desgraciadamente se humedecen, debilitan y aun se borran atravesando el inmenso océano, y a ellas se sustituye la voluntad del hombre, tanto más temible cuanto más se complace en los primeros ensayos de su poder arbitrario, o en su antigua y consolidada impunidad. En vano el superior gobierno se esfuerza en contener estas demasías; en vano busca los medios de sujetar a su acción las ruedas de aquella máquina cuyos movimientos ha confiado a sus agentes subalternos: muy poco o nada consigue, pues parece que la acción política no menos que la física está en razón inversa de los cuadrados de las distancias, y siendo éstas inmensas, aquélla es nula. Es innegable que la naturaleza, separando en tanto grado ambos hemisferios, hace muy desventajosa la suerte de aquellos moradores, y presenta obstáculos a su unión política que solo pueden removerse confiando a los que tienen su felicidad identificada con la de aquel suelo, ya por naturaleza, ya por adopción, la vigilancia sobre cumplimiento de las leyes.

No es el ánimo de la comisión, como lleva expuesto, enervar de modo alguno a los agentes del poder ejecutivo en aquellos países; antes por el contrario las Cortes verán en el plan que tiene el honor de presentarles cuanto ha propendido, no solo a conservar ilesas las funciones de los diversos empleados, sino a robustecer por los medios la autoridad de los que mandan en América; mas ha querido que al mismo tiempo sepa el gobierno los desaciertos que a su sombra se cometen, y que no sea sorprendido, como por desgracia lo ha sido en todos tiempos, depositando de buena fe su confianza en individuos que, presentándose bajo el aspecto más favorable, provisto de informes ventajosos, y aparentando una rectitud hipócrita, dejan en las costas de la península las pieles de ovejas con que se habían cubierto, y se presentan en América en su verdadera naturaleza de lobos.

Es preciso desengañarnos: mientras los empleos de América solo sean un objeto de especulación; mientras los moradores de aquellos países solo vean en los agentes del gobierno unos aventureros que van a hacer su fortuna en corto tiempo sin cuidar mucho de los medios que emplean ni de la opinión de un pueblo a quien piensan dar adiós eterno, y cuyos clamores nada temen, pues llegan debilitados a los oídos del gobierno y se confunden por la inmensa turba de protectores que siempre encuentran por desgracia todos los perversos; mientras estos gravísimos males no tengan otro remedio que el triste sufrimiento, conducirán a la desesperación, será imposible afianzar la tranquilidad, remover las quejas y estrechar los vínculos amistosos entre unos y otros países. La comisión ha creído que ésta es la verdadera manzana de la discordia arrojada por la avaricia de algunos con perjuicio de todos, y con mengua de la dignidad de una nación que bajo un sistema liberal y por consiguiente justo está muy lejos de autorizar estos desórdenes; y en consecuencia propone a las Cortes varios artículos que no repite en esta introducción por no hacerla difusa y que somete a las superiores luces del congreso. No puede menos sin embargo, de hacer presente que después de meditar el punto con todo el detenimiento que exige por su gravedad e importancia, se halla íntimamente persuadida de que el remedio de los males se ha de proponer por los pueblos que los sufren, y de otra suerte la responsabilidad de los funcionarios públicos de América será como hasta aquí un fantasma de quien ni los niños temen porque han llegado a palparle.

La gratitud empero y la justicia exigen que después de haber indicado los excesos de muchos de los agentes del poder ejecutivo en aquellas lejanas regiones, tributemos un merecido elogio a un gran número de funcionarios dignos del justificado gobierno que los envía y de los generosos pueblos que los reciben.

Prendas tan recomendables, méritos tan distinguidos, virtudes tan probadas, preciso es no se pierdan de vista, y la comisión así lo ha procurado por medio del informe de las diputaciones, que si es un rayo destructor para los perversos, lo es también de la luz benéfica para hacer notar a los que por la senda del honor se dirigen majestuosamente hacia el templo de la inmortalidad.

Por último, deseosa la comisión de uniformar en cuanto sea posible el gobierno político en ambos hemisferios, ha copiado a la letra innumerables artículos de la instrucción que con tanta sabiduría han decretado las Cortes para Península, y solo propone aquellas alteraciones que juzga enteramente necesarias para la prosperidad de aquellos pueblos, y el esplendor y ventajas de la monarquía. El congreso con superiores luces rectificará los trabajos que la comisión tiene el honor de presentar más bien como un bosquejo que como una obra terminada, y desconfiando siempre de su acierto en tan dificultosa materia.

Madrid, 16 de febrero de 1823. Pablo Santafé, Félix Varela, Leonardo Santos Suárez, José Meléndez, Manuel Vismanos, Ramón Luis Escovedo, José María Quiñones.

[Archivo general de Indias. Indiferente general, legajo 1523.]

Polémica en cortes sobre la independencia de América
Félix Varela y la independencia de Sur América.

Cortes españolas Presidencia del señor Zulueta Sesión del día 2 de agosto La Comisión de Ultramar, en vista de la memoria del señor secretario del mismo ramo, opinaban que debían aprobar las Cortes los artículos siguientes: Artículo primero: Se invitará a los gobiernos de hecho de las provincias disidentes a enviar comisionados con plenos poderes a un punto neutral de Europa que designará el gobierno de S. M. siempre que no prefieran venir a la Península, estableciéndose desde luego un armisticio con los que se avengan a enviar dichos comisionados.

Artículo segundo: El gobierno de S. M. nombrará por su parte uno o más plenipotenciarios que en el punto designado estipulen toda clase de tratados sobre las bases que se consideren más a propósito, sin excluir las de independencia en caso necesario.

Artículo tercero: Estos tratados no tendrán efecto ni valor alguno hasta que obtengan la aprobación de las Cortes.

Las proposiciones contenidas en estos artículos se mandaron quedar sobre la mesa.

Sesión ordinaria del día 3 de agosto.

Se procedió a la discusión del dictamen de la comisión de Ultramar relativo a la memoria del señor secretario de este despacho.

El señor secretario del despacho de Marina interino de la gobernación de Ultramar, presentó un resumen de las noticias últimas recibidas de América, el cual leyó el señor secretario de Hacienda.

Enseguida el mismo señor secretario de Hacienda expuso que en nombre del gobierno no podía menos de hacer algunas observaciones sobre el dictamen de la comisión, pretextando que guardaría silencio si en las actuales circunstancias se tratase de mantener aquel espíritu de dominación que se había mantenido en otros tiempos respecto de las provincias de Ultramar. Las Cortes en la anterior legislatura continuó el orador dispusieron que para fijar la suerte de América no solo con respecto a la España, sino a las demás potencias de Europa, se enviasen comisionados a aquellos países; el gobierno consiguiente a los decretos de las Cortes envió dichos comisionados, y procuró prevenir los sucesos que indudablemente se agitarían con respecto a la Europa en general.

Dio facultades tan altas a estos comisionados, que no excluyó que se tratase de la independencia si pues el gobierno en virtud de la autorización de las Cortes que ha dado este paso, parece haber prevenido la mayor parte de lo que la comisión propone; si pues el gobierno ha dado a los comisionados la facultad que ha expresado y estos se hallan ya, a lo menos la mayor parte, en el continente de América, es claro que es extemporáneo ahora y prematuro el dictamen de la comisión. Dice ésta que podrán reunirse los comisionados de una y otra parte en un país neutral; esto que a primera vista parece tan sencillo no lo es, porque ¿donde está ese país neutral? Nos veríamos embarazados para designarlo, o a lo menos es fácil demostrar con hechos que este país no existe; por otra parte está bien prevenido que los gobiernos de hecho de América pueden enviar sus comisionados a la Península, es decir, que está prevenido el deseo de la comisión, de forma que solo se encuentre entre el dictamen de la comisión y lo prevenido por el gobierno lo que dice aquél sobre el señalamiento de un punto neutral, y yo llamo la atención de las Cortes sobre el resultado que podrían tener las conferencias de que se trata en un país extranjero, la más de que hasta ahora las disensiones de América no han tenido otro carácter de disensiones de familia, son puramente disensiones sobre intereses recíprocos, y aprobándose el dictamen de la comisión se les da otro carácter que el que en sí tienen. Estas son las observaciones que el gobierno tiene el honor de hacer a las Cortes.

El señor VARELA dijo que deseaba que el gobierno dijese francamente si los comisionados que han ido a América tienen facultades para tratar de la independencia, porque la comisión cuando propuso ese dictamen, tuvo presente el decreto de las Cortes sobre el nombramiento de comisionados, y vio que no se les autorizaba para tanto.

El señor secretario DE HACIENDA: Los comisionados van autorizados para oír todo género de reclamaciones sin excluir la de la independencia; por lo demás es bien sabido que estos comisionados deben dar cuenta al gobierno, y éste a las Cortes.

El señor SANTOS SUÁREZ: Después de manifestar la situación desventajosa en que se hallaba, y de protestar que aunque neutral y representante de una de las provincias de América solo le movían el bien y la prosperidad de España, dijo que examinaría el asunto bajo tres puntos de vista: Primero: Si accediendo las Cortes al dictamen de la Comisión hay alguna contrariedad respecto a lo que acordaron las Cortes en la legislatura anterior; segundo: Si conviene o no esta guerra devastadora; y tercero: Si se puede presentar un medio más decoroso, si más útil si más eficaz que el que presenta la comisión, contestando de paso a las observaciones hechas por el señor secretario de Hacienda en nombre del gobierno. Por lo que ha dicho su señoría, continuó, resulta que los comisionados no pueden entrar en clase alguna de tratados, y el dictamen de la comisión facilita medio para entrar en negociaciones de un modo muy decoroso y útil, a la nación española; el dictamen no puede por otra parte combatirse con el especioso pretexto de que es contrario a la Constitución, porque yo no veo que en las Cortes anteriores se aprobó la cesión de las Floridas sin embargo de ser esto mucho más duro, porque aquí solo se trata de acomodarse a la imperiosa ley de la necesidad, a lo que están obligados las Cortes.

Examinemos ahora si convendrá o no convendrá que continúe en América la guerra desoladora que existe allí. He oído con no poca extrañeza la esperanza lisonjera que se tiene de que se pueda esperar aun un medio de pacificación; pero fundándose este en la divergencia de opiniones, que se dice existe en aquellos países, yo digo que esto es un error, pues aunque en cuanto al sistema de gobierno que debe adoptarse haya divergencia de opiniones, en cuanto a no reconocer la dependencia de España hay una perfecta unidad, y esto es de notoriedad.

La América se pone cada vez en peor situación con respecto a la esperanza de que pueda someterse a España, y cuando llegue a los uno quizá entonces no habrá lugar las negociaciones; y por lo mismo un celo excesivo, y en cierta manera indiscreto, lejos de ser favorable a la causa de España, no haría más que destruir la esperanza de hacer una negociación honrosa para España, y además nos expondremos a perder lo que todavía conservamos, como sucedió con la Holanda, con la cual perdimos hasta el comercio.

Mucho se ha dicho de las victorias recientemente conseguidas por las armas españolas en América; pero estas deben considerarse efímeras; pues si ellas proporcionasen la sumisión de aquellos países ya no habría pueblo en América que no estuviese sujeto a la España, lo que a la verdad no se verifica. En este dictamen se dice además con mucha oportunidad que S. M. queda facultado para señalar un punto neutral de Europa donde puedan establecerse las negociaciones, y existe la Inglaterra, existe la Holanda y otros puntos donde hacerlo; y aunque se ha querido decir que no es posible entablarlas por la divergencia de opiniones de aquella provincia yo creo que no puede haber inconveniente en que se reúnan todas a la vez para hacer todos los tratados, siendo un medio decoroso para la nación española el que aquellas provincias fuesen las que nombrasen los comisionados.

Creo pues que las Cortes deben aprobar el dictamen como lo más conveniente.

El señor ARGÜELLES: en un largo discurso dijo entre otras cosas: Entro en una discusión en que precisamente tengo que repetir ideas manifestadas por espacio de tres años; pero la haré sin animosidad ni prevención con respecto a mis hermanos de América, pues que he dado pruebas de que deseo que la libertad la disfruten todos los hombres, pero del modo que deben disfrutarla. Decir que los pueblos deben ser independientes y libres es un canon, una máxima en que todos los hombres de bien o ilustrados convienen; pero decir que la libertad debe ser para todos los tiempos, lejos de ser una máxima, está combatida en todas épocas y en todos los países por los mismos que profesan los principios de libertad.

Yo no puedo menos de mirar el dictamen sino como redundante, como inútil y como perjudicial.

El gobierno ha manifestado que se ignora el resultado de la misión que llevaron los comisionados que se enviaron a América, y por lo mismo no creo yo que las Cortes se resuelvan a aprobar este dictamen mientras el gobierno no les informe del resultado de aquella misión, en la cual iban autorizados para oír hasta la propuesta formal de la independencia, y por lo mismo es inútil este dictamen; y además lo que en él se propone sería un obstáculo para el cumplimiento de los tratados. Yo deseo que disfruten aquellos países de su independencia; pero no de un modo contrario a la península, y contrario a los mismos países de América, además en el estado en que nos hallamos no podemos hacer esta declaración, porque la Europa entera daría por nula esta declaración. Sería también prematura, y condenaríamos acaso con ella a aquellas desgraciadas provincias a la esclavitud horrorosa de una nación extranjera, como la suerte que sufre en el día Montevideo. Por otra parte esta declaración sola podría encender una guerra terrible en la Europa; y ¿a quién se trata de conceder la independencia? No quiero insultarlos, pues que son mis hermanos, pero es a unos países que no están en la madurez ni aun en la virilidad, sino en un estado inferior, y nadie podrá asegurar que puedan resistir a una invasión extranjera; pero no se crea por estas reflexiones que yo abogo por la continuación de la guerra.

Además cualquiera que fuera el resultado de las negociaciones que se entablasen, no hay ninguna garantía para que cumplan los gobiernos de América con los tratados.

Ha dicho el señor Santos Suárez que era un medio decoroso para la nación el que el gobierno señalase un punto neutral para los negocios; pero yo creo al contrario que esto sería reconocer explícitamente una desconfianza de los americanos respecto de la nación española, cuando la España constitucional no falta a sus palabras.

Se dice que no faltan países en Europa donde llevar a efecto estas negociaciones; ¿pero dónde están? pues que, ¿porque Napoleón haya muerto abandonado en la isla de Santa Elena, está la Europa menos subyugada por una facción que antes? Yo no veo ese país en ninguna parte de Europa.

Además en los asuntos de América hay intereses particulares que no se pueden abandonar.

El argumento de comparación que ha hecho el señor preopinante sobre la guerra de la independencia de los Estados Unidos no tiene lugar en este caso, porque tenían tanta ilustración como su metrópoli, y no tenían los elementos que existen en la América española de frailes, cofradías, inquisición, etc. etc. y además hicieron todas las provincias de aquel estado una alianza compacta bajo un gobierno sólido, al paso que en Buenos Aires hay una república; en México apenas nació un imperio cuando se desmoronó; en Chile no se sabe lo que hay; en Costa Firme un jefe dictador, y así de otras provincias de América.

Impugno pues el dictamen, lo primero porque no sería legal llevar a efecto lo que él se propone, y lo segundo porque necesitábamos de los diversos países de América una garantía que no tenemos.

A petición del señor Istúriz se leyeron los artículos 20, 30 y 40 del decreto de 9 de enero de 1823.

El señor GALIANO: en un largo discurso dijo entre otras cosas: A pesar de que mis opiniones sobre esta cuestión han sido constantemente rebatidas, y a pesar en fin de que las Cortes y el gobierno han estado continuamente combatiendo mis máximas sobre este punto, todavía no puedo menos de repetirlas inducido por las continuas lamentaciones de lo que han escrito sobre esta cuestión hombres ilustrados y amantes de la justicia; y en fin, porque el estado de la América me ha confirmado más y más en mis opiniones.

He notado que tanto el señor preopinante como el señor secretario del despacho han tratado de eludir un punto capital en la cuestión que nos ocupa, a saber: si en medio de esas acciones brillantes que han dado nuestras armas en América, hay esperanzas de que por cualquier acontecimiento las provincias de América puedan ser reducidas a la clase de partes integrantes de la nación española. Yo creo que no hay persona sensata que no esté persuadida de la imposibilidad de reducir a la obediencia a las provincias de América y por lo mismo excuso el extenderme sobre este punto.

Dice su Sría. que la declaración de la independencia produciría una guerra en la Europa, y cabalmente en esta razón me fundo yo para apoyar el dictamen.

También ha hecho su Sría. una pintura patética de la poca estabilidad de los gobiernos de América; pero ¿ha olvidado el señor Argüelles que en medio de esas vicisitudes y de esos trastornos de gobierno que afligen a la América no se ha visto uno de ellos que haya hecho proposiciones de sujetarse al yugo español? Nuestros ejércitos es verdad que se están cubriendo de laureles en aquellos países, tanto más inaccesibles cuanto mayores son los obstáculos que tiene que vencer; ¿pero tienen por ventura una esperanza de conservar lo que han reconquistado, ni un resultado feliz en la campaña? Yo apelo a la experiencia y a todos los hombres desapasionados para que digan si cada vez no se ha ido haciendo más imposible la reducción de las provincias ultramarinas. Apelo a una nota del gabinete inglés, en que se reconoce ya de hecho la independencia de América; apelo a la experiencia que da otra nación respetable en el día, los Estados Unidos, que ha reconocido también la independencia de la América; apelo a la invasión que de hecho la pone en el caso de considerarse emancipada, y apelo en fin a lo que sucede en el congreso de Aquisgrán. No hay pues una esperanza ni aun remota de que se pueda unir ya la América al imperio español.

Encuentra el señor Argüelles indecoroso el que la nación española sea la que proponga la independencia; pero yo creo que toda negociación es inútil mientras que la potencia que siempre ha proclamado el principio de tener bajo su dominio a la América, no muestre su intención de abandonar esta máxima. Sin recurrir a ejemplos antiguos tenemos uno moderno en la independencia de los Estados Unidos. Aquel estado siempre dijo: entraremos en negociaciones si se reconoce por base de ellas la independencia, *sine qua non*; dijeron aquellos estados que habiendo declarado su independencia considerarían como capciosa toda propuesta que no girase sobre esta base, ¿y qué hizo el parlamento británico sino reconocer esta base? ¿y qué respuesta han dado los gobiernos de América a las misiones de los comisionados? Ahora bien, si la independencia de América es ya una cosa de hecho, la ley de la necesidad exige se reconozca, y para que se consiga es menester que nosotros busquemos el camino sin grave perjuicio de España, ¿qué inconveniente se encuentra en que nosotros reconozcamos la base? Se dice que ahora no estamos en la situación de ocuparnos de este negocio; pero ¿cuándo lo estaremos, señores? ¿No estaremos ahora en situación cuando podemos formar una alianza que nos proporcione ventajas? y además, ¿qué bienes trae a la nación la prosecución de la guerra de América? Es verdad que nosotros no gastamos en mantener los ejércitos que hacen la guerra en aquellos países; pero el incalculable mal de hallarse paralizado nuestro comercio y perseguido por los corsarios americanos que han estado infestando estos mares, ¿no ha de tenerse en cuenta? Cuando la Europa entera espera que las Cortes españolas den el paso deseado del reconocimiento de la independencia de la América, ¿han de insistir en la idea de tener a esta sometida? Dícese que este paso es precipitado e imprudente; lo primero podrá serlo, pero lo segundo en manera alguna; al contrario, señores no nos engañemos; con mucha extrañeza se ha estado mirando por el mundo entero la conducta que hemos observado con respecto a la América, además de que la comisión de ninguna manera ha propuesto se reconozca la independencia, porque esto se haría según los tratados que se ajustasen, y según la conducta que observasen los gobiernos de América durante el curso de las negociaciones.

Por todas estas razones soy de opinión de que debe aprobarse el dictamen.

El Presidente suspendió esta discusión para continuarla esta noche en sesión extraordinaria, que anunció se tendría a las ocho y media y se levantó la ordinaria de este día.

[Sesiones efectuadas en las Cortes Españolas los días 2 y 3 de agosto de 1823. Gaceta de Cádiz del 3 y 4 de agosto.]

Sesión extraordinaria del día 3 de agosto.

Se continuó la discusión pendiente del informe de la comisión de Ultramar.

El señor GENER: Me levanto a impugnar el dictamen, porque no tengo poderes para autorizar la emancipación de la América pues que no los tengo para alterar ni modificar la Constitución de la monarquía en ninguna de sus partes; y es evidente que si se aprobase la independencia de la América se alterarían lo menos treinta artículos de la ley fundamental. Los artículos 10 y 174 de esta dicen: «los leyó», y yo pregunto, ¿cumpliríamos con estos artículos separando del territorio de España a las provincias ultramarinas? Del mismo modo digo, por no molestar la atención de las Cortes que se alterarían veintiocho artículos más.

Además, señores, yo supe en Madrid por agentes de gabinetes extranjeros trataban de persuadir con mucho empeño que el gran interés del Estado era que las Cortes declarasen la independencia de América; y ¿con qué fin fue esto sino con el de que las Cortes infringiesen por este medio varios artículos de la Constitución? Por tanto, pues que la América española es parte integrante de la monarquía, —creo que las Cortes deben desaprobar el dictamen.

El señor GALIANO: Prescindo hacer ninguna observación sobre las arterias de que supone el señor preopinante haberse valido los gabinetes extranjeros; pero pido se lean los artículos 10 y 18 de la Constitución, y después de leídos y de protestar yo que jamás me ha pasado por la imaginación el provocar a las Cortes a que sean infieles a sus juramentos, pregunto ¿dónde están las dos Floridas y la parte española de la Isla de Santo Domingo? El señor MURFI: Se anticipa en este asunto una cuestión que absolutamente no es del día, a saber, la de la independencia de la América española. La de la comisión de ninguna manera propone que las Cortes accedan a la emancipación de las provincias de Ultramar; a su tiempo se presentará al Congreso esta cuestión, y entonces estarán en su lugar los argumentos que se han hecho; ¿qué es pues lo que la comisión propone? Nada más sino que se dé a los comisionados la base de la independencia, para que puedan tratar con los gobiernos de América. Varios de los señores preopinantes han reconocido la posibilidad y aun la conveniencia de que bajo ciertas y determinadas condiciones pueda reconocerse la independencia; y por consiguiente bajo esta hipótesis no puede combatirse el dictamen de la manera que se ha hecho, cuando en él no se hace más que añadir un grado de facultad más a la autoridad que está conferida al gobierno.

Se me dirá que esto no podrá comprometer a las Cortes al reconocimiento de la independencia; pero ¿no se dice que cualquiera cosa que se trata con los comisionados sobre esta materia venga a la aprobación de las Cortes? Además ¿qué inconveniente hay en que se varíe el sistema que hemos seguido hasta aquí: que se tome un camino nuevo con el objeto de zanjar las diferencias que tenemos con las provincias de Ultramar, y de poner fin a una guerra tan desastrada por medio de tratados decorosos para la España? ¿No se reserva a las Cortes y al gobierno la facultad de aprobar o desaprobar lo que aquellos hagan? No quiero que se crea de ningún modo que yo estoy por la independencia de América. Yo accedería o no a ella según que las condiciones que se propusieren por los gobiernos de aquel país fuesen o no ventajosas a la España.

El primer artículo creerán algunos señores que podrá privarnos de las ventajas que hayan conseguido nuestros ejércitos en aquel país; pero este inconveniente podrá salvarse por el gobierno no entrando en negociaciones con los gobiernos de América que crea conveniente; y por tanto me parece no debe haber dificultad ninguna en aprobar el dictamen. A petición del señor DOTOS se leyó el decreto de 23 de mayo de 1821.

El señor DON JOAQUÍN FERRER; Me es tanto más sensible entrar en esta discusión cuanto que me ligan con la América muchas relaciones; pero debo sacrificar todos mis afectos particulares, y votar como representante de la nación española, combatiendo el dictamen de la comisión no por que en mí sea una idea nueva la emancipación de las Américas, sino porque lo que desea la comisión ya lo han aprobado las anteriores Cortes, autorizando al gobierno, para que pueda negociar con los gobiernos de América; así que me parece que esto es inútil, impolítico y aun perjudicial. Además en este dictamen se dice que se autoriza al gobierno para estipular; y yo pregunto, ¿cómo las Cortes habían de rechazar un tratado hecho por el gobierno con los de América? Autorizar al gobierno para tratar bajo la base de la independencia, es lo mismo que aprobarla ahora las Cortes.

He dicho que es perjudicial porque habría que tratar una previa suspensión de armas, ¿y cuál sería la suerte de nuestros ejércitos de América si los enemigos pudieran rehacerse mientras se trataba en España del punto de la independencia? La revolución de América empezó desde el momento en que los extranjeros pusieron al pie en ella, y se puede asegurar que no hay nación que no haya hecho algo para sublevar aquellos países, y tal vez estarán esperando que las Cortes reconozcan la independencia para oprimir la misma América.

En cuanto al ejemplo que se ha citado de la desmembración de las Floridas, ha sido un hecho que tuvo su origen no en tiempo del gobierno constitucional, sino en el anterior, y no se ignoran las circunstancias que mediaron en este negocio.

Enseguida expuso el orador con bastante extensión el estado de cada una de las grandes provincias de América, deduciendo de todas sus observaciones que no están tan reunidas como se les supone, y que muchas aun reconocen al gobierno constitucional de España; y concluyó manifestando que en adelante acaso sería él el primero en dar sus sufragios para la independencia de la América, cuando esto fuese conveniente; pero de ninguna manera en las circunstancias actuales.

Después de haberse hecho algunas aclaraciones por varios diputados, y pedídose la lectura de varios artículos de la constitución y decretos de las Cortes, se declaró el punto suficientemente discutido.

A petición de varios señores diputados se preguntó si la votación sería nominal y se acordó la negativa por cincuenta y tres votos contra cuarenta y tres.

Se declaró después no haber lugar a votar sobre el dictamen.

NOTA:–Desechado como se ve el dictamen de la comisión de Ultramar, publicó después el señor diputado DON FÉLIX VARELA por suplemento al Expectador del 8 de agosto, el discurso que dice tenía preparado apoyando el referido dictamen, y que no pudo pronunciarlo por haberse cerrado la discusión antes de que le tocase hablar. Se ha copiado aquí este discurso en el Indicador del 15 del corriente, por lo tanto excusamos repetirlo; y concluiremos este asunto con la respuesta del señor diputado don Tomás Gener, que se publicó por el mismo Expectador del día 9 de agosto y a la letra es como sigue:

ARTÍCULO DE DON TOMÁS GENER

Señores editores del Expectador: Porque creo que alude a mi opinión la que combate el señor don Félix Varela, en el suplemento que se ha repartido con el número de hoy, ruego a ustedes se sirvan insertar en el de mañana el breve discurso que tuvo la honra de pronunciar en la sesión extraordinaria de las Cortes del 3 del corriente mes, sobre independencia de la América Española, y les quedará agradecido su atento servidor Q.B.S. M.-Tomás Gener.

En la sesión extraordinaria del 3 de agosto dije: si después del sólido discurso del señor Argüelles contra el dictamen que se discute, me levanto yo también para impugnarlo, no es porque yo dude que la separación de ambas Españas, en cierta hipótesis en que ni una ni otra están ahora, podría ser recíproca utilidad, sino porque no tengo poderes para autorizarla.

Que no tengo poderes para autorizar la emancipación de la América se deduce claramente de no tenerlos para alterar en lo más mínimo la Constitución de la monarquía, y como se alterarían 30 de sus artículos, a lo menos: el 1.º, el 5.º, el 10, el 18, el 20, 21, 22, 28, el 30, 33, 37, el 61; el 80, el 102, el 157, 158 el 173, 174, 175, 179, el 202, 203, 204, 205, 217, 232, 261,

268, el 334 y 335, si se otorgase la referida emancipación, es claro que no puedo ni debo aprobarla. Por ejemplo, el 1.º dice, que la nación española es la reunión de todos los españoles de ambos hemisferios: ¿y cumpliríamos con este artículo separando políticamente estos hemisferios entre sí? El 174 dice, que el reino de las Españas, es indivisible; ¿y cumpliríamos con nuestros juramentos dividiéndolo? El 179 dice, que el rey de las Españas es don Fernando VII de Borbón: ¿y podemos nosotros destronarle de una de esas Españas fuera de los casos prevenidos por la Constitución? Las mismas reconvenciones me sugerirían 27 artículos más, que se alterarían si tuviese efecto la emancipación de que se trata; pero por no abusar de la bondad del Congreso me limitare a añadir sobre este particular, que yo supe en Madrid por conducto muy fidedigno, que los agentes del gabinete extranjero que ha manejado con más destreza el arma alevosa de las supuestas modificaciones para desunirnos y perdernos, trataban de persuadir con mucho empeño que el grande interés del estado exigía imperiosamente que las Cortes declarasen la independencia de la América Española: ¿y con qué fin? Con el de probar con este solo acto que destruiría una multitud de artículos constitucionales, que no eran nuestros juramentos lo que nos hacían resistir las supuestas modificaciones, sino nuestro orgullo y terquedad.

Seguramente se dirá que el continente americano ya está separado de hecho; pero además que eso esta en pleito todavía, según lo que pasa en Costa Firme y en el Perú, no entre europeos y americanos, sino entre americanos leales y americanos disidentes, también se han separado de hecho de la causa constitucional una multitud de pueblos de la Península, y sin embargo no nos ha ocurrido todavía que podamos emanciparlos de la comunión nacional. Mas claro. Si Galicia, Cataluña o las provincias Vascongadas pretendiesen ahora como lo han intentado otras veces en formarse en estado aparte, ¿tenemos facultades nosotros para concedérselo? Y no teniéndolas, como seguramente no las tenemos por la Constitución ¿podríamos negárselo decentemente después de habérselo concedido a la América? Por tanto, pues que la América española ya no es colonia sino parte integrante de la monarquía, en virtud de un pacto que no puede alterarse legalmente, sino del modo y en el tiempo señalado por los diez artículos de la Constitución, ruego a las Cortes que no obstante la sana intención y el buen deseo con que la comisión de Ultramar ha presentado su dictamen, se sirvan desaprobarlo en su totalidad.

[Archivo Nacional de Cuba: Fondo: Donativos y Remisiones, legajo 603, número 33.]

Dictamen de la Comisión de las Cortes españolas sobre el reconocimiento de la independencia de Las Américas
(Julio de 1823)

La comisión ha examinado la memoria del secretario del despacho de Ultramar, y su contenido ha debido darla el triste convencimiento de la posición aísla en que el gobierno se encuentra de hecho respecto a aquel dilatado hemisferio, ya por el atraso de noticias que contiene, y ya también por la contrariedad que a ellas presentan muchos acontecimientos posteriores que muestran bien el espíritu de aquellos pueblos. Su conclusión indica que el secretario del despacho, penetrado de esta misma idea, se preparaba a presentar a la liberación de las Cortes datos fijos y definitivos, que imprimiesen a aquellas provincias un estado de paz y de utilidad mutua para ambos continentes, y la comisión que se lisonjeaba de ser así ayudada para conseguir tan grandes objetos, ve con dolor frustradas sus esperanzas por causas que no ha estado, ni está en su alcance el evitar.

En tales circunstancias la comisión no puede menos de manifestar al congreso que el sistema de expectativa de fortuna que hasta ahora se ha observado, necesariamente nos conducirá a la pérdida hasta de la esperanza de cualquiera clase de ventajas en nuestras relaciones con aquellos países, y que los comisionados *ad referendum* sin autorización alguna, probablemente no harán más que perder el tiempo, sufrir desprecios, y volver diciendo simplemente lo que todos sabemos: que los americanos quieren ser independientes, y cuando más (aunque la comisión lo duda) agregarán que han oído algunas proposiciones tan enteramente contrarias a los intereses de la península, que desde luego serán inadmisibles, pues siendo ellos los promotores, es casi cierto que no la harán de otro modo. Tendremos pues la negociación paralizada y perdido el tiempo. Entretanto que nosotros dormimos, las naciones extranjeras están muy en vela, y el congreso debe recordar que en todas las comunicaciones del ministro francés con el embajador inglés en París sobre los asuntos de España, siempre jugó el negocio de América de un modo principal, que parece no se les olvidaba un momento, y que acaso influye poderosamente en nuestra situación actual. No olviden las Cortes, que en la nota del gabinete de las Tullerías que precedió a la invasión, se ofrecía expresamente el auxilio de la Francia con sus ejércitos para la reconquista de América, y tampoco debe olvidarse que, como manifestó un señor diputado en la célebre discusión de once de febrero, son muy antiguas las pretensiones de la Francia, que se renovaron hace poco para coronar a un príncipe de su casa en Buenos Aires. Verdad es que esta pretensión es ya ridícula, pero marca la tendencia de aquel gabinete, y mucho más cuando la tal nota, y las insinuaciones sobre América acompañaban a las de sus aliados, y todos pedían, nada menos que nuestra esclavitud, como si dijeran: sed vosotros y los americanos esclavos, que es lo que conviene a los déspotas. La opinión pública va descorriendo ya este velo demasiado, y ya vemos en papeles de Londres, que la santa alianza había señalado a la Rusia su departamento en el oriente mientras que Luis se ocupa en sojuzgar la España y la América meridional.

No perdamos de vista el sistema de neutralidad que observa Inglaterra en nuestra lucha, que es decir, en la lucha de la libertad contra los tiranos; lucha en que toma parte abiertamente la opinión pública del pueblo inglés; lucha en que se interesan todas las almas libres y generosas: lucha, en fin, que en otras circunstancias hubiera sido evitada por un gobierno esencialmente libre, y el más poderoso de la tierra. Existe pues un grande interés de por medio, y es máxima de los gabinetes medir la justicia por la utilidad, y esta no por el verdadero bien de los pueblos sino por el mayor influjo y engrandecimiento de los gobiernos.

Es innegable, que por muchos años debe renunciar la España a toda tentativa hostil contra las provincias insurreccionadas de América, pues concluida nuestra actual lucha cuya duración no sabemos, será preciso, si se quiere afianzar la libertad, no dividir nuestra fuerza, que nunca será mucha, por el estado de decadencia en que se halla y debe quedar la nación. Es preciso desengañarnos; prescindiendo de la absoluta inutilidad de una agresión, que solo daría ventajas efímeras, después de enormes gastos que no sería posible sostener por mucho tiempo, debemos confesar que no podemos practicarla, y que los americanos tienen bien poco que temer si nos consideran como opresores, y mucho que esperar si nos miran como amigos y aliados, mejor dicho, como hermanos suyos. La América insurreccionada ya no se pacifica; será preciso subyugarla, y para esto se necesitaría un grande ejército que no se separase ni un momento de allí, pues en el mismo instante las pasiones más encendidas por la misma opresión producirían su efecto, y el resultado puede inferirse. La experiencia ya lo ha acreditado, pues repetidas veces ha sucedido que los pueblos que ya se creían pacíficos no han tardado más tiempo en insurreccionarse, que lo qué tardaban en perder de vista las tropas que los dominaron.

Los hombres irreflexivos que acaso han creído que los extranjeros servirían para reconquistar la América, y que tal vez se han dejado alucinar con estas promesas ¿creen que podrían realizarlas, y que en todo caso lo harían para utilidad de la España, y no para apoderarse de lo que hubieran conseguido, o para dejar a España los costos y el nombre de poderosa siendo de ellos toda la utilidad? Por más encarnizada que sea la guerra y el odio entre aquellos habitantes y los peninsulares, es preciso no equivocarse, no durará más tiempo que el que tardemos en transigir con ellos. En el día mismo tenemos una prueba en la indignación que sabemos han causado en aquellos países las notas con que nos insultaron los gabinetes extranjeros. Los americanos conocen que su interés está unido al de la España constitucional y nunca tendrá partido entre ellos el sistema despótico, cuya tendencia sería a reducirlos al miserable estado de colonias, bien que sus esfuerzos fuesen impotentes. La propensión casi innata de los americanos a la independencia no procede únicamente de resentimientos, sino del natural deseo que tienen los hombres cuando se reúnen en grandes masas, de gobernarse por sí solos, cuando acertada o equivocadamente se consideran capaces de ello; y mucho más, cuando una enorme distancia de sus actuales gobernantes los priva de muchas ventajas, y los provoca a la separación. Rotos sin embargo los vínculos de los gobiernos jamás lo estarán los de unos pueblos enlazados estrechamente por la naturaleza, la religión, el idioma y las costumbres.

Estas reflexiones conducen a la comisión a inferir, que si no entramos directamente a tratar este asunto, no solo perderá la España cuanto pudiera conseguir, sino que la sobrevendrán gravísimos males, pues el término ha de ser o consolidar la América su independencia y desatender toda proposición de España, o caer en manos de alguna o algunas de las potencias extranjeras, ya sea por verdadera ocupación, o ya por una tutela que equivalga a lo mismo; y en este caso, aumentada la fuerza en las demás potencias, y disminuida en España, vendrá a ser ésta insignificante en la balanza política, y robusteciendo el poder de los déspotas, perecerá la libertad aquí y en América, o mejor dicho, en el mundo entero.

Desengañémonos; sea cual fuere la transacción que se haga con los americanos, solo perderá la España lo que ya no puede conservar, que es el gobierno y administración de algunos de aquellos países, pero no las demás ventajas del enlace de dos pueblos, no como quiera amigos, sino identificados; y si dejamos, como hasta aquí, que el tiempo decida, es hacer la causa de los extranjeros, quitar a nuestro comercio hasta la esperanza de alguna ventaja, privarnos de toda cooperación con todos los países de América, que si ahora son impotentes, no lo serán en breve tiempo, pues la naturaleza en su juventud se repone muy pronto de las pérdidas que le causan las enfermedades, y un país que vale mucho siempre puede algo.

No por esto se crea que es el ánimo de la comisión que se proceda, a declarar la independencia de América, ni a establecer desde este momento sus bases: quiere sí que se empiecen los tratados de un modo positivo y eficaz, ya sea para pacificar aquellos países volviendo al seno de la madre patria por convenios mutuos, ya sea para que, en caso de no haber otros recursos, se haga la emancipación del modo más ventajoso para ambas partes, y no rompamos de una vez los vínculos que la misma naturaleza nos inspira conservar. La comisión opina que el decoro nacional y la prontitud en este negocio, exigen que los tratados se hagan, o bien en la península, o bien en un punto de una potencia europea y amiga que elija nuestro gobierno, y que a esto debe preceder un armisticio con aquellos países que actualmente se hallen en guerra, siempre que quieran enviar sus comisionados, continuando la guerra en los que se nieguen a entrar en este convenio. Son muy obvias las razones que ha tenido la comisión para este dictamen, pues no hay duda que la menor dificultad que se ofrezca a nuestros comisionados en América (aunque ahora se les facultase para lo que no lo están), las vicisitudes de la guerra y otros infinitos acontecimientos dilatarían sobremanera una negociación, que haciéndose en la península, o bien en un punto de Europa perteneciente a una potencia amiga, se facilitaría enteramente por la rapidez de las comunicaciones; que están igualmente fáciles para los países de América que para nosotros. Las Cortes con su alta penetración inferirán otras razones de política para adoptar este partido, que acaso es el que nos queda: razones que la comisión no cree desenvolver más extensamente, pero que son de gran momento para el que las medita.

En virtud de lo expuesto, la comisión, aunque llena de la mayor desconfianza del acierto en materia tan grave, pasa a exponer su dictamen a las Cortes en los artículos siguientes. Primero: se invitará a los gobiernos de hecho de las provincias disidentes a enviar comisionados con plenos poderes a un punto neutral de Europa, que designará el gobierno de S. M. siempre que no prefiriesen venir a la península, estableciéndose desde luego un armisticio con los que se avengan a enviar dichos comisionados. Segundo: el gobierno de S. M. nombrará por su parte uno o más plenipotenciarios, que en el punto designado, estipulen toda clase de tratados sobre las bases que se consideren más a propósito, sin excluir las de independencia, en caso necesario. Tercero: estos tratados no tendrán efecto ni valor alguno hasta que obtenga la aprobación de las Cortes. Las Cortes determinarán lo mas acertado. Cádiz el de julio de 1823. Firmado. Istúriz. Flores Calderón. Vismanos. Santos Suárez. Meléndes. Varela.

[*La Semana*, La Habana, 25 de junio de 1888.]

Discurso de Félix Varela que no llegó a pronunciar, sobre la independencia de Las Américas

Cuando se discutió en las Cortes el dictamen acerca de las Provincias disidentes de América, pedí la palabra como individuo de la comisión, mas no llegué a usar de ella por haberse declarado el punto suficientemente discutido antes de llegar mi vez. Me vi en la necesidad de dar mi voto sin expresar las razones en que lo fundaba a más de las que contenía el mismo dictamen. Yo guardaría este silencio si no se hubiera hablado tanto de infracciones de la Constitución, hasta asegurarse que par aprobar el dictamen era preciso echar por tierra treinta y seis de los artículos constitucionales.

Yo respeto la resolución de las Cortes, y creo que estriba en otras razones de política muy distintas; mas si por desgracia se persuadieran los americanos de que las Cortes habían desechado el dictamen de la Comisión, porque se creyesen sin facultades para tratar de independencia en caso necesario; ya no tendríamos la más ligera esperanza de ninguna clase de composición con aquellos países. Los americanos inferirían muy pronto: luego es perdido al tiempo que se emplea en negociaciones, pues no admitiendo nosotros ninguna que no tenga por base la independencia y diciendo las Cortes que no están facultadas para concederla. ¿Qué esperamos? El gobierno español nos ha venido a engañar facultando a sus comisionados para que oigan proposiciones de independencia, pues este modo de oír parece que se reduce a que si no por sordos y les hablamos, se impongan de lo que decimos, pero sin esperanza de efecto alguno, así con el gobierno Español sí con las Cortes, ¡cuántos males podrían sobrevenir a uno y otro hemisferio de esta funesta persuasión! Los señores Diputados que juzgan que sería destruir la Constitución conceder la independencia de América, ¿por qué no pidieron inmediatamente la responsabilidad al gobierno por haber facultado a sus comisionados para que oigan proposiciones de independencia? Si en el día nos dijese el gobierno que había mandado comisionados a París para oír proposiciones sobre reformas de la Constitución ¿no diríamos que era traidor a la Patria? Pues si para conceder la independencia de América sería preciso alterar la Constitución (como juzgan estos señores, y yo no creo) el caso es enteramente el mismo.

Por otra parte ¿no sería degradarse un gobierno el haber autorizado para oír inútilmente, para oír lo que todos estamos cansados de oír, para oír, afectando un poder que no tiene? Es preciso no olvidar la gran diferencia entre presentarse con facultades expresas para oír proposiciones, y oírlas porque tuvieron a bien manifestárselas. En el primer caso ya está comprometido el decoro del Gobierno, si excede sus facultades, y el segundo es tan insignificante que se compromete el decoro del mismo gobierno y el de las Cortes en hacer mérito de semejante cosa, como se hizo en la sesión de 3 del corriente. Yo creo por tanto que cuando en ella dijo el gobierno que había facultado a sus comisionados hasta para oír proposiciones de independencia, habló en el primer sentido, que es el único que corresponde a su decoro y al de las Cortes.

La cesión de la Florida ha sido un argumento al que nunca han contestado los señores de opinión contraria, ni en estas ni en las anteriores Cortes, porque fue una verdadera venta, pues a tanto equivale autorizar las Cortes al gobierno de S. M. para que indemnizase o pagase a los Estados Unidos cediéndoles las Floridas. Un señor diputado respondió que este negocio había tenido su origen antes del restablecimiento del sistema, y que ya no hubo otro recurso que aprobarlo. Mas yo pregunto ¿se hubiera verificado sin la aprobación de las Cortes? Claro es que no: luego las Cortes hicieron que se desmembrase esta parte de la monarquía. Pero se dirá que el gobierno estaba comprometido, ¿y acaso esto basta para destruir, no como quiera si no treinta y seis artículos de la Constitución, según el dictamen de otro señor Diputado? ¿No debió buscarse otro medio de indemnizar, dando por causa justísima que el Estado tenía en la actualidad una constitución incompatible con el anterior convenio? Lo cierto es que las Floridas serían de España si las Cortes no las hubieran cedido libre y espontáneamente; y si para esto es preciso destruir la constitución, como quieren nuestros impugnadores, faltaron a ello las Cortes pasadas en haber autorizado la cesión, y las actuales en no haberla declarado nula. Yo creo todo lo contrario, que las Cortes pasadas hicieron todo lo que podían y que las futuras (pues este negocio jamás será de las actuales) si obligadas por la necesidad autorizasen la emancipación de algunas provincias de América, no harán más que usar de legítimas facultades; pero con una enorme diferencia, pues entonces cedieron las Cortes un país tranquilo y donde estaba en ejercicio nuestro gobierno, un país que no inspiraba la menor sospecha de insurrección, sino que al contrario daba pruebas de su amor a la madre patria y lo cedieron haciéndolo servir de precio de indemnización a una potencia extranjera. Si llegase el caso de emancipar algunas provincias de América, sería no libre y espontáneamente, si no por una imperiosa necesidad no para pagar a nadie ni para separar del seno de la patria unas provincias, queriendo ellas permanecer unidas, si no para permitir que formen distinta familia libre e independiente los que ya no quieren pertenecer a la nuestra, y no tenemos medios de obligarlos a otra cosa.

Examinemos la cuestión más directamente, y veamos si las Cortes pueden tratar de esta materia. ¿Qué artículo de la Constitución lo prohíbe? Ninguno, antes al contrario; yo advierto que poniendo esta restricción a las facultades del rey, y no habiendo querido ponerla a las Cortes, se infiere que estas se hallan autorizadas, pues debemos convenir en que ni el rey ni las Cortes tienen más restricciones que las expresadas en la Constitución. Pero se dirá que en los poderes se previene que no pueden hacerse alteraciones en la Constitución, y que está entre las provincias de España las que quieren emanciparse. Yo pregunto si por conveniencia de alguna nación extranjera quisiesen agregarse a nosotros algunas provincias ¿las admitiríamos? En el momento, y sin embargo se alteraría el artículo haciendo españolas unas provincias que no lo son. Y si se dice que en este caso debería suponerse el consentimiento de la nación por ser un bien palpable, yo diré que igualmente debe suponerse para evitar un mal no menos palpable, como sería no solo perder lo que ya no se pudiera conservar, sino toda especie de relación ventajosa. Los señores que opinan que emancipar la América por una inevitable necesidad después de hechos todos los esfuerzos para impedirlo, es destruir la constitución, proceden de buena fe, pero sin advertir que cooperan a lo mismo de que huyen, pues privar a la nación de recoger aun lo poco que le queda, y su conducta para mí es semejante a la de uno que encargado de conservar cierto número de casas sin facultades para destruirlas las viese arder sin remedio y que otro se aprovechara, mas él no se atreviese a dar un solo golpe para destruir lo que debía reducirse a cenizas inevitablemente, y creyese cumplir las órdenes del dueño privándole hasta de los escombros.

Una cosa es la ley fundamental de un estado y otra la extensión del territorio y personas a quienes se aplica.

Aunque la España perdiese un gran número de provincias, no se había alterado en nada su Constitución, pues esta consiste en ciertas bases fundamentales, desenvueltas y aplicadas en cierto número de artículos, y tiene además otros reglamentarios y no esenciales, pero que sin embargo influyen en el régimen político que ha adoptado la nación para poner en ejercicio sus derechos contenidos en las bases constitucionales, y las Cortes no pueden alterar tampoco estos artículos porque la nación ha querido darse tiempo para que la experiencia indique si son útiles o perjudiciales; mas el que sean tantas o cuantas las provincias gobernadas por un sistema político, jamás se ha dicho que pertenece esencial ni accidentalmente a dicho sistema.

Por último no olviden los señores que han tenido sus escrúpulos en esta materia, que aquí no se trata de emancipar, si no de poder resistir la emancipación.

Debo, sin embargo, advertir que en el dictamen que desecharon las Cortes no se proponía la independencia de América, si no que se facultase al gobierno para que si después de apurados todos los recursos no hallase otro que el de tratar sobre bases de independencia pudiese hacerlo, quedando todo sujeto a la aprobación de las Cortes; y si el gobierno hubiera tenido la franqueza de manifestar a la comisión, como lo hizo después el Congreso, que ya por sí había tomado una medida casi semejante, tal vez el dictamen se hubiera reducido a ciertas modificaciones de lo hecho por el mismo gobierno. Mas habiéndose pedido expresamente al señor ministro de Ultramar que manifestase, si era posible las instrucciones que habían llevado los comisionados a América, se recibió al cabo de unos días en oficio en que el gobierno manifestaba secamente que no tenía datos que presentar a las Cortes, y la comisión creyó que no era prudencia no infortunarlo más.

Por desgracia las noticias que acabamos de recibir de Nueva España acreditan lo que expuso la Comisión en su dictamen, y es que mientras la España duerme vigilan las potencias extranjeras, y ojalá no despertemos tan tarde que todo esté perdido.

Aunque la verdad no agrade a muchos, tendré el consuelo de haberla dicho.

Proyecto y memoria para la extinción de la esclavitud en la isla de Cuba

Memoria[12] que demuestra la necesidad de extinguir la esclavitud de los negros en la isla de Cuba, atendiendo a los intereses de sus propietarios[13]

La irresistible voz de la naturaleza clama que la isla de Cuba debe ser feliz. Su ventajosa situación, sus espaciosos y seguros puertos, sus fértiles terrenos serpenteados por caudalosos y frecuentes ríos, todo indica su alto destino a figurar de un modo interesante en el globo que habitamos. Cubríala en los primeros tiempos un pacífico y sencillo pueblo que, sin conocer la política de los hombres, gozaban de los justos placeres de la frugalidad, cuando la mano de un conquistador condujo la muerte por todas partes, y formó un desierto que sus guerreros no bastaban a ocupar. Desapareció como el humo de la antigua raza de los indios conservada en el continente a favor de las inmensas regiones donde se internaban. Solo se vieron habitadas las cercanías de varios puertos, donde el horror de su misma victoria condujo a los vencedores rodeados de una pequeña parte de sus víctimas, y las cumbres de lejanos montes, donde hallaron un espacioso asilo algunos miserables que contemplaban tristemente sus albergues arruinados, y las hermosas llanuras en que poco antes tenían sus delicias.

No recordaría unas ideas tan desagradables como ciertas si su memoria no fuera absolutamente necesaria para comprender la situación política de la isla de Cuba. Aquellos atentados fueron los primeros eslabones de una gran cadena que, oprimiendo a millares de hombres, les hace gemir bajo una dura esclavitud sobre un suelo donde otros recibieron la muerte, cadena infausta que conserva en una isla, que parece destinada por la Naturaleza a los placeres, la triste imagen de la humanidad degradada.

Era imposible que el canal de comunicación de dos mundos no recibiera el torrente de luces del civilizado y los inmensos tesoros que poseía el inculto, y aun era más imposible que con tales elementos no hubiera bastado un solo siglo para formar una nueva Atlántida. Sin embargo, la tenebrosa política de aquellos tiempos (si es que entonces tenía alguna la

---

12 don José Antonio Saco: Historia de la Esclavitud de la Raza Africana en el Nuevo Mundo y en especial en los países Américo-Hispanos. (Editada por Fernando Ortiz, Cultural, Habana, 1938.)
13 Por el presbítero don Félix Varela, diputado a Cortes.

España), después de haber dejado la isla casi desierta, procuró impedir la concurrencia no solo de los extranjeros, sino aun de los mismos nacionales, escaseando los medios de una inmigración que hubiera consolidado los intereses de los nuevos poseedores.

Se declaró enseguida una tremenda guerra a la prosperidad de aquellos países, creyéndolos destinados por la Providencia para enriquecer a éstos, ignorando las verdaderas fuentes del engrandecimiento de unos y otros, fuentes obstruidas por la avaricia de algunos con perjuicios de todos.

Esta conducta del Gobierno produjo un atraso en la población de aquella hermosa isla, y animó a una potencia, cuyas luces la han inclinado siempre a diversos y seguros caminos para hallar sus intereses, animó digo, a la Inglaterra en la empresa de brindarnos brazos africanos que cultivasen nuestros campos. La Inglaterra, esa misma Inglaterra que ahora ostenta una filantropía tan hija de su interés como lo fueron sus pasadas crueldades, y yo no sé si diga como lo son sus actuales, pero disfrazadas opresiones, esa misma Inglaterra, cuyo rigor con sus esclavos no ha tenido ejemplo, esa misma introdujo en nuestro suelo el principio de tantos males. Ella fue la primera que con escándalo y abominación de todos los virtuosos no dudó inmolar la humanidad a su avaricia, y si ha cesado en estos bárbaros sacrificios es porque han cesado aquellas conocidas ventajas. Pero ¡qué digo han cesado!... El Brasil... yo no quiero tocar este punto. La Inglaterra nos acusa de inhumanos, semejante a un guerrero que después de inmolar mil víctimas a su furor, se eleva sobre un grupo de cadáveres, y predica lenidad con la espada humeante en la mano y los vestidos ensangrentados. Ingleses, en vuestros labios pierde su valor la palabra filantropía, excusadla, sois malos apóstoles de la humanidad.

Una funesta imprevisión de nuestro Gobierno en aquellos tiempos fue una causa de que no solo aprobase el tráfico de negros, sino que, teniéndolos como un especial beneficio, asignó un premio de cuatro pesos fuertes por cada esclavo que se introdujese en la Isla de Cuba, además de permitir venderlos al precio que querían sus dueños, como si los hombres fueran uno de tantos géneros de comercio. De este modo se creyó que podía suplirse sin peligro la falta de brazos, ¡sin peligro, con hombres esclavos!

El acaecimiento de Santo Domingo advirtió muy pronto al Gobierno el error que había cometido; empero siguió la introducción de negros...

Sin embargo, me sirve de mucha complacencia poder manifestar a las Cortes, que los habitantes de la Isla de Cuba miraron con horror esa misma esclavitud de los africanos que se ven precisados a fomentar, no hallando otro recurso, pues además de la falta de brazos para la agricultura, el número de sirvientes libres se reduce al de algunos libertos, digo algunos, porque es sabido que aun esta clase no quiere alternar con los esclavos, y solo cuando no hayan otra colocación se dedican al servicio doméstico. Mucho menos se encuentran criados blancos, pues aun los que van de Europa, en el momento que llegan a La Habana no quieren estar en la clase de sirvientes. De aquí resulta que los salarios son exorbitantes, pues el precio corriente es de catorce a veinte duros mensuales, y siendo una cocinera u otro criado de algún mérito, jamás baja de veinticinco duros.

Suplico al Congreso me dispense que haya molestado su atención, refiriendo pormenores caseros, pues su noticia ilustra mucho para la inteligencia del extraordinario fenómeno de que un pueblo ilustrado y amable como el de La Habana, compre esclavos y más esclavos. El Gobierno, lo repetiré mil veces, el Gobierno es quien puede evitar esto, proporcionando el aumento de libertos que por necesidad tendrán que ocuparse en el servicio doméstico, bajando el precio de los salarios que con el tiempo será muy moderado cuando se destierre la esclavitud, y algunos blancos no tengan a menos dedicarse a igual servicio. Me atrevo a asegurar que la voluntad general del pueblo de la Isla de Cuba es que no haya esclavos, y solo desea encontrar otro medio de suplir sus necesidades. Aunque es cierto que la costumbre de dominar una parte de la especie humana inspira en algunos cierta insensibilidad a la desgracia de estos miserables, otros muchos procuran aliviarla, y más que amos son padres de sus esclavos.

Yo estoy seguro de que pidiendo la libertad de los africanos conciliada con el interés de los propietarios y la seguridad del orden público por medidas prudentes, solo pido lo que quiere el pueblo de Cuba. Mas yo no quiero anticipar el plan de mis ideas, y suplico a las Cortes me permitan continuar la narración de los hechos que sirven de base a las proposiciones que debo hacer sobre esta materia.

La introducción de africanos en la Isla de Cuba dio origen a la clase de mulatos, de los cuales muchos han recibido la libertad por sus mismos padres, mas otros sufren la esclavitud. Esta clase, aunque menos ultrajada, experimentan los efectos consiguientes a su nacimiento. No es tan numerosa, pues no ha recibido los esfuerzos que la de negros en los repetidos cargamentos de esta mercancía humana, que han llegado de África; pero como son menos destruidos, se multiplican considerablemente. Ambas clases reunidas forman la de originarios de África, que según los cómputos mas exactos a principios de 1821, excedía a la población blanca como tres a uno. Los esclavos se emplean en la agricultura y en el servicio doméstico, más los libres están casi todos dedicados a las artes, así mecánicas como liberales, pudiéndose decir que para un artista blanco hay veinte de color. Estos tienen una instrucción, que acaso no podía esperarse, pues la mayor parte de ellos saben leer, escribir y contar y además su oficio que algunos poseen con bastante perfección, aunque no son capaces de igualar a los artistas extranjeros, por no haber tenido más medio de instruirse que su propio ingenio. Muchos de ellos están iniciados en otras clases de conocimientos, y acaso no envidian a la generalidad de los blancos.

La necesidad, maestra de los hombres, hizo que de su infortunio sacaran los originarios de África estas ventajas, pues hallándose sin bienes y sin estimación han procurado suplir esas faltas en cuanto les ha sido posible por medio de trabajo, que no solo les proporciona una cómoda subsistencia sino algún mayor parecido de los blancos; al paso que estos han sufrido un golpe mortal por la misma civilización de los africanos. Efectivamente, desde que las artes se hallaron en manos de negros y mulatos se envilecieron para los blancos, que sin degradarse podían alternar con aquellos infelices. La preocupación siempre tiene gran poder, y a pesar de todos los dictámenes de la filosofía, los hombres no se resignan a la ignorancia cuando un pueblo justa o injustamente desprecia tales o cuáles condiciones. De aquí se infiere cuán infundada es la inculpación que muchos han hecho a los naturales de La Habana, por su poco empeño en dedicarse a las artes, y no falta quien asegura que el mismo clima inspira la ociosidad. El gobierno es quien la ha inspirado, y aun diré más, quien la ha exigido en todas épocas. Yo solo pido que se observe que esos mismos artistas oriundos de África no son otra cosa que habaneros, pues apenas habrá uno u otro que no sea de los criollos del país.

Las leyes son las únicas que pueden ir curando insensiblemente unos males tan graves, mas éstas por desgracia los han incrementado, autorizando el principio de que provienen. El africano tiene por la naturaleza un signo de ignominia, y sus naturales no hubieran sido despreciados en nuestro suelo si las leyes no hubieran hecho que lo fueran. La rusticidad inspira compasión a las almas justas, y no desprecio; pero las leyes, las tiránicas leyes, procuran perpetuar la desgracia de aquellos miserables, sin advertir que el tiempo, espectador tranquilo de la constante lucha contra la tiranía, siempre ha visto los despojos de ésta sirviendo los trofeos en los gloriosos tiempos de aquella augusta madre universal de los mortales.

Resulta, pues, que la agricultura, y las demás artes de la Isla de Cuba, dependen absolutamente de los originarios de África, y que si esta clase quisiera arruinarnos le bastaría suspender sus trabajos y hacer una nueva resistencia. Su preponderancia puede animar a estos desdichados a solicitar por fuerza lo que por justicia se les niega, que es la libertad y el derecho de ser felices. Hasta ahora se ha creído que su misma rusticidad les hace imposible tal empresa; pero ya vemos que no es tanta, y que, aun cuando lo fuera, serviría ella misma para hacerlos libres, pues el mejor soldado es el más bárbaro cuando tiene quien le dirija. Pero ¿faltarán directores? Lo hubo en la isla de Santo Domingo, y nuestros oficiales aseguraban haber visto en las filas de los negros los uniformes de una potencia enemiga, cuyos ingenieros dirigían perfectamente todo el plan de hostilidades.

Pero, ¿a qué recurrir a la época pasada? ¿Los países independientes no pueden dar esta dirección y suministrar otros medios para completar la obra? En el estado actual de Haití, con un ejército numeroso, aguerrido, bien disciplinado, y lo que es más, con grandes capitales, ¿no podría emprender nuestra ruina que sería su mayor prosperidad? Ya la ha emprendido, pues se sabe que dirigieron a nuestras costas dos fragatas con tropas para formar la base del ejército, que muy pronto se hubiera aumentado extraordinariamente, mas el naufragio de dichos buques libertó a la isla de Cuba de esta gran calamidad. Se advierte una frecuente comunicación entre ambas islas, cuando antes apenas se recibían dos o tres correspondencias al año. En el estado de independencia en que se halla la de Santo Domingo, ya sea que los negros acometan a los blancos, y se apoderen de toda la isla, ya sea que se unan por tratados pacíficos, no han de ser unos y otros tan estúpidos que no conozcan el mal que pueden recibir de la isla de Cuba, y las ventajas que experimentarían insurreccionado. Es, pues, casi demostrado que hay una guerra entre las dos islas, y que la de Santo Domingo no perderá la ventaja que le presta el gran número de nuestros esclavos, que solo espera un genio tutelar que los redima.

Por lo que hace Bolívar, se sabía en La Habana que había dicho que con dos mil hombres y el estandarte de la libertad, tomaría la isla de Cuba, luego que esto entrase en sus planes.

Otro tanto debe esperarse de los mexicanos, y si por nuestra desgracia, llegamos a tener una guerra con los ingleses, yo no sé qué dificultad podrán tener en arruinar la isla de Cuba cuando son amos del mar y les sobra talento y libras esterlinas (por más pobres que estén) para introducirnos millares de emisarios.

Es preciso no perder de vista que la población blanca de la isla de Cuba se halla casi toda en las ciudades y pueblos principales, mas los campos puede decirse que son de los negros, pues el número de mayorales, y otras personas blancas que cuidan de ellos es tan corto, que puede computarse por nada. También debe advertirse que saliendo veinte leguas de La Habana, se encuentran dilatados terrenos enteramente desiertos, y así está la mayor parte de la isla. Todo esto manifiesta la facilidad con que se puede desembarcar un ejército, organizado, y emprender su marcha sin que se tenga noticias de ellos hasta que no esté encima de alguno de los puntos principales, y que cualquier enemigo puede apoderarse de nuestros campos que le entregarán gustosos sus moradores, y destruir de un golpe nuestra agricultura, que es decir nuestra existencia.

Se aumentan nuestros temores con la rápida ilustración que adquieren diariamente los libertos en el sistema representativo, pues la imprenta los instruye, aunque no se quiera, de sus derechos, que no son otros que los de hombre, tan repetidos por todas partes, y les hace concebir deseos muy justos de ser tan felices como aquellos a quienes la Naturaleza solo diferenció en el color.

La imagen de sus semejantes esclavos los atormenta mucho, porque recuerda el oprobio con que se mira su origen, y es muy natural que estos hombres procuren de todos modos quitar este obstáculo de su felicidad libertando a sus iguales. Además su inferioridad a los blancos nunca ha sido tan notable para ellos ni tan sensible como en el día, que por la Constitución están privados de los derechos políticos, que solo se les franquea una puerta casi cerrada por su naturaleza, y aún se les excluye de formar la base de la población representada, de modo que son españoles, y no son representados. Ellos no tanto desean serlo, como sienten el desprecio de la exclusión, porque al fin un artista, un hombre útil a la sociedad en que ha nacido se ofende mucho de ver que se le trate como a un extranjero, y tal vez como a un bruto.

Cuando se habla de libertad entre esclavos, es natural que éstos hagan unos terribles esfuerzos para romper sus cadenas, y si no lo consiguen, la envidia los devora, y la injusticia se les hace más sensible. Los blancos de la Isla de Cuba no cesan de congratularse por haber derrocado el antiguo despotismo, recuperando los sagrados derechos de hombres libres. Y ¿quieren que los originarios de África sean espectadores tranquilos de estas emociones? La rabia y la desesperación los obligará a ponerse en la alternativa de la libertad o la muerte.

Debo advertir a las Cortes que en los oriundos de África se nota un conocido desafecto a la Constitución, pues jamás han dado el menor signo de contento, cuando es sabido que en todas las fiestas y regocijos públicos ellos son los primeros en alborotar por todas partes. Los sensatos observaron en La Habana que cuando llegó la noticia del restablecimiento del sistema pareció que la tierra se había tragado los negros y mulatos, pues se podían contar los que había en las calles, sin embargo de la alegría general, y por algún tiempo guardaron un aire sombrío e imponente. No se crea que esto lo hacen por ignorancia, por adhesión al antiguo sistema, pues ya sabemos que por dos veces han procurado derrocarlo, declarándose libres, y estoy seguro de que el primero que dé el grito de independencia tiene a su favor a casi todos los originarios de África. Desengañémonos: Constitución, libertad, igualdad, son sinónimos; y a estos términos repugnan los de esclavitud y desigualdad de derechos. En vano pretendemos conciliar estos contrarios.

Pero supongamos que tenemos todos los medios para una gloriosa resistencia, y que salimos vencedores: claro está que ya habrán cesado todas nuestras relaciones mercantiles, destruyéndose enteramente la agricultura, y una gran parte de la población así blanca como negra. En muchos años, nuestro país no podrán prestar seguridad al comerciante para sus empresas, y este estado de decadencia animará al mismo u otro enemigo a un nuevo asalto que consume la obra. La isla de Cuba, cuyo comercio merece una consideración en todo el orbe, quedará recudida un depósito de pobres pescadores hasta que se apodere de ella otra potencia que sacará las ventajas que ha despreciado la España. No nos alucionaremos, la isla de Cuba es un coloso, pero está sobre arena; si permanece erigido es por la constante calma de la atmósfera que le rodea; pero ya tenemos probabilidad de que le agiten fuertes huracanes, y su caída sería tan rápida y espantosa como inevitable, si con anticipación no consolidamos sus cimientos.

En tales circunstancias no queda otro recurso que remover la causa de estos males procurando no producir otros que puedan comprometer la tranquilidad de aquella isla, quiero decir, dar la libertad a los esclavos de un modo que ni sus dueños pierdan los capitales que emplearon en su compra, ni el pueblo de La Habana sufra nuevos gravámenes, ni los libertos en las primeras emociones que debe causarles su inesperada dicha, quieran extenderse a más de lo que debe concedérseles, y por último auxiliando a la agricultura en cuanto sea posible para que no sufra, o sufra menos atrasos por la carencia de esclavos.

Nos faltan medios para tan ardua empresa y el siguiente proyecto de decreto presenta algunos de cuya utilidad juzgarán las Cortes con su acostumbrada prudencia.

Proyecto de decreto sobre la abolición de la esclavitud en la isla de Cuba y sobre los medios de evitar los daños que pueden ocasionarse a la población blanca y a la agricultura

Libres por años de servicio Se declara libre todo esclavo que hubiere servido quince años continuados al amo a quien actualmente pertenece. Cuando el esclavo fuere criollo, o se hubiere comprado muy pequeño, se empezará a contar su servicio desde los diez años de edad, y como esto no puede saberse a punto fijo (respecto a los conducidos de África), se graduará por aproximación.

En lo sucesivo se contarán los quince años de servicio, aunque hayan sido diversos amos, y así tendrá entendido todo el que compre un esclavo después de la publicación de este decreto, que solo durará su dominio sobre dicho esclavo el tiempo que a éste le falte para cumplir los quince años de servicio.

Cuando un esclavo quiera libertarse, contará como parte de precio el tiempo que hubiere servido a su amo actual, y solo le pagará lo que falte, que se deducirá dividiendo el precio en que le compró dicho amo por los 15 años que debió servirle.

Libres por nacimiento Son libres los criollos que nacieren después de la publicación de este decreto. Los amos de sus madres estarán obligados a mantenerlos y curarlos hasta la edad de diez años, y en recompensa continuarán sirviéndose de ellos hasta los veinte años sin pagarles salario y sin más obligación que la de mantenerlos y curarlos.

Si un criollo a los diez años de edad quisiera indultarse de la obligación de servir hasta los veinte al amo de su madre, le abonará doscientos cincuenta pesos fuertes para indemnización del costo de su crianza.

Cuando un criollo pero menor de diez años, de veinte, quiera indemnizar al amo de su madre contará el tiempo de servicio después de los diez años de su edad, como precio ya entregado, y rebajará lo que corresponda a los doscientos cincuenta pesos de indemnización, según lo dispuesto en el orden de los esclavos.

Si un criollo mayor de diez años no quisiera continuar en el servicio del amo de su madre sino pasar al de otro, solo se hará un traspaso de deuda con derecho a exigir servicio, hasta que cumpla los veinte años de edad, a menos que no satisfaga, y en dicha deuda se hará la rebaja que corresponda al tiempo que hubiera servido el criollo después de los diez años de edad, según lo dispuesto en el artículo anterior.

Libres a costa de los fondos públicos y de las contribuciones voluntarias JUNTA FILANTRÓPICA Se establecerá en la capital de cada provincia de la isla de Cuba una junta principal con el título de Filantrópica compuesta del jefe político que será el Presidente, el obispo o el superior eclesiástico, el Intendente, dos individuos de la Junta Provincial, y otros dos del Ayuntamiento, que sacarán por suerte en una y otra corporación. Habrá otras juntas subalternas y dependientes de la anterior con el mismo título en todas las cabezas de partido. Dichas juntas se compondrán del Jefe Político subalterno donde lo hubiera, y en su defecto del Alcalde de primera elección, dos regidores sacados por suerte y el cura párroco.

Las juntas principales nombrarán un secretario asignándole cincuenta pesos fuertes mensuales, que se pagarán de los fondos públicos, y quedará a su arbitrio removerlo y sustituirlo por otro sin dar cuenta, pues éste no se reputa empleo dado por el gobierno.

Encargos comunes así a las juntas principales como subalternas Llevar una cuenta exacta del número de esclavos que existen en su distrito, que es el mismo que el del partido, indicando el sexo, edad, precio y dueño de cada uno. En cuanto a los africanos, cuya edad se ignora, se pondrá ésta aproximadamente.

Con este fin exigirán de los amos una noticia exacta, que darán en el término de tres meses, pasados los cuales no se les admitirá dándose por concluido el censo, y para que los amos puedan hacer constar que dieron noticias de sus esclavos en tiempo oportuno, se les entregará una lista de ellos firmada por todos los individuos de la junta a que se hubieran presentado, y conservarán esta lista como documento. Hacer que los nuevos libertos se dediquen a la agricultura, a las artes, al servicio doméstico, o alguna ocupación útil; pero dejándoles plena libertad para elegir la clase de esas ocupaciones que más les agrade. El liberto que a los dos meses no se empleare en alguna de dichas ocupaciones será compelido por la junta en cuyo distrito se hallase, destinándole a tal o cual ejercicio, que solo podrán dejar cuando se aplique a otro libremente. Lo mismo deberá hacer la junta siempre que conste que un liberto está dos meses sin ejercicio.

Exigir que los libertos hagan constar cada dos meses por alguna persona que merezca la confianza de la Junta, o por otros medios de igual valor, que se hallan dedicados y continúan en las ocupaciones de que habla el artículo anterior. Si contravinieren a este mandato, dará cuenta al poder judicial para que les imponga tres días de cárcel por la primera vez, y nueve por la segunda, repitiéndose esta pena si continuaren faltando. Estas funciones de la Junta, de ningún modo impedirán las que en iguales casos ejercen los ayuntamientos y las autoridades locales.

Encargos de las juntas principales Recibir los fondos destinados a la libertad de los esclavos. Dichos fondos se compondrán:

1. Del 3% de los derechos de aduana y administración de toda Provincia.
2. El 2% de las rentas municipales de todos los ayuntamientos.
3. El 1% de la renta del clero en toda la Provincia.
4. El 1% de las rentas de capellanías y obras pías.
5. El producto de las bulas de la cruzada de toda la provincia.
7. Las lanzas y medias annatas de los títulos de Castilla existentes en la provincia.
8. Los bienes de los conventos suprimidos, o que se supriman en la provincia.
9. Las donaciones que hagan los amantes de la humanidad.

Con este fin se abrirá una suscripción por la Junta para colectar por meses, o de una vez las cantidades que se quieran dar, y además se establecerá en todas las iglesias de la provincia, sean o no parroquias, unas cajas donde sin rubor pueda cada uno echar la cantidad más corta con que quiera contribuir.

Estas cajas deberán tener tres llaves de diversa construcción, de las cuales conservará una el párroco o superior de la iglesia, si no fuere parroquia, y las dos restantes dos regidores sacados por suerte; y donde no hubiere ayuntamiento, dos vecinos nombrados por la Junta del Partido. Cada semana concurrirán los llaveros para abrir las cajas y contada la cantidad certificarán los tres.

Todos estos fondos se depositarán en la Tesorería nacional, exigiendo del Tesorero el documento competente para instruir la cuenta de entrada que debe llevar la Junta. Dichos fondos serán tan sagrados que perderá el empleo toda persona que les diere otra inversión, aunque sea momentáneamente y bajo cualquier pretexto.

Además del libro de asiento en que consta el número de esclavos que se hallen en el distrito del partido de la capital con expresión de las circunstancias ya indicadas, llevarán otro libro con el título de asiento general en que estén apuntados todos los esclavos de la Provincia, indicando las mismas circunstancias.

En este libro se colocarán los nombres de los esclavos, según los años de servicio que tuvieren, dividiéndose en tres clases: la primera desde uno hasta cinco años; la segunda, desde cinco a diez, y la tercera, desde diez hasta quince, bien que este número nunca puede estar cumplido, pues en tal caso ya es libre el esclavo.

Al fin de cada mes publicará una lista de las cantidades que se hubiesen recibido en el anterior, indicando su origen, y con especialidad los donativos, con expresión de los nombres de los contribuyentes, y asimismo las cantidades colectadas en la caja de cada iglesia en toda la Provincia; y si de alguna de ellas aún no se supiere, por hallarse muy distante, se expresará así, lo cual debe observarse respecto de todo ingreso que no se haya realizado, para que de este modo quede el público satisfecho.

Cada dos meses se hará públicamente un sorteo en que entrarán tantos números cuantos fueren los esclavos de toda la Provincia. Luego que salta un número por suerte, se buscará en el margen del libro de asiento general, y a continuación se verá el nombre del esclavo, su precio y dueño, todo lo cual se apuntará inmediatamente por el secretario. De este modo se continuará la extracción de números hasta que la suma de los valores de los esclavos que hayan salido en suerte, sean iguales al fondo disponible que tiene la Junta.

Si fueren tantas las bolas que no basta un globo para contenerlas, sin que sea muy incómodo, se repartirán en varios, poniendo en cada uno igual número de bolas, y si hubiere números impares, se agregarán por suerte al globo que correspondan, para lo cual tendrán por fuera los globos las indicaciones del primero, segundo, etc. En ese caso, cada suerte se sacará de un globo, empezando por el que tiene la denominación del primero, y jamás se sacarán dos bolas seguidas de un mismo globo.

Si comparada la suma de los valores de los esclavos que hayan salido en suerte con el fondo disponible, se viere que sobra una cantidad que no baje de trescientos fuertes, se procederá a sacar otros números y si el precio del esclavo que saliere en suerte excediere a dicha cantidad, esperará el amo un mes para recibir todo el precio; y hasta entonces no se le dará dinero alguno, ni se declarará libre ningún esclavo; mas si el dueño no compareciere en el término del mes a recibir el precio de dicho esclavo, le abonará en lo sucesivo un salario como libre si lo conservare en su servicio. Dicho salario será graduado por la Junta según el mérito del esclavo.

Como los esclavos pueden desmerecer de su precio por enfermedades y otras muchas causas, luego que salieren en suerte se reconocerán por un médico y un cirujano nombrados por la Junta, después serán tasados por dos individuos, uno de ellos nombrado por la Junta, y otro por el amo, teniendo los tasadores en consideración el dictamen que hubieren dado los facultativos de medicina y cirugía. Si no convinieren en la tasación, se partirá la diferencia de ambos precios. Del mismo modo, si el amo no se conformase con el dictamen de estos facultativos, se nombrarán otros dos, uno en medicina y otro en cirugía, a cuya decisión deberá estarse sin más altercados.

Cuando los esclavos fueren tasados en mayor precio del que costaron, solo se pagará éste; pero si fueren tasados en menos, se pagará el precio de tasación. Sin embargo, cuando el esclavo valga menos, no por enfermedad, sino por haber sido comprado en tiempo en que era mayor el precio corriente de los esclavos, se abonará todo su importe.

En la Tesorería nacional se hará la entrega del precio de los esclavos, en moneda efectiva, por orden de la Junta, que pasará al intento una lista de todos los esclavos que deben libertarse por haber salido en suerte, indicando sus precios y dueños. Hecho el pago, se dará inmediatamente a los libertos, si concurrieren, o a sus antiguos amos, o apoderados de estos, una papeleta firmada por el Tesorero en que se diga: Queda libre por el precio de... N., que pertenece a F. y será obligación de los antiguos amos presentar esta papeleta con el nuevo liberto, si existiere en el distrito, ante el secretario de la Junta filantrópica para que, conservando dicha papeleta como comprobante de inversión, ponga el nombre del liberto en un libro que tendrá para este objeto, con el título de asiento de libertos por la Junta filantrópica, e inmediatamente entregará a dicho liberto un documento concebido en estos términos: F. que era esclavo de S., es libre por el precio de... entregado en Tesorería de orden de la Junta filantrópica en (aquí la fecha) y queda su nombre en el censo de los libertos. Firmarán el Presidente y el secretario, y no se extenderá otra escritura; pues a este se da todo el valor necesario sin que intervenga escribano alguno. Así, estos documentos como las papeletas de Tesorería, se imprimirán dejando los claros necesarios para poner nombres y fechas. La impresión de unos y otros, será pagada de los fondos de la Junta con el visto bueno del Presidente y firma del secretario.

No se admitirá reclamación de ninguna especie, y en ningún tiempo, contra la libertad concedida a los esclavos por la Junta.

Con el objeto de fomentar la agricultura, se prohíbe que concurran a la capital los libertos que salieren en suerte y pertenecieran a otro distrito. Si contravinieren, serán obligados a regresar inmediatamente; pues solo se les permitirá venir a la capital o a su distrito a los cuatro años de obtenida su libertad, a menos que la Junta se lo conceda o el gobierno los llame.

Concluido el sorteo, se remitirá con la mayor brevedad a cada Junta subalterna la lista de los esclavos que hayan salido en suerte y correspondan a su distrito.

La Junta principal hará imprimir y publicar una lista de todos los esclavos que hayan salido en suerte, dividiéndolos según los distritos a que pertenezcan, con expresión de sus amos, para que ocurran a recibir el precio de dichos esclavos en el término de un mes, y presenten a éstos si existieren, en el distrito de la Junta principal, en el término de ocho días, para que se proceda a su tasación por los trámites indicados. Si el amo que se indica en la lista hubiere ya vendido el esclavo, se presentará, sin embargo, dentro del mismo término por sí o por otra persona, a dar razón del nuevo amo, y éste también deberá presentarse, aunque el primero lo haga; pues ambos deben concurrir. El amo que contraviniere a cualquiera de las disposiciones de este artículo, pagará diez pesos de multa en favor del fondo.

Encargos de las juntas subalternas Llevar un libro de censos de esclavos, con la especificación de las circunstancias que se han indicado, otro de libertos y otro de cargo y dato de las cantidades que recibieron y de las que envíen a la Junta principal.

Remitir a la Junta principal una copia del censo de esclavos inmediatamente que se concluyere, que será a la mayor brevedad, y después, cada dos meses una nota de los que hubieren muerto, o se hubieren libertado, exigiendo para este fin que todo amo dé noticias de la libertad o muerte de los esclavos.

Igualmente remitirá todos los meses a la Junta principal las cantidades que hubiere colectado.

Avisar a los amos de los esclavos que han salido en suerte, que en el preciso término de un mes, si no se hallan a más de cuarenta leguas de la capital, y de dos meses, si estuvieren a mayor distancia se presenten por sí, por apoderado en la Tesorería general de la provincia a recibir el precio de dichos esclavos. Si existieran los amos en otro distrito, a menos que no sea el de la capital, oficiará la Junta de dicho distrito, para que les intime lo mandado, y esta Junta contestará el oficio cuando haya concluido su encargo, que será a la mayor brevedad, indicando la fecha en que hizo su intimación.

En el preciso término de tres días, después de recibir las listas, avisará a los amos, para que en el de ocho presenten los esclavos que han salido en suerte, y se tasen por dos individuos nombrados por la misma Junta, y otros dos por el amo, reconociéndose antes por dos médicos o cirujanos que nombrará la Junta, o por un solo facultativo, ya sea en Medicina o en Cirugía, si no hubiere otro en el pueblo. Si el amo no existiere en el distrito y no hubiere dado personas que tasen por su parte, la Junta las nombrará para que no se entorpezca el acto. En esta tasación se procederá según lo prevenido a las Juntas principales.

Cuando los amos no se conformaren con el dictamen de los médicos nombrados por la Junta, conducirán sus esclavos a la capital para que sean reconocidos por los facultativos que tiene nombrados la Junta principal; mas el esclavo siempre quedará libre, cuando expire el término que señala el artículo y del modo que expresa el siguiente: Concluido el término que se ha prefijado a un amo para recibir el precio de su esclavo, aunque no conste haberse realizado la entrega, declara la Junta por libre a dicho esclavo, dándole una papeleta concebida en estos términos: Queda libre N., esclavo de F. (firmarán el presidente y secretario) y valdrá este documento hasta que se le entregue el que remitirá la Junta principal. Luego que se reciban las cartas de libertad remitidas por la Junta principal, se entregarán a los libertos, sentando sus nombres en el censo a que correspondan, y dando cuenta a dicha Junta de haberlo ejecutado.

De la introducción de esclavos y del pase de estos, de unas provincias a otras Se permite que vuelvan a cada provincia, los que se compraron en ella, debiendo sus amos presentarlos a la Junta principal y especificar haberlos comprado en la provincia. Dicha junta mandará apuntar el nombre de este esclavo en el asiento general y agregará al globo a que tocare por suerte el número que corresponda.

No se permite vender un esclavo fuera de la provincia; y aunque salga de ella para acompañar a su amo u otra causa, siempre entrará en suerte en dicha provincia a que corresponde, y no donde se halle.

Se prohíbe extraer de la isla esclavos, aunque sea bajo el pretexto de acompañar a sus propios amos. El que contraviniere, pagará $800 de multa, y si presentare el esclavo que había extraído, solo pagará 100 pesos.

Término de la esclavitud Luego que se hayan sacado todos los números hará la Junta filantrópica principal, una declaración solemne de quedar libre todo esclavo que se halle en la provincia, pues los que no constan en el censo se han introducido clandestinamente, o se han ocultado de un modo culpable y quedan libres en pena del delito de sus amos.

Si posteriormente fueren presentados algunos de los que habla el artículo, supuesto que serán muy pocos, se abonará su importe según las reglas prefijadas, y esto se entenderá hasta un año después de haberse hecho la declaratoria que expresa el artículo anterior.

Si los esclavos, por culpa de sus amos, no fueren presentados en el término de dos meses después de haber entrado en el territorio de la provincia, quedarán libres y se juzgarán comprendidos en la declaratoria general.

Funciones de las juntas filantrópicas después de extinguida la esclavitud
No habiendo ya esclavos, quedarán reducidas las funciones de las Juntas, así principales como subalternas, respecto de los libertos, a vigilar sobre que se ejerciten útilmente y al mismo tiempo que no sea ilusoria la libertad que han adquirido, y que ni sus antiguos amos ni otro alguno se prevalga de su debilidad e ignorancia para un fin tan depravado. Este encargo se supone que las Juntas le habrán ejercido respecto de cada liberto, desde el momento en que adquiere su libertad, y en el caso de que habla este artículo, no harán mas que continuar en tan laudables funciones.

[José Antonio Saco: *Historia de la Esclavitud de la Raza Africana en el Nuevo Mundo y en especial en los países Américo-Hispanos*, Cultural S. A., Habana, tomo IV, 1938.]

Relato de Félix Varela sobre la caída del régimen constitucional en España

Breve exposición de los acontecimientos políticos de España, desde el 11 de junio hasta el 30 de octubre de 1823, en que de hecho se disolvieron las Cortes La defección del conde de Abisval, y la de otros muchos militares, que aunque más disimulada, no era menos criminal, proporcionó al ejército francés un paso franco hasta la ciudad de Sevilla, donde se hallaban el Gobierno y las Cortes, que si bien estaban persuadidas de la superioridad de las fuerzas enemigas, no pudieron menos de ver con indignación que sin disparar un solo tiro, se hallasen los enemigos a muy corta distancia, en términos que, sin gran esfuerzo, podían en cuarenta y ocho horas apoderarse de la Real Persona, y disolver el Congreso. Todo el mundo sabe que Sevilla no es plaza de defensa, y mucho menos cuando casi no había en ella tropa alguna organizada, a pesar de haberse proporcionado recursos suficientes para el intento. Era, pues, absolutamente inevitable la destrucción del Gobierno y de las Cortes, y mucho más cuando se encontraban en medio de un pueblo fanático que creía que no podía ser religioso, si no era esclavo. En tan apuradas circunstancias se propuso al rey su pronta traslación a Cádiz, y habiéndose negado S. M. abiertamente, sin embargo de las encarecidas súplicas y reflexiones que se le hicieron, el Congreso creyó que debía salvar las libertades patrias y el decoro nacional por un medio extraordinario. Prescindiendo de la opinión privada de cada diputado sobre los sentimientos del rey (que seguramente ninguno se ha engañado) es innegable que el Congreso, como cuerpo legislativo, no podía considerar al Señor don Fernando VII, sino como rey constitucional, y juzgar de sus sentimientos por la exposición pública y solemne que había hecho de ellos, desde el día en que juró la Constitución. Viendo, pues, una conducta tan contraria en momentos tan difíciles, creyó que su Real ánimo padecía una gran perturbación, causada tal vez por la naturaleza misma del caso, y por el temor de la epidemia a que podría exponerse pasando a Cádiz. En tal estado no tenía S. M. la aptitud moral absolutamente necesaria para gobernar que exigía la Constitución.

No habiendo, pues, otro recurso, procedieron las Cortes, con el mayor sentimiento que puede ponderarse, a nombrar una Regencia que se hiciese cargo del Gobierno, durante su traslación a la isla gaditana, y nada más, guardando a S. M. y Real familia todo el decoro debido a su dignidad, y proporcionándole todas las comodidades posibles. El nombramiento de la Regencia se hizo a las once de la noche del 11 de junio, teniendo ya el Congreso doce horas de sesión, y continuó en ella hasta las ocho de la noche del día siguiente. En este tiempo estuvo en gran peligro la vida de los diputados, pues quiso realizarse una conspiración, que estaba proyectada con anterioridad, y cuyo objeto era pasarlos a cuchillo, a ellos, y a los principales patriotas, y apoderarse de la Real persona. Los conspiradores tenían sus juntas en palacio, donde fueron sorprendidos afortunadamente por dos o tres patriotas, a tiempo que estaban dando ya las órdenes para su proyecto sanguinario. A la cabeza de esta conspiración estaba el general Downe, inglés al servicio de España, a quien el rey le había dado el mando del Alcázar de Sevilla: le acompañaban otros muchos militares; y todos estaban con sus uniformes e insignias, como para entrar en acción. Todos fueron presos, y conducidos a Cádiz, a los dos o tres días.

El Congreso esperó imperturbable el éxito de las cosas hasta que llegó a su noticia que se había efectuado la salida de S. M. y Real familia. Suspendió sus sesiones después de treinta y tres horas, debiendo embarcarse aquella noche de los diputados en el único buque de vapor que hay en el Guadalquivir, y esperar la marea del día siguiente para emprender su viaje. Efectivamente lo verificaron en ésta y otros buques casi todos los diputados, a excepción de tres, que voluntariamente se quedaron, dando una prueba clara del concepto que siempre se tuvo de ellos. Uno solo de los que permanecieron merece excepción de esta regla, y no expresamos su nombre por no perjudicarlo, si está preso.

Apenas habían salido el Gobierno y las Cortes de Sevilla, cuando aquel pueblo se entregó a los mayores excesos, robó los equipajes, destruyó todo lo que pertenecía al Congreso, maltrató las personas de los patriotas, y entre otras pérdidas causó la de casi todos los papeles de la Secretaría del Congreso, y de manuscritos preciosísimos de algunos particulares que contenían trabajos científicos de muchos años.

En el momento en que llegó S. M. a la isla gaditana, cesó la Regencia en sus funciones, expresándole en el modo más respetuoso su sumisión, pues no había ejercido las funciones gubernamentivas, sino en cuanto lo exigía imperiosamente la causa de la libertad. El rey fue recibido en Cádiz con el mayor respeto.

Desgraciadamente, a pesar de todos los esfuerzos de las Cortes en proporcionar medios al Gobierno, estos no se realizaron, y la plaza de Cádiz, lejos de hallarse en estado de defensa, apenas tenía uno u otro cañón montado, estando en igual abandono toda la isla. No había tampoco fuerzas marítimas, y solo se contaba con un pequeño número de lanchas, pues el navío Asia, y algún otro buque de cruz, no siendo capaces de hacer frente a mayores fuerzas francesas, ni a propósito para aproximarse a las costas, solo servían para hacer que guardaban el puerto.

Se encontró el Gobierno teniendo que proporcionarlo todo, y absolutamente sin medios, porque no podían cobrarse las contribuciones en las provincias invadidas, que ya lo eran casi todas, y por otra parte el manejo de los enemigos le había privado de recursos fuera del reino. Se había hecho un contrato con la casa de Bernales, de Londres, con unas condiciones enteramente ventajosas para la casa, y que solo se hubieran admitido en extrema necesidad. Sin embargo, la casa faltó al pago de las letras, y dejó al Gobierno no solo sin recursos, sino comprometido en su decoro. Del mismo modo, habiendo dispuesto de unos fondos que existían en Francia, pertenecientes a particulares por indemnizaciones, obligándose a ellas el Gobierno, tuvo su Comisionado al intento bastante arresto para negarse al pago, desobedeciendo las órdenes. Se deja a la prudencia de los lectores deducir las causas de uno y otro procedimiento.

En consecuencia era preciso que todos los gastos de la Real Casa, del ejército, del Congreso y de todas las dependencias del Gobierno, saliesen del heroico vecindario de la isla gaditana, y con especialidad del comercio de Cádiz. Es casi increíble cómo pudo sostenerse por tres meses y medio una erogación tan grande, y mucho más si se atiende a que el estado de sitio reducía la isla a una carestía considerable.

A los tres días de haber llegado las Cortes a Cádiz se presentaron los franceses en el Puerto de Santa María, mandados por el general Baudessoult, y empezaron a emplear más que los medios de guerra los de seducción, bajo el especioso pretexto de que no venían a destruir la libertad de España, sino a rectificarla: que inmediatamente sería dada una nueva Constitución que estuviese en armonía con las demás de Europa, y que conservarían intactos los principios fundamentales. En una palabra se inculcó de todos modos la doctrina de las modificaciones, que fue el arma empleada desde el principio, mucho antes de la invasión, y que ha sido tan perjudicial a la libertad de España, pues causó una división entre los liberales. Debilitados éstos fueron vencidos fácilmente por los serviles, que se habían enmascarado, dándose un aspecto seductor, pero que distaba mucho de convenir a sus verdaderas intenciones. Los hombres juiciosos percibieron esta trama, pero desgraciadamente fue grande el número de los incautos.

Mientras la opinión se dividía en estos términos, deseando el general en jefe del ejército de la isla hacer una prueba de la pericia de sus tropas, y del sentido en que estaban, ordenó una salida el 16 de julio sobre la línea francesa, y habiéndose empeñado una acción fue admirable el valor y bizarría con que se batieron las tropas españolas y la milicia local, especialmente la de Madrid, que podrá servir de modelo a todas las milicias en los tiempos futuros, pues sería preciso ocupar todo este artículo en hablar de ella, si quisiéramos dar alguna idea de sus virtudes cívicas y de su valor militar. Estos valientes eran unos espartanos del siglo XIX, que unían a una impasibilidad heroica el valor y táctica de los más ilustres guerreros.

Satisfecho el general en jefe del ejército de la isla del buen sentido y valor de las tropas, esperaba que el general Ballesteros atacase por la espalda a los enemigos, para ordenar otra salida, y por un movimiento combinado destruirlos, o compelerlos a levantar el sitio; mas ya no era el patriota, sino el pérfido, o por lo menos, el alucinado Ballesteros, con quien se contaba. El general francés Lallemand, a quien las Cortes habían habilitado para el mando de tropas españolas, y que estaba a las órdenes de Ballesteros, le demostró hasta la evidencia que podía levantar el sitio de Cádiz, pues se sabía el corto número de las tropas francesas que la sitiaban en aquella época, y ocupando Ballesteros el centro del arco entre Cádiz y Madrid tenía tres ataques ventajosos, uno sobre Cádiz donde la fuerza enemiga era inferior, otro sobre Córdoba para interceptarlos, y otro sobre Madrid donde no había fuerza alguna, y era fácil desorganizar el nuevo Gobierno, y obligar a que subiesen las tropas de Andalucía; pero toda reflexión fue inútil porque Ballesteros ya era otro.

El día 16 de agosto llegó el duque de Angulema al Puerto de Santa María, y al día siguiente envió una carta autógrafa al rey, proponiendo tratar con S. M. solo y libre, y haciendo responsable a los que lo impidieran. En dicha carta decía que luego que S. M. estuviese libre, le suplicaría que diese, o prometiese dar a sus pueblos unas instituciones acomodadas a sus necesidades, e insinuaba que se convocarían las antiguas Cortes de España. El gobierno constitucional, que no podía ver en este procedimiento otra cosa que un desprecio, pues ni siquiera se quería tratar con él, ni con las Cortes, consultó a S. M. de acuerdo con el Consejo de Estado, que respondiese de un modo enérgico, pero decoroso, y de ningún modo exasperante, insinuando de paso que habiendo habido en España tan diversas clases de convocaciones de Cortes, y no siendo ninguna de ellas aplicable a la nación en general, y mucho menos en su estado presente, equivalía la propuesta de Angulema a si se propusiera en Francia la convocación de los Estados generales. Con esta contestación quedaron suspensas las comunicaciones.

El 30 de agosto, a las tres de la madrugada, se perdió el Trocadero del modo más sensible, a pesar del patriotismo del jefe que mandaba aquel puesto. Fue tomado por sorpresa, a la baja mar, que era precisamente el tiempo en que debía esperarse el ataque, pues en marea llena era imposible que pasasen los enemigos. Hubo sospechas y muy fundadas de que se hizo todo de acuerdo con parte de la tropa, y algunos de los oficiales que se hallaban en el lugar por donde se ejecutó la sorpresa. Lo cierto es que dos compañías de milicianos de Madrid fueron batidas por la espalda, cuando esperaban a los enemigos de frente, pues todo consistió en el descuido o en la traición de unos pocos. Se escaparon en buques menores como mil doscientos hombres, favoreciendo el embarque la milicia de Madrid, que sostuvo el fuego hasta el último momento. Unos 600 hombres fueron hechos prisioneros.

Esta pérdida aunque sensible no era de tanta importancia, como procuraron darle los que deseaban la decantada composición con los enemigos, pero lograron difundir la desconfianza y desalentar a gran parte de los hombres sencillos, al paso que otros por pura malicia demostraban un desaliento que no tenían.

En vista de este acontecimiento pasó S. M. una carta autógrafa al duque de Angulema, conducida por el general Alava, haciéndole cargo de la sangre que se derramaba, por quererse arrogar la Francia un derecho de intervención no reconocido entre las naciones, o mejor dicho por no haber querido la Francia entrar en explicación alguna; pero que ya que S. A. quería tratar con S. M. solo y libre, explicase en qué consistía su prisión, y cuándo la consideraría libre. El duque de Angulema contestó en otra carta autógrafa, que solo consideraría al rey en libertad, cuando estuviese con su Real familia fuera de la isla gaditana y bajo la protección del ejército francés. De palabra que se le aseguró al general Alava que no tuviese cuidado alguno, que a las cuarenta y ocho horas de estar el rey en el Puerto de Santa María era seguro que daría una constitución liberal a la España; pero el duque de Angulema jamás quiso poner cosa alguna por escrito que pudiese indicar que la Francia salía garante de que el rey conservaría las libertades patrias, dejando todo a la voluntad de S. M. Preguntando el general Alava qué haría S. A. el duque de Angulema, si el rey no quería dar tal constitución, sino mandar despóticamente, se le contestó que lo abandonaría retirándose a Francia con sus ejércitos ¡Buen modo de salir garantes! Deseando el Gobierno constitucional dar todos los pasos que sin degradarle pudiera conducirle a una composición, se propuso por medio de otra carta autógrafa de S. M. que siguiendo los ejemplos que presenta la historia se eligiese un punto igualmente distante de ambas líneas, o bien un buque neutral en medio de la bahía de Cádiz, donde concurriesen el rey y el duque de Angulema, con iguales guardias de honor, o sin ellas. Esta proposición fue igualmente desechada, y se cortaron nuevamente las comunicaciones.

Siguió el plan de seducción y se vio con dolor pervertido el Regimiento de San Marcial, uno de los más constitucionales, pues era el mismo que con la denominación de «Regimiento de Aragón», en compañía del «de Asturias», había dado el primer grito de libertad bajo las órdenes de Riego. A pocas guardias que hicieron en Palacio quedaron pervertidos, y en Cádiz se sabía privadamente hasta las personas que efectuaban esta seducción, que poco a poco llegó a contaminar casi todo el ejército. Solo se podía contar con la milicia local de Madrid, y parte de la de Sevilla, que abandonando a esta ciudad, se habían reunido en la isla gaditana. La milicia activa estaba tan pervertida como el ejército permanente, llegando el caso de ser preciso disolver algunos batallones de dicha milicia. No bastó para impedir este contagio el gran número de sacrificios que se hacían para que al soldado nada le faltase, y efectivamente jamás dejaron de tener buen rancho, ropa y paga corriente, cuando el estado de sitio encarecía los comestibles, y cuando no había ningún empleado, a no ser militar, a quien se le pagasen sus sueldos por entero, y a todos se les debían muchos atrasados.

 El gabinete inglés antes de la traslación de las Cortes y del Gobierno a Cádiz había ofrecido su mediación. El Gobierno español contestó que estaba pronto, pues solo deseaba la tranquilidad; pero que una medicación suponía una guerra, o por lo menos una queja o desavenencia entre dos gobiernos, y que absolutamente se sabía cuál era la queja de la Francia, y así que empezase por explicarse. En consecuencia el Gobierno francés manifestó que absolutamente tenía queja alguna de la España; pero que las doctrinas establecidas en esta nación podían ser perjudiciales a la Francia. Las Cortes y el Gobierno jamás hubieran procedido a alterar la Constitución, porque no tenían facultades pero a lo menos, si el Gabinete francés hubiera procedido con franqueza, hubiera señalado los artículos que deseaba se alterasen, y no hubiera hablado genéricamente. Mas no se quería sino la total destrucción de la libertad española, y el Gabinete inglés permanecía pasivo observador de este grande atentado.

 El Gobierno constitucional que por éstos y otros antecedentes, estaba íntimamente persuadido, de que el verdadero origen de los males de España era el Gabinete inglés, quiso hacer evidente esa verdad, y dar una prueba de que no omitía medio alguno de composición. Propuso, pues, al Gobierno Británico que mediase en el asunto, y la respuesta fue, que para esto era preciso que la Francia admitiese la mediación, y que lo comunicaría al duque de Angulema. Este respondió que de ningún modo la admitía, y la Inglaterra, afectó no percibir la gran diferencia que hay entre ser árbitro, y ser mediadora, una nación, pues, para lo primero, es indispensable que ambas partes convengan en constituirla árbitro, mas para la segunda, basta el carácter de amigo respetable que desea conciliar los ánimos, además de que, trataba de un interés común, cual era el no reconocer el derecho de intervención que ejercía la Francia contra todos los pactos de las naciones, y ha permitido que de cierto modo se sancione para lo futuro, que los pueblos no pueden arreglar sus cosas interiores, sino que han de estar a la merced del más fuerte.

Habiendo capitulado indecorosamente el general Ballesteros, después de la defección de Abisval, de Morillo, y de otros muchos, teniendo los enemigos ganadas las tropas, y no habiendo ya de donde sacar dinero alguno, se veía reducido el Gobierno Constitucional a la más triste situación. Esta fue mucho más crítica, cuando se hizo público el abandono, en que le dejaba la Inglaterra, cuya protección siempre esperada por los incautos, había sido entonces un prestigio para el Gobierno Constitucional. Acaeció la entrega del castillo de Sancti-Petri por una sublevación de la tropa contra su comandante, y aunque los franceses hicieron la apariencia de un ataque marítimo, solo consistió éste, en que un navío disparase algunas descargas a tanta distancia del castillo, que ni siquiera una bala dio en sus murallas. Esta desgracia estrechó un poco el sitio de Cádiz, pues ya no era fácil la introducción de víveres por el río cuya entrada dominaba aquel castillo. Sin embargo, ese apremio no produjo el efecto que esperaban los enemigos, y emprendieron otro abiertamente contrario al decantado respeto que decían tener al rey y su familia, cual fue el haber aproximado sus lanchas cañoneras y botes a la muralla del Norte de la ciudad, que era cabalmente la situación del Real Palacio, y haber arrojado en el espacio de tres horas y media, cerca de trescientas entre bombas y granadas, de las cuales muchas cayeron cerca de aquel edificio. Sin duda creyeron los franceses que el pueblo de Cádiz obligaría al Gobierno a capitular; pero sucedió todo lo contrario, porque jamás ha tenido tanta serenidad y solo se apoderó de una justa indignación hacia los que así le trataban.

Conociendo, pues, los enemigos que no podían contar con el pueblo para su intento, doblaron sus empeños con las tropas. Al día siguiente, el Regimiento de San Marcial (¡quién lo creyera!) proclamó al rey absoluto, y una parte de él iba a entregar por traición una de las baterías de la isla. El general hizo fusilar inmediatamente a siete de los conspiradores, haciendo pasar a los demás por sobre los cadáveres; pero nada bastó. Al día siguiente, el mismo general manifestó al Gobierno que absolutamente tenía confianza en su tropa; y por último, llegaron los soldados a tal grado de insolencia, que abiertamente dijeron, que si el general o al Gobierno no capitulaban con el enemigo, ellos lo harían. No en balde con mucha anticipación predecían todos los sucesos los franceses, y el día del bombardeo contaban con ese Regimiento de San Marcial, y con un batallón de la milicia activa, que ambos estaban dentro de la plaza; pero afortunadamente se habían hecho salir el día antes, sea por casualidad, o por datos que ya se tuvieran.

En consecuencia de estos hechos y de los partes del general en Jefe del Ejército formó el Gobierno una junta compuesta de todos los generales que había en la isla, y todos unánimemente convinieron en que era imposible hacer la defensa de la plaza en el estado en que se hallaba la tropa, y que al menor ataque de los enemigos, no habría medios para evitar que el heroico vecindario de Cádiz fuese víctima de la barbarie de una soldadesca así española, como francesa.

Visto que ya absolutamente no había recurso, pues los defensores se convirtieron en los más temibles enemigos, las Cortes contestaron al Gobierno, que cuando la necesidad llegase al extremo, procurase sacar del enemigo todo el partido posible en favor de las libertades patrias, protestando las Cortes contra la fuerza que inducía esa necesidad, y dejando a salvo los derechos de la nación para que los reclamase luego que pudiese.

El Gobierno, esto es, el Ministerio, no llegó a hacer uso de este acuerdo de las Cortes, antes bien, los ministros fueron de opinión que se debían dar algunos pasos, y tomar algunos recursos, antes de que S. M. pasase al Puerto de Santa María, lo cual solo debía hacerse en el último extremo; mas el rey determinó por sí mismo el hacerlo, a pesar de que los ministros renunciaron sus destinos. Fue admitida su renuncia; pero se les dijo que estuviesen al lado de S. M. hasta su salida, como lo efectuaron.

Para preparar un golpe como éste se dio el manifiesto de 30 de septiembre, que S. M. se hizo leer con mucha detención antes de firmarlo, y por su orden se borraron expresiones y aun renglones enteros, de modo que todo indicaba que su ánimo era no comprometerse a más de lo que quería cumplir, como así lo manifestó claramente de palabra. Pocos días antes había dicho S. M. que en caso de que las cosas se alterasen, pensaba muy mal y le injuriaba en que creyese que en su Real ánimo podía caber la idea de persecución, pues solo deseaba que las cosas se compusiesen de modo que todos estuviesen satisfechos, y hubiera paz entre los españoles.

A los dos días de estar S. M. entre los franceses, expidió una orden en que decía, que hallándose restablecido en la plenitud de sus derechos, y deseando que gozasen de la misma libertad todos sus fieles vasallos, disponía que fuese puesto en libertad el general Downe, y demás presos de la conspiración de Sevilla, pues su delito no era otro que haber sido fieles al rey. Este lenguaje ya no dejaba duda de las intenciones del Monarca. Sin embargo, las Cortes permanecieron tranquilas hasta que el día 3 de octubre a las cinco de la tarde, se recibió otra orden para entregar al día siguiente la plaza a las tropas francesas, y en esa orden dirigida al general Valdés, no se le daba tratamiento alguno, indicando todo que ya se le había condenado como traidor.

Los diputados y demás patriotas comprometidos empezaron precipitadamente a buscar medios de escapar, y efectivamente salieron, cuando ya iban entrando las topas francesas. Los más se refugiaron en Gibraltar, y otros en Tánger.

Tal es en resumen, la desgraciada historia de los últimos sucesos políticos de España.

[José Ignacio Rodríguez: *Vida del presbítero don Félix Varela*. Segunda edición, Arellano y Cía, editores, La Habana, 1944.]

Tercera parte
El Habanero Papel político, científico y literario (1824-1829)

El Habanero
Papel político, científico y literario
  Redactado por Félix Varela
  Tomo I, n.° 1, Filadelfia
  En la Imprenta de Stabely y Bringhurst, n.° 70, Calle tercera del sud.
  1824
  ...Die natura al nascimento umano, Verso il caro paese ov' altri e nato, Un non so che di non inteso affeto, Che sempre vive e non invecchina mai. Come la calamita, ancor che lunge Il sagace nocchier la porti errando Or dove nasce or dove more il Sole, Queli' occulta virtute ond' ella mira La tramontana sua nom perde mai: Cosi chi va lontan dalla sua patria Benché molto s'aggiri, e espesse volte In peregrina terra anco s' annidi Quel naturale amor sempre ritiene Che pur l' enchina alle natie contrade.
  Pastor Fido

Máscaras políticas
Es tan frecuente entre los hombres encubrir cada uno sus verdaderas intenciones y carácter, que la persuasión general de que esto sucede, parece que debía ser un preservativo para evitar muchos engaños en el trato humano; pero desgraciadamente hay ciertos medios que sin embargo de ser bien conocidos, producen siempre su efecto, cuando se saben emplear, y la juventud, que por ser generosa siempre es incauta, cae con frecuencia en los lazos de la mas negra perfidia. Yo llamo a estos medios máscaras políticas por que efectivamente encubren al hombre en la sociedad, y le presentan con un semblante político muy distinto del que realmente tendría si se manifestase abiertamente. Son muchas estas máscaras, pero yo me contraeré a considerar las principales que son el patriotismo, y la religión; objetos respetables, que profanados, sirven de velo para encubrir las intensiones más bajas, y aun los crímenes mas vergonzosos.

Los que ya otra vez he llamado traficantes de patriotismo tienen tanta práctica en expender su mercancía, que por mas defectuosa que sea, consiguen su venta con gran ganancia, porque siempre hay compradores incautos. La venta se hace siempre por empleos o por dinero, quiero decir, por cosa que lo valga; pues nadie es tan simple que pida una cantidad por ser patriota.

Es cierto que algunas veces solo se aspira a la opinión mas es por lo que ella puede producir; pues tal especie de gente no aprecia sino lo que da autoridad o dinero.

Hay muchos signos para conocer estos traficantes. Se observa un hombre que siempre habla de patriotismo, y para quien nadie es patriota, o solamente lo son los de cierta clase, o cierto partido. Recelemos de él, pues nadie afecta mas fidelidad, ni habla más contra los robos que los ladrones. Si promete sin venir al caso derramar su sangre por la patria, es más que probable que en ofreciéndose no sacrificará ni un cabello. Si recorre varias sociedades secretas (como los que en España fueron sucesivamente masones, comuneros, etc.) enmascarado tenemos y mucho más si el cambio es por influjo, que adquiere la sociedad donde pasa, bien que jamás deserta uno de estos de la sociedad preponderante, a menos que en la otra no encuentre algunas utilidades individuales, que acaso son contrarias al bien general, mas no importa.

Sin embargo debe tenerse alguna indulgencia respecto de ciertos pretendientes, que siendo buenos patriotas, tienen la debilidad de arder en el deseo de un empleo, y entran en la sociedad que cree tener más influjo, y sucesivamente las recorren todas (como me consta por experiencia) para ver donde consiguen. He dicho que debe tenerse alguna indulgencia, porque a pesar de que su conducta no es laudable; suelen tener un verdadero amor patrio, y ni por el empleo que solicitan ni por otra utilidad alguna serían infieles a su patria. Pero estos no son muy comunes, y su principal defecto consiste en confundirse con los enmascarados circulantes; pues al fin un ambicioso es mas sufrible que un infame hipócrita político. Aun en algunos casos no podrá graduarse de ambición el esfuerzo imprudente de algunos por colocarse en la sociedad, y a veces por huir de la miseria.

Otro de los signos para conocer estos especuladores es que siempre están quejosos, porque saben que el sistema de conseguir es llorar, pero ellos lo hacen con una dignidad afectada, que da a entender que el honor de la patria se interesa en su premio, más que su interés particular.

Suele oírseles referir las ventajas que hubieran sacado no siendo fieles a su patria, las tentativas que han hecho los enemigos para ganárselos, la legalidad con que han servido sus empleos; cosas que también hacen, y deben hacer los verdaderos patriotas, pero cuando la necesidad y el honor lo exigen, y con cierta modestia tan distante de la hipocresía como del descaro y atrevimiento. La patria a nadie debe, todos sus hijos la deben sus servicios; cuando se presentan méritos patrióticos es para hacer ver que han cumplido unas obligaciones. Esta debe ser la máxima de un patriota. Un especulador viene por su paga; pídala en efectivo como un mercenario, désele, y vaya en paz. ¡Cuántas veces se les oye decir que están arrepentidos de haber hecho servicios a la patria, y que si hubieran consultado mejor sus intereses hubieran sido sus enemigos! Estos viles confunden siempre la patria con el gobierno y si este no les premia (merezcan o no el premio) aquella nada vale.

Para conseguir su venta con más ventaja suelen hacer algunos sacrificios, y distinguirse por algunas acciones verdaderamente patrióticas pero muy pronto van por la paga, y procuran que ésta sea cuantiosa, y valga mas que el bien que han hecho a la patria. Ellos emprenden una especulación política lo mismo que una especulación mercantil; arriesgan cierta cantidad para sacar toda la ganancia posible. Nada hay en ellos de verdadero patriotismo; si el enemigo de la patria les paga mejor, le servirán gustosos, y si pueden recibirán de ambas partes. Sobre todo el medio más seguro para conocer estos enmascarados es observar su conducta. Yo jamás he creído en el patriotismo de ningún pícaro. Por más que se diga que la vida pública es una cosa y la privada es otra: prueba la experiencia que estas son teorías, y vanas reflexiones sobre lo que pueden ser los hombres, y no sobre lo que son. Hay sus fenómenos en esta materia, quiero decir, hay uno u otro hombre inmoral en su conducta privada y de excelente conducta como hombre público o cuando se trata de el bien de la patria, aunque hablando con toda franqueza yo no he conocido ningún hombre de esta especie, y creo que sería muy difícil demostrar uno. He oído hablar mucho sobre esta materia, pero nunca se han pasado de raciocinios. Sobre todo, los casos extraordinarios no forman regla en ninguna materia.

Debe tenerse presente que los pícaros son los que más pretenden pasar por patriotas, pues convencidos de su poca entrada en la sociedad, y aun del desprecio que merecen en la vida privada, procuran por todos los medios conseguir algo que les haga apreciables, y aun necesarios. Ellos siempre son temibles, y es desgraciada toda sociedad grande o pequeña donde tienen influjo y aprecio hombres inmorales.

Muchos aspiran a este título de patriotas entre la gente incauta, e ignorante, para hacerse temer aun de los que los conocen, y saben lo que valen. Hablan, escriben, intrigan, arrostran a todo el mundo, todo lo agitan, no paran un momento, arde en su pecho el sagrado fuego del amor patrio, se difunde esta opinión, y está conseguido el intento. Si se les persigue, está en ellos perseguido el patriotismo, si se les castiga, son víctimas del amor patrio, en una palabra, consiguen ser temidos. Piden entonces premio por no hacer daño, y como siempre hay hombres débiles, ellos logran su proyectada ganancia.

También deben contarse entre estos enmascarados cierta clase de tranquilizadores, que tienen la particular gracia de producir los males y curarlos. Todo lo componen y tranquilizan, porque no hacen más que dejar de descomponer y atizar, y las cosas por su misma naturaleza vuelven al estado que tenían. ¡Cuántas disensiones, y trastornos populares se han producido sin otro objeto que el de componerlos después, y ameritarse sus autores! Si no consiguen remediar el mal, por lo menos hacen ver sus esfuerzos para impedirlo y esto les adquiere el título de buenos patriotas. Sacrifican mil víctimas, pero eso no importa si hacen su ganancia.

Hay aun otra clase de tranquilizadores más hábiles, que son los que saben fingir males que no existan, y abultar los verdaderos en términos, que la multitud se persuada que esta es gran peligro y después mire como a sus libertadores a los que han sido sus verdugos. Todo fingen que se debe a su celo, actividad, y prudencia; si no hubiese sido por ellos, el pueblo hubiera sufrido horribles males. Hacen como algunos médicos ignorantes que para ameritarse ponderan la gravedad del enfermo, aunque sea poco más de nada lo que tenga. ¡Qué partido saca de la sencillez de muchos la sagacidad de algunos! Otra de las máscaras que mejor encubren a los pícaros es la religión. Estos enmascarados agregan a su perfidia el más execrable sacrilegio. Se constituyen defensores natos de una religión que no observan, y que a veces detestan. La suponen siempre perseguida y abatida. Se dan el aire de confesores y a veces el de mártires de la fe (¡bien merecen ser mártires del diablo!) atribuyendo a las personas más honradas, y aun a las más piadosas las ideas e intenciones más impías y abominables. En una palabra ellos conocen el influjo de las ideas religiosas, y saben manejarlas en su favor. Mas esta especie de máscara ya casi no merece el nombre de tal, pues solo producen un efecto entre personas muy ignorantes.

Hay otro medio de cubrirse con la religión, mejor dicho con el fanatismo, aun más especioso y consiste en presentar los males que efectivamente produce ese monstruo, y causar otros tantos y acaso más, que incluidos en el mismo número, se les atribuye el mismo origen, y que dan sus autores jugando a dos caras. No hay cosa mejor para el que tiene que dar cuentas que la quema de un archivo, porque luego se dice que todos los papeles estaban en él; así en el orden político suelen atizar el fanatismo los que quieren que produzca estragos, para declamar contra él, y atribuirle todos los males. Hay otros menos perversos que no fomentan ni incitan directamente el fanatismo, pero sí se aprovechan de la ocasión que el les ofrece. Suelen también constituirse entonces en sus perseguidores, pero es o para inflamarlo, o para sacar algún partido ventajoso en otro respecto. En todos estos manejos infernales aparece la religión como objeto principal, cuando solo está sacrílegamente convertida en una verdadera máscara.

Siempre abundan estos enmascarados, porque siempre hay hombres infames para quienes las voces patria y virtud nada significan, pero en los cambios políticos es cuando más se presentan, porque entonces hay más proporción para sus especulaciones. Nada hay más fácil que conocerlos si se tiene alguna práctica en observar a los hombres. Esta es la que yo recomiendo a la juventud para quien principalmente escribo.

Cambia-colores

En todas las mutaciones políticas se observa que los hombres mudan de conducta porque mudan de intereses, pero sin embargo hay una gran diferencia entre los que cediendo a la imperiosa ley de la necesidad se conforman con obedecer y aun aspiran a merecer por su buena conducta en el nuevo orden de cosas, y los que van mudando de opinión según advierten que se mudan las cosas, y procuran ostentar que nunca pensaron como todo el mundo sabe que han pensado o que por lo menos nunca se sabe que piensan, pues no consta cuando fingen. La prudencia aconseja no arrostrar temerariamente, y ser víctima de un deseo inasequible, pero esta misma prudencia, y el honor exigen que los hombres no se degraden y se pongan en ridículo, ostentando diversos sentimientos, y diverso plan de ideas según el viento que sopla.

En la caída de la Constitución española se han observado muchos de estos cambia-colores que a semejanza de los lagartos iban mudándose poco a poco, y tomando diversas apariencias hasta tener la que conservan de serviles, y que dejarían muy pronto si las cosas se mudasen. Era una diversión, y una rabia, ver algunos de estos lagartos en la plaza de San Antonio de Cádiz. Según se iban estrechando las distancias, variaban el lenguaje, y hombres que antes eran exaltados furiosos, iban apareciendo más que moderados, al día siguiente, un si es no es serviles, hasta que en los últimos momentos ya eran como los lacayos de palacio. Muchos de los empleados empezaron por decir: al fin parece que conservarán los empleos... puede ser que el rey cumpla... algo es algo... qué hemos de hacer —Al poco tiempo ya decían. Es claro que el sistema constitucional por bueno que sea nos ha perdido, y últimamente ya preguntaban ¿cuándo se capitula con los franceses? ¿cuándo se acaba esto? En el día estarán en España pasando por fieles vasallos del rey los que más de una vez acusaban a las Cortes de débiles porque no proporcionaban un medio de matarle. Ahora estos mismos delatarán hasta a su padre por liberal, así como antes delataban a toda clase de personas ante la opinión pública como serviles, y delataban solo ante la opinión, porque en el tiempo constitucional no podía procederse contra nadie por su modo de pensar, sino por sus opiniones, o verdaderos delitos. Estos mismos dicen ahora con frecuencia en el tiempo de las llamadas Cortes, en el llamado sistema constitucional, en el desgraciado tiempo de anarquía etc. etc. y antes decían en el tiempo del despotismo, en la cruel época de la esclavitud y tiranía.

Aunque los cambia-colores son bichos que abundan en todos los países, yo no he podido menos de hablar de los de España, porque verdaderamente han sido los más particulares y descarados. La sucesión que ha habido de gobiernos ya absoluto ya constitucional los ha puesto en el caso de darse a conocer, y a la verdad que ha habido hombres bien ridículos. Su convicción ha sido siempre instantánea, en el momento en que ha caído una clase de gobierno se han convencido de sus vicios, y de las perfecciones de que le ha reemplazado. La desgracia de estos cambia-colores ha hecho que vuelva el gobierno anterior, y ellos en el momento se han convencido de que no tiene aquellos vicios que pensaban, y que es el mejor del mundo. Lo más particular es que se empeñan en persuadir (y persuaden a algunos) de que jamás han variado de opinión, sino que por prudencia —por evitar una persecución— por no sacrificarse inútilmente —Como si no fuese tan fácil distinguir las operaciones dictadas por la prudencia, de las que no tienen otro origen que la ambición, y rastrero interés.

Estos indecentes en el tiempo constitucional no había daño que no atribuyesen al tiempo del absolutismo. Nada había hecho el rey que no fuese un absurdo; aun aquellas cosas de una utilidad conocida eran perjudicialísimas, y ahora por el contrario de todo tienen la culpa la Constitución, y los constitucionales. Si no se hubiera interrumpido el gobierno absoluto bajo el mejor de los reyes (que antes era el mayor de los tiranos); ¡qué bienes no hubiera conseguido la nación! Infames el hombre que no puede hablar lo que piensa, calla si tiene honor.

Es cierto que en todo cambio de sistema político puede haber sus convertidos, y efectivamente la gran fortuna de un nuevo gobierno es formarse prosélitos entre los que antes eran sus enemigos; pero la ficción del convencimiento es lo más degradante y ridículo que puede imaginarse.

Esta es muy fácil de conocer, y solo creen que está oculta los mismos que la hacen. El nuevo gobierno si no es muy estúpido desprecia estos entes como debe, o a lo menos toma sus precauciones antes de poner en ellos su confianza (que jamás les concederá si conoce sus intereses) y respecto del pueblo quedan siempre marcados, y se les desprecia como a unos hombres bajos, que no tienen otro fin que la especulación. Los hombres de honor cuando mudan de opinión es por un convencimiento, y presentan las razones que les han obligado a hacerlo; pero jamás niegan su antiguo modo de pensar, porque como su conciencia nada les acusa, y siempre han tenido por objeto el bien de su patria, no creen que deben encubrirse. Estos inspiran confianza y mucho más si la observación que se ha hecho de ellos manifiesta que siempre han tenido igual conducta: estos son una verdadera ganancia para un nuevo gobierno; pero estos son muy raros, así porque no es fácil encontrar hombres de tales sentimientos, como porque es muy difícil convencer en materias políticas. ¿Quién convence a un verdadero liberal de que es bueno el gobierno absoluto? *Ad. calendas graecas.*

Nada hay más respetable que la firmeza de carácter en los hombres, y la ingenuidad. Algunos serviles aunque pocos dieron gran ejemplo de estas virtudes en tiempo de la constitución; jamás negaron que sus ideas habían sido y eran contrarias, y que solo un convencimiento a la experiencia de los bienes que produjese el nuevo sistema podría hacerles variar de ideas. Estos hombres lejos de ser molestados inspiraban cierto respeto y los liberales les miraban con bastante consideración. Es reconocido en ellos un alma firme y pundonorosa, y se esperaba que desengañados producirían muchas ventajas. Por el contrario muchos que habían sido los más encarnizados perseguidores de los liberales, quisieron dar prontamente pruebas no de liberalismo, sino de desenfreno, mas tuvieron la desgracia de que a muy pocos engañaron. El desprecio sigue siempre a los cambia-colores.

Consideraciones sobre el estado actual de la isla de Cuba

Por muy poco que se reflexione sobre el estado actual de la isla de Cuba se conocerá claramente que su riqueza debe ir decayendo rápidamente hasta desaparecer y con ella toda la felicidad de sus habitantes, para quienes el no tener una vida cómoda es estar en extrema miseria, y esta será mas sensible que en ningún otro país, porque sin duda quedarán en el pie todas las preocupaciones, y costumbres hija de la abundancia sin existir los medios de llevarlas adelante. Al sufrimiento de la escasez se agrega el de la vergüenza en la mayor parte de las familias, y su estado será verdaderamente lamentable. No es este un vaticinio (¡pudiera yo vaticinar a mi patria días muy felices!) es una deducción bien clara de los hechos que están a la vista de todo el mundo.

La isla de Cuba ha sido rica por su situación geográfica, sus excelentes puertos, sus fértiles terrenos, la naturaleza de sus frutos, que por muchos años casi no han sido rivalizados, o por lo menos no lo han sido en términos de impedir su venta con ventajas considerables. Agregábase a estas causas una bastante poderosa, y es que gracias a ciertos jefes cuya memoria será eterna entre los que amen aquel suelo, a pesar de los ataques del gobierno superior, supieron usar de un obedezco sin dar cumplimiento que ha proporcionado a la isla no solo el libre comercio, sino una consecuencia necesaria en el estado de las demás provincias de América, que fue constituirla como la proveedora de casi todas ellas, pasando los géneros extranjeros bajo bandera española, del puerto de La Habana a los demás de América, donde por causas que no es de este momento manifestar, no se tenía igual franquicia, y sus habitantes más tímidos o menos mañosos no supieron proporcionárselas.

Desde que empezó la insurrección de Costa firme han sido enormes las erogaciones de la isla, y los perjuicios causados por los corsarios de Colombia, pero aun quedaba alguna indemnización por las ventajas considerables de las expediciones a otros puertos; mas en el día todo falta, y cada vez faltará más. Ya muchas de las casas de seguro se niegan a asegurar ninguna clase de propiedad que salga de los puertos de la isla para los demás de América, y la que accede es con un premio considerable; no hace muchos días que en esta ciudad se ha asegurado a 17 por 100

173

después de haberse negado al seguro la mayor parte de las casas, bajo toda especie de condición. Los colombianos aumentan cada día su fuerza naval, y entre poco tiempo se pondrán en aptitud de que no se les escape ni un buque. Si a esto se agrega el saqueo de los piratas cuyo número se aumentará diariamente, es fácil conocer cuál será la situación de la isla. De la marina española no hay que esperar sino que gaste un millón de pesos todos los años (y en algunos mucho más de un millón) y que jamás tenga un buque corriente.

Al mismo tiempo inundan de azúcar y café los mercados de Europa otros muchos países donde son infinitamente menores los gastos de producción y no hallándose expuestos a otros riesgos que los del mar; rivalizan, y aun puede decirse que excluyen la concurrencia de los frutos cubanos. Es pues evidente que la riqueza de la isla debe retrogradar a pasos gigantescos y que, con la santa apatía la muerte sería por consunción, si no hubiera quien la abreviase.

Es preciso no perder de vista que en la isla de Cuba no hay opinión política, no hay otra opinión que la mercantil. En los muelles y almacenes se resuelven todas las cuestiones. ¿Cuál es el precio de los frutos? ¿Qué derecho colectan las aduanas? ¿Alcanzan para pagar las tropas y empleados? He aquí las bases; los demás queda para entretener las tertulias (cuando se podía hablar) pero no produce ni producirá un verdadero efecto político. Las sociedades secretas de que tanto se teme han sido bien insignificantes en este punto, la mayor parte de los asociados después de haber hablado en ellas con acaloramiento llegan a sus casas, y ya todo paró, nada queda sino el deseo de que continúen los goces. Solo el ataque, de las bolsas puede alterar el orden político de la isla, y como este no dista mucho, pues que ya empieza a sentirse, es claro que el actual gobierno tiene mucho que temer. Llamo ataque de bolsa a los efectos de una guerra en que todas son pérdidas y no hay ni una ganancia, llamo ataque de bolsas el que obligara a cerrarse muchas casas de comercio, y a arruinarse muchos hacendados, sin necesidad de que haya un movimiento popular ni pisen los enemigos el territorio. Mas esto me conduce a una consideración algo más seria y en que es preciso, hablar con toda claridad.

Ya hasta los niños de escuela saben que concluirse la guerra del Perú y efectuarse la invasión de la isla por las tropas colombianas es casi todo uno. Si son ciertas las últimas noticias dicha guerra está casi terminada, pero aun cuando así no sea, creo que toda la probabilidad está en favor de los patriotas. Pongámonos pues en el caso de la invasión, que es inevitable, y reflexionemos que no basta que un pueblo quiera estar quieto si otros más fuertes se empeñan en que no lo esté. La invasión producirá indudablemente infinitos males, pero no estamos ya en el caso de discurrir sobre ellos, pues no es punto en que se nos permite elegir, la necesidad y utilidad de Colombia serán las causas impulsivas y éstas no se remueven estándose quietos.

Es evidente que si los invasores guardan alguna moderación, si en vez de darse el aire de conquistadores toman el de protectores, si respetan las propiedades, y sobre todo si no hacen la guerra a otra clase de personas, que a los que tomen las armas contra ellos, su partido será numerosísimo, pues se les unirán muchos que seguramente tomarían las armas contra ellos si observasen otra conducta, y en este número cuento no solo a los naturales sino también a los europeos. La persecución que a unos y otros se ha hecho y está haciendo por opiniones políticas, y si se quiere por operaciones contra el actual gobierno, los ha predispuesto a adoptar cualquier partido, y poniéndolos en contacto por la identidad de desgracia, hará que se reúnan los que no ha mucho que casi querían degollarse mutuamente. Es un error calcular sobre el odio que se ha procurado difundir entre naturales y europeos, este ni es como se supone, ni durará más tiempo que el que dure en generalizarse algo más la identidad de peligro. El horizonte político no promete otra cosa, y es menester no olvidar que prescindiendo de rencillas particulares cuyo efecto se contrae a cierto número de personas, los odios de partidos cesan luego que variando el interés, único móvil del mundo varía la opinión, y es de temer, que los que antes eran más antiindependientes sean los más acalorados protectores de la independencia de la isla, si consideran que solo de ese modo están seguros. Muchos de los comprometidos ya por constitucionales ya por independientes (que en el estado actual es lo mismo) aun cuando no pensasen unirse a los invasores tendrán que hacerlo, pues atraerán sobre sí tal sospecha, y se verán en tanto peligro de ser presos o asesinados, que no les quedará otro partido, pues no todos tienen proporción ni ánimo para andar peregrinando por países extranjeros.

Es preciso no equivocarse, en la isla de Cuba no hay amor a España, ni a Colombia ni a México, ni a nadie más que a las cajas de azúcar y a los sacos de café. Los naturales y los europeos radicados reducen su mundo a su isla y los que solo van por algún tiempo para buscar dinero no quieren perderlo. Las demás provincias de América les han dado lecciones muy amargas, y ninguno ha venido a la isla de Cuba a trabajar por largo tiempo, para perderlo todo en una revolución. En el día es sabido que han sacado del país, y no para llevarlo a España, gran parte de sus capitales, y en el momento en que las cosas se estrechen será inmensa la salida de propiedades, para estar sus dueños en disposición de emigrar en caso apurado. El que tenga un peso tendrá también muy buen cuidado de sepultarlo, y no quedarán más bienes visibles que las fincas (las que no se arruinaren) improductivas por sí solas, y de ningún valor en tales circunstancias. Faltando los capitales y los brazos puede inferirse el resultado. ¿Qué deberá pues, hacerse? He aquí lo que nadie ignora y todos preguntan. Para la ignorancia afectada la mejor respuesta es el silencio.

Conspiraciones en la isla de Cuba

Dos conspiraciones ha habido en la isla de Cuba o mejor dicho dos jaranas para alterar su estado o forma política, ambas con el mismo fin aunque con distinto nombre, quiero decir ambas para la independencia de la isla, pero tomando la segundo el viso de restauradora de la Constitución española. Esta es una prueba de que por más que se diga empiezan ya a ponerse en relación naturales y europeos, y aunque es cierto que ha sido corto el número y que como he dicho merece mas el nombre de una jarana que de una revolución, sin embargo no puede ocultarse que aun este pequeño paso indica que la opinión empieza a girar, y como volteada una parte de los europeos es temible que el cambio sea más general, puso en cuidado al gobierno este pequeño movimiento no por lo que era sino por lo que podía ser.

La primera conspiración llamada de los Soles fue formada exclusivamente por naturales, y esta ha sido la gran dicha del gobierno pues se le facilitó presentarla a los ojos de los europeos como destructora de sus fortunas y aun de sus vidas. Algunas imprudencias de parte de los naturales habían predispuesto los ánimos para esta persuasión, que en consecuencia no fue muy difícil. Esta decantada conspiración, que tanto ruido ha hecho, en realidad no consistía más que en unos esfuerzos inútiles por innecesarios para generalizar entre los naturales la opinión de independencia y tenerlos dispuestos para cuando llegase el caso. Casi todos los llamados conspiradores, que después de serlo no agregaron nada a lo que habían sido desde que supieran andar, no tienen otro delito para el actual gobierno. Un corto número entró no en planes sino en conversaciones perjudiciales al mismo objeto, que se proponía y otro aun mucho más corto y puede decirse nulo sin conocimiento de todo el resto formó proyectos menos acertados, que hubieran sido disueltos por todos generalmente.

Se han hecho y acaso continúan haciéndose innumerables prisiones, y como el delito de los presos es casi general; también lo es la inseguridad y el sobresalto. La mayor parte de los delatadores se anticipan a serlo por ponerse a cubierta, pero son cómplices de los delatados, y yo no sé si el gobierno ignora que los presos, a lo menos la mayor parte de ellos no son los que sirvieron de base, y los que valían más en la conspiración, y que si las cosas se llevasen con rigor sería menester convertir las ciudades en cárceles.

Ya en el sistema infame de las delaciones encontraron algunos el medio de hacer mal, pero otros más diestros hiriendo por los mismos filos, parece que van hallando el de impedirlo. Se hacen ya delaciones bien capciosas, y se multiplican en términos, que agitan los ánimos y en cierto modo ponen en ridículo el gobierno fingiéndole gigantes para que arremeta. Quiera Dios que esa arma que se ha puesto en manos de la perversidad no produzca un efecto muy contrario del que se propone al gobierno; quiera Dios que el disgusto general no conduzca a una revolución sangrienta, por ser fruto de la desesperación. Apenas hay una familia que por parentesco o por amistad no esté relacionada con alguno de los que están presos, o de los que temen estarlo por hallarse en el mismo caso, y tal vez más implicados. Aun los que no han dado paso alguno que les comprometa temen una venganza que cuando menos les hará pasar un mal rato, como ya ha sucedido con una familia respetable —la confianza que había en aquel país para hablar cada uno con libertad lo que quería en su casa o en la de sus amigos falta enteramente, y el gobierno debe temer mucho que un pueblo privado por un espionaje de la libertad de hecho de que siempre ha gozado, y que ha sido el mayor vínculo de su unión a la península, busque en sí misma (que es donde únicamente existe) su felicidad o por lo menos la remoción de un tormento.

En mi concepto las llamadas conspiraciones si han hecho algo en favor de la independencia ha sido proporcionar que haya muchos presos y otros que teman estarlo. Cada prisión vale por mil proclamas; lejos de extinguir el fuego de la insurrección lo que hace es excitarlo pues el amor despierta en unos el deseo de la venganza y otros a quienes poco interesan las personas se alegran de la oportunidad. Es un aviso de que un partido va teniendo fuerza el que se hagan planes que motiven prisiones, y los que estaban predispuestos saben que hay gente de arresto con que contar y que solo necesita reforzarse. Una conspiración sorprendida, es un ejército dispersado que solo necesita reunirse y aumentarse para volver a la Batalla. El gobierno verdaderamente no ha podido menos de tomar algún partido para contener a los conspiradores, sea cual fuere la importancia de la conspiración, pero la experiencia me autoriza para decir que se ha equivocado en los medios, y que ahora es cuando existe la verdadera conspiración, que es el disgusto de innumerables familias. Mientras el gobierno no pueda dar garantías al comercio de la isla, y a los capitales existentes en ella, no necesita más conspiración, y mucho menos será necesaria si a esto se agrega, el furor que inspiran las persecuciones en un país donde nunca las ha habido.

Sociedades secretas en la isla de Cuba

Las conspiraciones perseguidas hasta ahora son obra de sociedades secretas, y éstas son el más firme apoyo del gobierno y el día que sepa que están verdaderamente extinguidas es cuando más debe temer. Parecerá ésta una paradoja, pero es una verdad muy obvia, pues aun cuando no se quiere discurrir sobre su fundamento, bastarían los hechos para demostrarla. En primer lugar las dichosas sociedades secretas entre los españoles y entre todos los que hablan este idioma son de secreto a voces, todo el mundo sabe su objeto y operaciones, y solo se ignoran algunas puerilidades, y algunos manejos bien subalternos e insignificantes cuando se tiene conocimiento de lo principal. Por otra parte el gobierno hace entrar en ellas sus espías, y nada se le escapa, y por consiguiente pone los medios de dividir la opinión y evitar todos los golpes; mientras mayor sea el número de las sociedades secretas tanto mayor es la probabilidad, o mejor dicho la certeza de que jamás harán nada.

Las sociedades de la isla de Cuba lo mismo que las de España no son más que la reunión en secreto de un partido, que ni adquiere ni pierde por semejante reunión, y lo que hace es perturbarlo todo aparentando misterio donde no hay más que mentecatadas en unos picardía en otros, y poca previsión en muchas que de buena fe creen que todos los asociados operaban siempre como hablan, y que tienen la misma honradez que ellos. Estos hombres se hacen entrar en tales sociedades para darlas valor y prestigio. Por lo regular en semejantes sociedades solo la juventud entra de buena fe pues en los primeros años de la vida del hombre cuando aun no ha adquirido el hábito de fingir, ni los dobleces de la sociedad, y tiene todo el vigor de la naturaleza parte siempre por derecho, y se arroja abiertamente hacia el crimen o hacia la virtud. La voz patria siempre electriza el alma de un joven y todo lo arrostra por ella, pero en mayor edad se oyen siempre al mismo tiempo las voces ambición, riqueza.

Yo no apruebo semejantes sociedades en ningún país que si aseguro que hay una gran diferencia entre las que existen en pueblos donde reinan las virtudes cívicas por un hábito que han contraído insensiblemente los hombres, de promover el bien público, y las que se forman en pueblos donde las instituciones no han inspirado este carácter. Estoy muy distante de impugnar estas sociedades por motivos religiosos, bajo este aspecto solo encuentro en ellas una infracción de las leyes civiles donde están prohibidas, y de las leyes eclesiásticas entre los católicos, fundadas no tanto en la convicción de que semejantes sociedades tengan por objeto atacar la religión, cuando en la posibilidad de que esto suceda, en el escándalo que producen, y en los males que pueden causar a la sociedad, pues desde que se dice que un número de personas se reúnen en secreto haya derecho para sospechar, pues nadie está obligado a creer que son virtuosas por que ellas lo dicen, y al fin el que se esconde tiene que ocultar. Sin embargo yo jamás afirmaré que estas sociedades tienen por objeto atacar la religión, y en tal caso tampoco creo que se gana mucho con perseguirlas. Si las sociedades son verdaderamente secretas, ¿cómo se sabe que su objeto es impugnar la religión? y si no son tan secretas que deje de traslucirse su objeto, ¿por qué se les da una publicidad y un valor que no tienen? ¿por qué se aumenta el número de sus prosélitos persiguiéndolas? ¿Por qué no se consideran como una reunión de impíos, que no lo son porque estén reunidos sino que están reunidos porque lo son? ¿Dejarán de serlo por que no se reúnan? ¿Dejarán de reunirse porque se les prohíba? Al contrario es darles una importancia que acaso no tienen y excitar el espíritu de venganzas y hacer que se les reúnan muchas personas cuyo carácter es la novedad, la singularidad, y la contienda, pues sin duda hay muchos hombres que gustan de estar siempre en campañas políticas y religiosas, sin más razón sino que su espíritu se cansa de un modo de pensar, y de un proceder monótono y quiere agitarse. Por hacerse raro hay hombre que se hace libertino, y si todos fueran libertinos se haría devoto. Una gran parte de los que entran en tales sociedades no tienen otro objeto sino decir que están en ellas, hablar con misterio, hacer cuatro morisquetas, y suponer que son hombres de importancia con quienes se cuenta para grandes negocios aunque sean unos trompos que bailen lo mismo de púa que de cabeza.

    Los hombres que en público carecen de virtudes y talento, sin duda no adquieren estos dones porque se junten en privado, antes al contrario dan rienda con menos temor a sus pasiones. En un pueblo donde la moral pública aun no esté cimentada no en las leyes sino en la opinión y carácter de los hombres no debe esperarse que las reuniones secretas sean de otra naturaleza. Todas estas asociaciones aspiran a engrandecerse así por el número de asociados, como por el valimiento que pueda tener cada uno de ellos, y de aquí resulta que la admisión es muy poco escrupulosa, y sin saber como los hombres de bien e instruidos se ven asociados con pícaros y tontos.

Cuando estas sociedades secretas no tienen más que objeto político, o mejor dicho objeto de especulación, el primer paso que dan es declarar una intolerancia política, aun más cruel que la religiosa; la patria solo es para los individuos de la sociedad; todos los que no le pertenecen, no son patriotas ni pueden aspirar a obtener ventaja alguna, los empleos (y este es todo el negocio) son el patrimonio de la sociedad, y el gobierno sea el que fuere no ha de seguir otro dictamen, ni tener otro impulso, sino el que ella le comunique; en una palabra se forma una aristocracia de un nuevo orden que no consiste en títulos de grandeza, pero produce los mismos efectos bajo un aspecto democrático, pues tiende a constituir en árbitros de la suerte del pueblo a cierto número de individuos. Haciendo lo mismo cada una de las sociedades resultó la guerra sorda y espantosa que tanto estrago ha causado en la infeliz España.

Otro de los males que producen en los pueblos nacientes o no constituidos las sociedades secretas es la desconfianza general porque en tales casos se sabe que se despliegan todas las pasiones y miras ambiciosas de que es susceptible el corazón humano, y todo mundo teme que el objeto de los asociados sea oprimir a los demás para gozar ellos. Supongamos que una sociedad secreta está formada de las personas más virtuosas, que sus miras son las más justas, ¿y podrá persuadir no digo a todos pero siquiera a la generalidad? ¿No será de temer que degenere, y que si al principio es santa acabe por ser infernal? Sus enemigos (porque los tiene toda sociedad) ¿no esparcirán mil voces alarmantes contra ella, y no será esto origen de infinitos males, y continuos sobresaltos? No provocará la formación de otras sociedades antagónicas, produciendo daños mayores que los bienes que acaso puede producir. Así es como toda la sociedad se divide en facciones, y en facciones que con cierta puerilidad ridícula proceden como por apuesta a quien vence prescindiendo de las ventajas de la victoria, y de los sacrificios hechos para conseguirla.

No es menor el inconveniente que resulta de lo mucho que se exageran, y se hacen sonar estos negocios de sociedades secretas en un pueblo poco experto. Cualquiera junta secreta se supone desde luego que tiene gran número de partidarios que extiende su influjo por todas partes, y que sus proyectos son diabólicos. De aquí el disgusto universal, y aun el terror de las personas poco reflexivas, al mismo tiempo que los especuladores políticos aparentan que solo viven por la patria que a sus desvelos debe ésta el ver contenida una multitud de gente perversa que en las tinieblas meditaba destruirla etc. Cualquiera que medite sobre esta materia conocerá que no me he equivocado o por lo menos que no carezco de fundamento cuando afirmo que en los países como la isla de Cuba estas sociedades son indirectamente el apoyo del gobierno, ya sea que hablemos de las que se forman con este objeto, ya de sus contrarias. Mientras los ánimos estén divididos el gobierno está seguro, o a lo menos tiene más consistencia, pues en un país donde por desgracia hay una especie de población tan heterogénea como en la isla de Cuba se necesita una unión mucho mayor que en otros pueblos para cualquier empresa política y la experiencia acaba de demostrarlo...

Todo el mundo sabe que los comuneros y los masones del rito de España, eran todos europeos y antiindependientes, y que en contraposición estaban los masones del rito de York, la sociedad de la cadena, y la de los soles, compuestas todas de naturales. De este modo se marcó mucho más la separación de naturales y europeos y se encendió el odio mutuo hasta el extremo de causar inquietudes a los hombres pacíficos y sensatos.

¿Pero qué hacían estas sociedades? Predicar a convertidos como suele decirse los europeos reunían europeos, y los naturales hacían lo mismo; ¡como si unos y otros no estuviesen naturalmente cada cual en su partido! En la isla de Cuba nadie duda que para conservar su estado político sea el que fuere, es necesaria la unión, y nada la interrumpe más que esas asociaciones. Si son formadas por naturales suponen los europeos que son contra ellos, y al contrario. Es un error pensar que en un pueblo que se halla en la situación crítica en que está la isla de Cuba, se puede hacer nada bueno sin unión, y aun es mayor error creer que se conseguirá esta cordialidad reuniéndose cada partido en secreto. Las sociedades secretas de la isla de Cuba como dije anteriormente no son más que la reunión de los partidos, y por eso se dieron muy pronto masones de España y masones del rito de York, que quiere decir reunión de los naturales, que sin atender más que a su país prescindían enteramente de España, y reunión de españoles europeos que a todo trance estaban resueltos a promover los intereses de su país natal. Estos mismos se dividieron como en España en masones y comuneros, enemigos capitales, pero que sin embargo en la isla de Cuba convenían en hacer frente a los naturales siempre que se tratase de separar la isla de la madre patria.

    Cualquiera conocerá que la formación de una sociedad de europeos da origen a otra de naturales, y al contrario, las cuales sin aumentar como he dicho el número de los que quieren la independencia, ni el de los que la contrarían solo sirven para encender más el odio y preparar al país días más funestos. Mientras la diferencia solo consistía en haber nacido unos acá, y otros allá, y suponer por consiguiente los europeos que a los naturales les interesa muy poco la España, y estos que los europeos solo atienden al interés peninsular; la división no era tan sensible, pero desde el momento en que cada uno de los partidos (llamarelos así ya que por desgracia han querido que sean) se figura que su contrario trabaja en secreto para destruirlo, se exaltan las pasiones, calla la razón, y solo se atiende a buscar medios de venganza. Aun los que no entran en las sociedades secretas toman interés por una y otra parte, pues es idéntica la causa; no hay europeos sea o no sea masón, o comunero, que no esté con unos y otros si se figura que los naturales forman reuniones para tramar su ruina, y por el contrario no hay natural que no esté dispuesto a auxiliar a las sociedades secretas de los suyos, si conoce que los europeos se reúnen para querer dar el tono como suele decirse y oponerse a la felicidad del país. Yo repetiré una y mil veces que mientras haya sociedades secretas habrá un odio infernal entre naturales y europeos y que a la verdad el gobierno acaso podrá sacar partido, pero también puede suceder que estalle la revolución en términos muy desastrosos.

    Debe tenerse muy presente una observación que hará muy distinta la suerte de la isla de Cuba respecto a las demás partes de América, y es que se procede sobre datos conocidos. Se saben ya los efectos de ciertas tentativas, se conoce la fuerza con que se puede contar, y cuál es la naturaleza de los recursos, y lo que más casi toda la población es pensadora. No puede encontrarse una gran masa a quien alucinar, pues el más rústico de nuestros campestres, tiene buena o mala su opinión sobre lo que conviene a la isla y es familia a quien se necesita convencer. Es muy corto el número de los que pueden ser conducidos maquinalmente, y aun estos solo podrán moverse en un sentido que es el que les halaga.

Sería de desear que los naturales y los europeos en vez de formar asociaciones que agrava el mal lejos de curarle meditaran sobre el estado de la isla se acercaran unos a otros empezasen a conocerse no por hablillas y tonterías, sino por la confrontación de intereses, que es como se saca la verdadera opinión en un pueblo donde como he dicho anteriormente discurre la mayor parte, pues nadie duda que los hombres piensan como utilizan.

¿Por qué no ha habido hasta ahora revolución en la isla? No es por otra causa sino porque hay muchos que piensen, pero las circunstancias podrán llegar a ponerse en términos que los mismos pensadores crean que lo mismo se arriesga de un modo que de otro, y estos momentos serán muy peligrosos.

Los desgraciados acaecimientos de otros países han inspirado no hay duda gran desconfianza en la isla de Cuba entre naturales y europeos mas es porque no se ha querido meditar. En los demás países el choque de naturales y europeos, ha amenazado calamidad pero no ruina y en algunos ni aun gran pérdida, ¿pero sucede así en la isla de Cuba? Yo prescindo de un acaecimiento que no pocos temen, y acaso no sin razón, y limitándose precisamente a los efectos inmediatos de un choque entre europeos y naturales en la isla de Cuba, creo demostrar que ni unos ni otros están por ahora en ánimo de chocar y que solo una desgracia a que podrá dar lugar en lo sucesivo la imprudencia de una y otra parte los hará venir a las manos.

Los europeos el día que desgraciadamente empezasen la guerra con los naturales, si escapan con la vida pierden por lo menos toda su fortuna. Su suerte será desgraciadísima, pues si van a España será a perecer, si pretenden pasarse a otros países de América donde ya son bien recibidos todos los que vienen de la península, porque ha cesado el odio que solo inspiraban las circunstancias; no tendrán tampoco muy buena acogida, por que al fin no inspiraban confianza unos hombres que salen de un país por choques con los americanos, si pretenden irse a otros países extranjeros el distinto idioma, usos, clima y lo que es más el distinto carácter del manejo de negocios, donde un aprendizaje suele costar muy caro, es un obstáculo casi insuperable. Por otra parte los capitales no reditúan, o no producen lo que en la isla de Cuba al paso que los gastos son pocos o menores, y en algunos países casi los mismos. Además una gran parte de los europeos están casados en el país, tienen sus familias a quienes a pesar de las opiniones políticas no pueden dejar de querer, y aun el mismo país después de haber vivido en el muchos años y hecho su fortuna inspira amor. Yo no me puedo persuadir que los europeos de quienes hablo miren la isla de Cuba con la indiferencia que la de Córcega o la de Sicilia. De estas consideraciones deduzco que el interés y la voluntad de los europeos radicados en la isla de Cuba es guardar armonía con los naturales. Consideremos ahora cómo piensan éstos.

Sea cual fuere el éxito del choque con los europeos nuestra pérdida es segura, no solo por el temor común a unos y otros, sino porque nuestras fincas y todos nuestros capitales han de sufrir un menoscabo, nuestra riqueza está toda sobre los campos, y un solo año de pérdida en las cosechas nos causa gravísimos males, que serán incalculables, si como es de temer se arruinan las fincas. Nuestro comercio cesa en el momento que los capitales extranjeros se crea que no tienen seguridad en la isla a causa de una revolución. Es preciso cubrir de luto muchas familias, ocasionar la desgracia de muchos amigos, y esto en una población corta jamás deja de ser muy temible. Muy pocos podrán matar un europeo sin dar muerte al padre de una esposa, al marido de una hermana, al pariente o al padre de un amigo, etc. etc. Esto es cruelísimo, es repugnante el carácter amable de los hijos de aquel suelo; y aun lo es más a su ilustración y principios. En ningún país de América están enlazadas las familias y los intereses, y éstos en ninguna parte son más conocidos. Deduzco pues igualmente que no hay en los naturales tal determinación de matar europeos, ni de cometer todos esos robos y demás crímenes que algunos mal intencionados han sabido ponderar, y persuadir, con descrédito e infamia de un país que por tantos títulos debía merecerles otra consideración. Lo que conviene es que todos trabajen por remediar los males, que seguramente ha producido la desunión, y que no perdiendo de vista las circunstancias en que se halla la isla pongan los medios de conciliar los intereses de todos, pues aunque de las consideraciones que acabo de hacer se deduce que la armonía entre naturales y europeos tiene vínculos muy fuertes en aquel país, los giros de la opinión, y las circunstancias pueden ser tales que por algunos momentos solo se atienda a la venganza o a la remoción de un mal presente, bien que sea seguida por una pérdida futura que se atenderá muy poco.

El pueblo más sensato, el que más medita sobre sus intereses tiene momentos desgraciados en que todo se olvida y parece que la sociedad retrograda al estado de barbarie. Ejemplos funestísimos nos han dado de esta verdad las naciones más cultas y no debemos presumir que poseamos más cordura que todas ellas. Los movimientos de un pueblo ilustrado y pacífico son siempre una consecuencia de largos sufrimientos o de repetidas tentativas para exasperarlo, y siempre van acompañados de la desesperación que es la fuente de todos los desastres. Vivíamos en la isla de Cuba con la mayor armonía naturales y españoles europeos, cada cual tenía sus opiniones, pero esto no interrumpía de modo alguno no solo las relaciones comunes, pero ni aun las de estrecha amistad, jamás se oía una expresión que pudiese ofender a unos ni a otros, pues si algo se hablaba era con tanta reserva, que ella misma indicaba la consideración mutua que se tenían ambos partidos. La imprudencia de algunos empezó mucho aun antes de caer el sistema constitucional a faltar a este miramiento que podríamos llamar una especie de convenio tácito, y todo el mundo vio los funestos efectos que produjo y se están viendo sus consecuencias. Con unas denominaciones ridículas que parecen entrenamientos de niños que solo se proponen entretenerse burlando, y no expresiones de hombres sensatos, se empezó a dividir más la opinión o mejor dicho a sustituirse a ella el resentimiento, y empezaron a temerse mutuamente aun los que más se habían apreciado.

¡Qué diferencia tan notable en la sociedad! Los hombres de juicio que meditaban sobre sus resultados no podían dejar de lamentarse, mas por fortuna el desengaño de muchos individuos de una y otra parte ha minorado y aun puede decirse que impedido los males. Yo desearía que mis compatriotas (y doy este nombre no solo a los naturales de mi país, sino a los que le han elegido por patria) tuviesen siempre por norma que en la isla solo deben distinguirse dos clases: los amigos de su prosperidad con preferencia a todos los países de la tierra, y los egoístas que solo tratan de hacer su negocio aunque se arruine la isla; en una palabra patriotas y especuladores, y que el nacimiento no constituye a nadie ni en una ni en otra clase.

No puedo concluir este artículo sin llamar la atención de mis compatriotas sobre las astucias de los gabinetes extranjeros. La isla de Cuba es punto muy interesante y puede tener mucha influencia en las miras políticas de los que por bajo cuerda están moviendo la máquina, y es preciso quitarles un medio de tomar parte abiertamente... No creo oportuno extenderme en estas consideraciones que no he hecho más que insinuar, porque no sé si al desenvolverlas tendría toda la prudencia necesaria en un asunto tan delicado.

El Habanero
Papel político, científico y literario Redactado por Félix Varela, tomo I, n.º 2 Filadelfia, Imprenta de Stabely y Bringhurst, n.º 70, Calle tercera del sud.

Tranquilidad de la isla de Cuba

No basta que un pueblo quiera estarse quieto, dije en el número anterior, si otros más fuertes se empeñan en que no lo esté. ¿Y quién duda que ésta es la situación de la isla de Cuba? Yo prescindo de cuál sea la verdadera voluntad de aquel pueblo, pero no puedo prescindir de la de los que le rodean y de los medios que tienen para conseguir su cumplimiento. No recalcitraría sobre estas ideas que pueden ocurrir a cualquiera que medite sobre la situación de aquel país, si las circunstancias no se estrechasen por momentos, y la indolencia no creciese desgraciadamente a la par que se aumenta el peligro. Debo a mi patria la manifestación de estas verdades, y acaso no es el menor sacrificio que puedo hacer por ella el hablar cuando todos callan, unos por temor, y otros porque creen que el silencio puede, si no curar los males, por lo menos disminuirlos; y quieren recrearse con la apariencia de un bienestar de que ellos mismos no aciertan a persuadirse.

No es tiempo ya de tratar de derechos. Lo es solo de observar los hechos y prever sus resultados, si es que puede llamarse previsión la de un futuro que casi tenemos ya en las manos. El continente americano después de innumerables sacrificios se halla libre e independiente, pero le es indispensable alejar hasta la idea de que España tiene posesiones en América. En esto convienen todos los países, y acaso más que ninguno los Estados Unidos, porque su práctica de negocios políticos los pone más al alcance de todas las consecuencias del influjo europeo, por medio de una nación débil como la España. No es, pues, una suposición, sino un hecho constante, que todos reúnen sus esfuerzos para separar de España la isla de Cuba, que es el punto más interesante y por lo mismo el más perjudicial a los intereses americanos, si se conserva bajo el dominio de una potencia europea. Consideramos ahora los medios que tienen para conseguir su intento.

Por lo que hace a este país, es claro que los tiene todos, pero no los emplea abiertamente por la armonía que hasta cierto punto debe guardar con los gabinetes en Europa, mientras no medie una guerra; mas todo el mundo sabe que hay mil modos de salir de este embarazo, y de operar tan eficazmente como los demás pueblos de América, porque es una misma la causa, y uno mismo el interés.

Además, yo no puedo menos de hacer una observación, que indica ya el medio de que sin duda se valdrán estos Estados, para intervenir en los negocios de la isla de Cuba. Esta se halla inundada de piratas en tales términos, y con tanta crueldad, que con dolor oigo (pues jamás puedo olvidar que es mi patria) que se llama el Argel de América, puesto que los mismos que cometen estos atentados se han querido dar el nombre de musulmanes. El gobierno de la Isla, débil o indolente, pues no me atrevo a llamarle cómplice como algunos sospechan, no pone remedio a este mal que se aumenta cada día, en términos que los piratas parecen que forman ya una nación temida, si no reconocida por aquel gobierno. Es bien notorio que los piratas no son únicamente los que salen al mar, sino los compradores de los efectos, que animan esas empresas con su codiciosa y criminal conducta. Todo el mundo sabe quiénes son estos compradores, menos el Gobierno, que solo se ocupa en saber quién niega que es esclavo, para hacerle entender que tiene un amo.

Como los que más sufren en estas piraterías son los Estados Unidos, contra los cuales no parece sino que la España ha declarado de hecho una guerra —y una guerra sin leyes de naciones, puesto que sus súbditos, y los ajenos que se guarecen en su territorio, no cesan de saquear buques americanos y matar sus tripulaciones, llegando hasta a tener la crueldad de dar fuego, a aquéllos con la gente dentro—, es claro que esta nación tiene un derecho para remediar por si el mal que otros o consienten o no pueden evitar, y que exigirá, no una satisfacción de papeles, sino de hechos, y ya pueden inferirse los resultados. Hasta ahora solo los detiene la consideración de Inglaterra, pero con una causa tan justa no es muy difícil un convenio entre las dos naciones.

Las repúblicas de Colombia y México, que se presentan abiertamente hostiles, tendrán muy pronto todos los medios necesarios para arruinar la Isla, pues a la marina que cuenta la primera, agregará la segunda seis fragatas y otros buques que acaban de contratarse, y de los cuales se asegura que algunos están ya en el mar dirigiéndose a los puertos mexicanos, adonde acaso habrán llegado a esta fecha. Como el castillo de San Juan de Ulúa, donde debe tomarse es en la boca de los puertos de La Habana y Matanzas, no puede quedar mucha duda sobre el destino de dichas fuerzas marítimas.

En el puerto de Campeche se asegura que hay reunidos de cuatro a seis mil hombres, y que continuaban reuniéndose. Nadie puede figurarse que estas tropas tengan otro objeto que el de una invasión, pues seguramente no están esperando a los peninsulares, que lo que menos pueden, aunque no lo que menos piensan, es venir a conquistar la América. Y al mismo tiempo (como casi es sabido) hacen los colombianos un desembarco por su parte, la empresa no es muy difícil. Yo estoy muy lejos de creer que un corto número de soldados, sea cual fuere su valor y decisión, basta para dominar la Isla, si hubiese una completa defensa; mas ya he hecho ver el número anterior, que no es este el caso que debe esperarse.

Pero supongamos que la temeridad, tomando el nombre de heroísmo, sostiene denodadamente la guerra, no ya contra los invasores, sino contra la gran parte de la población que se les unirá, ¿cuál debe ser el resultado? La ruina del país y la victoria de sus verdaderos enemigos... Los que hasta ahora han sacrificado todo a la tranquilidad de la Isla por un principio de especulación, y no por amor a España ni fidelidad al rey, yo aseguro que al ver que todo lo pierden, abogarán por la cesación de la guerra, y solo un corto número de fanáticos políticos se determinará a perder su fortuna y la de todo el país, para sucumbir al fin con una gloria infructuosa, que perteneciendo a todos a nadie afecta, y cuya idea va siempre asociada con la de la barbarie, pues sus efectos son la miseria y desolación.

Entre tanto la España, ocupada por un ejército extranjero que la inspira justos temores, además de chuparle el poco jugo que le queda; dividida en partidos que se hacen una guerra a muerte, y que jamás podrán conciliarse; sin recursos de ninguna clase, y con infinitas causas que destruyan los pocos que acaso puedan proporcionarse; amenazadas por los colosos europeos de correr la suerte de los Estados débiles cuando sirven de obstáculo, o puede convenir a las miras de los poderosos; sin contar con nadie porque de nadie debe fiarse; arruinado el comercio, atrasada la agricultura, paralizada las pocas artes que poseía; en una palabra, sin más que el nombre de nación que acaso perderá muy pronto; esta España; digo, es el único apoyo de la isla de Cuba. Yo prescindo de las causas; el hecho es (y el hecho inevitable) que la Isla está abandonada a sí misma, después de haberla comprometido hasta el último extremo respecto de los demás países de América, por haber sido la verdadera España que ha hecho la guerra a todos ellos, pues de la península jamás ha venido ni un real para este objeto, y sin los recursos proporcionados por Cuba, hace tiempo que a los españoles se les hubiera olvidado que tuvieron colonias, y que ahora para continuar unida a España, se vería la Isla en la absoluta necesidad de entrar en una guerra sangrienta, de la cual no puede resultar sino una ruina.

Es cierto que en La Habana se esperan tropas de la península, pero esta esperanza es de aquellas que suelen inspirarse astutamente a los pueblos para entretenerlos o atemorizarlos, según conviene. Se dice por cartas particulares, que están dadas las órdenes para que se embarque en la Coruña el regimiento de la Unión, y pase a La Habana; pero como para este negocio se necesitan mas pesetas que órdenes, y la España está exhausta, es más que probable que los pobres soldados no tendrán que atravesar el mar. Por otra parte, es sabido que los argelinos han empezado a hostilizar a los españoles, y esto exigirá poner en el Mediterráneo alguna fuerza naval, y como en línea de buques (como en casi todas) se halla la nación en estado de nulidad, yo no sé si habrá algunos que mandar con dicha expedición, la cual, si no viene con una fuerza naval respetable, se expone a ser batida y apresada.

Pero supongamos que sale la tal expedición y que llega felizmente a su destino, suposición que apenas puede hacerse, ¿qué se habrá adelantado? Obligar a los invasores a que empleen mayor número de tropa, mas no a que desistan de su empresa, ni que dejen de conseguirla. Soldados se vencen con soldados, y seguramente España no puede aumentar ni reemplazar los suyos en la Isla, como harán sus enemigos. Se aumentarán los gastos, sufrirá el pueblo, y se precipitará la revolución lejos de impedirse. Yo prescindo de los que morirán del vómito cuando empiece el verano, y de los que viéndose en el caso de cebarse en la sangre de un pueblo que nada les ha hecho y que les ofrece mucho, se negarán a ser sus verdugos, y preferirán ser sus compañeros. Los más ilustrados se avergonzarán de ser los opresores de un pueblo, los enemigos de la libertad, y los ministros de un gobierno que ellos mismos detestan. Es pues enteramente infundada toda esperanza que pueda tenerse de sostener la Isla, por que venga de España uno u otro regimiento, pero aun es más infundado esperar que venga. Por otra parte, ¿quién ignora que la isla de Cuba se toma en el mar? Mientras mayor sea el ejército que tenga dentro, mayor es el gasto, mayor la miseria, y más segura la reacción del pueblo, si se le obstruyen todos los canales de su comercio, y por consiguiente se arruina su agricultura. Es preciso no equivocarse: la remisión de un corto número de tropas a la isla de Cuba, es como aquellos remedios que suelen aplicar los médicos a los enfermos moribundos, más por cumplir con el arte, que por sanar al paciente.

Yo deseo llamar la atención ahora sobre la naturaleza de todo pacto social, y con especialidad del que liga a las colonias con su madre patria, maternidad inventada por especulación política, pero que sin embargo conviene no impugnar al presente, sino que deduzcamos las consecuencias que se desprenden de ella misma, procediendo según los principios adoptados por sus defensores.

Todo pacto social no es mas que la renuncia de una parte de la libertad individual para sacar mayores ventajas de la protección del cuerpo social, y el gobierno es un medio de conseguirlas. Ningún gobierno tiene derechos. Los tiene sí el pueblo, para variarlo cuando él se convierta en medio de ruina, en vez de serlo de prosperidad. Aun siguiendo las doctrinas de los legitimistas, sería imposible demostrar que un pueblo está obligado a sacrificarse por ser fiel a su legítimo señor, cuando éste le abandona, o no puede ofrecerle, y cuando ni él ni su amo (si es que los pueblos tienen amos), sacan ninguna ventaja de semejante sacrificio, sino el placer de que diga un rey: se sacrificó todo un pueblo porque yo fuese su amo; ya no existe para mí, pero tampoco existe para otros ni para sí mismo. De sus moradores, unos perecieron en la guerra, otros han buscado su seguridad en la fuga, y el resto llora sobre los sepulcros de los que amaba, suspira por los que se han alejado, contempla las ruinas de toda su fortuna, pero al fin está cubierto de la gloria de la fidelidad, y transmite a las generaciones futuras la memoria de su valor y decisión. ¿Distaría mucho este heroísmo de la brutalidad? Pasaría, sí, a los siglos venideros la oprobiosa memoria de un pueblo que creyó que solo existía para un hombre a quien se ofreció en inútil y bárbaro sacrificio para decir: te fui fiel. Los pueblos que por su debilidad se hallan en el triste estado de colonias, esto es, en el producir para los goces de otro más fuerte, solo pueden soportar esta desigualdad social, en virtud de una recompensa que encuentran en la protección y garantía que se les presta; pero en el momento en que voluntariamente o por necesidad son abandonados; y lo que es más: expuestos por su protector nominal a una ruina inevitable, ¿bajo qué pretexto puede exigirse este sacrificio? Es preciso estar muy alucinado para sostener semejante absurdo.

Mas ¿por qué me alejo de la cuestión principal, o mejor dicho: por qué entro en cuestiones cuando todas son inútiles? Quiera o no quiera Fernando, sea cual fuere la opinión de sus vasallos en la isla de Cuba, la revolución de aquel país es inevitable. La diferencia solo estará en el tiempo y en el modo, y desde este punto de vista es como quisiera yo que se considerase el asunto. En vano se cansan los tranquilistas, en ponderan las ventajas de su estado actual y todos los horrores de la revolución (horrores que ellos mismos producen y lamentan), pintando como monstruos a los que no piensan como ellos, en vano se pregonan los beneficios recibidos de España y las bondades del rey. Todo eso no viene al caso. Hablando de beneficios habría mucho que decir... pero... tampoco viene al caso. La isla de Cuba sigue la ley de la necesidad, y así como por ella se conserva dependiente, por ella misma puede verse precisada a tomar otro partido.

Para este caso, que quizás no dista mucho, deben prepararse los ánimos. Sea cual fuere la opinión política de cada individuo, deben todos reconocer el gran principio de la necesidad, y hacer todo lo posible para que su aplicación no produzca males. Una lucha imprudente es una ruina probable y a veces cierta. Es preciso reunir todos los esfuerzos para sacar ventajas de la misma necesidad.

Lo que más debe desearse en la isla de Cuba sea cual fuere su situación, es que los hombres de provecho, los verdaderos patriotas se persuadan que ahora más que nunca están en la estrecha obligación de ser útiles a su patria, obligación en cuyo cumplimiento va envuelta su utilidad personal; que depongan una timidez cohonestada con el nombre de modestia, que tomen parte en todos los negocios públicos con el desinterés de un hombre honrado, pero con toda la energía y firmeza de un patriota. No abandonen el campo para que se señoreen en él cuatro especuladores y alguna chusma de hombres degradados, que sin duda, se animarán a tomar la dirección del pueblo si encuentran una garantía de su audacia en la inoportuna moderación de los hombres de bien. El crimen no es osado sino mientras la virtud se muestra débil, y aunque es cierto que según la expresión de un sabio, el patriotismo es el ultimo recurso de los perversos, y en circunstancias difíciles sobran siempre por desgracia hombres que afectando un interés público, jamás se mueven sino por los degradantes estímulos de la avaricia o la ambición, también es cierto que es muy fácil correrles esta máscara y hacerlos aparecer con su verdadero semblante. Tales hombres solo pueden contar con una masa de infames o de alucinados, y como jamás la generalidad de un pueblo es de perversos, ni tampoco puede ser alucinados, sino por algunos momentos, los triunfos de esta clase de especuladores son muy efímeros, y jamás se consiguen cuando los buenos patriotas se presentan en la lid.

Hasta ahora el pecado político casi universal en aquella isla, ha sido el de la indiferencia: todos han creído que con pensar en sus intereses y familias han hecho cuanto deben, sin acordarse de que estos mismos objetos de su aprecio siguen la suerte de la Patria, que será lamentable si no toman parte en ella los hombres que pueden mejorarla, y aún hacerla feliz. No quiera Dios que a la desgracia se agregue la ignominia, y que muchos ni siguiera se atrevan a tributar el último homenaje a su malhadada patria, derramando algunas lágrimas sobre sus ruinas, por no aumentar el remordimiento, recordando que pudieron salvarla; quiera Dios que la ignorancia que se afecta no conduzca a una destrucción que solo puede lamentarse.

¿Pero qué?, dirán algunos, ¿es la revolución de la isla de Cuba lo que intenta persuadir un hijo de este suelo? ¡La revolución, que equivale a la ruina del país; la revolución, cuyos horrores apenas puede contemplar sin estremecerse toda alma sensible! ¿Es la sangre de sus compatriotas la que quiere que riegue unos campos donde ahora, tranquilos y felices, recogen los frutos con que la naturaleza premia su trabajo, y los regalan abundantemente? ¡Ah! Este será el lenguaje con que el interés momentáneo procurará callar la voz imperiosa de la razón que manifiesta su inconstancia. Mas,

¿qué importa? La verdad siempre ha tenido enemigos, y jamás la calumnia ha dejado de atacar a sus defensores. Sin embargo, yo tengo el noble orgullo de persuadirme de que no habrá uno solo tan olvidado de si mismo que conociéndome, y entre los que me conozcan, tenga la impudencia de llamarme sanguinario. ¡Ah! esa sangre es la que yo quiero impedir que se derrame; esos bienes son los que yo quiero ver afianzados, esa paz es la que yo anhelo porque se cimente. Deseando que se anticipe la revolución, solo intento contribuir a evitar sus males. Si se deja al tiempo será formada, y no muy tarde, por el terrible imperio de las circunstancias; un hado político la decreta, ella será formada por el mismo gobierno español, que desconociendo sus intereses, y alimentándose con ficciones que ya sobre ser temerarias tocan en ridículas, no dará paso alguno para conservar lo poco que le queda, y teniendo como siempre ha tenido por sus enemigos a todos los que le han dicho la verdad y le han aconsejado aproveche siquiera los escombros de su arruinado edificio, dará lugar a la destrucción de un pueblo al que no da otra defensa que llamarle siempre fiel (¡malhadada fidelidad!) pero entonces ¡con cuántas desventajas! Aun los más obstinados en la adhesión a España, creo que si no han perdido el sentido común, confesarán que una gran parte de la población de la Isla (para mí es casi toda) está por su independencia, y otra solo está por su interés particular y se agregará a los que puedan garantizarlo; que es más que probable la invasión de la Isla, y que con tales elementos es casi evidente su toma. ¿Y cuál será en este caso probabilísimo, cual será, digo, su desgraciada suerte? ¿Se habrá economizado la sangre? ¿Sentirá mucho verterla un ejército extranjero (Porque a mi nadie me alucina con parentescos de pueblos) pisando un país donde solo encuentra objetos de venganza? ¿Quedarán en aquellos campos los frutos que forman su riqueza? ¿Qué propiedad o qué vida estará garantizada? ¡Ah! Es preciso confesar que hay apatías mas crueles que las mismas furias. Una revolución inevitable, prevista y no preparada, es a la vez la ruina y la ignominia de un pueblo.

    Jamás he dado a nadie el trabajo de adivinar mis opiniones; siempre he hablado con franqueza, y mucho mas debo usarla cuando se interesa el bien de mi patria. Yo opino que la revolución, o mejor dicho: el cambio político de la isla de Cuba es inevitable. Bajo este supuesto, para sacar todas las ventajas posibles y minorar los males, debe anticiparse y hacerse por los mismos habitantes, callando por un momento la voz de las pasiones, no oyendo sino la de la razón y sometiéndose todos a la imperiosa ley de la necesidad. Sea cual fuere la opinión política de cada uno, todos deben convenir en un hecho, y es que si la revolución no se forma por los de la casa, se formará inevitablemente por los de fuera, y que el primer caso es mucho más ventajoso. En consecuencia, la operación debe ser uniforme. Pensar como se quiera; operar como se necesita. Si por desgracia, se diere lugar a la invasión de tropas colombianas o mexicanas, es menester unirse a ellas; no tomar la defensa de un gobierno que solo pide sacrificios inútiles; cambiar el orden de cosas, y despedir prontamente los huéspedes con las indemnizaciones que fueren justas y con las pruebas de la más sincera amistad y gratitud. Cualquier otro partido que se tome, es inútil, es absurdo, y es destructor del país. ¿Por qué se pelearía entonces? ¿Por la tranquilidad? Sería el medio de perderla para siempre. ¿Por la riqueza? Sería el medio de aniquilarla. ¿Por el comercio? ¡Ah! Este desaparecería en el momento. ¿Por un amo? No puedo hacer a mi país la injuria de suponerlo. No; no presentará la historia al mismo tiempo en el otro hemisferio a la inmortal Ipsara haciendo prodigios de valor por ser libre en medio de los esclavos, y en éste, a la interesante Cuba luchando entre los libres por ser esclava.

Compatriotas: salvad una patria cuya suerte está en vuestras manos.

¡Ah! ¿y perecerá en ellas? Echad una sola mirada sobre un futuro, que ya tocamos: no permitáis que vuestro nombre pase con execración a las generaciones venideras. Al que fuere tan débil que aún tema cuando la patria peligra, cuyo temor es ignominia, concédaseles la vida en castigo de su crimen; arrastre, sí, una existencia marcada en todos momentos con abominación y oprobio. Súfranse estos tímidos, pero reprímanse los que no lo fueren para asesinar la patria siéndolo solo para libertarla. Son nuestros todos los que piensen o por lo menos operen como nosotros, sean de la parte del mundo que fueren. Unión y sincera amistad con ellos. Son enemigos todos los que por cualquier respecto lo fueren de la Patria. Firmeza y decisión para castigarlos. Olvido sobre lo pasado. La generosidad en cada partido, no es ya solo una virtud moral; es un deber político, cuya infracción convierte al patriota en asesino de su patria. Unión y valor he aquí las bases de vuestra felicidad.

Preveo todo lo que maquinará contra mi el espíritu de adulación, que el bajo el cruel mientras está en pie su ídolo, e ingrato y variable luego que perece. Nada me aterra; no ha puesto la pluma en mis manos la invectiva ni el elogio; condúcela el bien de mi patria, y nada me afectan las voces de sus enemigos. Mi posición autoriza a cualquiera para calumniarme si poniéndome miras particulares; lo conozco, y confieso con la franqueza que me es propia, que esa consideración me ha detenido hasta ahora, esperando que otros a quienes la desgracia no ha herido como a mí, sacasen en favor de la Patria todas las ventajas que les da su feliz posición. Mas ya que todo el mundo calla, yo no sé callar cuando mi patria peligra, y habiéndola sacrificado todos los objetos de mi aprecio, yo no la negaré ese último sacrificio, su imagen jamás se separa de mi vista, su bien es el norte de mis operaciones, yo la consagraré hasta el último suspiro de mi vida. Es cierto que yo no puedo encontrar donde quiera mi Habana, como pretendió Horacio se encontrase su decantada Ulubre; es cierto que desde el momento en que la desgracia de mi patria envolvió la mía, solo me he consolado repitiendo con frecuencia las memorables palabras que el orador de Roma puso en boca de Tito Anio Milón: *si mibi frui patria bona nom licet at carebo mala*; y he suspirado constantemente por verla en un estado digno de ella misma; pero no me conoce el que no se persuada de que viviría gustoso aun en las heladas regiones del polo, si esto lo exigiese el bien de mi patria. Yo vivo tranquilo y superior a mi suerte. La imagen de Washington, presentada por todas partes en las calles y casas de un pueblo racionalmente libre y sólidamente feliz, al paso que me inspira una envidia perdonable, me convence de que no es ficticio el bien que deseo para mi patria. El testimonio de mi conciencia, he aquí un bien inadmisible, de que no podrá privarme toda la saña de mis enemigos ni el poder de los tiranos. Yo he dado un adiós eterno a los restos de una familia desgraciada, y en medio de un pueblo libre mi existencia sin placeres, pero sin remordimientos, espera tranquila su término. Acúsese cuanto se quiera mi intención, pero respóndase, si es que se puede, a mis razones. Débiles: calumniadme; ése es el único recurso que os queda.

Estado eclesiástico en la isla de Cuba

Sin una injusticia manifiesta no se atreverá a negar nadie que el estado eclesiástico en la isla de Cuba, solo tiene el nombre de estado, porque al fin son muchos hombres que llevan un mismo género de vida, y ejercen unas mismas funciones como ministros de la única religión admitida en el país, mas no porque formen un cuerpo con intereses contrarios a la generalidad, ni se mezclen jamás en los negocios políticos, sino como individuos particulares los que han querido hacerlo (que son muy raros), pero nunca reclamando derechos de corporación, ni con pretensiones que indiquen no un interés de los individuos aisladamente, sino el del cuerpo como por desgracia sucede en otros países.

Es innegable que dondequiera que hay hombres reunidos bajo cualquier orden o principios, hay cierto espíritu de corporación, tan natural e inevitable, que es la mayor locura pretender destruirlo, pues la oposición solo sirve para aumentarlo. La sociedad, aun prescindiendo de las divisiones jerárquicas, tiene otras muchas producidas por la distinta profesión y contacto de los intereses de los hombres, y el gran tino político consiste en saberlas dirigir con prudencia y sacar de ellas todo el partido posible en favor de todo el cuerpo social. El cimiento de esta gran obra solo puede ser un bien general y éste no puede ser otro que la conservación del cuerpo que sostiene todas estas clases, como el tronco las diversas ramas. Las pretensiones exorbitantes llevan consigo mismas el carácter de infundadas y efímeras, y aunque halagan a los que las abrigan, jamás les convencen de su perpetuidad, y la experiencia no menos que la razón demuestra que en circunstancias críticas hay muy pocos hombres que se aventuren a perder un bien constante y fácil de conservar, por hacer tentativas para adquirir un bien improbable en su existencia y en su duración.

El clero de la isla de Cuba vale más como propietario que como corporación, y la generalidad no debe sus propiedades a su Estado, sino a su familia y país. Las congruas no son más que un requisito para la ordenación, pero habrá muy pocos (si es que hay algunos) que funden en ellas su subsistencia. Tienen tanto motivo de interés civil como todos los demás del pueblo, de quienes no se distinguen sino por el ropaje. Si el azúcar y el café valen, y si las casas rinden un buen alquiler, seguramente no se interesan menos los eclesiásticos que los seglares en esas ventajas que no trocarían por ninguna especie de privilegio de consideración social. No hay, no, en la isla de Cuba la multitud de eclesiásticos miserables que en otros países donde el hambre pone a prueba la virtud.

El número de eclesiásticos en aquella Isla, lejos de ser excesivo, en algunas partes es insuficiente, y donde están acaso más aglomerados de lo que convendría, no por eso gravan el pueblo, pues como he dicho, viven de caudales propios y no se distinguen de los demás ciudadanos sino en su ministerio. Solo se sostienen de fondos públicos los párrocos, y aquellas personas absolutamente necesarias al culto, las cuales, sea cual fuere la situación de la Isla, han de permanecer en sus destinos. Las rentas que disfrutan son bastante moderadas, y en algunos parajes bastante escasas. De modo que en ningún cambio pueden temer su disminución, y muchos seguramente deben esperar su aumento. Es, pues, evidente que aun cuando se quisiese hacer al clero de aquella Isla el gran ultraje de sospechar que en algún caso tendría miras contrarias al bien general del país, semejante calumnia se desvanecería prontamente a la vista de cualquier hombre imparcial que meditase en la materia, no fundándose en observaciones generales y ejemplos aplicados, sino en los datos particulares y circunstancias del estado eclesiástico en aquel país.

Los frailes, he aquí la cantinela. Los frailes son en muy corto número; no tienen señoríos, ni las prerrogativas de que suelen disfrutar en otros países. Lejos de querer conservar los conventos, los más de ellos desean que les permitan marcharse para sus casas, creyendo como deben creer que acaso de ese modo son más útiles a la Iglesia; otros que son de distinta opinión, o que convierten el escrúpulo en santidad, se hallan penetrados del verdadero espíritu de su regla, y jamás serán capaces de convertirla en base de especulación, y el cortísimo número de los que no pertenecen a estas clases, nada significa. Yo tengo dadas algunas pruebas de no ser parcial de estas corporaciones, que prescindiendo de lo que fueron se sabe lo que son y lo que serán, pero también he procurado darlas de aprecio al mérito individual y de respeto a las mismas corporaciones, mientras ellas están autorizadas por la sociedad. Yo desearía que no hubiese ni un fraile, pero mientras los haya, deseo verlos respetados, como deben estarlo todas las clases en una sociedad bien organizada. Su extinción debe dejarse al tiempo, y a ellos mismos que acabarán muy pronto la obra; precipitarla es hacer una cosa muy fácil, pero no conveniente, sino perjudicial. Estas ideas tienen toda clase de opositores. Los ilusos graduándolas de impías, los acalorados teniéndolas por muy tímidas. Yo aseguro a los primeros que compadezco el estado de su espíritu y que no me ofenden; y a los segundos, que si se tranquilizan por un momento, conocerán que tengo motivos para creer que esta que llamarán irresolución, es una verdadera justicia respecto de las personas y un dictamen de prudencia social.

Por otra parte, es innegable que si en aquel clero no abundan los hombres sobresalientes, sin embargo no faltan, y la generalidad tienen la instrucción que basta para desempeñar con decoro su ministerio y para merecer aprecio en la sociedad. Se halla despojado de ciertas preocupaciones, o mejor dicho de ciertas manías que son fruto del aislamiento social de otros países, y que son incompatibles con la naturaleza de un pueblo mercantil, puesto en contacto con casi todos los del universo.

Bien sé que muchos dirán que escribo apasionadamente, porque al fin yo fui individuo de aquel clero, y no habiendo chocado jamás con ninguno de mis compañeros, debo conservarles, y les conservo, grande afecto; mas yo suplico que no se atienda a quien escribe, sino lo que escribe, y en qué lo funda. Sobre todo, yo he puesto mi nombre al frente de este papel, para que cada cual forme las ideas que quiera sobre las intenciones de su autor y saque todo el partido que pueda ofrecerle este conocimiento.

No, no ha sido mi ánimo formar la apología del clero de la isla de Cuba, sino prevenir un golpe que acaso se trama contra la felicidad del país. Pueden algunos equivocadamente creer que aseguran su tranquilidad y que contrarían los planes de los conspiradores introduciendo, o mejor dicho fingiendo que han introducido, el estado eclesiástico en el asunto político. En el momento en que se inspire desconfianza entre el pueblo y el clero, formando de éste un cuerpo separado de aquél; en el momento en que se haga religiosa una cuestión puramente política, todo se pierde, y para todos. La ilustración de aquel pueblo no permitirá los excesos que lamentamos en otros, pero cualquier herida es muy grave en punto a unión entre aquellos habitantes, y ésta no sería una de las menores. No es muy difícil conocer cómo piensa la generalidad del clero de la Isla, pero tampoco es difícil inferir cómo pensará, si la imprudencia da lugar al resentimiento. Nada de clérigos y frailes, y sobre todo nada de alucinamiento. Conviene estar sobre aviso, pues no debe dudarse que si las circunstancias se estrechan, habrá gente pagada que grite contra los eclesiásticos para ganárselos. Digo más: habrá hasta impíos de especulación que por todas partes difundirán la alarma entre las personas virtuosas y sencillas, que no conozcan la trama, y adviertan que la impiedad y el fanatismo son cualidades que afectan a las personas, pero que sirven de instrumento a la política. La mitad de los que se presentan como impíos se presentarían como devotos si conviniera a los que les mandan representar el papel y les pagan su dinero. Por ilustrado que sea un pueblo, siempre tienen su influjo en los negocios civiles las ideas religiosas, y en una sociedad pequeña es el arma más funesta que puede emplearse el agitar los ánimos con cuestiones, o mejor dicho, con sarcasmos y ataques de esta naturaleza. El camino del cielo está bien claro, y cada cual puede seguirlo o separarse de él como mejor le parezca, pero convengamos todos en conservar la tierra, y en conocer las tramas de los que quieran privarnos pronto de ella.

Por una fatal desgracia ha logrado en la infeliz España la ignorancia lamentable de algunos y la infame hipocresía de muchos presentar a la vista del pueblo sencillo como incompatibles, o por lo menos, poco conformes las ideas de libertad y religión, haciendo que ésta se tenga como una de las bases del poder arbitrario y si se quiere de la tiranía; conducta inicua que al paso que oprime a los pueblos y protege toda suerte de crímenes, dándoles el sacrílego viso de santidad, es uno de los ataques más fuertes que pueden darse a la misma religión. ¡Ah! Sin duda la ignora, o no la profesan los que piensan, o persuaden que este don del cielo, en vez de ser (como lo es) la fuente única e inagotable de la felicidad humana, ha sido dado por Dios sin otro fin que el de hacer desgraciadas a sus criaturas. La libertad y la religión tienen un mismo origen, y jamás se contrarían porque no puede haber contrariedad en su autor. La opresión de un pueblo no se distingue de la injusticia, y la injusticia no puede ser obra de Dios. Solo es verdaderamente libre el pueblo que es verdaderamente religioso, y yo aseguro que para hacerle esclavo es preciso empezar por hacerle fanático. ¡Tan lejos está la verdadera religión de ser base de la tiranía! Yo repito con la más grata emoción que el pueblo de la isla de Cuba se halla en muy diferente estado que la generalidad de los pueblos peninsulares en cuanto a esta materia; mas no por eso debemos descuidarnos y despreciar los ataques que puedan preparar los enemigos de la libertad. Defensores del trono y del altar: quitaos la máscara. Vosotros podréis servir de apoyo al primero, mas la sagrada víctima que se sacrifica en el segundo abomina vuestra hipocresía, y detesta vuestra impiedad. Ya que sois déspotas, no seáis sacrílegos. La fuerza es el apoyo de la tiranía, y la religión no puede servirla de pretexto, sino empezando por experimentar ella misma el mayor de los ultrajes. Es un espectro de religión el que os sirve de máscara, vuestra conciencia os lo dice, los sensatos lo conocen, los simples lo sufren, y Dios a quien ofendéis quiera perdonaros. Mas ¿para qué me detengo en reflexiones que en vano persuaden la razón si no promueven el interés privado, único móvil de los seres prostituidos al perder? Yo confío en el clero de la isla de Cuba porque le conozco, y espero que si una política infernal intentase (como lo consiguió en España) tomar a la religión por pretexto para sus inicuos planes, no solo no encontrará cabida entre tan beneméritos eclesiásticos, sino que cada uno de ellos en el desempeño de su sagrado ministerio trabajará por correr este velo y evitar a nuestra sagrada religión un ultraje tan manifiesto. Sí, yo no dudo que ésta será su conducta y que el pueblo de la isla de Cuba, lejos de ser jamás oprimido por el influjo de su clero, encontrará en él un firme apoyo, del cual en vano se tratará de privarlo.

No hay que seguir ejemplos de otros pueblos. El caso es totalmente distinto, y se tratará de hacerlo idéntico. Muchos hablan de clérigos y frailes por moda como quien tira palos de ciego sin distinguir de pueblos y de personas. Estos imprudentes, si aman su país, deben moderarse, y los perversos que lo hagan por una paga, deben ser reprimidos, pues nada es más fácil.

Afortunadamente en la isla de Cuba no han llegado las cosas a este miserable estado, pero vale más prevenir los males que curarlos. Nadie ignora las críticas circunstancias en que se puede hallar la Isla, y ningún aviso en esta materia será inoportuno. El modo más eficaz de hacer entrar una corporación en un partido es decir que ha entrado; y el separarla, sostener que está separada, porque entonces se granjea el odio del partido contrario, y en vano pretende sincerarse cuando solo se da oído al resentimiento. Pierden entonces todos sus individuos, no solo la esperanza de medrar, pero aun la de ser bien vistos y aun la de existir, y unos por despecho, y otros por cálculo, se van de veras al partido donde se decía que estaban, y mucho más si éste sabe ofrecerles y halagarles, pues son pocos los hombres que tienen la firmeza de carácter necesaria en situación tan terrible. ¡Ojalá que estas ligeras reflexiones puedan contribuir al desengaño de muchos que acaso con la mejor intención servirían sin saberlo de instrumento a los perversos!

Bombas habaneras
El miedo ha sido siempre el principio más fecundo de ficciones, y como en La Habana no falta, han adquirido gran feracidad los mentideros (por el cuidado y operación de muchos que no concurren a ellos), y sus cultivadores aventuran sin reparo, porque el estado de los ánimos es propio para recibirlas gordas. Ya se aferran, ya se animan, ora solícitos, ora indiferentes, pero siempre equivocados, y tanto más cuanto menos creen estarlo. Un día brotan conspiraciones por cada punto de la Isla, y todas con proyectos sanguinarios; los ánimos están exasperados, la división es inevitable, el odio es mortal, y todo amenaza convertir a la hermosa Cuba en un campo de desolación y de espanto. Al día siguiente todo se ha concluido. Las conspiraciones se han cortado de raíz; los buenos (que solo pueden serlo los antiindependientes), todos sostienen al Gobierno; un corto número de locos y de perversos es el único que intenta algo; mas sus esfuerzos son ridículos. Llega por desgracia de los tranquilistas alguna noticia de España poco favorable, o se dice que los patriotas consiguen victorias en el Perú: empieza en el momento la agitación, aunque se disimula, y como este mal puede ser muy grave, se pone en acción la fábrica de bombas, y apenas se forman, cuando se disparan en todas direcciones. Prontamente hay cartas que digan que ha sido tal el regocijo con que se ha recibido en casi toda la América la caída del sistema constitucional y el restablecimiento del poder absoluto que debe esperarse que muy pronto estarán todas las provincias pacificadas (esto es, subyugada mil veces más que antes), sin más que ofrecer el perdón por un acto de clemencia de S. M. a los que han dado en la majadería de ser libres, y de no querer aguantar su gobierno injusto y disparatado. Otras veces la cosa va más seria: viene por ahí una expedición formidable, de rusos, franceses, españoles, italianos y de todo bicho viviente, cuya sola vista aterrará a los pícaros insurgentes y toda la América quedará bien compuesta, es decir: bien esclavizada, no ya por los españoles, que en tal caso serían bien insignificantes sino por los extranjeros. Como esta noticia era muy gorda, se rebajó un poco, y ya se redujo a una expedición de españoles; pero se vio prontamente que en este supuesto debía de ser muy corta y para darle algún valor se tuvo la feliz ocurrencia de suponer que venían con ella el infante don Francisco de Paula. Alguno

podría sospechar que el tal infante tendría el buen despacho de Iturbide; si cogía de mal humor a los mexicanos como hace tiempo que están; pero no, aquel pueblo respeta mucho cuanto tiene relación con su rey; siempre ha deseado (cuando no podía otra cosa) la venida de un príncipe de la Casa, y apenas le verán, cuando todos, todos, saltarán de contento.

Bolívar en el Perú está casi derrotado y buscando donde refugiarse. Canterac y La Serna tienen un ejército formidable y gozan de una popularidad inmensa; al paso que los independientes son el objeto de la execración de aquellos pacíficos habitantes. Todo, todo está en favor de la España y mucho más desde que ha llegado a aquellas dilatadas regiones la plausible noticia de que su amo está en perfecta libertad, después de su horrible cautiverio, y debe esperarse que en breve desaparezca el ejército colombiano, se dispersen sus partidarios y goce el pueblo de la suspirada tranquilidad. Vienen cartas y papeles públicos de todas partes anunciando lo contrario, y presentando la verdadera opinión de los pueblos de América; pero no importa: en La Habana se sabe que todo es falso, y aunque viesen entrar a La Serna y Canterac como a Morillo y Morales, dirían que estaban victoriosos en el Perú. ¡Qué ceguedad! ¿Y creerán los que difunden y sostienen tales patrañas que trabajan en favor de la isla de Cuba? ¿No conocen que la ficción de un bien es el mayor de los males? ¿No advierten que la idea de una seguridad infundada es el principio de la ruina de un pueblo? Pero ¡Ah! No es el pueblo el objeto de los que propagan estas ideas; son sus utilidades personales las que quieren prolongar cuanto les sea posible es un amo a quien pretenden complacer para conseguir sus favores.

Todo lo que no es depender de España, es arruinarse; y unidos a la madre patria aun la misma ruina es prosperidad. Ven llegar el momento en que las cosas deben variarse y que lo más prudente sería preparar al pueblo para un cambio político inevitable; pero éste es un crimen y la virtud consiste en engañar o fingir que se engaña a aquellos habitantes, conducirlos por pasos a su desgracia, exasperar los ánimos hasta el último grado y proporcionar que corran los arroyos de sangre con que hace tiempo que están aterrorizando a los irreflexivos. Empiecen por demostrar que continuando las cosas en el estado actual no llegará el caso de tales desastres; y yo soy el primero que abogo por la llamada tranquilidad de la Isla, pero *etiopem accipis dealbandum*.

Lo más particular es el delirio en que están casi todos en aquella Isla sobre los planes de los refugiados en estos países. No hay carta de La Habana en que no se diga algo sobre esto; unos toman el tono de lamentación, otros el de consejo, alguno el de burla, y casi todos el de credulidad. Tienen manifiesto el enemigo, cuyos planes son palpables pues todo se reduce a invadir la Isla y tomarla de grado o por fuerza contando con la predisposición evidente de la mayor parte de sus habitantes; sin embargo, en los Estados Unidos es donde se forman todos los planes, como si se necesitasen muchos para el caso, y se comunican todas las noticias, como si éstas no se tuviesen en la misma boca del Morro. Se suministran los medios (a tanto delirio se llega en algunas cartas) para arruinar la Isla. Pero ¿quién los suministra? ¿Cuatro miserables refugiados? Esto no merece respuesta. ¿El gobierno de estos Estados? Si hubiese llegado ese caso, ya estaría concluida la empresa.

Es inútil que el gobierno español, o mejor dicho el de la isla de Cuba, sostenga aquí sus espías a quienes o paga o agradece sin otra ventaja que la de saber lo que nadie ignora, y es que los que han salido huyendo de la Isla no tienen motivos para estar contentos y que se alegrarían que llegase el feliz instante de volver a sus casas. ¡Pero figurarse otra cosa! Vaya que es tener mucho miedo.

Las armas de la calumnia, que tanto se han manejado contra los patriotas en todas las épocas y países, y que en la isla de Cuba han sido la principal defensa de los que no han podido encontrarla en la razón y la justicia; estas armas que envilecen al que las usa y honran al que recibe sus golpes; estas armas tan propias de la causa del despotismo como de sus defensores; estas débiles armas se hallan muy embotadas, y son poco temibles sus tajos.

Por mi parte yo no tendré la debilidad de temerlas, y jamás impedirán que yo proceda según creo que conviene a la felicidad de mi patria. No es tiempo, no, de entretenernos en acusaciones particulares ni en lamentos inútiles. Lo es solo de operar con energía para ser libres.

Amor de los americanos a la independencia

Por un error funesto o por una malicia execrable suele suponerse que el amor a la independencia en los americanos proviene de su odio a los europeos, y no que este odio se excita por el mismo amor a la independencia y por los esfuerzos que suelen hacer los europeos para que no se consiga. Los americanos tienen por enemigos a los antiindependientes, sean de la parte del mundo que fueren, y aprecian a todos los que propenden a su libertad aunque fuesen hijos del mismo Hernán Cortés. ¿Qué influye el origen de los hombres, ni qué tenemos que recordar ahora la conducta de unos seres que envueltos en los siglos, ya solo existen en las páginas de la historia? La conducta actual de muchos de los europeos es la verdadera causa del odio lamentable que se ha excitado entre los de uno y otro hemisferio, Fijen su suerte con la del país donde habitan y que acaso los ha hecho felices, no trabajen por verlo subyugado a un pueblo lejano de quien solo puede recibir mandarines y órdenes de pago o de remisión de caudales, observen una conducta franca, y todo está concluido, porque el odio no es a las personas sino a la causa que sostienen.

Los americanos nacen con el amor a la independencia. He aquí una verdad evidente. Aun los que por intereses personales se envilecen con una baja adulación al poder, en un momento de descuido abren el pecho y se lee: INDEPENDENCIA. ¿Y a qué hombres no le inspira la naturaleza este sentimiento? ¿Quién desea ver a su país dominado y sirviendo solo para las utilidades de otro pueblo? A nadie se oculta todo lo que puede ser la América, y lo poco que sería mientras la dominase una potencia europea, y principalmente la España. Los intereses se contrarían, y es un imposible que un gobierno europeo promueva el engrandecimiento de estos países cuando éste sería el medio de que sacudiesen el yugo. La ilustración en ellos inspirará siempre temores a su amo, y aún el progreso de su riqueza si bien le halaga por estar a su disposición, no deja de inquietarle por lo que puede perder.

Unas regiones inmensas, ricas, ilustradas, y fuertes por sola su situación geográfica, dependientes de un país europeo que en su comparación es un palmo de tierra, pobre, ignorante, al contacto de naciones fuertes, sin el dominio de los mares ni esperanza de tenerlo; esta dependencia, digo, sería un fenómeno político el más extraordinario, y que sin duda no debía esperarse. En consecuencia se han puesto, y se han debido poner según la política europea, aunque no según la razón justicia y humanidad, todos los medios para que los países de América no sean más que lo que conviene a su amo que sean; que la ilustración no vaya sino hasta donde baste para sacar a los pueblos del estado de salvajes, en el cual no serían útiles, ni halagaría el orgullo de sus dominadores, pero no basta un grado en que conozcan todo lo que valen, pues en tal caso se harían valer. Para conseguir este intento inhumano, se les ha procurado separar del contacto de las naciones extranjeras, bajo pretextos ridículos por mal forjados. Mas la ilustración, que siempre empieza por una pequeña llama, y concluye por un incendio que arrasa el soberbio edificio de la tiranía, ha conducido ya a los pueblos de América a un estado en que seguramente no quisieron verlo sus opresores. Tienen mucho que aprender, pero saben lo bastante para conocer lo que pueden prometerse a sí mismos y lo que puede prometerles un amo.

Queriendo ocultar su crueldad con el viso de conmiseración, han ocurrido siempre, y ocurren muchos (aún de los que quieren pasar por corifeos de libertad) al degradante efugio de sacar partido de los mismos vicios del gobierno español en América y fingen con hipocresía que se compadecen de la suerte que le cabrá, si se abandona a sí misma. Ellos pretenden protegerla, pero dominándola; enriquecerla, pero chupándola cuanto produzca, ilustrarla, pero privándola de todos los medios del saber. No está, dicen, en estado de ser libre. ¡Ah! ni lo estaría, crueles, mientras fuese vuestra; ella lo es, y esto creo que basta para que creáis que puede serlo; dejad de agitarla, y la veréis tranquila. Vuestras maquinaciones y ataques, si bastan para tenerla en vigilancia, nada disminuyen su decisión ni pueden impedir su gloriosa empresa. ¡Ah! deponed esa cruel piedad que os separa del rango de hombres libres a que queréis pertenecer y al que yo confieso que pertenecéis por otros títulos.

Un gobierno a millares de leguas, sin conocimiento algunos de estos países y sin amor a ellos, sino en cuanto le utilizan, rodeado de un enjambre de pretendientes, que solo aspiran a conseguir un permiso para robar y oprimir, permiso que consiguen sin más que el favor de una cortesana o el soborno de un palaciego; un gobierno débil para la defensa, y solo fuerte para la opresión de estos países que mira solo como una hacienda donde trabajan sus esclavos para proporcionar los medios de sostener sus hijos, que son los peninsulares; un gobierno que premia la sumisión con la injusticia y hace de la generosidad un título de envilecimiento; un gobierno que por ignorancia o por una política maquiavélica, lejos de promover la industria en estos países, propende a que haya en ellos un ocio inevitable, contentándose con que algunos trabajen para sacar plata con qué sostener un diluvio de holgazanes peninsulares con el título de empleados;[14] este gobierno, digo, cómo no ha de ser detestado por todo el que no se olvide que es americano? ¿No lo detestan los mismos peninsulares? ¿No lo abominan los españoles residentes en América? ¿Cuál de ellos habla siquiera una vez de gobiernos, sin hacer mil increpaciones contra el español? ¿Cómo quieren, pues, que los americanos se avengan a vivir bajo un gobierno que ellos mismos abominan y pintan del modo más ridículo? Es preciso que los hombres no tratemos de engañarnos mutuamente, cuando el engaño es imposible y su pretensión es peligrosa. No son, no, tan brutos los americanos que crean que les hace un beneficio la mano que les da palos; los europeos residentes en América pueden resignarse a aguantarlos por el amor que conservan a su país, en cuyo obsequio creen que deben sacrificarse; pero los americanos nada tienen que les interese en España, y para el caso les es tan indiferente Madrid como Constantinopla. Si fuera posible cambiar las cosas, esto es, hacer de la América la metrópoli, y de España una colonia, es indudable que tendrían los peninsulares los mismos sentimientos que ahora tienen los americanos y que serían los primeros insurgentes, expresión que solo significa: hombre amante de su patria y enemigo de sus opresores. Metan la mano en su pecho, como suele decirse, y hablen después los europeos.

¿Quién podrá, pues, dudar de que la opinión general de los americanos está por su independencia? ¿En qué puede fundarse la descabellada, o más bien ridícula suposición, de que solo un corto número como dicen de

---

14 Por esta razón han opinado algunos que la España ha perdido con la adquisición de las Américas. Yo no admitiré esta opinión, ni creo que la admita la generalidad de los españoles, pero ella prueba hasta qué punto se ha abusado de la plata americana cuyo valor ha desaparecido para unos y otros.

criollos está por la independencia, y que el pueblo americano quiere ser esclavo? ¡Ah! Se funda en que como he dicho anteriormente, los ilustrados peninsulares creen, o fingen creer, que los americanos se hallan en el estado de salvajes; se fundan, sí, en una ignorancia que suponen, porque han puesto todos los medios para que exista, pero que por desgracia de ellos y fortuna nuestra ha desaparecido de la parte del pueblo influyente y va desapareciendo de la gran masa, condenada por sus opresores a vivir siempre esclava y conducida por sus hermanos a vivir libre y feliz. La decisión universal y constante de los pueblos de América es una prueba auténtica de su voluntad de separarse del gobierno español y la sangre derramada en mil batallas o en patíbulos que solo deshonran a los déspotas que los erigieron, ha encendido cada vez más el fuego del amor patrio, y el odio a la tiranía. Desgraciadamente han tenido sus desavenencias sobre el modo de ser libres, o mejor dicho sobre las personas a quienes se podía encargar el sagrado depósito de la libertad; pero en medio de estos disturbios, ¿se ha notado un solo momento en que los americanos quisiesen volver al yugo de España? A pesar de haber ganado el gobierno español (como es fácil en todos los países) algún corto número de personas, y de suponer que tenía un gran partido, para ver si de este modo podía formárselo; ¿qué ha logrado? Dar una prueba la más evidente de que ha gobernado, y pretende gobernar, contra la voluntad de los pueblos. Y el gobernar un pueblo contra su voluntad, ¿qué otro nombre tiene que el de tiranía? ¿y la mitad del Nuevo Mundo, deberá sufrir la tiranía de una manchita europea? Las hojas del proceso criminal de España están tendidas por las inmensas regiones de ese hemisferio, y tienen por juez al género humano. Ved, dicen los americanos al resto de los hombres, ved cuál existen en los más hermosos países del globo, después de una dominación de más de trescientos años; ved la opulencia de nuestros vecinos obtenida con menores medios y en menor tiempo, por la influencia de un gobierno libre; ved la obstinación de España en su errónea y cruel conducta, y no preguntéis su crimen, ni los motivos de nuestra separación.

El americano oye constantemente la imperiosa voz de la naturaleza que le dice: yo te he puesto en un suelo que te hostiga con sus riquezas y te asalta con sus frutos; un inmenso océano te separa de esa Europa, donde la tiranía ultrajándome, holla mis dones y aflige a los pueblos; no la temas: Sus esfuerzos son impotentes, recupera la libertad de que tú mismo te has despojado por una sumisión hija más de la timidez que de la necesidad; vive libre e independiente; y prepara un asilo a los libres de todos los países; ellos son tus hermanos.

Sí, no hay que dudarlo, ésta es la voz de la naturaleza, porque es la de la razón y la justicia. Hombres generosos que preferís la libertad de los pueblos al bárbaro placer de dominarlos, abandonad esa mísera y horrenda mansión del despotismo donde sus satélites como tigres os devoran; dejad un suelo donde la virtud es un crimen y el talento una desgracia; venid, sí, venid cuanto antes a reuniros a vuestros hermanos de América; ellos solo están armados contra sus opresores, que son los vuestros.

Pero ¿cuánta es la temeridad de los que conociendo esta opinión americana y sus sólidos fundamentos, aún se atreven, no como quiera a contrariarla, sino a hacer inútiles esfuerzos para que continúe la desgracia de estos países? ¿No es su imprudencia la causa de sus males? ¿Podían esperar otra cosa? ¿Qué harían ellos con los americanos, si fuesen a su país a ayudar a esclavizarlos? Se ponderan las desgracias que han sufrido los europeos en las revoluciones de América, pero se ha callado siempre con estudio su verdadera causa. No se ha dicho que han producido tales desastres los mismos que los lamentan y que la táctica del gobierno español, aunque bien torpe en todo, no ha dejado de tener alguna delicadeza en poner en movimiento el resorte de la desconfianza entre naturales y europeos, para que éstos cometan toda clase de imprudencia y aquéllos se entreguen a toda clase de venganza, que es el modo mas seguro de detener una revolución, cuando no de impedirla, y el sacrificio de los hombres nada importa a la política si consigue su intento.

La prueba más clara de que el odio de los americanos no es a los europeos, sino a su conducta, es que Buenos Aires, de donde fueron echados casi todos al principio de la revolución, en el día es para ellos, no como quiera un asilo, sino una verdadera patria. Se desengañaron acerca del carácter e intenciones de los americanos; conocieron el lazo que les había tendido el mismo gobierno español; mudaron de conducta y viven como hermanos. Es cierto que en Colombia se ha visto el Congreso obligado a prohibir la entrada a los españoles, mas esta providencia ha sido arrancada por la temeridad con que algunos aún se atrevían a inquietar el país, y acaso más bien ha sido una medida prudente, para no tener que perseguir, que una real persecución. Al gobierno español ya no le quedan otras armas que las de la intriga, y es constante que las ha puesto en acción en Colombia más que en ningún otro de los países independientes. La fuerza vale allí poco, porque sobra con qué repelerla, y solo queda la intriga.

La revolución de México ha sido mucho más afortunada, porque ha sido la última, y es claro que según se avanza en tiempo, se disminuye en desgracias, porque se convencen los que la causan de la inutilidad de tales sacrificios. Muchos europeos hicieron al principio sus escaramuzas, más por rutina que por convicción, pero al fin ellos mismos protegen el actual gobierno (a excepción de algunos ilusos) y goza de aprecio en el país y se glorían de contribuir a su felicidad.

Convengamos, pues, en que el amor a la independencia es inextinguible en los americanos; que no procede de su odio a los europeos, sino que este odio es el resultado de una oposición al bien que se desea; que las desgracias son totalmente voluntarias en los que las sufren; que ellas serían nulas cuando lo fuese el temerario empeño de arrostrar contra la opinión general justa y comprobada; que las intrigas del gobierno español están bien conocidas, y que se aproxima el tiempo en que los europeos residentes en América conozcan que los americanos no son, como creen, sus enemigos, sino sus hermanos, y que aún los mismos ilusos que tienen la ingratitud de trabajar por la esclavitud del país que los ha enriquecido, se convencerán de que el odio que se les tiene, no es a sus personas, sino a su conducta.

Carta a un amigo respondiendo a algunas dudas ideológicas

Las dudas que usted me propone sobre la conveniencia de las doctrinas ideológicas establecidas en la primera de mis Lecciones de filosofía, con la proposición la idea que no puede definirse es la más exacta, que se halla en mis Apuntes filosóficos, y cuyos fundamentos expuse en la Miscelánea, creo que pueden resolverse con una mera ampliación de las mismas doctrinas. Para eso convendrá recordar ligeramente las bases de otra proposición, y ver si concuerdan o no con lo que posteriormente he escrito.

Una idea no puede definirse, cuando su objeto es tan simple que no encontramos otros en qué resolverlo y por consiguiente no hay términos para definirlo; o cuando siendo implicado, conocemos tantas propiedades de él, que no podemos reducirlo al corto círculo de una definición. En el primer caso, la idea no puede ser más clara ni más exacta, puesto que representa cuanto tiene el objeto, o por lo menos cuanto percibimos en el segundo, tampoco puede aproximarse más a la exactitud, pues la dificultad de definir proviene de la abundancia de conocimiento, y mientras más se aumenta éste, que es decir mientras más conforme es la idea con el objeto, más crece aquella. Resulta pues, que la imposibilidad de la definición supone o la totalidad o la mayor extensión de conocimientos, y por consiguiente, la idea, etc.

Mas esta misma doctrina cree usted que no está muy conforme con la expuesta en mi primera lección. Esto es, que no existen ideas sino términos generales. Porque en tal caso, dice usted, aquellas abstracciones en que se llega a una extrema sencillez, como por ejemplo el ser, no son ideas sino términos generales. De donde sacamos en claro que no se da el caso de un objeto muy simple, pues todos son unos grupos de propiedades, y las ideas que los representan han de ser compuestas. Luego, hablando con exactitud, debía decirse: yo no puedo definir el término general ser, y no la idea.

Efectivamente, dice usted muy bien. Todas las ideas que tenemos de los objetos de la naturaleza, son compuestas, pues no hay uno que no lo sea, y la idea no es más que su imagen. Esta es la doctrina expuesta en la primera de mis Lecciones, mas de ella no se infiere que no tengamos idea del ser y de todas las propiedades en abstracto perteneciendo a ellas un objeto real. Quiero decir: una parte real de un objeto existente. Jamás está el ser despojado de propiedades, y jamás se halla una propiedad aislada, pero sin embargo, su conocimiento, aunque no es la imagen completa de un individuo de la naturaleza, no puede decirse que no tiene objeto. Término sin objeto sería término sin significación, lo cual es un absurdo, pero de aquí no se infiere que siendo el término general, también debe serlo su objeto, como parece a primera vista, y como dedujeron muchos antiguos.

Para convencernos, basta reflexionar que cuando nuestra mente atiende al ser o a una propiedad sola, siempre se contrae a un individuo, y por más esfuerzos que haga, no puede figurarse un ser general idéntico, en la piedra, el árbol, el hombre, etc., ni un verde o una redondez general, sino siempre contraídas estas cosas a un individuo que se ve o se finge; y así el término que llamamos general no tiene en la naturaleza un objeto general.

¿Cómo, pues, le conviene la denominación? Porque se aplica a muchos donde no se encuentra un mismo ser, pero sí unos semejantes, y entonces la universalidad es una propiedad del término que solo expresa su aplicación universal, pero no su objeto universal, porque no hay ninguno de esta clase ni puede fingirse.

Se da, pues, el caso de un objeto simple, aunque éste no exista aislado en la naturaleza, y sea preciso encontrarle siempre formando parte de un conjunto, en cuyo sentido puede decirse que no es un objeto de la naturaleza, así como una piedra no es una casa de una ciudad, ni el que tuviera conocimiento de las piedras separadamente lo tendría de las casas, mas no por eso dejan de estar en las casas, ni de ser unos verdaderos objetos. Yo supongo que usted no se figurará que yo pretendo que las propiedades sean cosas separables de los objetos, y que el símil que he puesto (como todos los símiles) no debe entenderse sino en cuanto puede aclarar la materia, conservando la idea de la naturaleza de cada cosa.

Luego que se convenga en la aplicación de la palabra idea creo que se resuelve toda la duda. Idea es imagen, y si lo es de un individuo de la naturaleza, todas nuestras ideas son compuestas; pero si esta palabra quiere aplicarse, como no puede menos de hacerse, a todo lo que tiene una realidad, aunque no forme por sí solo un objeto de la naturaleza, tendremos ideas simples. Para nosotros tiene realidad todo lo que nos produce una sensación real, prescindiendo de lo que verdaderamente fuere en la naturaleza; y la diversidad de sensaciones nos sugiere la idea de diversidad de operaciones reales, provenga o no de un mismo principio. Creo, pues, que convendremos en que se da el caso de un objeto simple cuya idea será igualmente simple, y no podrá definirse, siendo la más exacta por esta misma razón, y que nuestras abstracciones no suponen la nulidad de objeto sino la ficción del modo de existir.

Pero en la suposición de un objeto compuesto, dice usted que también ofrece alguna duda la proposición que nos ocupa. ¿Cuántas veces sucederá que el tener un objeto muchas propiedades, facilite su definición? Si el imán no tuviese la propiedad de dirigirse a los polos, que quiere decir, si fuera menos compuesto, yo no podría definirlo. Convengo, amigo mío, pero de ahí solo puedo inferir que para la definición de un objeto compuesto no basta conocer las propiedades en que conviene con todos si no se encuentra alguna en que se distinga, mas no que la multitud de propiedades conocidas que quiere decir la mayor exactitud de una idea, no sea un obstáculo para la definición, cuando se quiere que ésta vaya como debe ir a la par de nuestros conocimientos. Si además de esa propiedad del imán conociésemos en él un centenar de ellas, que en todas se distinguiese absolutamente de los demás cuerpos,¿cómo las reuniríamos todas en una definición sin que ésta se convirtiese en un tratado? Si aún conociendo esta sola propiedad diferente, conociésemos tal número de las esenciales y comunes que su enumeración fuese dilatada, ¿cómo se definiría el objeto cuando ni aun la memoria pudiese conservar sus propiedades? No basta para definir bien un objeto decir en que se diferencia de los demás, sino qué es en sí mismo. Yo creo, pues, que en algunos casos la composición de un objeto nos facilita el definirlo, pero que en estos mismos casos y en todos los demás llegaría a ser imposible la definición, cuando llegase a ser muy exacto nuestro conocimiento. Cada objeto de la naturaleza es un mar inagotable de donde sacamos pequeñas porciones que al principio contenemos en estrechos recipientes, pero que al fin nos inundan y obligan a abandonar la empresa. Definimos mientras sabemos poco; se aumenta la ciencia, y desaparece la definición. Estas se repiten como un recurso para dar alguna seña del objeto, pero está algo atrasado el que crea que ha explicado su naturaleza.

Es cuanto puedo contestar a usted en orden a las dudas que se sirve proponerme. Es de usted etc.

El Habanero

Papel político, científico y literario Redactado por Félix Varela, tomo I, n.º 3 Filadelfia, Imprenta de Stabely y Bringhurst, n.º 70, Calle tercera del sud.

Paralelo entre la revolución que puede formarse en la isla de Cuba por sus mismos habitantes, y la que se formara por la invasión de tropas extranjeras

Desgraciadamente, aun entre los mismos que desean la independencia de la isla de Cuba, se ha esparcido hasta cierto punto la infundada opinión de que solo puede efectuarse, o que por lo menos se efectuará con menores males, esperando la invasión de tropas extranjeras. Persuadido de la inexactitud evidente de este modo de pensar, no quise detenerme mucho en refutarlo, contentándome con insinuar en el número anterior que la pérdida de capitales y la efusión de sangre debe ser mucho mayor en el caso de una invasión que en el de un movimiento propio de aquel pueblo, por más que quiera exagerarse sus horrores; pero como no hay error que no tenga sus defensores, y mucho más en materia política, no carece de ellos el que acabo de referir. Yo no hablaré de los que sostienen estas ideas como un medio de demorar lo que ellos de ningún modo quieren que suceda, y que abrigando la infundada esperanza de que al fin no habrá nada, solo pretenden entretener por ahora los ánimos y mantener a toda costa esa tranquilidad funesta, que no puede tener otro término que la desolación. No hablaré, no, a los que solo desean dar tiempo a una protección que en su delirio se han figurado que puede dar España, y que quisieran ver realizada, aunque fuese arruinando el país; hablaré solo a los que de buena fe quieren esperar de los extranjeros lo que solo deben esperar de sí mismos. Yo formaré un paralelo de ambas revoluciones y sus consecuencias, para contribuir por mi parte en cuanto pueda a disipar un error, que en mi concepto es funestísimo.

Revolución interviniendo una fuerza extranjera Los enormes gastos y lo que es más, el sacrificio de hombres que necesariamente ha de hacer la nación invasora, necesitan una recompensa, y una recompensa que la necesidad y la gratitud llevarán mucho más allá de los límites de la obligación. El paso de un ejército extranjero por el territorio es una red barredora de su riqueza, por más generosidad que quieran usar los invasores y por más empeño que pongan sus jefes en evitar estos males, pues son absolutamente necesarios. Desde el punto en que se verifica la invasión, empezarán a emigrar capitalistas, llevándose cuanto puedan y quemando por decirlo así cuanto les quede, porque lo creerán perdido. Tenemos, pues, que el primer paso de la revolución es una enorme pérdida de capitales y de habitantes, y el reconocimiento de una deuda cuantiosísima, que por más esfuerzos que se hiciesen, no podría pagarse sino en muchos años.

La permanencia del ejército extranjero deberá ser costeada enteramente por el país, como asimismo la de los buques que se pongan en su protección, y por muy bajos que se quieran hacer los cálculos, es fácil percibir que estos gastos en que nada se economizará, deben de ser enormes. Pero ¿qué tiempo será el de esta permanencia? He aquí un asunto en que es menester hablar con franqueza, y que yo consideraré bajo su aspecto político, habiéndole considerado hasta ahora solo en su parte económica.

Dije en el número anterior que en caso de verificarse la invasión, lo que conviene es unirse a los invasores, mudar el orden de cosas y despedir los huéspedes con las indemnizaciones que fueren justas, y con las pruebas de la más sincera gratitud. Efectivamente, esto es lo que conviene, y a lo que deben dirigirse los esfuerzos de todo el que ame aquel país, mas no es preciso confesar que la permanencia de las tropas colombianas debe ser algo más dilatada de lo que se desea. Una revolución formada por auxilio de extranjeros aunque sean hermanos, no tiene todo el carácter de espontaneidad que es necesario para inspirar confianza, pues aunque nadie ignora que en la isla de Cuba hay el mismo amor a la independencia que en el resto de la América, siempre será un motivo, o por lo menos un pretexto, para dudar de su permanencia, la misma necesidad que se afectará que ha habido de una fuerza extranjera. No hay que dudar que el gobierno español sacará partido de esta circunstancia. Una multitud de perversos repetirán incesantemente que la revolución es el resultado de la necesidad, y que hay un gran partido contra ella a favor de España, una multitud de irreflexivos llegará a persuadírselo, y otros, sin estar persuadidos, pero temiendo que muchos lo estén, abogarán por la pretendida necesidad de tropas auxiliares en la isla de Cuba. Estas tropas en consecuencia serán necesarias, no por la naturaleza de las cosas, sino por la ignorancia de los hombres. La perversidad sacará de este principio todas las ventajas que se propone; se tendrá como un medio de volver a unir a España la isla de Cuba al suponer constante su deseo de esta unión, al ver que dura la que llamará ocupación extranjera. Se harán paralelos odiosos entre la de los franceses en la península, y la de los colombianos en la Isla, se procurará presentar a éstos bajo el carácter más odioso, y en una palabra las intrigas políticas suplirán la fuerza y la razón de que carece España. Si por desgracia de mi patria, estas armas son manejadas con suceso por sus enemigos, quédeme por lo menos el consuelo de no haber hecho el ridículo papel de engañado y de coadyuvar a que no lo estén algunos incautos. Si, no hay que dudarlo: no es otra la razón que tienen muchos para afectar la necesidad de los colombianos para hacer la revolución, aunque quisieran ver sumergida a Colombia y a todo país independiente; estos mal intencionados ven algo lejos, y preparan desde ahora el segundo golpe que ellos creen decisivo.

Resulta, pues, que la permanencia de las tropas colombianas será inevitablemente prolongada por un conjunto de circunstancias políticas, que sin ocultarse a nadie, obligarán a todos a lo que acaso están muy distantes de pensar. Por otra parte, los colombianos no podrán dejar expuesto a una pérdida el fruto de sus sacrificios, y mientras no tengan una garantía de que no volverá a flamear el pabellón español en la isla de Cuba, permanecerán en ella para proteger el partido independiente, cuando se suponga que no lo es la generalidad de la población. Nada es mas justo, pero nada será más favorable a las miras de los enemigos de la patria.

El pueblo de la isla de Cuba, en caso de ser independiente, debe constituirse. ¿Y lo hará mientras pise el territorio un corto número de soldados a quienes se la dará el nombre de ejército extranjero? La Constitución se dirá que es hija de la fuerza, que está formada bajo el influjo extranjero. Perderá todo el prestigio que debe tener una Ley Fundamental, y mucho más deberá perderlo si por desgracia se resiente algo en el contacto de una nación que si en general conviene en intereses con la isla de Cuba, tiene otros muy diferentes y marcados en que no podemos convenir. ¿Se esperará a la salida de las tropas colombianas? Yo aseguro que los enemigos de la Isla y de Colombia pondrán en acción todos los resortes para que no se pueda verificar dicha salida, pues de este modo dilata el pueblo su Constitución, se halla sin bases, se le agita en todas direcciones, se hace preciso un gobierno militar, éste produce el descontento, se pondera entonces la tranquilidad perdida, y yo no quiero pensar lo que puede suceder.

Quiera Dios que todos mis compatriotas vean este asunto como es en sí, y no como querrán presentarlo algunos mal intencionados. No hay que andar con rodeos. La verdad clara y sencilla es que los colombianos, si invaden la isla, no es para conquistarla, sino para dar un auxilio a la generalidad de sus habitantes que quieren la independencia, auxilio innecesario, pero que al fin se ha dado en la obstinación de creerlo indispensable. Colombia desearía la agregación de la Isla de Cuba por razones evidentes que sería inútil exponer; mas sin duda debe estar muy distante de pretender conseguirlo por la fuerza, pues ni tiene la necesaria para el caso ni puede ignorar que la isla de Cuba aun cuando en sí no tuviera todos los medios necesarios para frustrar cualquiera tentativa de opresión, tendría auxilios, muy respetables.

No hay que alucinarse. Yo soy el primero que estoy contra la unión de la Isla a ningún gobierno, y desearía verla tan Isla en política como lo es en la naturaleza; pero no puedo persuadirme de que si llegase a efectuarse la unión a Colombia, no fuese por la voluntad del pueblo, sino por una conquista. En América no hay conquistadores, y si algún pueblo intenta serlo, deberá esperar la reacción de todo el Continente, pues todo él verá atacado el principio americano, esto es: que la libre voluntad de los pueblos es el único origen y derecho de los gobiernos, en contraposición al lamentable principio de la legitimidad europea. No hay que temer. El temor es ridículo, y puede servir de arma a los enemigos de la libertad. Lo que conviene es conocer sus intrigas, unirse todos, conservar la tranquilidad, la verdadera tranquilidad y no la de las mazmorras, y acelerar el momento en que no siendo necesarias las tropas extranjeras, que a mi juicio nunca han sido, se las despida, y se trate de pagar lo más pronto que fuere posible.

Revolución formada sin auxilio extranjero Esta empresa, por no deber nada a nadie ni política ni económicamente, tiene todo el prestigio de la espontaneidad. Se halla libre de todo influjo extranjero. Puede dirigirse enteramente conforme a los intereses del país, y por personas que tengan identificada su suerte con la de la Isla; presenta a las naciones un cuadro más noble e interesante, y granjea mucho mayor crédito mercantil; evita mucho más la extracción de capitales, pues si en un primer momento hay algunos capitalistas tímidos que emigren, muy pronto renacerá en ellos la confianza, y volverán a vivir tranquilos donde han vivido tanto tiempo y con tanto aprecio. Faltarán, o a lo menos se disminuirán los pretextos para esparcir la desconfianza y alarma; será más fácil la convicción de los que no miran a los independientes sino como unos ladrones y asesinos; se aumentará la población considerablemente por la emigración europea, que acaso tengo yo más datos que la generalidad de mis paisanos para saber que será cuantiosa, y no de hambrientos como creen algunos necios, sino de personas que pueden traer mucha utilidad al país. Los mismos desórdenes que es indispensable que haya, serán contenidos y remediados con mucha más facilidad y empeño, cuando la revolución sea hecha enteramente por personas a quienes perjudiquen dichos desórdenes aún más que a los individuos contra quienes se dirijan. En una palabra: todas las ventajas económicas y políticas están en favor de la revolución hecha exclusivamente por los de casa, y hacen que deba preferirse a la que pueda practicarse por el auxilio extranjero.

Política francesa con relación a América A los que como yo hayan observado de cerca la conducta de la Santa Alianza por medio de su nación ejecutora, que es la Francia, no podrá coger de nuevo todo cuanto se diga sobre intrigas y proyectos liberticidas, ni podrán dudar un momento que los gabinetes europeos trabajan cuanto pueden, sin reparar en la naturaleza de los medios, para que el Nuevo Mundo sea esclavo del antiguo; mas sin embargo, como hay muchas personas que aun no han formado la idea que deben de la infernal política de esos santos, me parece conveniente insertar la instrucción dada por el gabinete francés al personaje que destinaba para la revolución de América, y ponerla algunas notas para llamar la atención de los americanos. Dicha instrucción, habida como se consiguen todas estas cosas, cuando se sabe intrigar (que también los americanos entienden un poquito) y no se ahorran pesetas, se imprimió en el *Morning Chronicle* de Londres, y ha sido traducida y reimpresa en *El Colombiano* de 24 de noviembre del año pasado.

Instrucciones secretas dadas por el duque de Rauzan al coronel Galabert en París

Conforme a la exposición que usted ha dado a sus Excelencias el conde Villele y vizconde Chateaubriand, se ha resuelto confiar a usted la dirección de este delicado negocio, de cuyos pormenores se halla usted tan bien instruido, como igualmente de su conjunto. La favorable acogida que usted ha tenido de parte de S. M. Fernando VII, y la confianza que se ha dignado depositar en usted son nuevos motivos que nos determinan a poner en sus manos los intereses de Francia y España.[15] Usted debe marchar inmediatamente a Madrid a obtener definitivamente en la fuente las noticias que necesita,[16] a recibir las últimas instrucciones del gabinete español, de que deberá enviarnos copia, y preparar con la brevedad posible su viaje a América. Los conocimientos que tiene usted del país, deben proporcionarle al llegar a México la mayor facilidad de formar conexiones con las personas que más extensamente se la señalarán en Madrid,[17] y que siempre han continuado en conservar relaciones políticas con la madre patria. Ya no se halla usted sin conexiones, según anunció en su segundo memorial a S. E. el vizconde de Chateaubriand, y de estos dos métodos unidos y combinados, es preciso que nazcan los más favorables y prontos resultados. Ahora hay pendiente otra negociación que puede remover muchos obstáculos, y llevar el asunto a una conclusión

---

15 Los intereses de Francia en auxiliar a Fernando VII en la reconquista de América no pueden ser otros que tomar parte de ellas en recompensa, y no puede ser otro el espíritu de esta cláusula en que se identifican los intereses de ambas naciones.
16 La dichosa fuente está bien seca, y tan seca que los papeles de Madrid donde no se pone sino lo que quiere el Gobierno, hablan de ventajas de las armas realistas sobre los constitucionales de América, lo cual además de ser falso, es contrario a los intereses del gobierno español, pues supone la existencia de un partido constitucional en América; que no se contenta con pensar libremente, y desear el cambio de cosas, sino que toma las armas para conseguirlo. Las cartas de Madrid impresas en algunos papeles franceses dicen con bastante claridad que todos los hombres de juicio están convencidos de la ignorancia del gobierno en cuanto a los negocios de América. Este informe sin duda no se pide por la Francia sino para guardar consecuencia y cubrir el expediente.
17 Adviértase que la negociación, según el período anterior, debía terminarse en Madrid, y por consiguiente no será objeto de las nuevas instrucciones que se ofrecen al coronel Galabert, sino en cuanto al modo de llevarla a efecto, que quiere decir: preparar los ánimos y formar partido en favor de un orden de cosas sobre que nadie piensa por ahora.

más pronta,[18] pero como aún no se ha terminado, nos reservamos hablarle a usted de esto más en detalle. Esta negociación será el objeto de unas instrucciones particulares que se le enviarán después.[19] Entre tanto, el rumbo que usted ha de seguir es el siguiente: con sujeción a las circunstancias, propagando la división entre los partidos,[20] particularmente entre los militares, que por su disposición a la obediencia pasiva y a la subordinación jerárquica se han hecho más propios para recibir un impulso independiente de su propia voluntad.[21] La especie de estado secundario en que el poder civil ha pretendido mantener el ejército después de la caída de Iturbide, es una palanca que astutamente empleada puede producir los resultados más ventajosos.[22] Esta secreta contienda entre los ciudadanos y los militares, es una circunstancia sobre la cual debe usted

---

18 Esta negociación no es más que un contrato de compra y venta, la cual si se consiguiese llevaría el asunto a una conclusión bien pronta, pero sería quedándose el vendedor y el comprador como suele decirse, mirando para el camino, porque se uniformaría más la opinión de independencia, se excitaría el odio general contra ambas partes contratantes, y por mucha que fuese la fuerza con que pudiesen contar los tiranos, llevarían una lección de lo que pueden los pueblos. ¿Que negociación puede tener Francia con España que termine pronto el negocio de América? ¿El de incendiarla con sus infernales intrigas? Eso ya está negociado, si es que puede llamarse negociación. ¿La de prestar dinero para la reconquista? Este contrato ha de tener por garantía alguna especie de hipoteca y todo bien traducido quiere decir una posesión. Aunque quisiese decirse que Francia solo aspira a ventajas mercantiles, nadie ignora que estas ventajas serían absolutamente efímeras, no estando la América ocupada por un gran ejército, y éste sin duda sería el francés, como está sucediendo en la Península.
19 Adviértase que la negociación, según el período anterior, debía terminarse en Madrid, y por consiguiente no será objeto de las nuevas instrucciones que se ofrecen al coronel Galabert, sino en cuanto al modo de llevarla a efecto, que quiere decir: preparar los ánimos y formar partido en favor de un orden de cosas sobre el que nadie piensa por ahora.
20 He aquí las armas de la infame política europea; he aquí los protectores de la humanidad, los que se conduelen de las conmociones de América, los que lamentan sus desastres; he aquí de acuerdo con la madre patria, tratando de que sus hijos se devoren, con tal de que la toquen algunos pedazos para acabar de consumirlos. ¡Bendita maternidad!
21 ¿Qué confesión tan paladina de que solo con un impulso contra su voluntad pueden los hombres servir a la tiranía? El ejército americano ha dado pruebas tan constantes de no ser capaz de recibir impulsos contra su voluntad, que sin duda perderá su trabajo, si no es que pierde algo más, el caritativo emisario.
22 El ejército que está en estado no como quiera secundario, si no es el más abyecto, es el francés, que sirve de instrumento ciego no solo a su amo, sino a todo el que lo quiere mandar el ejército mexicano como todos los de América está en un estado primario y bien primario, pues cada soldado es un ciudadano y como tal tiene los mismos derechos que el presidente de la República.

establecer uno de los más eficaces medios de lograr un buen suceso.[23] La guerra civil que desuela a México ha irritado los habitantes españoles;[24] y las exacciones a que son inclinados los cuerpos armados pertenecientes a ambos partidos conducirán naturalmente a los habitantes a declararse en favor de aquel gobierno en que vean bastante fuerza para asegurarles el reposo y tranquilidad.[25]

La corte de España, que posee noticias ciertas sobre este país, nos comunicó al principio de nuestra negociación la certidumbre de que, a causa de la decidida parcialidad de los oficiales mexicanos por el servicio europeo, tiene de poder separar muchos de ellos con el auxilio de promesas de esta especie, que lleva intenciones de cumplir, y aún de exceder. Usted puede ponerse de acuerdo sobre este punto con el gabinete de Madrid, y formar de esta disposición de los ánimos de los mexicanos una de las bases más firmes de su misión. En cuanto a los mapas que usted ha hecho en el país, y que acompañan sus diversos memoriales, se enviarán los originales a Madrid con la mayor prontitud, luego que se saquen todas las copias. La del Golfo de México está perfecta, como igualmente la que indica los puntos militares de las Floridas.[26]

Un punto importante, sobre el cual nunca ha informado usted sino muy ligeramente, es la disposición del clero mexicano. Compuesto de órdenes diferentes y de diversas supremacías eclesiásticas, debe haber entre ellos rivalidades y disensiones, que sería muy importante saber muy bien. Sin duda, que según dice usted en su segundo memorial, «la más ciega superstición reina en medio de la más horrorosa licencia: el pueblo sufre todos los efectos de un yugo religioso, y el clero es bastante poderoso para formar con el una revolución», pero siempre será necesario conocer

---

23 Quiere decir: bañar en sangre aquel país, y desolarlo.
24 A quienes nuestras intrigas, han logrado poner en guerra con los que por carácter y por intereses, solo tratarían de vivir con ellos hermanablemente.
25 ¿Y será este gobierno el español, que ni en la misma Península puede sostenerse sino por las bayonetas francesas? Lo entiendo, señor Duque; la alusión es bien clara.
26 Este mapa sin duda será necesario para el caritativo objeto de mandar un regalo de bayonetas a los mexicanos; mas estos, que se precian de atentos, se preparan para corresponder al obsequio y no les faltarán auxiliadores para tan laudable objeto.

los miembros del alto clero de influjo y el aspecto con que los curas y los frailes consideran la revolución y la separación de España.[27]

En Madrid debe haber apreciables apuntamientos sobre este asunto, y no es de menos importancia para usted que ventajoso a su comisión, adquirir todos los documentos relativos al clero, igualmente que los concernientes a los oficiales del ejército mexicano. Otras instrucciones que recibirá usted de España antes de su partida, le impondrán de cuanto se ha decidido sobre aquel negocio de que solo hemos dado a usted una mera noticia.

Por dispuestos que estuviésemos a dudar de la autenticidad de tales documentos, dice el editor de *El Colombiano*, o a fomentar la esperanza de que la actual política de la Francia es más liberal que antes, no podemos resolvernos a ello, al observar *l'Etoile*, papel ministerial de París, que lejos de negarla, la presenta con regocijo como una prueba triunfante de la firme adhesión de los ministros a la España, y en refutación del cargo de vacilación formado contra ellos por el ex ministro Chateaubriand. Si el gobierno francés ha renunciado sinceramente a los principios de la Santa Alianza

---

27 ¡Qué hipócrita e infame política! He aquí los defensores de la religión, he aquí un piadoso consejo dado a nombre del Rey cristianísimo y en favor de S. M. C! Se quiere encender las rivalidades y los odios hasta en el santuario; se quiere fomentar el fanatismo y ultrajar la religión, convirtiéndola en instrumento de la política. Se dice que la más ciega superstición reina en medio de la más horrorosa licencia, y sobre estas bases, sí, sobre éstas, porque no puede tener otras, se pretende reedificar el ominoso edificio de la tiranía. No, sacrílegos, no conseguiréis vuestros perversos designios; esa superstición y esa licencia que no existen como las suponéis, pero que si de algún modo existen, se deben a vuestra inicua conducta y son resquicios de los males causados por la tiranía; esa superstición y esa licencia horrorosa, desaparecerán del todo, y muy pronto veréis presentarse en el continente americano la religión católica sin esos agregados con que la habéis hecho odiosa, y separado de su seno tantos hijos. Veréis, sí, la religión de Jesucristo sustituida a la vuestra, que es la de las pesetas; veréis la libertad cimentada en la religión, así como vuestro despotismo lo está en la ambición y la soberbia.

Esta es la misma conducta que observaron los franceses en España para derribar la Constitución. Afectaban una religiosidad extrema, cuando puede asegurarse sin temor de errar que la mayor parte de ellos tenían la misma religión que un burro, y procuraban por todos los medios encender el fanatismo. Una persona de carácter e ilustración que pudo escaparse de Sevilla y pasar a Cádiz cuando estaban en esta ciudad las Cortes, me informó que había visto a los principales jefes y oficiales franceses muy devotos y compungidos en la procesión de penitencia que hicieron los sevillanos para que Dios pusiese en libertad al Rey, que como ellos decían, lo teníamos preso los constitucionales, y lo entregase en manos de los franceses, donde permanece en perfecta libertad de hacer lo que le manden. ¡Vaya un absolutismo!

sobre este punto, como podría inferirse de las protestas de sus agentes, de la presencia de nuestro ministro en París por invitación especial, y aún de las seguridades dadas últimamente al gabinete inglés; ¿por qué vemos siempre enlazados y justificados estos principios por los periódicos ministeriales de París? Sería inútil dar un colorido honesto a tales contradicciones, cuando conservamos todavía en la memoria la llegada de Mr. Chas. serían a nuestro país con estas instrucciones de su Corte en una faltriquera y las cartas amistosas del Gobernador de Martinica en la otra. Hemos publicado una de estas cartas dirigida al general Páez, en el número 60 de este periódico. Entre otros muchos cumplimientos asegura que «esta tiene por principal objeto desvanecer los rumores que se han esparcido, hace algún tiempo, por ciertos diarios extranjeros, sobre las intenciones que se suponen a Francia de prestar socorros a la España para la guerra que mantiene con los nuevos gobiernos disidentes de sus posesiones de la América del Sur», añadiendo: «Estos rumores que quizás no los alimenta sino el espíritu de malevolencia, están desnudos de toda especie de fundamento», y además «quedo persuadido repulsar las insinuaciones que aún se dirijan a poner en duda las intenciones de Francia». Este lenguaje, comunicado en tales momentos, y por tal mensajero, no necesita comentario.

    Estas personas serán de las muchas que en todos tiempos han tratado de ameritarse, engañando al gobierno español, y haciéndole creer que solo un corto número de criollos quiere la independencia. Es ridícula la ceguedad que ha habido siempre en España sobre esta materia, y la imprudente confianza que se ha tenido, sin otro fundamento que esta clase de informes. Aun en la época constitucional en que el gobierno se ponía más en contacto con personas que pudiesen ilustrarle, se hallaba con la misma preocupación, y me acuerdo haberlo oído decir a uno de los muchos ministros que tuvimos (gracias al deseo de S. M. de trastornarlo todo), que con cuatro o seis batallones fieles se reconquistaba México. Yo no sé si contuve la risa o la cólera. Acaso ambas cosas. Sin duda agregó la palabra fieles, porque estaría en la persuasión (en que se hallan muchos en España, de que las tropas que vienen a América se unen como dicen ellos a los rebeldes, y no hay quien los convenza de que los pobres soldados tienen que pelear contra pueblos enteros y contra tropas disciplinadas, aguerridas y superiores en número.

Diálogo que han tenido en esta ciudad un español partidario de la independencia de la isla de Cuba y un paisano suyo antiindependiente

Antiindependiente: ¿Con que usted amigo mío, está por los revolucionarios?

Independiente: Estoy contra ellos, porque tengo por tales a todos los que conociendo las necesidades de un pueblo, sus peligros, los medios de evitarlos, las ventajas de la aplicación oportuna de estos medios y la voluntad general de que se apliquen cuanto antes, se obstinan sin embargo en contrariarla, buscan todos los recursos para indisponer los ánimos y radicar la opresión, y por intereses personalísimos mal entendidos sacrifican los de todo un pueblo. Esta es la verdadera revolución, o trastorno de principios, a que se pueden aplicar todos esos epítetos con que suelen regalarnos. Sí, yo estoy estrechamente unido a los naturales del país, y esta sola circunstancia bastaría para que si usted medita algo la materia, conozca que no son revolucionarios, a no ser que usted dé a esta palabra la acepción que le dan los déspotas, en cuyo idioma es revolucionario todo el que propende al bien de los pueblos y resiste a su opresión. Cuando una sociedad es bastante numerosa para constituir un cuerpo político, y las circunstancias exigen que lo constituya, tiene un derecho a hacerlo, y mucho más si la naturaleza favorece este designio por la misma situación y proporciones del país. En tales circunstancias, un pueblo entero jamás es revolucionario. Lo son sus opresores. Mas si usted llama revolucionarios a todo el que trabaja por alterar un orden de cosas contrario al bien de un pueblo, yo me glorío de contarme entre esos revolucionarios, y si he rechazado la expresión, es porque sé el sentido en que se aplica.

Antiindependiente: ¿Con que usted se declara contra su patria?

Independiente: Yo solo declaro en favor de la razón y la justicia. Si yo he de servir a mi patria de instrumento para la opresión, y aún para el exterminio de un pueblo generoso de quien he recibido innumerables obsequios y consideraciones, y que ahora justamente desea precaver su ruina, esa que usted llama mi patria deja desde el momento de serlo, pues yo no perteneceré jamás a una sociedad injusta y cruel. La ingratitud no se ha hecho para razón.

Antiindependiente: Ah... la gratitud debía mover a usted en favor de su patria.

Independiente: Cuando no exija de mí un crimen como es el impedir la felicidad de un pueblo, a quien ella ha abandonado. Pero hablemos claro, pues yo hasta ahora he respondido, siguiendo la equivocación de ideas causada por la voz patria. Si usted entiende por mi patria el pueblo en que nací, sería bien delirio creerme en obligación de trabajar por someter a él la isla de Cuba; y si usted entiende por mi patria a España, las provincias de América que han constituido la mayor parte y la más rica de la España, han determinado tomar distinta forma de gobierno, libertarse del despótico que reina en la península, y dividirse voluntariamente, en distintas sociedades para que sean mejor gobernados, pero bajo unos mismos principios. La España no es el territorio, son los españoles; y los españoles de América han determinado separarse de los de Europa, y yo estoy muy conforme con la separación que asegura la libertad de los pueblos. Sí, mi amigo, las repúblicas del continente americano son la España libre, que para serlo ha sacudido el yugo de un amo, y ha jurado no sufrirlo jamás. Esta es mi patria, y aun cuando no lo fuera, yo la adoptaría, renunciando la que es y será siempre la mansión del despotismo. Toda esa farándula de la maternidad de la península respecto de América, o quiere decir que estos pueblos son propiedad de aquel, en cuyo caso yo renuncio hasta el nombre de español, porque ni por un momento quiero sufrir el de tirano; o da a entender lo que suena, que de allá vinieron los conquistadores (cuya justicia o injusticia, no es del caso averiguar), y después infinitos pobladores, que unidos a los naturales que ya eran también españoles, han dado origen a los que llamamos criollos, y que por consiguiente tienen todos los derechos que sus padres. ¿Quién le ha dicho a usted que han de ser amos de este suelo los españoles que se quedaron allá, y no los que vinieron a poblarlo y cultivarlo? Los hijos de éstos tienen en realidad todos los derechos de los españoles que fingen tener los españoles europeos, y además, los únicos legítimos que son los de naturaleza en un país, y propiedades radicadas en él, derechos de que solo puede despojarlos la tiranía. Los paisanos nuestros que por un fanatismo político contrarían esos derechos se hacen un daño enorme a sí mismos, pues establecen que un europeo en el mero hecho de ser un hombre activo y de exponerse a los peligros del mar para venir a buscar su fortuna uniéndose a la mayor parte de la nación y la más rica que está en este hemisferio; en este mero hecho, digo ya es esclavo de los peninsulares. Toda su fortuna está en disposición de éstos, y deja a su familia la preciosa herencia de la esclavitud. ¡Habrá majaderos! No se canse, usted amigo mío: Todo proviene de que los peninsulares dicen: Nuestras Américas, como podrían decir: Nuestra hacienda, donde otros trabajan para que vayan allá sus productos. Por mi parte, yo digo mi América, como mi patria donde trabajo y disfruto, y los americanos mis compatriotas que conmigo trabajan y disfrutan.

Antiindependiente: Pues descuídese usted y verá si esos compatriotas lo dejan en la calle.

Independiente: Si yo fuese su enemigo, podría temerlo, pero siendo su hermano, estoy bien seguro. Ese es el espantajo con que quieren atemorizarnos como a niños. Los estragos que ha habido en algunos parajes de América con los europeos, ha sido porque éstos han querido hacer el papel de quijotes desfacedores de entuertos, porque han contrariado la opinión del país, porque no han cesado de tramar revoluciones, porque estando acá y disfrutando acá, son agentes de allá. Amigo mío: O herrar o quitar el banco. Vivir con las opiniones e intereses de un pueblo o abandonarlo. De lo contrario, prepararse a hacer mal y a que se lo hagan, y no quejarse porque ellos se tienen la culpa. Eso es lo mismo que el que ataca un ejército y después se queja de haber sido herido. Pues ¿qué quieren? ¿Que les celebren la gracia? Desengáñese, amigo mío: Los americanos estarían con los europeos en perfecta armonía si no hubiera entre nuestros paisanos algunos necios y otros perversos que encienden el fuego de la discordia bajo pretexto de sostener allá derechos ridículos.

Antiindependiente: Yo lo que sé es que quiero asegurar mis bienes.

Independiente: Pues no hay duda que estarán mejor asegurados, excitando el odio de los que usted dice que quieren quitárselos, y que en lo que menos piensan es en ellos. Paisano y amigo mío, dejémonos de rodeos; usted si medita un momento sobre el carácter del pueblo de la isla de Cuba a que uno y otro nos referimos, no puede abrigar esos temores, pero acaso tanto darán en que el perro rabie hasta que lo hagan rabiar. Si nuestros paisanos, cuando cayó la libertad en España, la hubieran querido sostener en La Habana, ¿hubiera habido choques con los naturales? Ahora mismo, si se avinieran a cooperar a la felicidad de aquel pueblo, ¿no merecerían el aprecio y aún el cariño de sus naturales? ¿No sería la isla de Cuba el asilo de todos los libres? ¿No se aumentaría extraordinariamente su riqueza y población? ¡Ah! Permítame usted que le diga que los europeos que fomentan ideas contrarias, hacen un papel ridículo y cruel; ridículo porque demuestran que son liberales de España y nada más, y que sus principios son tan opresores como los que siempre han reinado en la Península; cruel, porque asesinan un pueblo, y lejos de evitarle una revolución sangrienta, y proporcionarle todas las ventajas de la armonía, van a precipitarlo a su entera ruina. No se danse usted: Nuestros paisanos hacen el papel de opresores, y sin poderlo negar, pues ellos mismos confiesan que es absurdo el gobierno peninsular, y quisieran destruirlo. ¡Y qué papel tan triste!

Antiindependiente: Mi amigo: esas ideas me afectan. Ofrezco con meditarlas. Adiós.

Reflexiones sobre la situación de España

La Francia, como instrumento de la Santa, o sea la diabólica Alianza, cree que ha llegado el tiempo de dar el golpe mortal a la España; esto es, de retirar su ejército de ocupación. Las bayonetas que en manos de los hijos de San Luis entraron en la Península para cimentar en ella el trono y el altar, se creen ya inútiles, o por lo menos se determina que no continúen prestando su protección. ¡Ah! El rey que para mandar despóticamente trae en su auxilio una fuerza extranjera, y oprimir a los que por otra parte llama sus hijos, acaba por ser más esclavo que los mismos a quienes pretende esclavizar. Sí, no es otra la suerte de Fernando VII, él gobierna una nación de esclavos, siendo el primero de ellos; y el que no quiso sufrir las respetuosas insinuaciones de sus súbditos, tiene que cumplir los mandatos de sus amos. Nada vales, le dicen, sin nosotros; tú sabes que no es, como se dice, una facción, sino casi toda la parte ilustrada de tu pueblo la que se resiste a ser gobernada despóticamente; a la vista tienen los constantes esfuerzos que hacen por todas las provincias para sacudir el yugo; tú has convertido tu reino en un cadalso, y la sangre de tantas víctimas excita por todas partes el furor y la venganza; la miseria (que es el verdadero enemigo de España) se extiende más cada día; los recursos todos se agotan, infiere, pues, los resultados. Sin embargo, nos despedimos abandonándote a tu suerte, a menos que te sometas a nuestra voluntad, y si quisieras mandar, empieza por obedecer.

Nada podía ser mas plausible para los españoles que la salida de un ejército invasor, que siendo impotente para conseguir su empresa por las armas, solo ha podido conseguirla por la intriga cimentada en la ignorancia de una plebe, y en la perversidad de muchos que no pertenecen a ella; pero a la verdad, nada puede ser más inoportuno. Yo estoy muy lejos de opinar que convenga una larga permanencia del ejército francés en España, y creo positivamente que mirado el asunto bajo otras consideraciones, puede decirse que debe efectuarse ahora la salida, pues más adelante produciría mayores males; pero sí diré una y mil veces que si los franceses y los que los han enviado a España, no tuvieran una intención decidida de arruinar a aquella desgraciada nación, prepararían esta salida, apagando en cuanto fuese posible el incendio que ellos mismos han formado; sí: el incendio que ellos mismos han formado con su conducta hipócrita y perversa.

¿Quién puede dudar que de haber querido los franceses, no se hubiera sacrificado tantas víctimas en los cadalsos, no se hubiera saciado una plebe insolente en la sangre de sus hermanos, no estarían sepultadas en la desgracia tantas y tantas beneméritas familias; en una palabra, no se hubiera introducido el activo e indestructible veneno del odio doméstico, que no exceptúa al padre para el hijo, ni al hijo para el padre? Ahora es cuando fingen compadecerse de esas desgracias; pero se retiran, confesando tácitamente en este hecho que ellos las han causado, y dejando al mismo tiempo el campo libre para que se aumente, pues así conviene a su cruel política.

La conducta del general Bourmont en Cádiz, indica claramente lo que pudieron hacer los franceses, si todos hubieran tenido los sentimientos de humanidad, que tuvo siquiera momentáneamente, aquel caudillo de los liberticidas. ¿Quien ignora que este general se negó a dar entrada en Cádiz al regimiento de Gras (los héroes del célebre 10 de marzo), enviado por su amo para fines piadosos, y que los obligó a pasar la noche en el muelle y a retirarse como suele decirse con cajas destempladas? ¿Quién ignora que el bendito Dunoi,[28] comisionado por el gobierno para poner en seguridad nada menos que ochocientas personas de Cádiz, en lugar de los cuatrocientos soldados franceses que pidió para este caritativo objeto, lo que obtuvo fue una orden de salir de la ciudad en el término de dos horas y un edecán con su escolta para hacérsela cumplir? ¿Quién no sabe que a las once de la noche se abrieron las puertas de Cádiz solo para que saliese como perro con vejigas el citado caballero? ¿Y qué resultó? Llevar este bofetón el señor don Fernando VII, y hacer que no lo sentía, porque el quejarse hubiera sido provocar a que le regalaran con otros más fuertes, y aun algo más a las claras. A fe que en Cádiz no ha habido excesos, ni se han ejecutado las prisiones que en otros pueblos, donde sin duda no hay tanto liberalismo. ¿Qué indica esto? Que no se cometen excesos donde

---

28 Este caballero natural de Nueva Orléans, es uno de aquellos americanos como suelen serlo los que degeneran de este nombre.

los franceses no los permiten; que el actual gobierno solo es cruel donde los franceses dejan que lo sea.

Las condiciones que se dicen propuestas por el gobierno francés son: 1.ª, que el rey establezca un sistema representativo. 2.ª, que conceda una amnistía general con pocas excepciones, y éstas nominales, 3.ª, que cumpla las capitulaciones hechas por los generales franceses con los generales españoles, que en un tiempo fingieron ser constitucionales, y que al fin fueron... lo que siempre habían sido. ¡Qué apuro para el gabinete español! La primera de esas condiciones es el trágala más terrible que puede imaginarse; es una piedra de molino que no hay garganta que la pase. La voluntad expresa del rey es mandar despóticamente, y que ni siquiera se oiga el nombre de representación nacional, aunque sea de farsa, y esta voluntad expresa es la que le mandan sus amos que mude o que contraríe. Vaya un trágala, pero como es por mano extranjera, no es contra la dignidad real, ni se opone a los derechos legítimos del amo de los españoles.

¡Pero, qué!: ¿Será cierto que el gobierno francés desea que haya un sistema representativo en España? Como lo desea el Gran Turco. Esta ha sido la trama de que siempre ha usado la Santa Alianza por medio del gabinete francés; éste ha sido el funesto lazo que ha aprisionado a tantos incautos. Desde la memorable época en que el cordón de sanidad, puesto para impedir que la fiebre amarilla atraviese los Pirineos, se convirtió en ejército de observación, se empezó a manejar esta arma con la mayor destreza; ella hizo prodigios en manos de los afrancesados, que llevaron su ingratitud hasta donde yo esperaba y algunos no creían, y ella en fin dio heridas mortales a la desdichada España y preparó su ruina. Cuando más uso se hizo de esta arma alevosa fue en los últimos días, cuando la libertad refugiada en su último asilo, esperaba que pasados los primeros momentos de un engaño, en que tuvo más parte la sorpresa que el convencimiento, fuesen conocidos sus verdaderos enemigos, y que los españoles volviendo en sí, percibirían el abismo en que iban a sumergirse, proveían lo que ya están tocando, y que al fin un esfuerzo propio de su carácter los sacaría del peligro, escarmentando a sus disfrazados opresores. Bien temieron éstos que llegase tal momento, que hubiera sido el de exterminio, y para evitarlo se fingieron amigos de la libertad que todos amábamos, y enemigos únicamente del desorden. Se pretendió que era imposible que dejase de haberlo mientras existiese la Constitución española, y se prometió otra que estando más en consonancia con el resto de Europa, evitase a la España todas las consecuencias de una rivalidad general y conciliase las opiniones e intereses de los españoles entre sí, restituyéndoles la suspirada tranquilidad.

Persona hubo en Cádiz que aseguraba haber visto la nueva Constitución galo hispana y que daba razón exacta de sus bases y principales artículos. Agregándose esto a la promesa verbal (y jamás por escrito) que hacían los generales franceses, de que el rey no estaría cuarenta y ocho horas entre ellos sin haber firmado la nueva Constitución, alucinaron a algunos incautos. El duque de Angulema se había contentado con manifestar por escrito que luego que S. M. estuviese libre, esto es entre las filas francesas, le suplicaría rendidamente que diese o prometiese dar a sus pueblos un gobierno conforme a su carácter, necesidades, y circunstancias políticas ¡Suplicaría! ¿Qué súplica podría hacer quien solo daba órdenes apoyadas en las bayonetas, y aun mucho más en las mismas circunstancias que ponían a Fernando en el estrecho caso de obedecer o verse abandonado en manos de los que acababa no de engañar sino de hacer desgraciados? ¿Cuándo se hizo la tal súplica? Y si se hubiera hecho, ¿es creíble que hubiera sido desatendida? Pero demos que así haya sucedido. —¿Por qué no se tomó entonces el partido que ahora se toma, o por lo menos se afecta tomar? ¿No se hubieran evitado innumerables males y esos enormes gastos que ahora pondera el gabinete francés? ¿Podía caber duda en el resultado de un orden de cosas como el que existe? La simple promesa de la ridícula por mal fingida súplica, ¿no estaba indicando que se preveían? Pero las intenciones eran muy distintas, y convenía dejar crecer los males, no para ostentar el mérito de la cura, sino para hacerlos más incurables.

Convenía, sí, tener un motivo para prolongar la ocupación, que entre otras utilidades políticas de más importancia proporcionaba una ventaja económica en favor de los franceses, que sin duda no era de despreciar. Esta consiste en el escandaloso contrabando que empezó a practicarse desde la entrada del ejército, y que continúa y continuará, mientras dure la ocupación de la península, o por lo menos de las plazas fronterizas y de la costa. Declarados libres de derechos los efectos introducidos para el consumo del ejército francés, no ha habido clase de fruto ni de manufactura de Francia, que no se haya introducido en número capaz de abastecer a media España. Me consta que hasta pianos se han introducido libres de derechos por destinarse al ejército francés. No hay duda que son armas excelentes para decidir una batalla y que los tales soldados son *comme il faut.*

Todo ha sido una trama desde el principio, y acaso ahora no hace más que continuarse aunque bajo distinto aspecto. Puede ser muy bien que como se piensa generalmente, no sea este paso de los franceses otra cosa que un amago a Fernando VII, para que no olvide su miserable situación, y se dé prisa, no solo en acceder a las pretensiones de sus verdaderos enemigos, sino a proponerles ventajas en que acaso ellos mismos no habían pensado; porque a la verdad ¿qué no hará un rey que después de haberse entregado a la venganza y de haberse adquirido el odio de la mayor parte de su nación, se ve amenazado de quedar a discreción de los mismos que él ha perseguido y arruinado? Este temor puede fomentarse por los franceses para sacar partido y no es improbable que el último golpe de la España sea ocasionado por el temor de su rey, que sin duda empezará por disponer de los más distantes, esto es: de sus dominios imaginarios de América, y acabará por descender del trono, o por permanecer en él como un rey de farsa. Sin embargo, yo me inclino a creer que todo se ha hecho de concierto, y que no se pretende otra cosa que distraer los ánimos, teniéndolos en la expectativa de la cacareada Constitución galo hispana, conseguir que los liberales desistan de sus empresas, ya que van siendo algo más serias, o por lo menos no puedan contar con una multitud de patriotas incautos, a quienes alucinen estas promesas; alejar un poco la odiosidad que merecen los franceses por haber sido unos crueles liberticidas, tanto más odiosos cuanto más hipócritas. Puede sí, ser este un ardid para evitar que al fin encuentren su sepulcro en aquel desgraciado país los que en todos tiempos no han pensado más que en destruirlos, los que en el año de ocho le atacaron alevosamente, y los que en el de veintitrés han repetido, aunque con más disimulo, la misma alevosía. Bien conocen sus intereses los llamados hijos de San Luis; ellos fingen que quieren salir de España, pero es preparándose para entrar en mayor número y oprimirla.

¿Por qué conservan las plazas fuertes? ¿por qué se apoderan de los principales puertos? Si han conseguido su intento, ¿por qué no se van todos, y dejan enteramente libre el país que dicen que han venido a favorecer? Y si no lo han conseguido ¿por qué se retiran? ¿será para abandonar la empresa? Solo podrá creerlo el que ignore o se haya olvidado de todo lo acaecido. Los franceses dijeron siempre que ellos no venían a combatir contra liberales por otra causa que por el reconocimiento del dogma político de la soberanía de los reyes y no que los pueblos, y que por consiguiente no había alteraciones que hacer en la Constitución española, sino que toda ella era ilegítima, por no ser dada libremente por el príncipe a quien única y exclusivamente pertenecía dar leyes, así fundamentales como civiles.

Oficialmente, ni aún esto decían, por más que se exigió de ellos que manifestasen los motivos que les impulsaban a tan escandalosa invasión. Contestaron siempre que no contestaban, porque ellos no pedían entenderse sino con el rey en libertad, y que no lo consideraban en este estado sino cuando se hallase entre el ejército francés.

Ahora bien, este dogma por cuyo reconocimiento han hecho tantos sacrificios, si es que puede llamarse reconocimiento un silencio impuesto a punta de bayonetas; este dogma, repito, ¿quedaría en pie en España si los franceses o mejor dicho la diabólica Alianza abandona la empresa? Es claro que no. Luego también es claro que la empresa no se abandona, sino que por lo contrario, se sigue cada vez con más empeño. ¿A qué viene, pues, esta especie de amenaza hecha a Fernando VII de abandonarlo si no establece un sistema representativo? ¿Ignoran ellos que la respuesta es: no quiero? ¡Ah! ésa es la que ellos esperan para conseguir sus miras, aunque por ahora finjan que la sufrirán. Bien conocen que en el momento se encenderá la guerra civil más sangrienta, y que los liberales no serán como hasta ahora meramente pasivos y víctimas de sus asesinos, bien prevén ellos la absoluta necesidad que habrá de su vuelta a España, y bien esperan que Fernando tenga la suerte de todo rey que se entrega en manos de extranjeros. Ahora más que nunca viene bien aquellos versos: Viéronse estos traidores fingirse amigos para ser señores.

Aun los mismos periódicos franceses (no hablo de los ministeriales) reconocen estas verdades, y anuncian los males que pueden sobrevenir a la misma Francia por la conducta de su gobierno respecto a España. Yo no puedo menos de insertar lo que dice el Diario de Comercio de París de 22 de noviembre, porque a la verdad está escrito con toda la franqueza que exige el asunto, aunque se resiente algo de ser pluma francesa, y yo aprovecharé esta ocasión para decir lo que él calla, y que acaso no quisiera ser estampado.

«Se asegura (dice el citado periódico) que el Consejo se ocupa de la gran cuestión de la evacuación de la Península, y en efecto, no podía presentársele un problema más complicado. La política, en que tiene siempre parte España, es tan radicalmente mala, que para salir del estado en que nos ha puesto, no tendremos que elegir sino males. Es lo más triste ver hasta qué punto se ha procurado justificar las siniestras predicciones con que hace dos años resonaba el Parlamento británico, y cuánta razón tenían M. M. Canning y Liverpool cuando calculaban con gran complacencia la extensión de los gastos y de los inconvenientes que debían resultarnos de nuestra invasión en la Península. Pero ¿qué hay que hacer ahora? Si evacuamos la España en el estado de confusión y de anarquía en que está sepultada, ¿no seremos responsables de los excesos y furores del partido que hemos hecho triunfar? ¿No es a nuestros esfuerzos y sucesos a quienes se debe el poder de que se usa para llenar los calabozos y prostíbulos? ¿No debe preverse el caso posible de la reacción de un partido oprimido, que cansándose de ser diezmado por un populacho abyecto, podría al fin sacudir sus cadenas? Por su fuerza moral, y por la energía que le da su desesperación, ¿no podría triunfar de una facción que no puede sostenerse sino con la ayuda de bayonetas extranjeras? No habría menores inconvenientes en prolongar una ocupación que no tiene otro resultado que enormes gastos sin alguna recompensa, y nuestras valientes tropas no sabrían salir fácilmente de la difícil posición que ocupan entre el partido dominante, cuyos furores no pueden reprimir, y sus víctimas, a quienes deben imponer sumisión y silencio. Los soldados franceses no se han hecho para servir de carcelero y gendarmes al partido de la fe. Desearíamos que se nos demostrarse sin declamaciones y charlatanerías el partido que se ha de tomar para abrir el estrecho desfiladero en que se ven comprometidos.

Se presenta en este momento un hecho bien notable: mientras retrograda nuestro ejército hacia los Pirineos, los austriacos evacuan también parcialmente el reino de Nápoles. Pero ¡qué diferencia! Austria evacua la Italia meridional porque ha conseguido completamente el fin de su invasión, y nosotros dejamos la España porque no hemos podido llegar al nuestro, que es la pacificación del país. El Austria se hace recompensar largamente de sus gastos, y de la ocupación ha sacado la ventaja de mantener treinta o cuarenta mil hombres sin que la costasen nada: la Francia ha sacrificado trescientos millones en pura pérdida, y todos los gastos de la ocupación han quedado a su cargo. La expedición de Nápoles ha aumentado la influencia del Austria en Italia, sin que esta empresa la haya debilitado respecto a las demás potencias de Europa: la Francia, después de haber restablecido la dignidad real en España, no ha conseguido el valimiento necesario para hacer que se atiendan sus consejos y que se cumplan las capitulaciones acordadas por el príncipe generalísimo, y a nadie se oculta que si sobreviene una guerra en Europa, suceso para el cual siempre debe estar prevenida una gran potencia, la Francia embarazada con los lazos que la unen a la España, como un ser viviente a un cadáver, no tendrá en sus movimientos toda la libertad necesaria, y acaso estas onerosas relaciones la distraerán en términos muy favorables a sus enemigos. Podrá suceder que los sucesos del Oriente justifiquen muy pronto esta observación».

A pesar de que el autor de los párrafos que acabo de insertar habla en un tono poco agradable al gobierno francés, no deja sin embargo de dar a conocer, como dije anteriormente que en el fondo tiene sentimientos bien análogos a los del mismo gobierno que censura. Siente el éxito de la empresa y no la empresa misma; se duele de los millones gastados, y no del infame uso que se ha hecho de ellos; se lamenta de que Francia no haya conseguido su intento como Austria el suyo, que es haberse saciado en la sangre de los infelices napolitanos y haber reducido aquel país a tan terrible esclavitud que ni siquiera tienen el consuelo sus malhamados habitantes de dar un suspiro en medio de sus penas, porque éste sería un nuevo delito.

¡Francia no tiene bastante influjo para hacer que se atiendan sus consejos! ¡Ah! Francia finge no tenerlo, porque así conviene a sus intereses. España está como un cadáver unido a un ser viviente, sí no hay duda, y como la víctima del más cruel asesinato. ¿Y quien fue el asesino? ¡Ah! Ese mismo ser viviente a quien ahora pesa tan funesta carga, más por el oprobio que le resulta en llevarla, que por piedad hacia tan tristes despojos. Esos millones se han gastado en encender la guerra civil, en fomentar el fanatismo, en esparcir el terror y la muerte, en cimentar el coloso de la tiranía; en una palabra: en las funciones propias de una de las dos naciones ejecutoras de la Santa Alianza.

Para llevar adelante su engaño, los Santos Aliados, hacen que la Francia vuelva a suscitar la fingida indicación de una amnistía, exigiéndola como base de sus futuros convenios con el Gabinete de Madrid. Los miserables que fueron tan tontos que se figuraron estar seguros por el primer decreto de exterminio que salió con el nombre de amnistía, muy pronto recibieron un tristísimo desengaño viéndose en cárceles, y acaso algunos en los patíbulos, por intrigas muy fáciles de formar cuando un gobierno recibe como ofrendas las víctimas que son entregadas a su furor. Este desengaño ha hecho que sea algo difícil encontrar tontos que caigan de nuevo en el lazo, y para conseguir nuevas presas ha sido preciso encubrirlo algo más. Se dice, pues que la amnistía no será ya en términos vagos, ni por clases que con una siniestra ampliación comprendan los individuos que designarle el odio y la venganza, sino que la nueva amnistía deberá ser con pocas excepciones y éstas nominales.

Conforme a esta nueva trama nos salen ahora los papeles públicos con la interesante noticia de que se han citado para comparecer personalmente (como que son mentecatos) a los señores Valdés, Siscar y Bigodet, regentes nombrados por las Cortes en Sevilla, y que de no comparecer, serán juzgados en rebeldía. No tiene otro objeto esta importuna por tardísima medida, sino aparentar que se toma para que sean estas personas las primeras excepcionadas, nominalmente, y se dé crédito a la proyectada amnistía, que se estará cacareando como la anterior cuatro o seis meses, y al fin será otro parto de los montes aun más ridículos; y entre tanto está todo el mundo quieto, y se logra remachar más las cadenas. El mismo hecho de exigirse excepciones nominales, da margen a la decorosa o por lo menos la disimulada demora del negocio, pues cada una de ellas debe ser, aunque no será, el resultado de un juicio seguido con todos sus trámites, y del cual resulte perfectamente probado el delito de una persona determinada.

Yo supongo que también convocarán a los diputados que votamos por el nombramiento de la regencia, pues no es natural que llamando a los encargados del poder, no llamen a los que la pusieron en sus manos. Este nuevo llamamiento será un poco más difícil, porque como la votación no fue nominal, y por el reglamento del Congreso votábamos sin más que ponernos en pie para probar, y quedarnos sentados para negar el voto, nadie puede, ni aún los mismos diputados, decir nominalmente todos los que votaron. Casi todos nos pusimos de pie, y así la aprobación fue tan clara, que al golpe no dejó ningún género de dudas, ni fue preciso contar los votos; de modo que el acto de la aprobación del dictamen fue asunto de menos de un minuto. Bajo estos datos considérese si es posible que se convoque nominalmente a los diputados que votaron por la regencia. Por mi parte tengo el gusto de ahorrarles el trabajo si llega a tiempo este papel, y aprovecho esta ocasión para manifestar públicamente que lejos de arrepentirme de haber votado por la regencia, protesto que si mil veces me vienes en las mismas circunstancias, mil veces votaría del mismo modo. Si el tribunal que debe juzgar a los diputados juzgase también a los reyes, y fuese juez la parte ilustrada de los pueblos, yo me embarcaría en el momento para la Península, y sin duda encontraría allá a mis beneméritos compañeros. Ved lo que está sucediendo: ved un rey entregado a sus verdaderos enemigos, a los que ya otra vez le llevaron preso, y ahora le aprisionan en su mismo reino, aunque más disimuladamente; ved un pueblo envilecido hasta el extremo, ved la sangre de tantas víctimas regando un suelo ingrato; ved la discordia y el furor sembrados por todas partes; ved la guerra civil que estalla, y que acaso en breve reventará con la fuerza de un volcán reprimido cuyos estragos serán tan funestos como irremediables; ved la libertad encadenada bajo el pretexto de contener la licencia; sentid, sí, sentid el peso de esas cadenas, que ya hasta a vosotros mismos os abruman, y no preguntéis, crueles consultores de ese malhadado príncipe, por qué se nombró una regencia en Sevilla, ni por qué los regentes admitieron el encargo. Pero dejemos al tiempo que concluya el desengaño que ha empezado, y volvamos a nuestras consideraciones sobre el estado de España.

La deducción acertada que puede hacerse de todo lo que observamos en la Península, es que su enfermedad hace crisis, y que por consiguiente debemos esperar muy pronto un cambio en su estado político, o su ruina total. Su situación es monstruosa, y es un nuevo monstruo, un monstruo duradero. La política de Europa tiene ya bien preparada la víctima para inmolarla y acaso la destina a una suerte muy semejante a la que en 1772 y 1792 tuvo la desgraciada Polonia, y no sería extraño que Fernando VII muriese en París (no preso, sino sin poder salir ni abandonar la compañía de sus amigos), así como murió en San Petersburgo el desgraciado Estanislao III; y que los que ahora tratan como infame y llenan de baldones al ilustre patriota que puso en sus manos la joya inestimable de la libertad que han perdido, lloren sobre las ruinas de su país, como los miserables polacos lloraron sobre el suyo los malogrados triunfos de un Kosciusko. A este mismo tiempo la porción ilustrada del pueblo español, que contempla ya como cierta la ruina de su patria, hace todos los esfuerzos para evitarla: el pueblo ignorante, acaso la está percibiendo ya, y si no es así, muy pronto la percibirá; y no hay que dudarlo: el choque de la libertad contra el despotismo va a empeñarse de un modo terrible. Pero ¿cuál será el éxito? He aquí un punto muy delicado y en que no puede establecerse una opinión fija. El mar político está en tremenda borrasca y sus estragos son tan variados y caprichosos como sus enfurecidas olas. Yo dejo a cada cual decudir las consecuencias que guste, que todas ellas tendrán sin duda antecedentes de donde deducirse legítimamente. Solo creo que puede asegurarse que la España, o perece, o si su valor la liberta del exterminio, quedará exánime, pues vemos que ya casi lo está. ¡Qué escarmiento para los que fiaron su suerte en manos de los extranjeros, y creen que afirman el trono de un rey, haciéndole flotar en la sangre de sus súbditos! La época va a ser de desengaños. Los que creen que un sistema político no puede establecerse sino precedido de la desolación y la muerte, y que una de las armas con que atacan la revolución de España, era predecir su poca duración, por no haber sido ensangrentada, tendrán ahora una oportunidad para conocer hasta qué punto son exactos sus principios. Bastante sangre corre actualmente en España. No hay día que no se señale inmolando alguna víctima al ídolo ofendido y a quien se pretende desagraviar. En todas las provincias, mejor dicho: en todas las ciudades, están en acción continua los tribunales militares, y a fe que no son escrupulosos en mandar fusilar. El error está bien difundido, pero con él se difunde también la desesperación y el deseo de la venganza, y jamás ha estado el despotismo tan vacilante como ahora que se entrega libremente a todos sus furores. Desaparecen, sí, los objetos que excitaban el odio y la venganza, pero de sus cenizas brotan millares de otros semejantes, y cada día se aumenta más y más el número de los enemigos de un gobierno sanguinario. Pensaron los déspotas que con matar o mejor dicho: asesinar constitucionales, se extinguiría esta que llaman raza perversa: mas la experiencia va demostrándoles que donde se matan diez se forman ciento, y que las más enérgicas contrarrevoluciones siguen siempre a los más numerosos y crueles asesinatos. La severidad acompañada de la justicia es necesaria; la crueldad unida a la injusticia es lo más funesto a toda clase de gobierno.

El editor del Diario del Comercio de París dice que la Francia debe estar prevenida para una guerra que acaso puede sobrevenir en Europa. No hay duda: el poder colosal de la Rusia, que como un gran gigante pretende extender un brazo sobre el Oriente, teniendo ya otro en el norte de Europa, amenaza a las naciones de un orden inferior, y no sería muchos que experimentasen, no ya una inundación de bárbaros como antiguamente, sino una inundación de bayonetas rusas, que para el caso es un poco peor. El equilibrio europeo cuya conservación es el principal objeto de las naciones, está destruido, y éste es el indicante más seguro de una guerra. Los ingleses, que ven atacada no su seguridad, porque ésta lo está en la naturaleza, y en un mundo flotante de que puede disponer su gobierno, sino las ventajas de su comercio de la India, si la Rusia apoderándose de la Turquía consigue el gran punto de Constantinopla, y aún extiende sus conquistas hasta el Egipto, esperan que las naciones occidentales le declaren la guerra, o mejor dicho: incitan a que se la declaren para unirse a ella. Los ingleses hacen el papel de indiferentes con todo el mundo, y lo revuelven todo. Saben que son necesarios y están para oír proposiciones, o mandar que se las hagan, aunque siempre con el aire de indiferencia, desinterés y aún generosidad.

Pongámonos ahora en el caso de un rompimiento entre los santos, y que los más débiles se reuniesen contra el Santón de Rusia. ¿Cómo se componían con España? Si la abandonan, retoña y fructifica el árbol de la libertad; si la ocupan, es preciso que sostengan no como quiera una ocupación pasiva, sino una guerra constante, porque entonces el desavenimiento de los opresores animará a los oprimidos, y esa misma Rusia que ha sido la principal de las naciones continentales en derribar la Constitución de España, protegerá momentáneamente y por lo bajo a los constitucionales, y yo aseguro que tiene razón el periodista francés para temer que su nación se vea un poco apurada. Si las cosas tienen este desenlace, ¿podrá ser feliz la España? Dos años antes lo hubiera sido, cuando un sistema liberal, si no perfecto, por lo menos con las bases para serlo, recibiendo a su tiempo y libremente las correcciones necesarias, se hubiera visto sin enemigos, por lo menos sin los poderosos que podía tener. Más iahora! Respondan otros que así lo han querido.

Haciendo aplicación de estas observaciones al negocio de América, que es lo que más nos interesa, es menester estar muy ciego para no ver que España, sea cual fuere el resultado de la crisis en que la vemos, está fuera de combate, y que los americanos ya solo tienen que habérselas con emisarios, y no con bayonetas españolas. En el estado actual de la España, creo que no cabe duda, y si alguno se obstinase en dudarlo, bastaría para convencerlo la simple consideración de que al gobierno español le sobran deseos de enviar tropas, le ha sobrado tiempo desde la caída de la Constitución (pues dicen los serviles que antes no se mandaban porque los constitucionales eran unos pícaros), está perdiendo tiempo y dándoselo a los americanos para que se consoliden y preparen la defensa, y sin embargo no manda ni un soldado. Luego, es porque no puede, y esta impotencia crece de un modo incalculable. Si el sistema político vuelve a tener otra alteración en España, este cambio no dará dinero, que es lo que se necesita para el negocio de expediciones; antes por el contrario, se gastará mucho para conseguir el mismo cambio político y para conservar el nuevo orden de cosas, no sea que por meterse a conquistadores, sean conquistados. La nación española, como he dicho anteriormente, debe quedar exánime, y además con todas las cargas de las inmensas deudas que está contrayendo y que será preciso reconocer, o exponerse a mayores males; en términos que aunque rompa las cadenas, ha de pagar a los que se las pusieron. En consecuencia, puede asegurarse que ni ahora ni después hay que temer expediciones de España y que la América está tan libre de ejércitos españoles como el cielo de ratones.

A estas circunstancias se deberá el término de la lucha entre las llamadas colonias y su llamada madre. Término que priva a España de infinitas ventajas que pudiera sacar, renunciando a la maternidad; pero que es el único que puede tener este negocio, pues ya todos están bien convencidos, y yo por mi parte tengo mas datos que otros muchos para estarlo, de que jamás se conseguirá de los españoles que dejen de creer que son amos de la mitad del Nuevo Mundo, aunque manden en él tanto como en la una.

Preguntas sueltas, respuestas francas ¿Qué se han hecho los dos mil hombres de tropa que debían pasar de la Coruña a La Habana? Dicen que se dispersaron. ¿Se dispersaron o los dispersaron? De todo puede haber. ¿Volverán a reunirlos? Raya en lo imposible. Y si los reúnen, ¿podrán conservarlos hasta que se embarquen? Seguramente, siempre que tengan bastantes cepos en qué ponerlos o buenas cuerdas para atarlos. Y en La Habana, ¿los esperan? ¿Quién lo duda? Hasta el día del juicio por la tarde, porque por la mañana es muy temprano.

Instrucciones dadas por el gabinete francés a Mr. Chasserian, enviado a Colombia

El *Morning Chronicle* de 1.º de septiembre y después *El Colombiano* de 22 de noviembre del año pasado, han publicado algunos párrafos de las instrucciones dadas a Mr. Chasserian, de que hablé anteriormente, y que hubiera insertado a continuación de las del coronel Galabert, enviado a México, si no hubiese llegado a mis manos el número citado de *El Colombiano*, después de impresos los artículos anteriores. Sin embargo, he creído oportuno insertar este documento, para que cada cual forme por sí mismo el cotejo entre una y otra instrucción, y perciba su identidad, pues solo se diferencian en las palabras, bien que al señor Chasserian se hacen algunas advertencias omitidas respecto del coronel Galabert, de las cuales consta el ánimo del Gobierno francés de guardar una apariencia de rectitud y de constancia de principios, que consiste en ser constante y cruel enemigo de toda nación libre. Yo omito anotar estas instrucciones, porque las convienen exactamente las mismas notas puestas a las del coronel Galabert.

«Conforme a la instrucción número 2 que se puso en manos de usted en 3 de junio por el coronel Galabert, y con arreglo a las prevenciones contenidas en su memorial, queda determinado que la misma base de operaciones le servirá a usted de guía en ambas, caso que tenga necesidad de nuevas instrucciones. El punto más importante de ellas es lograr informes positivos con respecto al estado actual de las fuerzas militares y navales de Colombia, y principalmente saber perfectamente las opiniones (morales) de los oficiales de más influjo en el ejército como en la marina. Del último despacho del coronel Galabert se evidencia que los ánimos están en México bien dispuestos en favor de un movimiento realista, y es de desear que el caso sea el mismo en Colombia. El coronel Galabert nos asegura que el pueblo está en todas partes muy exasperado contra los insurgentes, y que el clero se halla animado de las mejores disposiciones. Observe usted exactamente el sentido de las cosas por su parte, y busque los medios de obtener por sí mismo algún influjo, que le ayudará a establecer sin peligro su carácter diplomático semioficial. No tema usted prometer demasiado o avanzar hasta muy lejos. Es esencial tocarlo todo a un mismo tiempo, sin lo cual será necesario abandonar la idea de volver a someter la América bajo el cetro de aquellos sanos principios que otra vez han salvado la sociedad en Europa. Cuide usted particularmente en todas las relaciones que establezca, dar importancia a los eclesiásticos: ningún esfuerzo empleado en adherirlos fuertemente estará de más, porque el influjo que ejercen sobre los americanos españoles no es menor que el que han conservado sobre sus paisanos en Europa. Se ha determinado absolutamente que en ningunas circunstancias procure o proponga usted la emancipación o reconocimiento como Estado independiente. Esta concesión preliminar siempre denota debilidad, y al mismo tiempo tiene el serio inconveniente de dar a la política un aire de mala fe. Antes de todo, es mejor tener muchas dificultades que oponer, para después avanzar más rectamente en el camino que nos habíamos propuesto. La distancia es otra razón para ahorrar tiempo y no dar pasos falsos. Parezca usted más bien algo indiscreto por lo tocante a opiniones realistas que permitir se suponga ni por un momento que la Francia se allane a hacer alguna concesión al espíritu revolucionario. Sobre este punto, el gobierno de S. M. concuerda estrictamente con el Gabinete de Madrid: todos los medios de persuasión, de intereses y de convicción deben emplearse para atraer otra vez las colonias al antiguo orden de cosas; pero si todos los otros esfuerzos y procedimientos no producen un favorable resultado, queda solo por último recurso obtener por la fuerza de las armas lo que no se ha conseguido por medio de las negociaciones que se están practicando. No desprecie, pues, usted nada para lograr el objeto por los medios que tiene en su poder. Presentando al pueblo continuamente el éxito que han tenido en Europa las revoluciones de Nápoles, Piamonte, Portugal y España, haga usted perceptible cuanto haya de vicioso en el sistema que se dirige a separar la América de la Europa y a destruir en consecuencia las relaciones comerciales, que solas pueden dar vida y movimiento a los cuerpos políticos, que por decirlo así han sido creados no más que ayer. El genio de los españoles no es hecho para estas teorías abstractas, por cuyo auxilio este hermoso y rico país ha estado catorce años inundado de sangre. Es tiempo de poner en dique esta devastación, que arruina las naciones pervirtiendo sus ánimos, y refrenar en medio de su curso estos torrentes desoladores, que tienden a refluir desde el nuevo mundo al antiguo.

Luego que usted haya formado algunas respetables conexiones en el país, será de la mayor importancia poner estos auxiliares en estado de obrar eficazmente. Cuantos más de los naturales del país atraiga usted al interés de nuestra política, tanto más fácilmente obrará usted con fuerza y rapidez. Sobre todo, no se olvide de los oficiales generales del ejército.

El objeto de la más urgente solicitud de usted debe ser el conocimiento exacto de los buques de guerra, su número, su fuerza, el número de cañones de que están armados y el número exacto de sus tripulaciones. Tampoco debe olvidarse la clase de los buques. Luego que obtenga usted estas noticias las enviará al capitán P... de la Marina que sobre este asunto ha recibido órdenes del ministro de Marina y que recibirá los despachos de usted por el paquete de Brasil.

La casa de Gerard, de Filadelfia, y sus corresponsales en Buenos Aires tiene orden de proveer a usted de las sumas que quiera librar sobre ellos a la vista. No puede haber ninguna demora en cumplir las solicitudes de usted, pues todo ha sido previsto, y sobre todo, está ya providenciado.

En el mismo paquete hallará usted las instrucciones del Gabinete de Madrid, para el abad Doraldo. Se recomienda al cuidado de usted, quien debe considerarlas como la de mayor importancia. Un duplicado de la última relación de usted se ha enviado al coronel Galabert, con quien conviene que usted continúe manteniendo comunicación cuantas veces lo exija la ocasión.

Suplemento al n.º 3 de «El Habanero»

Las últimas noticias de Europa y América todas conspiran a poner en evidencia la exactitud de las ideas manifestadas en este número y los anteriores. He dicho que la independencia de la Isla de Cuba no es un objeto de elección sino de necesidad, pues un hecho político la decreta, y que los que la presentan obstáculos no hacen más que privarla de los bienes de que podría estar acompañada; y los hechos van comprobando a pasos gigantescos mis previsiones. El simple extracto de dichas noticias bastará para convencer a todo el que no quisiere cerrar los ojos. Yo siento que la brevedad del tiempo no me permita extenderme en reflexiones, pero a la verdad que son poco necesarias.

Derrotado enteramente el ejército español en el Perú, está libre toda la América. En la capitulación hecha entre los generales entra la entrega del Callaco, y solo se permite salir en navío «Asia» el bergantín «Aquiles» y demás buques de guerra o del comercio, como así mismo la oficialidad e individuos del ejército que no quieren quedarse en el país, estipulando no tocar en ningún punto de América en que flamee la bandera española, ni poderse emplear en guerra contra los países independientes. Queda pues el ejército colombiano en disposición de invadir la Isla y en necesidad absoluta de hacerlo.

El gobierno de Estados Unidos ha emprendido al mismo tiempo la brevísima construcción de varios navíos, fragatas, corbetas y buques menores. Los ingleses han procedido al reconocimiento de Colombia y México y han enviado un comisionado a Lisboa para persuadir que reconozcan al Brasil, y en caso de no hacerlo intime al gobierno portugués que queda reconocido por Inglaterra y continúe su viaje al Brasil para negociar sobre esta base. El mismo Gabinete inglés de una protección decidida a los griegos para oponerse a las miras de Rusia. Holanda ha seguido ya el ejemplo de Inglaterra en el reconocimiento de América. En una palabra: todo indica un rompimiento con la Santa Alianza (que se presenta muy ofendida) y la causa son las antiguas posesiones españolas. Luego esta nación será parte principal en el negocio, y la fidelísima isla de Cuba verá quién la defiende contra los esfuerzos no solo de la América, sino del coloso inglés.

Mientras los negocios políticos toman este aspecto, en La Habana solo se trata de perseguir a mi pobre Habanero, y de mandar asesinar a su autor. Acabo de recibir la noticia de que en consecuencia de los efectos producidos por el segundo número se ha hecho una suscripción para pagar asesinos que ya han encontrado y que deben venir de la Isla de Cuba a este país sin otro objeto que este asesinato. La noticia es dada por personas de quienes no puede dudarse, y además tiene otros antecedentes que la confirman.

¡Miserables! ¿Creéis destruir la verdad asesinando al que la dice? ¡Ah! Ella es superior a todos los esfuerzos humanos, y un recurso como el que habéis tomado solo sirve para empeorar vuestra causa. Nada prueba más la solidez de lo que he dicho que la clase de impugnación que habéis adoptado. Yo podré morir a manos de un asesino, pero aseguro que no ganaréis mucho, y no sé si me atreva a pronunciaros que perderá algo vuestra causa. Por lo que hace a las personas caritativas, podría designarlas, mas no lo haré porque no tengan muy pronto la misma suerte que ellos me preparan. Yo no sé hacer la guerra de asesinos, ni he hecho otra que la de razones, francamente, sin ocultar mi nombre y de un modo decoroso.

¿Es el medio de salvar la Patria pagar malvados que quiten la vida al que ha cometido el crimen de decir la verdad, a tiempo en que las cosas pueden tener mejor y más pacífica composición? ¡Ah ingratos! Queréis derramar la sangre del que solo ha trabajado y trabaja por que no se derrame la vuestra. Desgraciados, pues solo puede serlo el criminal: yo os entrego al tiempo, y a vuestros remordimientos. Entre tanto una verdad quiero recordaros, y es que vuestro número es limitadísimo, y debe su preponderancia a una condescendencia momentánea. Ya no es tiempo de sorprender a nadie con los espantajos de criollos y europeos, habiendo entre éstos acaso tantos desengañados y tantos independientes como entre aquellos.

Yo no he hecho más que procurar que los hombres se conozcan mutuamente y conozcan su situación, para que en un caso que por su naturaleza es inevitable, se calmen las pasiones, se impidan los desastres, y saque el país inmensas ventajas, que hagan felices a sus actuales habitantes, y a sus futuras generaciones. Si este es un crimen, he aquí un crimen protector de

la humanidad y arreglado a la justicia, he aquí un criminal que se gloria de serlo.
FÉLIX VARELA.

El Habanero
Papel político, científico y literario Redactado por Félix Varela, tomo I, n.º 4 Nueva York, Imprenta francesa, española e italiana n.º 44 Maiden Lane.

Persecución de este papel en la isla de Cuba

Todas las cartas que se reciben de aquella isla convienen en que mi pobre Habanero sufre la más cruel persecución. ¡Pero qué cosa tan particular! Persíguese a *El Habanero* al mismo tiempo que todos confiesan que dice la verdad, y cuando el mismo gobierno da pruebas irrefragables de estar plenamente convencido. Aún los más encarnizados enemigos de la independencia escriben que es inevitable si los colombianos hacen un desembarco, y que este desembarco es aun más inevitable; confiesan que la suerte de la Isla será infinitamente menos ventajosa si debe su libertad a un ejército extranjero, que si la obtiene por solos sus esfuerzos; y sin embargo, el autor de *El Habanero* es un hombre perverso, enemigo de su país, porque ha tenido valor para decir públicamente lo que nadie niega en privado, sin que el silencio sirva para otra cosa que para dar tiempo a que el mal no tenga cura.

El gobierno de aquella isla en el mismo momento en que acaba de recibir tropas de España, y cuando pensaba darse más aire de seguridad, toma el partido de mandar un comisionado a la Corte para que llore y clame cuanto pueda representando la miserable situación de la Isla. ¿Y este paso es de quien está seguro? ¿No prueba a la evidencia que ya no saben con la que pierden? Efectivamente, no puede darse una manifestación más clara de la impotencia de aquel gobierno, del peligro de la Isla y de la exactitud de las observaciones del perseguido Habanero.

Pero ¿a qué va el comisionado a España? Unos dicen que a manifestar que se pierde la Isla si el rey no reconoce la independencia de Colombia y México, otros que a pedir más tropas, y un navío para la defensa. Lo primero es improbable, pues el que conozca el Gabinete español, y las ideas reinantes en la Península no dudará, que no solo es inútil semejante pretensión sino que se exponen mucho los que la hagan. Lo segundo es más cierto, pero no menos inútil, y erróneo. Es decir a los colombianos y mexicanos: estamos en incapacidad de resistir; daos prisa en acometer, pues si os tardáis puede venir algún auxilio; es avisar a los independientes de la Isla que aprovechen la oportunidad que se les presenta, y no les quede duda (si es que la tenían) de que a poca costa sacuden el yugo. Siempre pensé que se haría una petición de tropas, pero creí que sería con el mayor secreto y solo por comunicaciones oficiales; mas ya que ha sido con tanta solemnidad y aparato que ha llamado la atención de todo el mundo, no puedo menos de dar gracias a los señores que han manejado este negocio porque su resolución hace más a mis fines que mil números de *El Habanero*, pues ahora aun los que se alimentaban con ficciones de su imaginación acerca del estado de la Isla no podrán menos de desengañarse al ver la prueba auténtica de inseguridad que les da su gobierno.

Supongamos que el comisionado vaya con el arriesgadísimo encargo de pedir la emancipación del resto de la América española como único medio de conservar las islas de Cuba y Puerto Rico. En este caso es mucho más evidente el apuro del gobierno y la exactitud de mis observaciones acerca de su impotencia para garantizar a esos tranquilistas que creen salvar la Patria adulando a un amo y persiguiendo a todo el que menos cobarde que ellos se atreve a dar un paso para libertarla de la opresión que sufre y del peligro que la amenaza. Cuando un gobierno que sabe la oposición del rey a reconocer la independencia, aún después del reconocimiento hecho por el Gabinete inglés, se atreve a proponerla, es preciso creer que está muy apurado, y que para hacer una proposición de tal naturaleza ha procurado cubrir bien el expediente acreditando ese apuro hasta la evidencia, pues de otra suerte se expondrían a ser tratados como traidores todos los que intervienen en semejante medida, mucho más cuando se toma en el momento mismo de acabar de recibir tropas y buques de guerra. Y si esto es así, ¿por qué se persigue a *El Habanero*? ¿Qué más papel subversivo, ni que más voz de alarma que las operaciones del Gobierno y de sus satélites? El tiempo: he aquí el juez a quien apelo, y cuya sentencia no tardará mucho.

Algunas veces me ha ocurrido que en este negocio no hay más que una trama política, quiero decir: un engaña bobos, procurando el Gobierno entretener los ánimos con la esperanza de que Fernando reconocerá la independencia de Colombia y México por no exponerse a perderlo todo. Esto, decíame yo a mí mismo, habrán creído neciamente que es un medio de demorar las operaciones de Colombia con la esperanza de que sean innecesarias, al paso que servirá para animar a los tranquilistas y hacer desmayar algún tanto a los independientes; pero confieso que prontamente hice justicia a mis enemigos, y no los creí tan necios, a que se figurasen que otros que no han dado pruebas de tontos lo son hasta el grado de no percibir una trama tan grosera y de dar tiempos a que se remachen las cadenas o por lo menos se refuercen. Al expediente no le falta más que una pieza, y es un oficio muy atento y amistoso a los presidentes de Colombia y México, participándoles la determinación tomada, y aplicándoles que esperan la respuesta, que deberá traer el comisionado que debe salir para España. Mientras Victoria y Bolívar, que son niños de teta, esperan tranquilos la resolución del rey, se aparecerá el señor comisionado en el navío Asia, o en el viejo y carcomido San Pablo, que compondrán de cualquier modo; vendrán algunos transportes, y se reforzará la guarnición de la Isla con dos o tres batallones y las fuerzas navales con el navío y algún otro buque. Personas hay que cuentan ya con este porvenir, y creen que todo saldrá a pedir de boca. Lo malo es que como la tienen abierta puede secárseles mucho antes de que llegue el bocado. En cuanto a la petición del navío, no es mera sospecha, pues me consta que así lo ha propuesto cierto jefe y que el dictamen ha sido adoptado. No es mal recurso, pero es insuficiente, remoto e improbable, mas al fin los que tuvieron paciencia para esperar más de un año la decantada expedición de la Coruña y generosidad para pagar sus costos,[29] no será mucho que esperen y costeen otra semejante, aunque llegue el remedio cuando el enfermo haya muerto, o por lo menos cuando sea inútil y empiecen nuevos clamores, como ha sucedido con la llegada de esta expedición.

Yo no extraño que el gobierno procure por todos medios sostener su dominio en la Isla aunque sea arruinándola, pero sí extraño que aun haya

---

29 En El Colombiano, de 19 de enero, se insertan varias cartas que se encontraron en la fragata Uranie que iba de Burdeos a La Habana, y fue detenida por dos corsarios de la república, por conducir propiedades españolas. Entre dichas cartas se encuentra una del agente del gobierno de la Isla, y de sus adictos, en que encargaba que el comercio y demás pudientes se esforzasen para pagar los gastos del transporte de las tropas, por ser ésta la precisa condición con que se obtuvo la orden de envío. Yo había dicho que era imposible esperar de España auxilio alguno, y la experiencia lo ha demostrado, pues se estuvo esperando más de un año y no vino hasta que no se rascaron la bolsa los que le pedían.

personas tan alucinadas que se figuran que semejantes sacrificios pueden ser de alguna utilidad al país, cuando no hacen más que empobrecerlo y preparar su ruina. Después de haber gastado tanto en la conducción de las tropas, ¿qué han conseguido? Aumentar la guarnición lo suficiente para que no haya con qué pagarla, sin que a la pretendida seguridad de la Isla se agregue ni un ápice. En diciembre del año pasado estuvieron bien afligidos para poder pagar la corta guarnición que tenían; conque ahora, aumentados mucho más los gastos y disminuidas, o por lo menos, no aumentadas las entradas, es regular que no estén muy sobranceros y dentro de poco les pesará, si no es que ya les está pesando el haberse metido en costear expediciones.

Entre varias cartas que se han recibido de La Habana, hay una muy graciosa por el tono en que está concebida. Es una mezcla de himno y de plegaria, y seguramente el ánimo del que la escribió se hallaba momentánea y alternativamente agitado de encontrados efectos de tristeza y alegría. Ya estamos seguros... pero si vienen los colombianos... los tímidos que nos rodean se han reanimado al ver en la nueva tropa los libertadores de sus propiedades... pero esto no basta en las actuales circunstancias. Tales son, sobre poco más o menos, las expresiones de dicha carta. No llamarían mi atención si no observara en ellas la cantilena ordinaria del cuento de las propiedades. ¿De quién van a libertarse? ¿De los asaltos de cuatro ladrones? Basta para ello la gran masa de un pueblo noble y generoso incapaz de permitir tales atentados. ¿Quieren libertarla de este mismo pueblo si poniendo un término a su sufrimiento, se arroja enfurecido sobre sus opresores? En tal caso no bastan esos soldados para contenerlo, y sí para aumentar su furor y dar margen a mayores estragos. El modo de asegurar las propiedades es emplearlas mejor, o por lo menos no darlas tan mal empleo, como es el convertirlas en instrumento de la opresión y ruina del pueblo donde se han adquirido. Allá se las partan; ellos habrán formado su cálculo, pero yo creo que no es muy acertado. Continúen persiguiendo a *El Habanero*, porque dice estas verdades. Repitan como hasta ahora que su autor es un hombre perjudicial, que solo trabaja por arruinar el país; en una palabra; digan cuanto su furor pueda inspirarles; mas yo les aseguro que si por un solo momento consideran a sangre fría y con imparcialidad mis razones, conocerán que no tienen mejor amigo que el autor de *El Habanero*, aunque ni pretende ni desdeña su amistad, pues para satisfacerse a sí mismo le basta considerarlos con el aprecio general que tiene a todos los hombres y con la compasión que le inspira el error en que los ve envueltos.

Comisión militar en La Habana

Los que creían que todo el campo era orégano, ya ven que hay quien les ponga las peras a cuarto. Hablen ahora con libertad, señores constitucionales, criollitos independientes, atrévanse a negar que tienen amo y verán por donde les da el agua. Junta militar, con autoridad plena. ¡Qué sustazo! Si alguno tiene *El Habanero*, a esconderlo prontamente, o a quemarlo, porque si no... fusilan... No hay nada de eso. Yo me entiendo, y ellos me entienden... aunque si a algunos tienen ganas de fusilar es a mí; mas por ahora no hay caso.

Hagamos algunas reflexiones sobre la elección de personas que se ha hecho para constituir la junta. Yo estoy muy lejos de pretender hablar acerca de las circunstancias personales de los señores que la componen, pues no los conozco y hasta ahora ni siquiera había oído sus nombres. De uno que otro ha habido aquí quien informe, y en particular del señor presidente se dice que inspira bastante confianza al partido que lo ha nombrado, pero que es un hombre de honor incapaz de una bajeza y que hasta ahora no ha dado pruebas de abrigar los sentimientos de crueldad o mejor dicho de barbarie, que son favoritos a los que componen semejantes juntas en la Península. Yo supongo que los demás señores tienen la misma honradez y humanidad, pues no tengo datos para juzgar de otro modo, y mi máxima es pensar bien de los hombres, mientras no me consta que son malos, y precaverme siempre de ellos como si lo fuesen. No son, pues, los individuos el objeto de mis observaciones; lo es solo la circunstancia particular de haberse elegido gente nueva desconocida en el país, sin intereses algunos en él, y sin más empeño que conservar sus grados militares y ver si se hacen dignos de que su amo les premie con algunos otros. ¿Por qué no se han elegido los jefes antiguos en el país, que le conocen mejor que los señores nombrados? Eso sería, dirán algunos, exponerlos a mil compromisos, por sus mismas relaciones, y poner en prueba su honradez, que acaso no podría resistir a la amistad, y aun a los cariñosos efectos de familia; eso sería, digo yo, poner en ejercicio su prudencia, sacar partido de esas mismas relaciones que tanto se temen, inspirar más aprecio, así a la Junta como al Gobierno que la nombra, y no exponerse a que por dar palos de ciego, y no conocer los peligros, ni advertir cuándo la política exige dar más lugar a la clemencia que a la justicia; en una palabra: por operar como hombres que solo han visto en el país las bayonetas de que están rodeados, se exaspere el pueblo, a pesar de su natural mansedumbre, y rompa las cadenas con tal fuerza que sus esclabones despedidos hieran y exterminen a sus opresores.

Entre los jefes nombrados por vocales de la Junta, solo se cuenta un hijo del país y persona conocida, que es don Rafael Arango. Este nombramiento se ha hecho para que no sea tan notable el estudio con que se han separado de la Junta todos los naturales,[30] estudio tan impolítico que solo sirve para encender más el fuego que pretenden apagar, pues los ignorantes todo lo confunden, y un error que acaso tiene otro origen, lo atribuyen precisa y exclusivamente a la rivalidad que por desgracia se ha procurado establecer entre naturales y españoles europeos.

De los fiscales, hay solo tres hijos del país, a quienes conozco perfectamente, y siento infinito verlos en esa danza, pues los han puesto con estudio para cargar sobre ellos la odiosidad, porque o la representación fiscal es favorable a los reos o contraria. En el primer caso, son criollos insurgentes, etc.; en el segundo atraen sobre sí el odio de todos sus compatriotas. Son muy pocos los hombres que hacen justicia a los sentimientos de otros cuando su decisión les es contraria. El dictamen fiscal se aprueba o se desecha, y aunque algo influye en otras circunstancias, en las de partidos nada vale, sino para comprometer al que lo da; los votos son libres, y ellos forman la decisión. Yo quisiera ver paisanos míos u hombres interesados en el país, como vocales de la Junta; aunque se comprometiesen infinitamente, pero que el fiscal sea Juan o Pedro en una junta militar despótica, poco o nada puede interesarnos.

Yo sé muy bien que el principal objeto que se ha tenido a la vista en la elección de dichas personas, ha sido inspirar temor con solo su nombramiento, pues la idea de que a los jueces interesa muy poco la suerte de los acusados y de que pertenecen a la clase de los opresores decididos, que pueden obtener premios sacrificando víctimas al ídolo de la adulación, y que la clemencia, y aun diré más: la justicia, puede comprometerles a perder lo que ellos quieren conservar a toda costa, y sé muy bien, repito, que estas

---

30 Dícense que también es hijo de la isla don Antonio María de la Paz. No lo conozco, ni sé si es cierto lo que afirman, pero en todo caso son dos vocales entre siete.

circunstancias por sí solas bastan para aterrar a los tímidos. Pero la medalla tiene un reverso que no se ha observado, y en él se ven la prevención de parcialidad contra los acusados, el despecho, y el furor contra tales jueces, la necesidad de arriesgarlo todo y no andarse por las armas para separar de un pueblo pacífico un gobierno puramente militar, porque no está reducido a otra cosa el de la isla de Cuba; y un gobierno militar puesto en manos de unos hombres a quienes nada les interesa el bien del país, sino sus empleos y la mayor o menor exactitud con que se paguen sus sueldos, y que en volviendo a España con honor, esto es: habiendo correspondido a las intenciones de su amo, todo lo tienen ganado, aunque se arruine la Isla.

En el nombramiento de la Junta ha regido el principio que hace tiempo no cesan de inculcar los militares, y que ha sido el delirio del gobierno de La Habana. Quiero decir que conviene formar una línea divisoria entre el pueblo y la tropa, que ésta y sus jefes pierden su energía cuando adquieran relaciones en el pueblo, y mucho más si adquieren propiedades, y si se enlazan con las familias naturales o radicadas en el país. Jefe ha habido que ha llevado la quijotada hasta el extremo de vivir casi aislado en La Habana, solo, como decía él, por conservar su prestigio y que su tropa y oficiales lo conservasen imitando su conducta. El pobre tuvo a bien variar de conducta, porque observó que sobre no encontrar quién le temiese, encontraba muchos que le despreciasen. Hallándome de diputado por la provincia de La Habana en las Cortes españolas llegaron al gobierno superior insinuaciones del de la isla de Cuba sobre mudar la guarnición, porque muchos oficiales y sargentos se habían casado en el país, algunos habían adquirido su dinerito, muchos soldados se habían dedicado a varios oficios que les utilizaban más que el fusil, y esto decían era contrario a la disciplina militar. Yo vi el asunto bajo un aspecto totalmente contrario, pues creo que no puede hacerse mayor recomendación a una tropa, que presentarla como entretenida en sus ocios militares en trabajos útiles, relacionada y estimada en el país en que vive, interesada en su prosperidad por estos bienes que se dice que ha adquirido, en una palabra: sea lo que fuese de la disciplina militar de derecha, izquierda, póngase así, vuélvase del otro lado, etc., etc., convenía conservar una fuerza armada cuyo defecto decían que era tener intereses homogéneos con los del pueblo y ser honrada e industriosa. Por mi parte confieso que lejos de dar algún paso para semejante pretensión, hablé siempre contra ella, y aunque no puedo gloriarme de que fuese impedida por mi influjo, tengo el placer de que no se llevó a efecto, por lo que se abandonan todas las empresas en España, que es por falta de pesetas, pues los pudientes de La Habana no quisieron hacer la gracia de costear llevadas y traídas de tropas solo por mudar de casaca y proteger la disciplina militar.

Las cosas tienen ahora otro aspecto muy diferente. Casi toda la tropa y oficialidad es nueva, y por haber, hasta hay una Junta nueva, compuesta casi en su totalidad de personas nuevas. Pero ¿cuánto tiempo tardará en ser vieja toda esta gente? Es muy largo plazo cuatro meses. La Isla tiene ciertos encantos para ciertas cosas, y mis hombres dentro de poco se encontrarán siendo lo que nunca pensaron. Para que el gobierno español conserve este sistema de novedad en sus militares es preciso que los mude mensualmente. La señora Junta, a pesar suyo, tendrá que envejecerse, y si no, se encontrará tan aisladita como una calabaza en medio del Golfo.

Run run

En esta ciudad de New York, sin duda hay algún duende que de cuando en cuando esparce ciertas noticias que yo no sé como las brújulas allá por La Habana, pero que rara vez faltan. El maldito ha esparcido un run run de que en La Habana tratan de mandar toda la fuerza naval que tienen, y alguna más que puedan aprestar, sobre las costas de Colombia, para atacar a las fuerzas navales colombianas, y ver si las destruyen e impiden de este modo todo proyecto de expedición. Para esta empresa se piensa abrir una suscripción o mejor dicho, contribución a la cual se da el nombre de voluntaria, pero que formada a la vista de una comisión militar pronta a buscar motivo para pretexto de perseguir desafectos, S. M. puede inferirse que está tan forzada como si pusieran una pistola al pecho a todos los pudientes. Con este golpe van a ahogar en su cuna todos los proyectos de los independientes. ¡Qué guapos! Cuando pensábamos que no sabían cómo resistir determinaban atacar. Así se hace, y lo demás es conducta de gente de poco más o menos.

Lo malo es que los malditos colombianos, además de la fuerza naval que tienen, la cual reunida no teme a la escuadrilla de La Habana, preparan dos fragatas de 64, que se están construyendo una aquí y otra en Filadelfia, y que estarán listas en muy poco tiempo, y si llegan los buques que dicen tienen contratados los mexicanos, el negocio deja menos dudas y es muy probable que la expedición habanera entre en algún puerto de Colombia con distinto pabellón.

Pero supongamos lo que es más probable. Quiero decir que después de inmensos gastos para habilitar la famosa expedición, salen los buques a dar unas cuantas vueltas por las costas de Colombia, o más bien por las del sur de la Isla, que si los buques colombianos no tienen la fuerza suficiente se acogen a sus puertos y permanecen en ellos dos o tres semanas, y que pasado este tiempo se ofrece sin duda a la gran escuadra española urgente motivo para volver a puerto. El negocio está concluido gloriosamente, el dinero gastado, y la isla en seguridad. Entre tanto se entretienen con toda tranquilidad los corsarios colombianos o los que saldrán a su nombre, en aliviar de sus cargas a todos los buques españoles o que conducen propiedades españolas a los puertos de La Habana y Matanzas, y quedarán frescos los armadores de la expedición. No importa: todo debe sufrirse, y no hay gasto sensible cuando se trata de conservar la tranquilidad. Ello puede llegar el caso que sea la de los sepulcros, pero al fin estarán tranquilos, y no vivirán en medio de los alborotos y desórdenes consiguientes a la independencia.

Carta del editor de este papel a un amigo

Dice usted, amigo mío, que *El Habanero* ha encontrado buena acogida entre los independientes, y muy mala entre los partidarios del actual gobierno. Todo esto es natural, pero lo que llama mi atención es que algunos hombres de buen sentido e imparciales, dice usted que aprueban las ideas, confiesan que son exactas, pero no creen que ha sido prudente su manifestación. ¡Que fértil en recursos es el miedo! Confiesen esos señores que no tienen valor para decir la verdad o que las circunstancias en que se hallan no les permite decirla, y no tomen por efugio la inoportunidad de la manifestación. Cuando la patria peligra y la indolencia sensible de unos, y la execrable perfidia de otros hace que el pueblo duerma, y vaya aproximándose a pasos gigantescos a un precipicio, ¿es imprudencia levantar la voz, y advertir el peligro? Esa podrá ser la prudencia de los débiles. Mi corazón la desconoce. Quiero descender al sepulcro sin que la memoria de mi vida me presente un solo instante en que yo haya tenido esa prudencia parricida. Los que ahora la echan de menos, quiera Dios que algún día lloren sus efectos funestísimos. Si la casa de un amigo empezase a arder, cuando él reposa tranquilo, ¿sería prudencia y amistad, no excitarle del sueño, no advertirle del peligro, bajo pretexto de no asustarle, de no causar un trastorno en su familia, de no exponerle a las pérdidas inevitables que ocasiona una pronta salida? Pues he aquí el caso, y la conducta de esos prudentes tranquilistas; he aquí la bárbara domiseración que tienen a un pueblo que sienten ver conmovido, aunque tienen casi por cierto que le verán arruinado. Por lo menos, amigo mío, si esos señores tienen el buen sentido y la imparcialidad que usted me asegura y meditan este asunto, yo espero que conocerán que mi conducta no es tan imprudente como se han figurado, y acaso la contraria les merecerá este epíteto.

¡Qué! Mis papeles ¿forman la revolución? No tengo tanto amor propio que así lo crea. Ella es inevitable. Está formada por la misma naturaleza de las combinaciones políticas del orbe, y sobre este principio he insistido desde el primer número de mi papel, que no hubiera escrito a no haber creído que podía contribuir algún tanto a rectificar la opinión, o por lo menos si mi buen deseo no me hubiese impulsado a dar este paso, que muchos creían necesario, pero al que nadie se atrevía, porque el miedo es mucha cosa, y es mucho más fácil charlar que operar.

Todos los que hablan en privado sobre independencia (porque en público nadie se atreve) ponen su mayor empeño en alegar todas las razones de queja contra el partido opuesto y en persuadir la imposibilidad de un avenimiento. Algunos tienen la imprudencia de divertirse inventando sarcasmos y epítetos ridículos para vejar a sus contrarios, e insensiblemente van encendiendo un fuego que por todos medios conviene extinguir. Yo he creído y creo que una conducta semejante es temeraria en ciertas personas y criminalísima en otras que tienen la más depravada intención. En tales circunstancias, me ha parecido que hago un servicio a los habitantes de la isla en contribuir por mi parte a disipar tan funestas ideas y a unir los ánimos advirtiéndoles la comunidad del peligro, presentándoles las ventajas de la armonía, recordándoles los deberes que exige la patria, en una palabra: pidiéndoles a nombre de esta misma patria que no la conduzcan al precipicio, y que por dar pábulo a pasiones momentáneas no se hagan infelices y envuelvan en su desgracia a sus descendientes.

Verdad es que sosteniendo la causa de un pueblo, he atacado la de un gobierno. Pero ¿es ésta la imprudencia de que me acusan? Honrosa acusación como sería degradante no merecerla. ¡Conceda Dios a mis prudentes acusadores que en los momentos de la revolución reinen los principios que ha procurado establecer *El Habanero*, pues así lo exige el bien de esos tímidos, lo que es más: mi cara patria! Dice usted que otros muchos conceden que se debe formar la revolución, pero ¿quién le pone, dicen el cascabel al gato? Seguramente no se lo pondrían los que hacen tal pregunta, mas yo haré otra: ¿es preciso ponerle cascabel al gato? Fórmese la opinión, y basta; perciba todo el mundo que los ánimos están de acuerdo, y entonces ya que van de refranes, yo responderé que gato escaldado, del agua fría bulle. Nadie ignora la irresistible fuerza de la opinión, y cuando ésta se consiga, yo aseguro a esos amedrentados que no faltará quien opere, y sin violencias ni estragos como se imaginan muchos. Una gran parte de los que ahora figuran en la escena como agentes del gobierno español (empezando por el primer jefe), están perfectamente convencidos de que es imposible mantener el sistema actual, y solo sostienen el socavado edificio en desempeño de sus empleos, y por temor de que la divergencia de opiniones o mejor dicho de sentimientos, dé origen a grandes trastornos. Conciliados más los ánimos, y uniformada la opinión, tranquilamente dejarían los mandones sus puestos, quedándose en la Isla, o saliendo de ella, como mejor les pareciese. En este negocio no debe haber nada personal: los que mandan ahora, no son más que unos ministros del gobierno reconocido. Si éste se variase, las personas mudarían de carácter político, pero nada deben sufrir, y aun debe hacerse justicia a su mérito y circunstancias, a menos que su conducta posterior sea contraria al bien de la patria.

Dedica usted un párrafo de su carta a ponderarme los peligros de una revolución. ¡Pues qué! ¿Cree usted que los ignoro? ¿Acaso ha nacido uno en Turquía, o hace tanto tiempo que salí de mi patria que haya olvidado la circunstancia del país, el giro de las ideas favoritas y los motivos particulares que hacen temible una revolución en esta isla? Todo lo conozco. El mal es gravísimo, y el remedio es arriesgado. Pero es de aquellos que no pueden dejar de aplicarse, y que son tanto más ineficaces, y aún más arriesgados cuanto más tarde se haga su aplicación. Esto me recuerda un caso particular que sin embargo de ser de distinta naturaleza puede servir de símil en nuestro asunto. Salieron de Boston para Francia el año pasado varios buques, y sobre aquellas costas les reventó un furioso temporal que sucesivamente iba estrellando contra las rocas los primeros a la vista de los posteriores. Soplaba el viento en tal dirección y con tal fuerza que era absolutamente imposible evitar el lance. El piloto de uno de los buques, en medio de la consternación que reinaba entre marineros y pasajeros, dijo con voz firme y tranquila: «Señores: el único medio de salvarnos es sabernos perder. Si nos entregamos al tiempo, dentro de pocos instantes nos hará sufrir la suerte que veis sufrir a nuestros compañeros. La operación es arriesgada, pero es inevitable». De común acuerdo dirigió el buque al paraje más oportuno de la costa, y manejó su pérdida con tanta felicidad que fueron los únicos que escaparon de la muerte.[31] ¿No podríamos hacer una aplicación política? Yo soy franco, y usted mismo me acusa de serlo algo más de lo que a veces dice usted que conviene; pero es gana esperar

---

31 En este buque iban el obispo católico de Boston y un militar de los Estados mexicanos, enviado por su gobierno para ciertos negocios en Italia. Dicho señor, que me honra con su amistad, me informó del caso referido.

de mí otra cosa, y así puede usted creer que no trato de alucinar a nadie ocultando el peligro, o disfrazando los hechos. Bien sé que, como usted reflexiona, cuando llegue el caso de la revolución, cuantos males sucedan, se les atribuirán en parte (y algunas personas en el todo) a aquel papel revolucionario de Varela: pero ¿qué importa? Eso quiere decir que yo seguiré la suerte de los médicos, que hacen cuanto pueden y a veces con bastante acierto para sanar un enfermo; este se muere, o porque la enfermedad es incurable, o porque las familias, y es lo más frecuente, contrarían todos los planes; pero el resultado fijo es que el médico mató al enfermo, o por lo menos contribuyó eficazmente a que se agravase. También convengo con usted en que ninguno hará mención de los bienes, que casi todos exagerarán cuanto puedan los males, y que muchos clamarán por las ollas de Egipto; pero si así son los hombres, ¿qué hemos de hacerles? Sufrirlos y procurar manejar del mejor modo posible.

 Al terminar su carta, vuelve usted a hablarme de los asesinos que algunos bien intencionados quieren mandar para libertarse de mí, y asegura usted que están prontos a sacrificar treinta mil pesos. Yo estoy pronto a decir treinta mil verdades para conservar a esos alucinados esos treinta mil pesos y otros muchos que perderán si no es que pierden la vida, continuando en su errónea conducta. En el suplemento al tercer número de *El Habanero* he dicho algo sobre esta materia, pero las noticias, acaecimientos posteriores me ponen en actitud de formar un juicio más aproximado. Efectivamente, parece cierto que en los primeros momentos de recibirse el segundo número de mi Habanero, dolió tanto en ciertas personas el garrotazo, que formaron o fingieron haber formado ese proyecto, o porque realmente intentasen librarse de mí asesinándome o porque quisiesen espantarme con la noticia. Yo creo que pasado el acaloramiento, habrán conocido que el primer caso no es muy fácil, y sí muy contrario a sus miras como lo he manifestado en el citado suplemento, y en cuanto al segundo caso, se equivocan medio a medio, pues (para valerme de la expresión de un amigo mío) yo estoy perfectamente curado del mal de espanto.

 Pensaba decir a usted algo sobre la triste suerte de los liberales en la Isla, que ellos creyeron que sería su asilo, mas éste es asunto que exige alguna extensión y ya es muy larga esta carta. En otra satisfaré los deseos de usted y los míos, aunque con la pena de tratar sobre una materia sumamente desagradable para ambos. Es de usted, etc.

El Habanero
Papel político, científico y literario Redactado por Félix Varela, tomo I, n.º 5 Nueva York, Imprenta de Gray Bunce 1825.

¿Necesita la isla de Cuba unirse a alguno de los gobiernos del continente americano para emanciparse de España?

Dije en el tercer número, y repito ahora, que desearía ver a Cuba tan isla en lo político como lo es en naturaleza. Condúceme a este modo de pensar, no un vano deseo de ver a la que siempre llamaré mi patria en un rango superior a sus recursos, sino el pleno convencimiento de las grandes ventajas que conseguiría constituyéndose por sí sola, y de la posibilidad de efectuarlo. Algunos han tenido y otros han afectado tener esta opinión por tan absurda, que apenas hablan del caso de separarse la isla del gobierno español sin suponerse como incuestionable que debe unirse a alguno, del continente americano. Contra la mala fe no hay argumentos, sino precauciones, mas la inconsideración es susceptible de reforma, si se halla acompañada de la sinceridad. A ésta apelo; ésta exijo de los hombres de bien de todos los partidos, y espero que desatendiendo la prevención favorable o contraria que pueda inspirarles el autor de este escrito, se designen examinar sus fundamentos.

Las naciones del continente americano, provistas de primeras materias y con infinitos brazos que necesitan un ejercicio (sin embargo de estar muy lejos de poseer la población de que es susceptible el territorio) se hallan en la necesidad de ser manufactureras, si no exclusivamente, por lo menos, en cuanto pueda conciliarse con sus intereses mercantiles. Los cálculos políticos convienen en este punto con los económicos, pues la independencia de los gobiernos recibe su complemento en la independencia de las necesidades, o cuando éstas pueden satisfacerse, aunque menos cómodamente, sin ocurrir al extranjero. Persuadido de esta verdad el Congreso mexicano ha decretado la prohibición de infinitas manufacturas y producciones extranjeras, y sin duda con más o menos rigor deberá seguir constantemente la misma marcha.[32]

---

32 Prescindo de mi opinión, que es totalmente contraria en este punto, y hablo conforme a la que parece estar más generalizada.

Los Estados Americanos nada prohíben, pero sí gravan de un modo que suele equivaler a una prohibición. Ahora bien: la isla de Cuba tiene un interés abiertamente contrario: lejos de sobrarla, fáltanla brazos que emplear en la explotación de la inagotable mina de su agricultura; hállase casi desierta en mucha parte de su territorio; carece de primeras materias, o por lo menos no son ellas su principal riqueza; si bien no debe desatender las artes, dista mucho, y acaso no se percibe el período en que éstas deban ser objeto a que pueda sacrificarse el menor interés de su opulencia agrícola y mercantil. Producir en abundancia y cambiar sus frutos por las producciones de todo el mundo sin excepción alguna, y con el menor gravamen posible, he aquí el principio vital de la Isla de Cuba.

No es dable que la isla de Cuba, por lo menos en muchos años, aspire a bastarse a sí misma; pero en esto nada influye el estado de dependencia o independencia, sino que todo se debe a la naturaleza y a la corta población. En caso de una guerra, ¿cómo puede favorecerla España? ¿de qué puede proveerla? Dicha guerra sería para la isla lo mismo en estado de dependencia que de independencia. Tendría que tomar por sí sola todas las medidas para ocurrir a sus necesidades y sufrir las que no pudiese evitar. No puede llegarse a la perfección en un día; mas ¿se infiere de aquí que no debe darse el primer paso? Formando parte de cualquiera de las naciones continentales deberá la isla de Cuba contribuir, según las leyes del Estado, a las cargas generales y sin duda serán mucho más cuantiosas, aun en la parte que pueda tocarla, que las que tendría constituyéndose por sí sola; mejor dicho, pagará éstas y a más, parte de aquéllas. Los productos de aduana deberán ser reputados como caudales de la nación, y por consiguiente el sobrante, después de cubrir los gastos que prescriba el gobierno general, deberá ponerse a disposición de éste. Es fácil percibir que bajo el influjo de un gobierno libre, tardarán muy poco los hermosos puertos de la Isla en ser émulos de La Habana, Cuba y Matanzas, y en este caso yo dejo a la consideración de los hombres imparciales calcular a cuánto ascenderá la verdadera contribución de la isla de Cuba en favor del gobierno a quien se una. Estos inmensos caudales (porque sin duda serán inmensos), ¿no deberían emplearse mejor en el fomento de la misma isla, ya construyendo los caminos y canales que tanto necesita, ya sosteniendo una marina cual exige por su naturaleza, ya fomentando los establecimientos públicos, ya propagando la instrucción gratuita, en una palabra: empleando en casa lo que se produce en casa? A nadie se ocultan otras muchas razones, que no creo oportuno exponer, bastándome por ahora haber indicado algunas de las principales.

En cuanto a la posibilidad de efectuar la emancipación y sostenerla, basta reflexionar que en el día nadie sabe qué fuerza conserva la isla de Cuba unida a España; que un fatal alucinamiento tiene a los hombres vacilantes y que solo falta que éste se disipe un poco para que vean claro, conozcan sus intereses y operen de concierto. Si una vez operasen, ¿quién podría obligarles a retroceder? ¿España? ¿Esa España que no ha podido mandar otros socorros que los comprados (porque así debe decirse) por los habitantes de la misma isla? ¿Esa España, donde a la par del hambre crece la impotencia, donde un gobierno sin recursos y embestido por mil y mil necesidades, delira, se aturde, y casi se derroca? ¿Esa España, donde un partido, ya considerable, aclamando a Carlos V, prepara una nueva guerra civil, cuyos funestos estragos aún no pueden calcularse? Yo supongo, por otra parte, completamente disipada la ilusión de los que hasta ahora han esperado de la Santa Alianza toda la garantía y defensa, contra las naciones del continente americano. Supongo también que ya no cabrá duda en que la Inglaterra, sea cual fuere la opinión y deseo de los santos aliados, no permitirá que tomen parte en reconquista alguna del territorio americano, y que por consiguiente importa poco o nada que haya uno o mil congresos en que los monarcas de Europa declaren que son amos de la América. Debe suponerse también que aun el bajo recurso de favorecer indirectamente la reconquista, proporcionando sumas al gobierno español, no tendrá cabida sino en tanto que quieran los ingleses, y éstos a la verdad calculan de otro modo. ¿Qué es, pues, lo que se teme? Nadie lo sabe, pero todos hablan de temores.

Poniéndonos en el caso de que por consentimiento de la Inglaterra, hostilizare a la isla de Cuba alguna de las Potencias europeas, ya directamente, ya auxiliando a la España, es claro que este ataque no podría considerarse sino como trascendental a todos los países independientes de América y que éstos, por utilidad propia, más que por consideración a la isla de Cuba, deberán prestarla toda clase de defensa, aun cuando dicha isla fuese del todo independiente. Tenemos, pues, que la unión a un gobierno continental nada proporcionaría que no se hubiera de obtener sin ella, y los que creen esta unión necesaria para la defensa de la isla, no han meditado sobre la naturaleza de la que debemos llamar causa americana. Para saber lo que harán los pueblos, basta saber lo que les interesa, siempre que el interés sea percibido por la generalidad. ¿Y cuál de los habitantes de cualquiera de las repúblicas continentales no percibiría que la reconquista de la isla de Cuba sería el primer paso para la de su país. Desengáñense, pues, los cubanos y cuenten siempre con los esfuerzos de todo el continente americano para sostenerlos en su independencia si una vez la forman, así como deben contar con ellos para hacérsele formar, de grado o por la fuerza.

Mucho más lamentable es la ilusión de los que esperan que España reconozca la independencia de las nuevas repúblicas, solo por conservar las islas de Cuba y Puerto Rico. ¿Es posible que no se conozca al gobierno español? Jamás renunciará a la reconquista de América, o por lo menos, esperará siempre que el tiempo proporcione ventajas que ahora ni se atreve a imaginar.

Por otra parte, ¿cómo puede ocultarse que el reconocimiento de las nuevas repúblicas, si bien las prohíbe operan abiertamente, no las hará desistir de sus esfuerzos, como suele decirse, por lo bajo, y que el ejemplo de la felicidad conseguida en aquellos pueblos, hará salir al de Cuba de su decantada apatía? Acaso lejos de asegurar la Isla para la Península el reconocimiento de dichos Estados, sería este el medio más pronto de perderla. Reconocida la independencia del resto de América, se ve España en la precisión de conservar siempre un cuerpo de tropas respetable en la isla de Cuba; tropa que sería sostenida por el país gravándolo de un modo considerable, pues no se trata de un sacrificio momentáneo, sino de un estado constante, y de una erogación a la que no se le ve término. El mismo día que se minorase esta fuerza opresora, manifestaría el pueblo que había sido oprimido. Es preciso confesar que España todo lo ha perdido en América y que solo podría conservar algo en virtud de la fuerza. ¿Y cuál es el habitante de la isla de Cuba que crea que es feliz un país donde reina la fuerza? ¿Es ésta la tranquilidad que se desea? ¡Benditos tranquilistas! Sin embargo de todo lo dicho, si la generalidad viese las cosas de un modo distinto, y se decide la agregación de la isla a algún gobierno del continente americano, sería desear que se tuviesen presentes estas y otras muchas observaciones que pueden ocurrir a todo el que medite la materia. Si la unión a otro gobierno se creyese necesaria, por lo menos establézcanse bases que salven en cuanto fuere posible los intereses del país. Por mi parte, no percibo las ventajas de semejante unión, y sí veo sus inconvenientes. En todo caso es preciso que la Isla, cuando no se dé la libertad, por lo menos contribuya eficazmente a conseguirla, tomando una actitud decorosa que la presente con dignidad al mismo gobierno al cual pretende unirse. La unión preparada de este modo tendría el gran prestigio de la espontaneidad, y alejaría mil ideas ominosas que sin duda procurarán esparcir los enemigos de la independencia americana.

¿Es necesario, para un cambio político en la isla de Cuba, esperar las tropas de Colombia o México?

En mi opinión no, en la de muchos sí; y como en casos semejantes conviene operar con la opinión más generalizada, si ésta lo fuese, yo contra la mía me conformo a ella.. Yo no veo una necesaria conexión entre admitir los auxilios de una república continental, y unirse a ella en sistema político; y esta verdad es la que desearía se tuviese siempre presente, y la que hasta creo no desconocen los mismos gobiernos que pueden proyectar la invasión. Habiendo, pues, manifestado mi opinión contraria a la unión de la Isla a ninguno de los gobiernos del Continente, no tengo sin embargo dificultad en conformarme con los que esperan auxilios extranjeros para un cambio político. Si la generalidad lo cree necesario, esto basta para que lo sea.

¿Qué deberá hacerse en caso de una invasión?
   No darla el carácter de tal. Quiero decir: no compararla con las invasiones que suelen hacerse para extender el poderío de los gobiernos, oprimiendo los pueblos, si no considerarla como es en sí; considerarla como un esfuerzo de los hijos de la libertad para remover sus obstáculos y hacer que la disfruten otros pueblos, que si bien lo desean, no pueden o creen que no pueden dársela por sí mismos. Todo lo que sea establecer una guerra en el país, equivale a arruinarlo y a arruinarlo para siempre. Al fin, es preciso desengañarse, el campo queda por los invasores, que en caso de resistencia se convertirán y deben convertirse, en unos verdaderos enemigos. No debe perderse de vista que la mayor parte de la población está siempre dispuesta a unirse a ellos, y que una resistencia imprudente expone el resto a ser sacrificado; al paso que podrá dar origen a acaecimientos más serios, que a nadie se le ocultan y que yo no debo detallar. La isla de Cuba se halla en circunstancias particulares, y la guerra civil que en todos los países es destructora, en ella adquiere un carácter mucho más espantoso. Los irreflexivos hablan de defensa. ¿Por qué no dicen de exterminio de la Isla? Ambas expresiones son idénticas. ¿Creen acaso (como ya ha habido quien tenga la ligereza de decirlo) que las tropas invasoras serán batidas y tendrán que reembarcarse si pueden? ¿Quiénes saldrán a batirlas? ¿Estos pocos soldados con que ahora cuentan? Quizás más de un tercio de ellos aumentarán las filas del enemigo, y el resto no sé que hará, mas sospecho que no está muy en ánimo de dar pruebas de un heroísmo inútil y temerario. Dado caso que la tropa estuviese tan decidida a sostenerse como desean algunos de los que las mandan, ¿podrán separarse siquiera cuatro leguas de las ciudades, sin que en ellas se rompiese el baile? ¿Qué partido tomarían? Sé muy bien que esperan nuevas tropas de la Península, y aunque ignoro su número y probabilidad que haya de que vengan, quiero suponerlas ya en la Isla y que aumentan la guarnición según desean los partidarios del gobierno español; pero ¿serán estas tropas suficientes para contener la gran masa insurreccionada, y con el apoyo de un ejército auxiliar? Las nuevas tropas, ¿inspirarán por otra parte gran confianza así por su realismo como por su pericia militar? Formadas al pronto de jóvenes que acaso acaban de soltar el arado, y de otros que habiendo tenido una vida más cómoda, se ven com-

pelidos no solo a sufrir las penalidades anejas al servicio de soldado, sino a abandonar su patria y familia y hacer la guerra contra un pueblo que trata de ser libre, ¿qué debe esperarse de ellas? Ignoró alguno que una gran parte debe estar necesariamente compuesta de liberales desgraciados que por más vencimiento que quieran hacerse debe costarles mucho pelear contra la libertad? Sea, pues, cual fuere el deseo de algunos mandarines, y la terquedad de algunos ilusos, los hombres imparciales deberán confesar que el interés de la isla de Cuba no puede hallarse en una defensa temeraria, cuyo éxito debe ser precisamente la ruina del país. Al fin vendrá a hacerse inevitablemente, después de tantos sacrificios, lo que al principio podría hacerse con la tranquilidad y ventajas de que es susceptible una revolución. Los males son inevitables, pero se disminuirán, tanto más cuanto mayor fuera el empeño de los hombres sensatos de uno y otro partido en reunir los ánimos por el vínculo de la necesidad y del común peligro. Todas las declamaciones son inútiles; todas las invectivas son perjudiciales. Pensar como se quiera y operar como se necesita, es la máxima que debe servir de vínculo, y que ya otra vez he procurado persuadir.

¿Es probable la invasión?

Nadie ignora que Colombia y México están reforzando su marina de un modo considerable, y con la mayor precipitación. No es de este papel enumerar los buques con que cuentan en el día una y otra república, pero ya habrán tenido buen cuidado los espías del gobierno español en este país de dar cuenta exacta sobre el particular, y aseguro que no habrá agradado mucho, ni a los que la dan, ni a los que la reciben. No hay fuerza naval en la Isla, ni puede mandarla España, que contrarreste a la que dentro de pocos meses presentarán ambas repúblicas, y en este caso, la marina española permanecerá anclada en la bahía de La Habana, y sin duda desde ella impedirá muy bien una invasión. Todos los gastos que ocasione y ocasionará, cada vez más, estarán recompensados, y al fin la tal marina solo servirá para aumentar el número de los consumidores en caso de un sitio.

Teniendo, pues, Colombia y México marina, tropas, dinero, deseos y lo que es más: necesidad de hacer la invasión, ¿será ésta probable? Yo creo que sí, mas los autores de las reflexiones imparciales, de la página para la historia, y otros papeles semejantes, creen que no. Veremos quién acierta.

¿Hay unión en la isla de Cuba?

Más de la que quisieran los enemigos de la Independencia, pero no tanta, a la verdad, cuanta deseamos. Debo hablar con la franqueza de que siempre he usado, y desenmascarar a muchos que se han constituido los Heráclitos de la isla de Cuba, al paso que ellos mismos son, y quieren ser la causa de sus lloros. No hay unión, repítese mil veces y se exagera y se propaga, y se procura radicar esta idea entre los mismos que deberían unirse. Una u otra anécdota, una u otra imprudencia, una u otra interpretación maliciosa, he aquí las bases sobre que quiere fundarse una desunión necesaria. Yo no niego que la haya; jamás ceso de lamentarla, pero conozco al mismo tiempo el gran recurso que sacan de ella los enemigos de la libertad. Si, esos mismos hombres que validos de su influjo, procuran por todos medios separar de la opinión común el círculo más o menos extenso que manejan; esos mismos hombres para quienes la unión, como no fuese en sufrir las cadenas de un gobierno despótico, sería el mayor de los males, que tratan de evitar por todos los medios; esos mismos están continuamente deplorando la desgraciada desunión de los partidos. Si el mal es inevitable (ya que ellos quieren llamarle mal), si contrarrestándole se aumenta, si aumentándose debe terminar muy pronto por la destrucción del cuerpo social, ¡qué ceguedad es la de esos hombres que si se olvidan de sí mismos y de un pueblo en cuyo seno nacieron unos, hiciéronse felices otros? Correrá dicen la sangre. ¡Ah! Dios no lo quiera, pero correrá por ellos y en sus manos estará impedirlo. Es tiempo de remediar unos males que no han empezado; es tiempo de conocer las arterías de los especuladores; es tiempo de disipar los delirios de una opinión, hija de la imprudencia, sostenida por el capricho y propagada por el atolondramiento. ¿Es uno el peligro, uno el interés, una la esperanza, y no es una la opinión? No puedo pensar así de la generalidad de un pueblo, sea cual fuere la irreflexiva conducta de un grupo de hombres a quienes ya la malicia, ya la ignorancia, obliga a presentar un fenómeno político bien extraño sin duda en épocas semejantes. La terrible arma de la desunión, manejada por los mismos que la quieren, es la que ha causado y causa más estrago en la isla de Cuba, pues ya se consiga, ya se finja, ya se exagere, siempre ¡ah! siempre sus golpes son mortales. Quiera Dios que un desengaño oportuno embote sus filos.

Dos palabras a los enemigos de «El Habanero»

El autor de *El Habanero*, que por primera diligencia ha puesto su nombre al frente de su papel, no ha tenido el gusto de que sus impugnadores lo hayan imitado; pero sí el de conocerlos como a sus manos. Indulgente con las opiniones de todos los hombres, lo es mucho más con la de los tímidos, pero no puede menos que hacerles unas cortas reflexiones sobre el cerrado plan que han seguido en su ataque.

Cuando los males son evidentes, la pretensión de ocultarlos solo sirve para manifestar que son incurables, y que se quiere distraer la atención del que los padece. Estar todo el mundo palpando, por decirlo, así, la necesidad absoluta en que están las repúblicas del continente americano de efectuar una invasión en la isla de Cuba; ver por todas partes los recursos que toman y los medios que preparan para ello; ser la opinión general de todos los países que el negocio se lleva a efecto dentro de poco tiempo, y querer sostener sin embargo uno que otro escritor en la isla de Cuba que nada hay que temer, sin duda es lo mas extraño que puede presentarse. Haciéndoles mucha justicia debo creerles alucinados.

En sentido diametralmente contrario diré yo que nada hay que temer, siempre que se procure preparar los ánimos, no para una defensa quimérica, sino para un cambio pacífico, que ponga al pueblo en disposición de darse la ley a sí mismo, y no recibirla de nadie.

Los impugnadores de *El Habanero*, después de darse todo el aire de seguridad posible, concluyen siempre exhortando al pueblo a que haga sacrificios para preparar su defensa. Pero ¿de quién? ¿No dicen esos señores que nadie vendrá a inquietarlos de fuera? ¿No aseguran que la gran masa del pueblo cubano quiere ser español y que solo cuatro locos hablan de independencia? ¿Para qué, pues, este preparativo de defensa? ¿Para qué, pues, esos sacrificios a que no está acostumbrado aquel pueblo, y que afortunadamente no quiere hacer, por más enérgicas que hayan sido las exhortaciones con que se ha procurado moverlo? la contradicción es un resultado casi necesario en la defensa de una mala causa.

Los que se creen en la necesidad de ser o de fingirse enemigos de *El Habanero*, deben advertir que han errado el camino, pues el papel solo contiene lo que todo el mundo está palpando, y es muy difícil persuadir que no se palpa; y por lo que hace a la persona del editor, nada puede interesarles. Al fin es muy raro ocuparse de un hombre, y de un hombre que ellos llaman desgraciado, cuando se trata de un pueblo y de un pueblo que contemplan en peligro.

El Habanero
Papel político, científico y literario Redactado por Félix Varela, tomo I, n.º 6 Nueva York, Imprenta de Gray y Bunce 1825.

Real orden de Fernando VII prohibiendo «El Habanero»
«Excmo. señor. Ha llegado a noticia del rey nuestro señor que el presbítero don Félix Varela, ex-diputado de las llamadas Cortes, y refugiado actualmente en los Estados Unidos de América, está publicando en aquel país un folleto titulado *El Habanero*, en que no contento con excitar a los fieles vasallos de S. M. a la rebelión, lleva la osadía al punto de querer vulnerar el sagrado carácter de su legítimo Soberano.

«En consecuencia, se ha servido S. M. resolver lo comunique a V. E., para que tomando el Consejo las oportunas medidas, cuide con la mayor eficacia de impedir la introducción en la Península e islas adyacentes del indicado folleto, etc. De real orden, etc.»

Reflexiones sobre la real orden anterior

El que ha extendido esta real orden, o no había leído *El Habanero*, o lo había leído queriendo ver en él lo que convenía a sus intenciones. El autor de *El Habanero* no ha vulnerado ni espera vulnerar el carácter de nadie, y aunque está muy lejos de mirar a Fernando VII como su legítimo soberano, lo está mucho más de ocuparse de sus cualidades personales, y de una animosidad, que sobre ser ajena de los principios que siempre le han dirigido, jamás podría aparecer sino como una rastrera venganza no menos inútil que reprensible. Si este papel no fuese perseguido, y pudiesen todos consultar los números que hasta ahora se han impreso, yo omitiría esas reflexiones, dejando que cada cual formase el juicio que le sugiriese su lectura; pero desgraciadamente hay muchos que solo consiguen leer uno u otro número, y aunque esto bastaría para formar idea del carácter y lenguaje del autor, puede entrar la duda de si otros artículos han podido ameritar la ofensiva expresión de osado que se lee en la citada real orden. Yo suplico a los que la hubieren leído suspendan su juicio hasta leer igualmente los números de *El Habanero* sobre que recae, pues a la verdad nada sentiría tanto (porque nada he abominado tanto) como que alguno me tuviese por autor de un libelo famoso, sea cual fuere su objeto. La rebelión a que yo he incitado a los vasallos de Fernando VII en la isla de Cuba, no ha sido otra cosa que un refugio necesario en peligro inevitable. En este punto he insistido desde el primer número de *El Habanero*, y por más que algunos han querido presentar mis observaciones como el resultado, no del convencimiento de los males que amenazan a la Isla si permanece en su malhadada apatía, sino del deseo de mejorar mi suerte personal, ya creo que es tiempo de que siquiera por no ponerse en ridículo, empiecen a hacerme justicia, pues que ya casi tocan los males que con tanta anticipación les prenunciaba. Por opinión, todo el mundo sabe que soy independiente, mas con todo cuidado he dirigido siempre mis reflexiones a un punto en que convenimos los de uno y otro partido, esto es: en la necesidad de salvar la Isla, y con ella las fortunas y aun las vidas de sus actuales habitantes. ¿Y es rebelión un recurso inspirado por la naturaleza, y sostenido por las sagradas leyes de la conservación? Hablo, sí, hablo aún a los defensores de esos ilimitados derechos de los reyes, y pídole me digan si quieren llevar sus doctrinas hasta el extremo de sostener que un pueblo a quien su príncipe o abandona o no puede favorecer, debe sacrificarse con evidencia de que su sacrificio es inevitable, y que, sobre causar su ruina nada producirá en favor de ese ídolo a quien se inmola. Pues no es otro el caso de la isla de Cuba. Ella no puede ser ya de Fernando; pretenderlo es sacrificarse sin conseguirlo; ceder en tiempo, o mejor dicho evitar la necesidad de ceder, no priva al príncipe de nada que no tenga perdido o no deba perder inevitablemente, y salva a un pueblo digno de mejor suerte. Creo, pues, que aun siguiendo los principios de los que quieren extender el derecho de la legitimidad hasta el de la tiranía, no puede llamarse rebelión el cambio político de la isla de Cuba. Lo repito: *El Habanero* no está fundado en doctrinas particulares de su autor, sino en las admitidas por todo hombre que tenga sentido común, por los mismos que la impugnan, por ese mismo que ha extendido la real orden a que aludo, y en el secreto del corazón aún por el mismo a cuyo nombre se ha dado. El rey debe ser el padre de su pueblo, y ¿qué padre, sin perder todos los derechos que pueden darle la naturaleza y la ley, pretendería el inútil y bárbaro sacrificio de sus hijos? ¿Sería rebelión en éstos salvar la vida sin inferir a su padre otro daño que el de la separación? Defensores de los reyes: acordaos por un momento de los pueblos.

No puedo menos de notar que en la citada real orden se prohíbe la introducción de *El Habanero* en la Península e islas adyacentes, sin hablar una palabra de América. De modo que, según esto, no está prohibido introducirlo en la isla de Cuba, o por lo menos no fue éste el objeto de dicha real orden. ¿Y qué daño podría causarles en la Península *El Habanero*? ¿Hay allá muchos partidarios de la independencia de América, y mucho menos de la isla de Cuba? A la verdad que no he cometido la simpleza de hacer remesas de mi papel a la Península, y no lo hubieran leído si de La Habana no lo hubiesen mandado. Asegúranme que con los primeros números se instruyó un proceso contra mí, y se remitió a la Corte. ¿Para qué sería esta pérdida de tiempo? Al fin, ellos saben por qué lo han hecho.

No sé si se imprimiría en La Habana la citada real orden (pues en un diario de aquella ciudad es donde la he leído), creyendo que esto serviría para contener la circulación del papel o para mortificar a su autor. Si así ha sido, el cálculo es muy equivocado. *El Habanero* continúa sin diferencia alguna, y su autor no es tan débil que se afecte por tan poco cosa, y si algún efecto pudiera causarle sería el del placer de haber merecido un ataque tan directo de los enemigos de su patria.

Todas las reales órdenes del mundo no podrán oscurecer las verdades palpables que ha dicho *El Habanero* y que continuará diciendo. Pese a quien pesare.

Esperanzas frustradas

Desde el momento en que cayó la Constitución española tomó un nuevo giro en la isla de Cuba el espíritu de especulación, y ya en general, ya en particular, formáronse cálculos, proyectáronse empresas, y en una palabra, construyéronse los que suelen llamar esos mismos verdugos de la libertad española, Castillos en España. El lenguaje de la adulación reemplazó al de la franqueza, y los que antes llevaron la libertad hasta el exceso, se humillaron hasta el envilecimiento. No es, no, el pueblo de la Isla el que ha presentado ese degradante fenómeno. Obra es de un número reducido de personas favorecidas por las circunstancias políticas, y por el aturdimiento de un pueblo sorprendido por el tremendo rayo que acababa de destruir sus libertades.

Como si la débil España hubiese adquirido fuerzas y recursos infinitos sin más que haber trocado un gobierno libre por uno despótico, fijáronse todas las esperanzas en el trono de Fernando. Nada se pensó en América; Colombia y México parece que eran países tan distantes y de intereses tan diversos como la China, y solo se trató de continuar la costumbre española del dame dame con peticiones más o menos humilladas.

Uno de los principales proyectos que se llevaron a cabo fue enviar a España una persona que a nombre, tomado y no concedido, de los habitantes de la Isla, felicitase a S. M. por hallarse en la plenitud de sus derechos, o en la facultad ilimitada de hacer lo que mejor le parezca. Debía al mismo tiempo el enviado hacer presente las circunstancias de la Isla e implorar en su favor la piedad de su amo. No era todo gracia lo que se pedía; también se compraba, pues no es otra cosa comprometerse a pagar unos auxilios que el gobierno tenía obligación de proporcionar si quería que continuase la isla de Cuba bajo su dominio, y que deberían pagarse de los fondos generales de la nación española, a quien interesa la unión de la Isla, y no a ésta, que ganaría mucho con la separación.

Al fin, después de haber hecho el encargado de suplicar ante el trono cuantos esfuerzos le han sido posible por complacer a sus comitentes, ha conseguido mandar alguna tropa a expensas de los que la pidieron, y ha vuelto con algo más de lo que llevó, pues trajo o debió traer el desengaño de la impotencia española, y del poder creciente de sus enemigos. Los que esperaban la llegada de su comisionado, no dudando que fuese no solo portador de nuevas interesantísimas, sino de recursos extraordinarios, que ellos mismos no se atrevían a imaginar, pero que querían que otro los encontrase, habrán llevado un desengaño más, que sin embargo no será el último a que los exponga su obstinada credulidad. Encuéntrase con más fuerza, pero que siendo infinitamente inferior a la de sus enemigos, lejos de proporcionar la seguridad deseada precipita la ruina acrecentando los males. Cada vez escasean más los recursos, se aumenta el inútil sufrimiento, y acaso no dista mucho el tiempo en que sea insoportable, y los mismos cuya imprudencia lo prepara serán los primeros en lamentarlo. Podrán esperarse de España, como dijo uno de mis impugnadores, condecoraciones y títulos con prestigio y en abundancia; mas esperar otra cosa es mucho alucinarse, y a la verdad que no es muy buena defensa la que proporcionan esas armas.

Uno de los principales delirios (porque así debo llamarle) en que han incurrido o afectado incurrir los partidarios del mortífero quietismo cubano, ha sido la vana esperanza de que los Santos Aliados, tomando como asunto exclusivo de sus santos esfuerzos el interés de la isla de Cuba, harían frente de todas maneras a sus necesidades, extendiéndola una mano protectora, y que pesando terriblemente en la balanza política obligarían a los dueños de los mares a contribuir a la empresa de conservar algunos esclavos en medio de tantos americanos libres. El tiempo, que es el mejor maestro, ha dado ya suficientes lecciones sobre este particular, y ha hecho conocer, a menos que no queramos cegarnos, que Inglaterra se ocupa muy poco de los intereses de España, sabe precaverse de los ataques de los Santos Aliados, quiere conservar contra ellos un gran recurso en la libertad americana, y en la Grecia (aunque esto último no tan claro); en una palabra: que Inglaterra quiere libres o súbditos ingleses en el Nuevo Mundo. Dígase si no, ¿qué fruto han producido los lloros y plegarias del gabinete español ni las misteriosas operaciones de los Santos Aliados? Mientras unos lloran y otros rabian, Inglaterra los contempla con su fría y acostumbrada fiereza, no por amor a los americanos, pues esa palabra no significa nada en política inglesa, sino por interés propio, que es la única regla de los gabinetes.

No es menos lamentable el error, que ya otra vez he combatido, pero que jamás perderé de vista, pues lo considero funestísimo, y consiste en figurarse que al fin España reconocerá la independencia del continente por conservar las islas. Creo que el señor comisionado puede haber hecho ver que toda esperanza es vana en este punto, y los que conocen el gobierno español no debieron esperar informe alguno para no creer en tal reconocimiento. La opinión de España es que en América cuatro alborotadores, prevalidos de la debilidad momentánea de la nación, han sorprendido al pueblo, contra sus leales y generosos sentimientos, pues quiere siempre ser español. Agregan que la ignorancia de la gran masa (que ellos extienden mucho) la imposibilita de formar opinión, y que ni sueña en independencia. En una palabra: yo jamás olvido que (como ya he dicho otra vez) aun en el tiempo constitucional en que los hombres tenían más medios de desengañarse, una persona altamente caracterizada decía que con cuatro o seis batallones fieles se concluía todo el negocio de México. Risum teneatis, amici? Por consiguiente, la esperanza española es y será, que variadas las circunstancias podrán mandarse algunos ejércitos a América, y en un abrir y cerrar de ojos volverá a flamear el pabellón nacional en todas las antiguas colonias, y volverá el tiempo de la abundancia, aquel siglo de oro por los raudales de este metal que para España producía la América. Nadie piensa en las pérdidas actuales. La verdadera pérdida, dicen, es perder el derecho por una renuncia. Conservémosle en el silencio, y le haremos valer en la prosperidad. No es pérdida la que debe indemnizarse con usuras, y tiempo vendrá en que los rebeldes americanos paguen por junto y con réditos los tributos que ahora nos niegan. Algunos toman un giro diferente y afectan una conmiseración como un disfraz de su interés, pretendiendo que el bien de la América exige que no se le abandone a las sugestiones de cuatro ambiciosos y a la rapacidad extranjera, que el perjuicio es mutuo, y que al fin debe esperarse que los americanos, conociéndolo, varíen de conducta, e imploren la protección de los mismos a quienes ahora denominan sus tiranos. No son, no, vanas conjeturas mías; son expresiones que se repiten con frecuencia y que yo mismo he oído, costándome bastante trabajo guardar un silencio prudente por excusar una cuestión inútil. Y siendo esta la opinión de España, ¿puede esperarse el reconocimiento de la independencia? Según las últimas noticias, parece cierto que ha salido de La Coruña para La Habana la famosa expedición de 3.000 hombres (según se dice) de los cuales habrán quedado de 500 a 800 en Puerto Rico, y es probable que el resto se halle en La Habana, sin embargo de que hasta ahora no tenemos noticia alguna. Esta expedición es el gran fruto de los esfuerzos de los antiindependientes de la isla de Cuba, y del gobierno peninsular que sin duda habrá creído salvar todos sus intereses en América con la remisión de esos cuatro soldados. Ahora menos que nunca debe pensarse en que el gobierno español varíe de conducta. Antes por el contrario, abrigará la esperanza de poder remitir a expensas de los fieles vasallos, de la isla de Cuba otra expedición semejante, otra y otra, porque los cubanos son muy ricos, generosos y fieles. Habrá simple en España, de los que no pasan por tales, que verá ya en su imaginación reconquistados los países de México y Colombia, y a Bolívar, Victoria, Bravo y todos los infames cabecillas de una y otra de las llamadas Repúblicas sufriendo en una horca como el desgraciado Riego el castigo de su atentado.

Entre tanto, el tiempo va continuando sus lecciones, y el desengaño se avanza a pesar de los esfuerzos de los que quieren disimularlo. La marina de Colombia, a más de los buques de que ya he hablado, se asegura que ha recibido otros de primer fuerza y diariamente aumenta los medios de visitar a la isla de Cuba, pesando las tropas que vuelven ya victoriosas del Perú, pero no saciadas de su gloria, ni tan cansadas como quiso suponerlas uno de los impugnadores de *El Habanero*.

México avanza igualmente en sus proyectos, y las dos Repúblicas se encuentran como suele decirse a cuál primero, mientras que los tranquilistas de la isla de Cuba a nadie esperan. Ya he dicho otra vez que soldados se vencen con soldados, y pensar en que con 4 o 6.000 hombres que (concediendo más de lo que esperan los antiindependientes) puedan venir de la Península para aumentar la escasa guarnición de la Isla, impedirán los proyectos de los nuevos gobiernos, es quererse alucinar con la ignorancia más crasa. El refuerzo de tropas en Cuba es un recuerdo a las nuevas Repúblicas de la absoluta necesidad en que se hallan de hacer toda clase de sacrificios para invadir la Isla, pues ya no se trata como quiera de remover un obstáculo, sino de evitar un peligro que aunque insignificante en realidad, puede no serlo en apariencia, y tener un influjo político muy perjudicial a la consolidación de sus gobiernos. Nunca es, pues, más probable la invasión de la

Isla, que cuando se reciben nuevas tropas de la Península, y nunca es más peligrosa a los intereses del país, que cuando aumentada una resistencia inútil debe aumentarse una hostilidad necesaria. Saben muy bien los nuevos gobiernos que el español ha querido valerse de una estratagema mal urdida en la remisión de la nota diplomática de que he hablado anteriormente, pues ofreciendo suspender toda hostilidad contra las nuevas repúblicas si éstas suspendían todos sus proyectos contra las islas de Cuba y Puerto Rico, no hacía más que pedir una tregua para reforzarse mandando cómodamente sus tropas a La Habana, bajo pretexto de conservar la Isla en caso de que los nuevos gobiernos faltasen a sus tratados, y al fin cuando mejor le pareciese encontraría razones para revocarlos todos, empezando por pasar sus tropas al continente americano. La tal petición hecha por conducto del gabinete francés al inglés ha sido pasada por éste a los nuevos gobiernos, sin mas recomendación ni esfuerzo (y creo saberlo por conducto bien seguro) que un allá va eso que me piden que remita, pues en sustancia no dice más la nota inglesa.

No debe dudarse que los gobiernos de Colombia y México habrán visto semejante propuesta, como la que podría hacer un general en el momento de la derrota de su ejército, para que su enemigo, suspendiendo las hostilidades, no completase su victoria, sin más razón, sino permítaseme reforzarme para resistir, y aun para atacar. No es otra cosa lo que ha dicho España, y a la verdad con poco disimulo. ¿Puede sostener la Isla? ¿Para qué pide treguas? ¿No puede sostenerla? ¿Para qué las pide? Para hacer una burla a los nuevos gobiernos, si éstos fuesen tan simples que se dejasen engañar, y no reconociesen en la mera propuesta la debilidad y la mal sostenida astucia de su enemigo. El medio más sencillo que tendría España para evitar las hostilidades de los nuevos gobiernos sería reconocerlos, y si rehúsa esto valiéndose de medios indirectos para evitar sus ataques, no cabe duda de su proyecto de reconquista, y en consecuencia nadie debe dudar de los esfuerzos americanos excitados con tan poderoso estímulo, para impedir que se renueven los tiempos de Cortés, resultando de todo que la isla de Cuba, o el Cuartel general español, debe atacarse por todos los países que ha sacudido el yugo peninsular, y por los interesados en la emancipación americana.

Hay un error funestísimo difundido entre muchas personas de La Habana, que no puedo pasar en silencio al terminar este artículo. Aspiran o fingen aspirar a una conformidad absoluta en la opinión, como indispensable para un cambio político. Esto equivale a un no quiero disimulado con una convicción. ¿En qué país, en qué ciudad, en qué familia puede hallarse esa absoluta conformidad de ideas, cuando se trata de objetos de infinitas relaciones y que excitan infinitos intereses? ¿Qué cambio político, o qué negocio de alguna importancia se habría decidido en pueblo alguno si prevaleciesen tales principios? Concedámoslos por un momento, mas en consecuencia confiesen sus defensores que la ruina es inevitable. ¿Habrá unión absoluta verificada la invasión de la Isla? Estoy muy lejos de creerlo. Ni todos resisten ni todos ceden, aunque el número de los temerarios en la defensa será bien corto. Puede por tanto resultar el mismo daño que ahora se teme, y yo no sé si aumentado, por los temores que inspirará en muchos la misma invasión que se cree puede tranquilizarlos. Mas al fin yo debo repetir lo que dije en el número anterior: si la opinión está desgraciadamente decidida a renunciar todas las ventajas económicas y políticas de un cambio propio y espontáneo, y se quiere llevar el temor y la apatía hasta el extremo de querer que vayan los de fuera a hacerlo todo y ahuyentar una sombra de poder que como a niños tiene amedrentados a mis paisanos, espérese enhorabuena.

Reflexiones sobre los motivos que suelen alegarse para no intentar un cambio político en la isla de Cuba

La malicia ha encontrado en la timidez un agente eficacísimo para adormecer al pueblo cubano promoviendo los intereses del actual gobierno, cuyo término quiere alejarse todo lo posible, aunque pocos dudan de su proximidad. Dícese al pueblo que es inexperto, apático e indeciso, que se halla enteramente dividido y que a la más ligera mudanza brotará este germen de división produciendo efectos funestísimos. Incúlcase mil veces la necesidad absoluta de una paz octaviana para evitar una ruina desastrosa. Hácense algunas insinuaciones, y aun más que insinuaciones sobre la causa principal de estos temores, y con sacrificio de la prudencia consíguese herir la imaginación sin convencer el entendimiento. Algunos más precavidos no se atreven a arrostrar la opinión contraria (si es que puede llamarse opinión la evidencia de los hechos que a nadie se ocultan), y confesando claramente que el cambio es necesario, preguntan cómo se hace. No falta más sino que pregunten cómo se abre la boca para recibir un bocado, cómo se mueven las quijadas para mascar, y cómo se traga. ¿Cómo se hace? Hablando menos y operando más. Contribuyan con sus luces unos, otros con su influjo y otros con su dinero a salvar la Patria, y con ella los intereses individuales, y este corto sacrificio removerá ese grande obstáculo que tanto se pondera. Repítase de mil modos que es imposible efectuar la independencia sin auxilio extranjero, y yo pregunto: ¿qué se ha hecho para conseguirla? ¿sobre qué pruebas descansa la aserción de su imposibilidad? Verdad es que un número de patriotas hizo esfuerzos poco felices para romper unas cadenas que se han remachado; verdad es que prófugos unos, presos otros, y todos desgraciados recuerdan constantemente el lamentable, y no sé si me atreva a llamar criminal abandono con que han sido mirados por muchos que aspiran al título de patriotas. Dejáronlos, sí, dejáronlos como suele decirse en las astas del toro bajo pretexto de la inmadurez del plan y de la inexperiencia, o si se quiere ligereza de las personas. Yo convengo en mucha parte de estas ideas aunque no puedo llevarlas hasta el término que las extienden los enemigos de la independencia. Buenos son los planes, mas en las resoluciones lo que importa es la generalidad del sentimiento, y si ésta se promovía por los desgraciados patriotas que ahora persiguen, debió fomentarse el proyecto lejos de combatirse de un modo que sería ofensivo si no fuese ridículo. No ha habido intención depravada que no se haya atribuido a los que se atrevieron a decir: seamos libres. ¿Faltaban luces? Hubiéranlas dado los que las tienen. ¿Faltaba prestigio? Hubiéranse acordado muchos que lo tienen, que lo deben a la Patria. ¿Faltaba dinero? Bastante gastan inútil, y aun diré inicuamente, muchos que se llaman patriotas. Por otra parte, gastar una corta cantidad por asegurar una gran fortuna, es hacer una buena especulación, y así, aun prescindiendo de todo sentimiento generoso, el interés pecuniario, único móvil de ciertas personas, debió moverlas a contribuir al intento. Estos Heráclitos de la isla de Cuba, como dejé dicho en el número anterior, son la causa de sus lloros. Convengamos en que nada se ha hecho en favor de la independencia como obra de los habitantes de la Isla, y que por consiguiente no hay fundamento para afirmar que es imposible.

 Suele decirse igualmente que sin embargo de ser inevitable el cambio que algunos miran como un mal, ya en sí, ya en sus consecuencias, conviene demorarlo todo lo posible como se hace con la vida de un enfermo de cuya próxima muerte nadie duda. Yo no convendré en el símil pero aún admitiéndolo podremos decir que en tales casos es cuando la prudencia justifica tentativas que reprobaría en otras circunstancias. Pero contraigámonos a la cuestión y dejémonos de salidas vagas. ¿Cuáles son las causas de los males que se temen? Según los tranquilistas con la falta de unión, y la heterogeneidad de los elementos sociales. Pregunto: Y la apatía ¿destruye alguna de estas causas? Antes las aumenta, como crece el mal que no se cura en tiempo. ¿Se espera que ellas por sí se remuevan? Nadie es tan tonto que lo crea. ¿Qué se consigue pues? Arruinarse, dicen, más tarde. ¿Y no será mejor tratar de impedir la ruina, aunque sea por un medio si se quiere arriesgado? Supongamos que los facultativos opinan absolutamente necesaria una amputación para salvar la vida, y que aun por este medio no le aseguran la cura; pero sí la creen muy probable, ¿sería o no prudente efectuar la amputación? Yo he querido discurrir según las ideas de los enemigos de la dependencia, pero a la verdad el símil no es conforme a las mías. No hay un peligro tan grande que solo haga probable el buen éxito de la empresa. Para mí es casi infalible, a menos que de propósito no quieran todos (pues aunque quieran muchos nada importa) trabajar por que se pierda. La desunión se impide procurando cada cual por su parte, si no conciliar, por lo menos no indisponer los ánimos, y conseguida la unión éste es el antídoto para el veneno cuyos estragos tanto se temen, mas no por eso deja de tomarse diariamente.

Consecuencias de la rendición del castillo de San Juan de Ulúa respecto a la isla de Cuba

Al fin después de enormes sacrificios pecuniarios, de la pérdida de muchas vidas, ocasionada en distintas épocas por infinitos sufrimientos, se rindió el Castillo de San Juan de Ulúa, y su comandante con alguna tropa ha entrado en el puerto de La Habana, como ya antes lo habían hecho Morillo y Morales y lo hubieran hecho La Serna y Canterac. Se acabó el único apoyo del gobierno español en el continente americano,[33] y éste solo tiene que ocuparse de perseguir al enemigo en su último asilo, de quitarle todos los medios de ofender, y de alejar su influencia confinándolo en el otro hemisferio. La necesidad de hacerlo es absoluta. La ocasión es oportuna, y los medios ya son mucho más que suficientes. ¿Dirán aún los enemigos de *El Habanero* que no es probable la invasión? Séalo en hora buena, dicen: nos defenderemos. ¿Por qué no dicen: nos destruimos, y al fin nos rendiremos, después de haber perdido inmensos caudales y muchas vidas, después de haber reconcentrado el odio y alimentado una guerra civil; después de haber dado origen a nuevos partidos no menos funestos que los que existen; después de haber empobrecido si no arrasado los campos, ahuyentado el comercio, causado una gran emigración; en una palabra: después que Cuba haya perdido cuanto la da valor en el mundo culto, y se reduzca a sus ventajas naturales? Entonces saldrán para España los jefes principales, ¿y qué les quedará a los heroicos defensores? La necesidad absoluta de sostener por mucho tiempo un ejército de ocupación y de un gobierno militar que contenga la gangrena amputando y quemando.

Y después de todo esto, ¿qué dirán en La Habana? Como si lo oyera.

Unos, que el negocio está apurado, pero que no se sabe qué hacer; otros, que por ahí vendrán miles y miles de soldados de España contribuyendo los Santos Aliados; otros que ojalá lleguen cuanto antes los invasores, sin hacer más reflexión sino que ése es el medio de sacudir el yugo, y sin prepararse a hacer otra cosa que charlar muchísimo. En estas y las otras

---

33 El Callao acaso está ya rendido y aun cuando no lo esté significa muy poco por la distancia a que se halla, y por la situación de España.

tendrán en casa la visita, y un desengaño triste será el tormento de muchos que no lo esperan.

El Habanero
Papel político, científico y literario Redactado por Félix Varela, tomo II, n.º 1 Nueva York, Imprenta de Gray y Ca 1826.

Carta al redactor del Diario de La Habana
Diario de La Habana, sábado 8 de abril de 1826. Señor redactor.
Importando mucho el dar publicidad a todas las noticias extranjeras que tengan relación con los intereses de esta isla, suplico a usted se sirva insertar en su Diario la siguiente traducción que nos remitió un amigo de Nueva York, sacada del mensaje del presidente de los Estados Unidos de América al Congreso, en la parte que concierne al estado político de la isla de Cuba y Puerto Rico;[34] y con este motivo, también haremos algunas observaciones que nos parece muy a propósito en esta materia. Queda de V.S.S.S. Un Subscriptor.

«El estado actual de las islas de Cuba y Puerto Rico, es de la mayor importancia y tiene un inmediato enlace con los intereses y futuros proyectos[35] de nuestra Unión.» «La adjunta correspondencia manifiesta que la atención del gobierno se ha fijado sobre este asunto. La anunciada invasión de las dos citadas islas por las fuerzas combinadas de México y Colombia, es sin duda uno de los objetos que deben determinarse por los Estados beligerantes, en Panamá. Las convulsiones a que serían

---

34 Supongo que el bueno del corresponsal habrá traducido con igual prontitud, y enviado a su amigo los párrafos en que los papeles públicos comunican la noticia de la rendición del Callao, la de Chiloé, la vuelta victoriosa del ejército de Bolívar, y la venida de esta para emprender según voz pública lo último que falta al complemento de su gloria. Estas noticias no interesan poco a la isla de Cuba.

35 El original dice: *future prospects* y no proyectos, pues a la verdad esta palabra indica plan, empresa o tentativa, y sería bien impolítico que el presidente de los Estados Unidos empezare por anunciar sus futuras tentativas sobre las islas de Cuba y Puerto Rico. El futuro prospecto, o aspecto político y económico de este país es el que su presidente ha querido expresar en el mensaje, sin avanzar otra idea que sería prematura. Aunque el plural *prospects* se tradujese miras debería advertirse que miras no son proyectos, sino intenciones, aunque todo proyecto supone miras. *Project* (proyecto) no se halla como sinónimo de *prospect* en ningún diccionario. Yo convengo con el traductor en que hablando francamente no se hubiera empleado con inexactitud la palabra proyectos, mas no se empleó por una delicadeza que conviene respetemos, pero que agrega mucho al espediente sobre la inalterabilidad futura del estado político de aquellas islas.

expuestas,³⁶ caso de verificarse tal invasión, y el riesgo de que por la misma causa cayesen finalmente en manos de alguna potencia europea, que no fuese la España, no permite el que desentendamos estas consecuencias que podrían mirarse con indiferencia³⁷ en el Congreso de Panamá. Es innecesario detenernos sobre este particular ni decir más, sino que todos nuestros esfuerzos con referencia a este interés, se dirigirán a conservar el actual estado de cosas,³⁸ la tranquilidad de aquellas islas, y la paz y segu-

---

36 El traductor ha omitido una cláusula entera que presenta el verdadero sentido del párrafo. Dice pues el original.
The convulsions to which from the peculiar composition of their population, they would be liable in the eveni of such an invasion, etc. esto es: Las convulsiones a que estarían expuestas por los particulares elementos de su población, etc. Se ve claramente que el objeto de este gobierno es prevenir en tiempo las convulsiones que pudiesen resultar mas no oponerse a la invasión, siempre que esta se haga en términos que les convenga. No ha dictado este período el deseo de conservar el actual estado político de la Isla de Cuba, sino el de conservar las utilidades mercantiles y alejar los temores políticos de este país, por cuya causa se indica en el mismo periodo que los Estados Unidos no podrán ver con indiferencia que pase la isla a otras manos europeas distintas de las españolas. ¿Será por amor o por consideración a España? Porque España nada significa, y en sus manos puede conservarse la isla para futuros proyectos, y aquí viene la palabra proyectos como de cajón.
37 El original dice: *The danger therefrom resulting, of their falling ultimately into the hands of soje european power, other than Spain will not admit of our looking at the consequences, to which, the Congress at Panama may lead, with indifference.* La coma que se halla después del verbo *lead,* indica claramente que las siguientes palabras, *with* indifference, se refieren a la parte superior de la cláusula y que para darla una colocación española sería preciso decir, *will not admit of our looking with indifference, at the consequences, to which may lead the Congress at Panama.* Esto es: no permitirá que miremos con indiferencia las consecuencias que puede tener el Congreso de Panamá. No dice el presidente de los Estados Unidos, ni podía decir sin grande imprudencia, y aun sin grosería que estas consecuencias podrían mirarse con indiferencia en el Congreso de Panamá. Un Congreso cuyo principal objeto es prever esas consecuencias, un Congreso formado por todas las naciones americanas (sin excepción del Brasil), un Congreso que aun prescindiendo de otras consideraciones, hasta que aun no hubiese empezado sus trabajos para que sin imprudencia y sin injusticia no pudiese atribuírsele una inconsideración tan grosera; no podía ser tratado de un modo tan indecoroso por el presidente de los Estados Unidos. El traductor quiso presentar bajo un aspecto ridículo a las naciones constituyentes de aquel Congreso, sin advertir que con su equivocada traducción no hacía más que ridiculizar a este gobierno, cuyo apoyo creyó haber encontrado, pero más adelante veremos que ha sido el sueño del gato. No debemos omitir que los Estados Unidos acaban de nombrar sus representantes para aquel Congreso, aunque por conservar el aspecto de neutralidad, se dice que no tomarán parte en los negocios privativos de las naciones beligerantes.
38 No hay duda: Si este gobierno prevé que la isla ha de caer en manos de otro poder europeo distinto del español, si en ella se producen trastornos, cuyas consecuencias perjudiquen al

297

ridad de sus habitantes.» Este trozo de dicho mensaje y los sentimientos que el poder ejecutivo manifiesta con respecto al peculiar interés de aquel gabinete, no hay duda se extiende a la futura conservación y felicidad de estas islas: y debemos lisonjearnos el que coincidan sus miras políticas con las fundadas esperanzas en que siempre hemos descansado, de que estas dos ricas posesiones debían pesar mucho en la balanza de los intereses, no solo de nuestra España, sino de otras naciones amigas[39] que hoy disfrutan, por la generosidad y franqueza de S. M. C., del comercio libre y protección que encuentran en este venturoso país. Muchos miles de súbditos de S. M. Cristianísima, de S. M. B., de los Estados Unidos de América y de otras naciones, avecindados en este país y empleados, unos en el mismo comercio, y otros en la agricultura,[40] con estimaciones, y consideraciones públicas que merecen del trato dulce de estos moradores,[41] es la mayor garantía de la delicada conducta de este gobierno, y unido a esta digna consideración el doble interés de las relaciones mercantiles establecidas recíprocamente entre estas naciones[42] tenemos razón para pensar, que esos grandes proyectos que se forman sobre el papel, no pueden ser otra cosa que teorías soñadas por Abates[43] que sugieren los deseos en imaginaciones exaltadas.

---

    bien de este país: todos sus esfuerzos se dirigirán a conservar el estado actual de cosas; pero si estos temores se alejasen por el modo con que se verifique la invasión, nada tendrá que oponer. ¿Con qué derecho lo haría? Esta intervención injusta y necia, es muy ajena de un gobierno, a quien todos conceden la primacía en la carrera de la libertad.

39 Bastante pesan, y tanto, que no es mucho vaya arriba la ligera España pasando las islas al platillo contrario de la balanza.

40 Todos estos se marchan en el momento en que la isla sea independiente. Ni un extranjero hay en México ni en Colombia ni en ninguno de los estados independientes. La razón es muy clara, los extranjeros vienen a América por el dulce placer de ser súbditos del gobierno español.

41 Todos estos se vuelven feroces cuanto sean independientes.

42 Igualmente serán todas estas relaciones por que el azúcar y el café de la isla de Cuba no valdrán nada cuando sean producidos por un suelo independiente, y aunque no se ponga prohibición alguna a los extranjeros para que vayan a sacar estos frutos en cambio de los suyos, no hay miedo que ninguno vaya a la malhadada isla de Cuba.

43 Salió ya el Abate, y con letra distinta para que no quede duda de la alusión ¿Por qué no puso el autor francamente el Presbítero don Félix Varela, y después su nombre sin reserva para que se supiese quién escribe y contra quién? Pero exijo mucho: los defensores de la causa española tienen mucha modestia. Siga encubierto mi propugnador, pero sepa que esas teorías soñadas por el Abate autor del Habanero, lo han sido también por los políticos

Por fortuna sabemos el valor que hoy tienen semejantes teorías, y esa bella expresión de fuerzas combinadas de Colombia y México, faltando precisamente lo mas esencial de la frase que es la combinación;[44] y sin embargo, podemos asegurar a los individuos de estas dos pretendidas repúblicas, que hemos hecho el honor debido a sus teorías, preparándonos prácticamente por si acaso pudiesen pasar de sueños sus proyectos: y pues que ya tenemos quien nos acompañe[45] a vigilar sobre la integridad de nuestra quietud y seguridad,[46] a nosotros corresponde el dar poco que hacer a nuestros aliados amigos, previniéndonos con fuerzas respetables de mar y tierra combinadas con nuestro firme carácter en conservar nuestras riquezas[47] y la dulce tranquilidad que disfrutamos; puesto que las naciones nos confiesan ya y nos apoyan nuestra conducta, nuestro proceder y la justa y equitativa política con que nos hemos conducido en estos últimos años, tan borrascosos y desgraciados para nuestra España.[48] Cada día nos empeñaremos más y no habrá sacrificio que repugnemos para garantizar este sistema honroso, no solo por el bien individual que disfrutamos, sino porque sirva de adorno a la historia de los grandes acontecimientos, que dos islas, que apenas se distinguen en el mapa del mundo,[49] circundadas de convulsiones políticas, y amenazadas de grandes huracanes, han permanecido intactas,[50] conservando sus derechos, sus

---

    de todas las naciones: han sido presentadas por todos los periodistas sin contradicción, han sido comunicadas por los mismos de La Habana, y de otros puntos de la isla en todas sus cartas, y no solo por los independientes sino por los principales del partido contrario, y que más por las mismas corporaciones de La Habana, por el mismo gobierno de la isla, que no ha cesado de hablar de sus peligros y temores. Vea V. Señor escritor cuántos abates soñadores, y acaso es V. y ha sido uno de ellos.

44 México y Colombia tienen un interés común, que es quitar a su enemigo el último apoyo que le queda. En esto no vacilan y sin duda no dejará la isla de ser invadida por falta de combinación.
45 Pero es la compañía del ahorcado.
46 ¡quién lo duda! Pero... para...
47 Cuanto estas se vean amenazadas de los estragos inevitables de una guerra, y sin esperanza de suceso, yo aseguro al escritor que ese firme carácter servirá para frustrar todas sus esperanzas.
48 Desearía que el escritor manifestase esa confesión de las naciones. ¡Con cuánta facilidad se ve lo que se quiere!
49 ¡Qué pequeñas! Sin embargo cuando conviene son inmensos países riquísimos, fertilísimos, etc. etc.
50 Por que nadie las ha movido siendo todo amenazas; pero al primer soplo real, quién sabe...

costumbres, y religión[51] y consagrando a la posteridad su fidelidad, amor y adhesión a su rey y a su madre patria.[52] Si volvemos la vista al cisma y cábala que pudieran introducir en nuestro orden doméstico los enemigos de nuestro reposo, valiéndose de aquellas armas bajas y rastreras que el engaño y la traición[53] suplen la falta de otros recursos, estamos bien per-

---

51 Hacen bien porque en siendo independientes a Dios costumbres, a Dios derechos, a Dios religión.
52 ¡Vaya un amor filial! Pero si supiera el escritor que la niña no es tan cariñosa como se ha figurado!
53 Ninguna conducta más franca que la de los independientes. Queremos ser libres, han dicho desde el principio, porque no creemos que Dios nos ha criado para servir a otro pueblo y mucho menos a un pueblo sin gobierno, sin orden, ni concierto, más infeliz por sus errores que por su miseria, incapaz de cura sino por un milagro manifiesto de la omnipotencia divina. Tenemos derecho por la naturaleza y lo exige el orden eterno de la justicia, sí, tenemos derecho para mejorar nuestro estado físico, político, y moral, queremos que nuestro país sea todo lo que puede ser, y no lo que quieren que sea unos amos tiranos que no pueden conservarlo sino mientras puedan oprimirlo; queremos dar a las luces toda la extensión y exactitud de que son capaces en talentos a quienes la naturaleza ha prodigado sus dones, por confesión de nuestros mismos enemigos; queremos que unas leyes justas y un sistema político en que la libertad se concilie con esta misma justicia, nos conduzca a la perfección de las costumbres, y radique cada vez más el sagrado amor a la patria, sustituyéndolo a ese amor a un hombre, a ese amor a un rey, a ese amor a un amo, cuyos dones siempre se tienen por clemencia, jamás por justicia; queremos que las generaciones futuras hereden de nosotros la dignidad de hombres, y recuerden lo que cueste recuperarla para que teman perderla. Esta es la conducta de los independientes, esta es la que en el fondo del corazón aplaude todo el género humano, esta es la que no puede cimentarse en la vil lisonja, en la rastrera intriga de una corte, en el capricho de un príncipe, en la venalidad de un ministro, ni en ningún otro de los apoyos ordinarios en el sistema despótico. Traición ¡ah! sí, no hay duda, traición es en el lenguaje de los déspotas toda medida racional, todo paso favorable al género humano. Traidores son a la patria, traidores a la humanidad, traidores a las luces, traidores a la justicia, traidores a su misma conciencia los auxiliadores de los déspotas y opresores de los pueblos.
¿Serán traidores todos los pueblos del hemisferio americano desde uno a otro polo, pues que todos han sacudido el yugo europeo? Es preciso no saber lo que es traición para decirlo. Una nación entera jamás es rebelde, como escribió muy bien el ilustrado Martínez de la Rosa, y mucho menos puede serlo todo un mundo. La traición supone una falta de derecho, una fidelidad injustamente quebrantada. Y habrá quien se atreva sin pasar por ridículo a sostener que la América no tiene derecho a ser independiente, sacudiendo la tiranía europea, y que está obligada a una fidelidad que hasta ahora no ha sido otra cosa que la aquiescencia a una fuerza tiránica. A una fuerza, sí que experimente al mismo que ha escrito este papel, y por eso habla de la generosidad y franqueza de su amo, para no disgustar por lo menos al que a su nombre, y con todas sus facultades tiene el garrote en la mano constituido un reyezuelo en la isla de Cuba. La necesidad de impugnar el papel me ha conducido a decir algo sobre la naturaleza del gobierno que rige en aquella isla, prescindiendo de la persona que

suadidos que una serie periódica de pequeños hechos en estos últimos quince años y desvanecidos como el humo, servirán de ejemplo y desengaño a las cabezas incurables de semejantes proyectos.

La suma impenetrable de opinión pública, no solo en la importancia de intereses individuales, sino en el número de personas aun de aquellas que pudieran ser más asequibles a la seducción por ofertas y lisonjeros porvenires[54] ha sido la roca de Scila contra quien se han estrellado esas intentonas miserables. Cuarenta mil hombres[55] organizados, prontos a sostener nuestro estado político;[56] una escuadra respetable e imponente[57] aumentándose cada día más, bordejeando sobre nuestras costas, y finalmente la vigilancia y carácter firme y pundonoroso de los dignos jefes que nos mandan, es propiamente lo que debe servir de preliminar a la apertura de ese gran Congreso de Panamá,[58] si acaso no llega a desmoronarse este edificio por otros cálculos que la experiencia, el tiempo y las circunstancias deben prevenir en otras miras políticas y más convenientes que en su oportunidad se irán desarrollando y a que han dado principio nuestros vecinos los angloamericanos.

Todo esto prueba que si bien al principio el influjo de estas oscilaciones han perjudicado en gran manera los intereses de esta isla, porque no encontraba el cálculo un camino seguro para sus sucesivas operaciones, hoy podemos con mucha seguridad abrir nuestra confianza a todas las naciones cultas y al mismo tiempo decirles, que pregunten a cada uno de los individuos respectivos de cada nación que en número de más de

---

lo obtiene como siempre he prescindido de todas en cuanto he escrito. Yo quiero suponer un ángel al jefe de aquella isla, pero puede si quiere ser impunemente un demonio? Nadie lo duda. Pues basta. No se necesita mas impugnación al papel que decanta la felicidad de la isla de Cuba. Cuando el hombre no depende de la ley, sino de la libre voluntad o del capricho del que le gobierna, es esclavo por más dulce que se finja su esclavitud.

54 Entiendo, y uno de los sacrificios mayores que puedo hacer es guardar un silencio terrible para mi corazón, pero necesario a los intereses de mi patria.
55 Cuánto!!!
56 Lo veremos si están pronto a sostenerlo o a derribarlo. Por lo menos de una gran parte puede asegurarse que vuelven armas.
57 Tan imponente que ya es una locura pensar en contrarrestarla. Sin embargo los temerarios de los independientes han dado en no creerlo.
58 Quién lo duda! Para proporcionar los medios de desbaratar cuanto antes esa última trinchera del gobierno español.

10.000 viven tranquilos en medio de nosotros, unos con propiedades afincadas y otros dedicados a todo genero de industria, si la isla de Cuba presenta el estado más lisonjero de seguridad para todos los que quieran buscar su fortuna, y establecer relaciones de intereses con este dichoso país.[59] A propósito de estas prudentes reflexiones transcribamos aquí la siguiente carta recibida por un comerciante respetable de esta ciudad «Nueva York, marzo 22 de 1826.

Amigo, con la mayor satisfacción y alegría tomo la pluma para anunciarte, que el presidente de esta república ha informado al Congreso que es de un interés vital para este país, que la situación política de esa isla se mantenga como hasta ahora, y que se debe usar de toda energía y fuerza para impedir a los Colombianos y Mexicanos en el atentado que piensan de invadirla;[60] ahora puede usted contar con seguridad que la tranquilidad de esta isla está ya afianzada firmemente, de lo que doy a usted la enhorabuena, y me apresuro a comunicarle por lo mucho que debe interesarle —N. También se lee en otra carta al mismo sujeto fecha 8 de marzo de los Estados Unidos que dice: —La primera fragata nueva que se construyó aquí de los colombianos, entró en Puerto-Cabello, y en febrero no tenían gente para tripularla y estaban echando mano de los peones del campo.[61] En Cartagena igual penuria de marineros ofreciéndoles hasta quince pesos, pero sin arbitrios para pagarlos: todos los buques están a media tripulación menos la Ceres que está al completo.

La nueva segunda fragata[62] estará alistada para abril; hay escasez de numerario; pero han dado fianzas y saldrá con 100 hombres de maniobra

---

59 Mas la respuesta deberían darla donde no pudieran echarles mano, sumergirlos en un calabozo, o por lo menos atraer sobre sí una funesta sospecha. La mayor parte conserva sus propiedades en la isla, porque no puede sacarlas sin grandes sacrificios.
60 Qué chasco! Lo que es meterse a escribir abultando!
61 De manera que los pobres se verán un poco enredados con tanta cuerda y oyendo tanto término extraño. Pero qué malditos! en un instante han aprendido el inglés, y se han olvidado hasta de sus nombres en español. Lo que es pasar de un estado a otro! La marina española es muy diferente. En cada leva se cogen marineros y artilleros peritísimos, y en un abrir de ojos se tripula un buque con gente dispuesta a batirse, que derramarán por su rey hasta la última gota de su sangre.
62 Me había propuesto no hacer observación alguna sobre lenguaje, aunque más bien he adivinado que entiendo muchos de los párrafos del papel, pero esta nueva segunda fragata me sugiere cierta sospecha... Adelante.

para Puerto Cabello. Incluyo a usted la traducción del mensaje del presidente al Congreso relativo a esta[63] isla.

La salida de las cinco fragatas de guerra de ese puerto es la mejor operación de la marina, ella asegurará la opinión interior y desengañará a los tontos de fuera alucinados por los editores: se establecerá la confianza en el comercio y sentirá los buenos efectos con la concurrencia.

---

63 No tengo a la vista el papel. Si no me he equivocado en copiar esta por esa; sospecho mucho que todo es de cuño habanero.

Comunicación oficial

Mr. Clay secretario de Estado de este gobierno a Mr. Middleton su ministro en Rusia. Departamento de Estado Washington 26 de diciembre de 1825.

Señor. Las notas de usted número 48 y 49, han sido recibidas a debido tiempo y presentadas al presidente. Ha visto con mucha satisfacción que el haber ocurrido por medio de usted al emperador de Rusia para que emplee sus oficios amistosos empeñándose en establecer la paz entre España y las nuevas repúblicas americanas, no ha dejado de tener efecto favorable. Considerando las relaciones íntimas y amistosas que existen entre el emperador y sus aliados, no debía esperarse que antes de consultarles se usase un lenguaje más explícito que el de la nota del conde de Nesselrode. Con todo, bien considerada nos autoriza a creer que la influencia preponderante de la Rusia se ha arrojado en la balanza para inclinarla hacia la paz. A pesar de las predicciones de un resultado contrario hechas confiadamente por el señor secretario Canning, esta decisión del emperador corresponde a las ideas anticipadas que constantemente se han sostenido aquí desde que el presidente resolvió invocar su intervención. Esto da una gran prueba así de su humanidad como de su ilustrado juicio. Todos los hechos fuera de España parece que ahora conspiran a la paz y la caída del castillo de San Juan de Ulúa que capituló el 18 del mes pasado, no puede dejar de producir un efecto poderoso en aquel reino. Se nos ha dicho que cuando llegó la noticia a La Habana produjo una grande y generosa sensación y que el gobierno local despachó inmediatamente un buque velero para Cádiz comunicando la noticia, y suplicando al rey que pusiese cuanto antes un término a la guerra[64] y reconociese las nuevas repúblicas como el único medio que restaba de conservar a Cuba para la monarquía.

Considerando las medidas anteriores que puede adoptar este gobierno para coadyuvar a los esfuerzos de pacificación, que sin duda está empleando el emperador, ha creído el presidente que la suspensión de toda expedición militar que ambas o cualquiera de las repúblicas de

---
[64] Y no había nada de esto, porque la tal guerra y los tales temores solo eran ficciones de Abates de imaginación acalorada y armas rastreras que emplea la traición.

Colombia y México estén preparando contra Cuba y Puerto Rico, tendría una influencia favorable. Dicha suspensión parece ciertamente que se debe a los amistosos fines del emperador. Conforme a esto he dirigido notas oficiales a los ministros de dichas repúblicas recibidos aquí recomendándolo a sus gobiernos e incluyo el extracto de una de ellas siendo la otra idéntica en sustancia. Observará usted intimado en estas notas que otros gobiernos se hallarán precisados por sus mismos intereses y deberes a intervenir en caso de una invasión de las islas o de las contingencias que pueden acompañarla o seguirla. Sobre esta materia conviene que seamos bien entendidos por Rusia. En cuanto a nosotros, no deseamos cambio alguno en la posición de Cuba como hemos dicho anteriormente. No podemos permitir[65] que la isla pase a ningún poder europeo. Pero si la España rehusara[66] hacer la paz y resolviere obstinadamente continuar la guerra, aunque no deseamos que ni Colombia ni México adquieran la isla de Cuba[67] el presidente no encuentra fundamento alguno justificable para intervenir violentamente. En la hipótesis de una prolongación innecesaria de la guerra imputable a España, es evidente que Cuba será su único punto de apoyo en este hemisferio. En esta suposición ¿cómo podemos proceder contra la parte que tiene claramente el derecho en su favor e interponernos para contener o frustrar una operación legal de guerra? Si la guerra contra las islas fueran conducidas por estas repúblicas de un modo desolador; si contra toda expectación pusiesen las armas en manos de una clase de los habitantes para destruir las vidas de los otros, en una palabra, si favoreciesen o estimulasen excesos y ejemplos cuyo contagio por nuestra vecindad fuera dañoso a nuestra quietud y seguridad; el gobierno de los Estados Unidos se creería llamado a interponer su poder. Mas no debe temerse que suceda ninguna de estas contingencias, y por consiguiente es más probable que los Estados Unidos si continuara la guerra permanecerán en lo sucesivo como han estado hasta ahora siendo

---

65 Adviértase que usa de las palabras no permitir que equivalen a resistir de todos modos cuando se trate de pasar la isla a otro poder europeo, mas no a un gobierno americano.
66 Como rehusará siempre.
67 Ya lo creo...

observadores neutrales del progreso de sus acaecimientos.[68] Se servirá usted comunicar el contenido de esta nota al gobierno de Rusia. Como por la naturaleza misma de este negocio que ha inducido al presidente a recomendar a los gobiernos de Colombia y México[69] la suspensión de sus expediciones contra las islas españolas, no se puede indicar el tiempo definitivo que dure esta suspensión; si se accede a ella debe concederse por todos que no se dilatará innecesariamente, por tanto representará usted al gobierno de Rusia la exigencia de conseguir tan pronto como fuere posible la decisión de España, en cuanto a sus disposiciones de hacer la paz.

Soy de usted H. CLAY

---

[68] Que tal! Es la invasión la que se quiere impedir? Mandarán los Estados Unidos alguna escuadra o algún ejército en favor de España?

[69] Recomendar como medida que (muy equivocadamente) creyó este gobierno que podía contribuir al reconocimiento de dichas repúblicas; mas no amenazándolas como han creído los realistas de La Habana con ninguna clase de coacción.

Reflexiones sobre los fundamentos de la confianza que se tiene o aparenta tener en La Habana sobre la permanencia del estado político de la isla

Un navío viejo bien o mal compuesto y dos fragatas con algunos otros buques que han llegado de España, he aquí el gran fundamento de la confianza que aparentan los enemigos de la libertad americana. Lisonjéanse con la abultada idea del atraso pecuniario de Colombia; consuélanse con que Bolívar y su ejército podrán tener en qué entretenerse en el Brasil; calculan que en ese tiempo la miserable España haciendo fuerzas de flaquezas les remitirá nuevos socorros, y entretanto entréganse al descanso como si nada tuviesen que temer.

La suerte de los pueblos no depende de cuatro o seis buques ni de circunstancias momentáneas que solo halagan para hacer más sensible la pérdida. El horizonte político amenaza ahora más que nunca con una terrible tempestad sobre la isla de Cuba, y para convencerse de ello basta que reflexionemos sobre el estado del continente.

Libre ya del dominio europeo, siente sin embargo la necesidad de quitar al enemigo su último apoyo, necesidad urgentísima por razones políticas y económicas.

Aunque poco pueda temer de la posesión de la isla de Cuba por los españoles, es claro que en un futuro que acaso no dista mucho podrá ser algo más perjudicial pasando a otras manos. La misma España aunque impotente no cesará de ostentar capacidad para grandes empresas, animando por este medio a algunos alucinados que aunque de un modo ineficaz y temerario puedan perturbar el orden obligando el gobierno a medidas cuya necesaria publicidad será un pretexto para difundir la idea de la falta de consolidación, idea que es la más perjudicial que puede tenerse en política.

Si efectivamente los negocios del Brasil tuvieren por término una guerra, que se hiciese general a los nuevos estados americanos, es evidente que el paso más acertado y aun necesario es quitar con anticipación el obstáculo de las islas cuya permanencia enervaría la fuerza colombiana obligando a permanecer una parte considerable de ellas para impedir un atentado en estas costas. La misma consideración debe hacerse respecto de la marina, y la consecuencia que debe deducirse es, que México y Colombia se hallan en la necesidad más urgente de invadir la isla.

Si entramos en consideraciones económicas ¿quién no observa los enormes gastos a que se verán siempre obligadas las repúblicas de Colombia y México mientras la isla de Cuba sea de España? ¿Podrán prescindir de la conservación de un ejército y una armada de que no necesitarían alejando al enemigo? ¿Y por muy poco tiempo que duren estos gastos, no excederán con mucho a lo que puede costar una expedición que de un golpe las saque de cuidados, y para hablar con más claridad no debe hacerse cualquier sacrificio por anticipar una suma que será pagada con buen premio por los invadidos? Pero dirán que a pesar de todos los deseos de Colombia y México nada hay que temer porque carecen de medios. No ha sido ciertamente la falta de medios lo que ha demorado la invasión, sino la esperanza de un porvenir infundado que le hiciese innecesaria, porvenir con que se alucinaron así los libres como sus enemigos, y otras causas que no es de este momento detallar. Pero supongamos esa gran falta de medios ¿durará siempre? ¿Será tan difícil proporcionarlos? ¿No se harán los últimos esfuerzos si fuese preciso para conseguirlo? Se cree de buena fe que un gran continente que ha adquirido su libertad a precio de tantos sacrificios, omitirá los últimos que son tan cortos y que deben ser tan recompensados, los últimos, sí, y los indispensables para que no quede imperfecta la grande obra y para evitar consecuencias perjudicialísimas? ¿Se cree de buena fe que es empresa de romanos la toma de la isla? Es buen alucinarse. Mientras mayores sean los recursos de que puedan jactarse los defensores de la dependencia de la isla, mientras mayor sea el poder que se ostente, tanto mayor será el empeño de los libres en remover tan perjudicial obstáculo. El más funesto daño que puede sobrevenir a la isla de Cuba, es la ostentación de una fuerza de que en realidad carece, pues no viene a ser otra cosa que un aviso a las nuevas repúblicas de la necesidad en que se hallan de no demorar la invasión, no porque deban temer en caso de alguna empresa quijotesca intentada desde la isla, sino porque la seguridad que se afecta en ella aleja la esperanza (¡que error es haberla tenido!) de que España dé paso alguno al reconocimiento. Los estados americanos deben por todos medios redondear el expediente, no dejando a España un solo palmo de tierra que pueda llamarse americano, y entonces que reconozca o no reconozca la independencia, nada importa, ni debería hablarse de esto una palabra. Trátese por todos los medios de fomentar unos países que tanto prometen, consolídense las instituciones libres, espárzanse las luces, ciméntese la moral y déjese al gobierno Español en su delirio de que mandará en América.

Fuerza naval de los estados independientes que se hallan en el Pacífico y acaso está ya en camino para el Atlántico
De México Congreso Mexicano (el Asia) Cañones 70 Bergantín Constante 18 Del Perú Protectora (la Prueba) 50 Ayacucho 42 De Chile Presidente (María Isabel) 56 Lautaro 60 Valdiosa (la Esmeralda) 40 De Colombia Chimboraso 40

Estado económico de la isla de Cuba
Hállanse ocupados los principales jefes de aquella isla en la difícil y no sé si me atreva a decir arriesgada empresa de establecer una contribución directa, que afecte y no poco a toda clase de propiedad. Conociendo que el negocio puede tener malos resultados (a pesar) del carácter sufridor de aquel pueblo: se ha establecido entre tanto un derecho sobre extracción y consumos, cargando un peso a cada caja de azúcar, cuatro reales al saco de café y lo mismo a la arroba de cera, veinte reales sobre el consumo de cada res vacuna: ocho por las de cerda o lanares y veinte por cada fanega de sal. No se toman estas medidas porque falte dinero, pues el ser miserable se queda para los colombianos, sino por vía de precaución, por la misma que se habló de abrir un célebre empréstito en Inglaterra sobre La Habana (¿y quién respondía de La Habana? Su amo. ¿Y de su amo? Yo no sé) después de haberlo proyectado con poco fruto en la misma Habana, sin embargo de haber ofrecido el ventajoso interés de un doce por ciento. Aumentadas la marina y la guarnición, deben haber crecido enormemente los gastos e irán en progresión luego que empiecen los pedidos para reparar los buques, etc. etc. Con todo, en La Habana se piensa en que vengan más tropas y más buques de España, pues sobra el dinero y no saben en qué gastarlo.

Cuarta parte
Escritos, documentos y cartas (1824-1834)

Documentos oficiales contra actividades y publicaciones políticas de Félix Varela en el exilio

Comunicación dirigida al capitán general de la Isla, fecha Matanzas 13 diciembre 1824 referente a la llegada a dicha ciudad procedente de Nueva York del catalán Félix Bans que conducía ejemplares del periódico *El Habanero* **del pbro Félix Varela y otros papeles sediciosos**

Excmo. señor

A poco de haber llegado a esta Ciudad procedente de Nueva York don Félix Bans natural de Cataluña, supe que había conducido varios ejemplares del papel titulado *El Habanero*; y habiéndome cerciorado de esta verdad por uno de dichos papeles que llegó a mis manos, le hice venir a mi casa y preguntándole si los estaba vendiendo quién y con qué motivo se los había dado, o si los había comprado por vía de negocio en el Norte, me contestó que el Presbo don Félix Varela estando hablando con don Francisco García, prófugo como veo en la Causa de Soles de Bolívar le había entregado veinticuatro ejemplares para que de ellos sacara aquí lo que pudiera a su beneficio, y que aunque resistía a recibirlos le instó García para ello agregándole que le daría algunos ejemplares más si esperaba por ellos que nos los tenía a la mano: también les brindaba con cien ejemplares de las *Ilustres Americanas*, pero se negó a recibir estos libros porque había oído decir que no eran buenos: agrega también el dicho Bans que en una Goleta que salió para La Habana del veinte al veinticuatro del pasado, y en otro buque que se alistaba para Puerto Príncipe se embarcaron muchos papeles del Habanero y que [ilegible].

22 de Dice de 1824
Al gobernador de Matanzas
Me ha parecido muy oportuno el celo de V. S. en a el asunto de la introducción de papeles sediciosos, y el procedimiento seguido contra don Félix Bans, que aunque imbécil, servirá para que conozcan los mal intencionados que de ningún modo podrán burlar la vigilancia de las autoridades, siempre prontas a sofocar sus planes revolucionarios, pareciéndome muy conve-

niente que usted me remita las diligencias para dar cuenta a S. M.: con lo que contesto a su oficio del asunto de 13 del actual.

El Gobn de Matanzas: diré a V. E. que a poco de haber llegado a aquella ciudad don Félix Gómez procedente de New York supo que había conducido varios ejemplares del papel titulado *El Habanero* por lo que haciéndole comparecer le pregunto si los estaba vendiendo a lo que contestó que el presbo don Félix Varela estando con don Francisco García prófugo de la causa de conspiración le había entregado 24 ejemplares pa que sacara de su venta lo que pudiera a su beneficio prometiendo también entregarle 100 ejemplares de los *Ilustres Americanos*, que cediendo a sus vivas instancias recibió los 24 ejemplares del Habanero por que había oído decir que eran buenos, que en una Goleta que salió pa esta ciudad vendrían muchos números de este periódico, asegurando que no los había leído [palabra ilegible] Otro jefe (dice) que Bans es un imbécil infeliz y tan negado de quien se han aprovechado los mal intencionados y que en este concepto solo lo estrechó a que recogiese los ejemplares vendidos, de los cuales se ha entregado ya 15 y un aporte de los que aseguran haber quemado ya los suyos, continuándose en estas diligs y acompaña un ejemplar de aquellos aguardando la resolución de V. E.

Contéstese Me ha parecido muy oportuno el celo de V. S. en el asunto de la introducción de papeles sediciosos y el procedimiento seguido contra Bans que aunque imbécil servirá para que conozcan los mal intencionados que de ningún modo podrán burlar las vigilancias de las autoridades siempre prontas a sofocar sus planes revolucionarios pareciéndome muy conveniente que V. S. me remita las diligencias para dar cuenta a S. M.

[Archivo Nacional de Cuba. Fondo: Asuntos Políticos, legajo n.º 29, signatura 14.]

Real orden, fecha Aranjuez 19 de abril 1825, acusando recibo del periódico EL HABANERO publicado por el pbtro Félix Varela en los Estados Unidos y aprobando las providencias tomadas para evitar la introducción de este y otros papeles revolucionarios

Excmo. señor

He puesto en noticia de S. M. cuanto V. E. manifiesta en su carta 133 de 26 de enero último, en remite los números 1.º y 2.º del periódico titulado el Habanero, su autor el Presbítero don Félix Varela, Diputado que fue de las llamadas Cortes, residente en los Estados Unidos de América, en donde se imprime otro folleto; y habiendo quedado enterado S. M. de las providencias tomadas por V. E. para evitar la introducción de este y otros papeles revolucionarios, y de los sujetos que expresa, lo participo a V. E. de M. Orden, pa. su conocimiento.

Dios que a V. E. m. a. Aranjuez 19 de abril de 1829.

[Archivo Nacional de Cuba. Fondo: Asuntos Políticos, legajo n.º 29, signatura 43.]

Cartas cruzadas entre las autoridades españolas y el ministro Español en los Estados Unidos sobre las actividades políticas de Félix Varela

H. de Rivas y Salmón.
Al Excmo. señor Primer
Secretario de Estado &&.
Filadelfia 7 de enero de 1825

Remite a S. E. un Periódico interesante que redacta en Nueva York el Ex diputado de Cortes don Félix Varela, con el objeto de revolucionar la Isla de Cuba.

Legación de S. M. Excmo. Señor Muy señor mío – Habiendo tenido noticias de que el Presbítero don F. Varela, Ex-Diputado de Cortes, redactaba en Nueva York, un Periódico, con el único objeto de excitar a los habitantes de la isla de Cuba, a la Independencia, escribí al Cónsul de S. M. lo que podrá ver V. E. en la copia adjunta, y a continuación la contestación que me dio. Si yo puedo procurarme algunos ejemplares, se los remitiré a V. E.

Este Ex-Diputado de Cortes, creo que es, uno de los proscritos por haber votado en Sevilla la deposición de S. M. y nombramientos de una Regencia interina. Era Catedrático de Filosofía en La Habana, y muy estimado allí particularmente de la juventud de las principales familias, a quien educaba.

Nota del ministro de S. M. en los Estados Unidos sobre las actividades de Varela en esa República.

(Archivo de Indias, Papeles de Estado, legajo 19)

Los discípulos suyos de aquella Ciudad, le remitieron un socorro de 4.000 duros, luego que supieron su llegada a este país.

Dios guarde a V. E. ms. as. Philda, 7 de enero de 1825.

P. D. Enero 10. Es evidente que este Cónsul de S. M. ha supuesto dificultades únicamente para excusar su descuido en no haberme dicho nada de este Periódico; pues yo no he encontrado dificultad en obtener tres ejemplares de cada número, valiéndome de otra persona en Nueva York. No los he recibido todavía, porque aguardan ocasión particular de remitírmelos, en vez de enviarlos por el Correo. Si los recibo antes de cerrar el Pliego, se los incluiré a V. E. Entre tanto acompaño un ejemplar del n.º 2, que me ha dado aquí un amigo. Me parece bastante interesante, aunque no muy bien escrito.

Me ha sorprendido ver confirmado a la letra, en este folleto, cuanto tengo avisado al capitán general de la isla de Cuba, manifestado a V. E. en mis números 200-102-92 y otros. Advierto que el señor Varela, habla de armamentos que se hacen en este país para los insurgentes, más considerables de los que yo tengo noticias.

Excmo. señor
B.L.M. de V. E.
Hilario de Rivas y Salmón (Rubricado) Excmo. señor Primer secretario de Estado y del Despo Universal.

A. D. Tomás Stoughton

Sé de cierto que el doctor Varela Ex-Diputado de Cortes, da a luz en esa un periódico, excitando a los habitantes de la isla de Cuba a la Independencia, del cual han salido ya dos o tres números. He extrañado bastante que usted no me haya escrito nada sobre esto, cuando S. M. tiene encargada la mayor vigilancia a sus cónsules en todo lo que hace relación a las Américas.

Sírvase usted procurar y remitirme tres ejemplares de cada número. Dios & (Firmado) Hilario de Rivas y Salmón.

Filadelfia, 2 de enero 1825.

A don Hilario de Rivas y Salmón.

En contestación al oficio de V. S. de 3 del corriente sobre los periódicos del doctor Varela, tengo la honra de decir a V. S. que a principios de noviembre último, me informaron que dicho individuo acababa de llegar a ésta, de Filadelfia, donde había estado tres meses, ocupado con la impresión de dos obras, la una sobre Filosofía, y la otra sobre Política; que en esta última recomendaba al pueblo de Cuba a declararse independiente. En consecuencia traté de ver dichos escritos, muy pronto pude conseguir que me prestasen el tomo sobre Filosofía, mas el otro nadie lo había visto ni podía dar razón de él, pero después de haber practicado muchas diligencias, por último logré que un español llamado Picard, me prestase por un cuarto de hora antes de embarcarse para La Habana, el único ejemplar, que se decía había en Nueva York, era un folleto de como cuarenta páginas, en octavo, señalado con el número 1, e intitulado «papel político y literario, por el Presbítero don Félix Varela, impreso en Filadelfia, año de 1824».[70] Solamente tuve lugar para leerlo por encima. Se reducía su contenido a manifestar la impolítica de los cubanos en mantener bajo el dominio de España y trata de hacer ver la imposibilidad de ésta, de sostener su autoridad en la isla de Cuba contra el poder de Bolívar; quien habiendo así concluido la guerra del Perú, se ocuparía enseguida con la conquista de aquella isla, que será cosa fácil e indudable y advierte a sus habitantes que si tratan de salvar sus bienes, que no deben oponérsele. Ninguna de las personas que yo conozco en ésta, ha podido conseguir ejemplar ninguno, de dicho escrito, ni tampoco los señores Draice y Layseca, dos individuos de los principales de La Habana, a pesar de que se han empeñado en ello. Hace quince días me han dicho que había salido de Filadelfia el segundo número, que es por el mismo estilo que el primero, pero no me ha sido posible ni siquiera ver un ejemplar de él. Dios & Firmado Tomás Stoughton.

Nueva York 5 de enero de 1825.

---

70 Se trata de *El Habanero*. (n.º de Chacón y Calvo.)

Comunicación de don Francisco Tacón. Ministro de España en los Estados Unidos, al ministro de Estado de S. M.
(Archivo de Indias, Papeles de Estado, legajo 19.)
Excmo. señor

Muy señor mío: el Eclesiástico emigrado Varela, residente en Nueva York, y del cual traté a V. E. en los despachos núms. 698 y 860, está intrigando actualmente en fraguar una pomposa justificación de su celo Apostólico para mandarla a Roma, acompañada de la más eficaz recomendación firmada por muchas personas de aquel pueblo que profesan nuestra Santa Religión, a fin de obtener de S. Sd. le nombre obispo de Nueva York en caso de conseguir el Ilmo. Dubois que se halla en Europa, su traslación a una de las Iglesias de Francia, o de resultar vacante otra Silla Episcopal en estos Estados; y como la elección de tan malvado Español a la dignidad que pretende, podría ser muy perjudicial a los intereses del rey N. S. por los mayores medios que se proporcionarían de sostener sus inicuos y acreditados deseos de alterar la tranquilidad de la Isla de Cuba, me apresuro a comunicarlo a V. E. para el debido conocimiento de S. M.

Varela ha conseguido la amistad y protección del obispo Dubois, hasta el grado de haberle nombrado Vicario general asociado con el Eclesiástico Mr. Power, cuyo título se dan ambos, y aunque éste aparece el ostensible, se halla obligado a consultar a Varela, por las preferentes facultades que el expresado obispo le ha dejado.

Las Iglesias Católicas en este país se han construido y se construyen por las contribuciones voluntarias de los fieles, emanando sus rentas del mismo conducto y de los abonos anuales por las tribunas o bancos.

Los asuntos temporales de la Iglesia están bajo la dirección de Administradores nombrados anualmente a votación de los propietarios de las tribunas, o contribuyentes, y los espirituales dependen absolutamente de la Corte de Roma, como si estas Iglesias estuviesen dentro de aquella capital, y así resulta, que la Santa Sede elige los obispos a su voluntad y resuelve en último recurso los frecuentes altercados que ocurren entre el Cuerpo Eclesiástico, o entre éste y los Administradores.

Por la naturaleza del Gobierno de esta Unión, no existen ni pueden hacerse Concordatos con la Santa Sede y de consiguiente el establecimiento Católico en este país, son Misiones dimanadas directamente de la Corte de Roma.

El primer obispo de Nueva York se nombró hace veinte años y recayó en el difunto O'Conelly por recomendación de S. M. la Reina de Etruria (q.e.p.d.) y el actual obispo Dubois, se nombró por la del Gobierno Francés, aunque había otros candidatos recomendados por los Administradores. Me tomo la libertad de citar a V. E. estos ejemplares de la ilimitada autoridad de S. Sd. en la elección de obispos para estas Iglesias y de recordar a la memoria de V. E. el establecimiento y gobierno particular de ellas, para fundar la posibilidad de que Varela consiga la alta dignidad a que aspira, si lograse sorprender la acrisolada rectitud del Sto. Padre con la justificación que está preparando y la eficaz recomendación de los Administradores y contribuyentes con que irá acompañada.

También creo de mi deber asegurar a V. E. que además de no carecer de fondos dicho mal Español, le protegen para el logro de una Mitra diferentes Comerciantes ricos de Nueva York. En otro país solo el incendiario periódico[71] que publicó en los años de 1824 y 25 que remitió a V. E. mi antecesor don Hilario de Rivas y Salmón con los números 214, 231 y 302 de su correspondencia, invitando a la rebelión a los fieles habitantes de las Islas de Cuba y Puerto Rico, hubiera bastado para quedar privado o suspenso a lo menos, de ejercer las funciones eclesiásticas; pero en esta República le ha producido amigos y popularidad.

Deseo que S. M. se digne apreciar esta comunicación y que V. E. me favorezca con las órdenes de su superior agrado.

Dios guíe a V. E. ms. as. Filadelfia 14 de marzo de 1830.

Excmo. Señor B.L.M. de V. E.

su más atento Servidor Francisco Tacón

(Rubricado)

Excmo. señor don Manuel González Salmón.

Nota del ministro de Estado español al Embajador de España en Roma

---

[71] El Habanero.

(Archivo de Indias, Papeles de Estado, legajo 19). Madrid 5 de junio de 1830.
Al Embajador de S. M. en Roma.

Excmo. Señor Entre los revolucionarios españoles que refugiados en los Estados Unidos, y poseídos de ambición, y agitados del funesto espíritu de turbulencia que los devora, no cesan de maquinar proyectos subversivos contra el suelo que los vio nacer para su desgracia, se halla el presbítero don Félix Varela, residente en la actualidad en Nueva York. Este mal español, y peor eclesiástico, ha mantenido relaciones íntimas y criminales con varios de los más principales agitadores de los trastornos y desórdenes que afligen los dominios de S. M. en América y como si no bastasen los que promovió en España con su carácter de diputado, y los que hoy llora la América Española, tan feliz en otro tiempo, y envidiase la tranquilidad que gozan los países que han permanecido fieles al rey N. S., ha excitado con sus escritos a los habitantes de la Isla de Cuba y de Puerto Rico a separarse del dominio de S. M. Su hipocresía, y sus arterías le han captado la amistad y protección del obispo católico de Nueva York Mr. Dubois en términos de haberle nombrado su vicario general asociado don Mr. Power, y como parece que se espera que Mr. Dubois sea trasladado a una de las iglesias de Francia, y aquél aspira a reemplazarle en aquella silla u ocupar otra en los mismos Estados Unidos, anda muy solícito amañando una pomposa justificación de su celo apostólico valiéndose para ello de las muchas relaciones que tiene con los católicos de aquel país, a fin de que enviada a Roma con grande recomendación de su persona recaiga en él la elección de Su Santidad si por desgracia fuese sorprendida su religiosa conciencia, hasta este punto: la expresada artificiosa justificación, y las recomendaciones amañadas que las acompañaran podrían ser tanto más peligrosas cuanto las iglesias católicas de los Estados Unidos por la organización de aquel país dependen exclusiva directa e inmediatamente del Sto. Padre, y podrán ser los únicos antecedentes que sobre este mal eco lleguen a su conocimiento; y S. M. tan celoso del bien de la Iglesia, como atento a la tranquilidad de sus pueblos se ha servido mandarme ponga en conocimiento de V. E. todo lo referido a fin de que haciendo de estas noticias el uso prudente y delicado que ellas exigen y que su juicio le dictará, impida que este revolucionario logre sus ambiciosos designios sorprendiendo el ánimo de Su Santidad en daño de la Iglesia y de las vecinas colonias españolas.

De real orden lo digo a V. E. para su inteligencia y gobierno. Dios, etc.

Nota del Embajador de España en Roma dando cuenta de sus gestiones cerca del señor Cardenal secretario de Estado, y relativas a las posibilidades episcopales del P. Varela.

(Archivo de Indias, Papeles de Estado, legajo 19.) Embajada del rey en Roma. Excmo. Señor Muy Señor Mío: El Cardenal secretario de Estado ha respondido a la Confidencial que le pasé en 22 de julio último acerca del Presbítero don Félix Varela, asegurándome que el Ministerio Pontificio tendrá presentes las noticias que le di en ella, en el caso poco probable de que sea el referido Presbítero propuesto a S. P. para algún Obispado. Me dice también que estando poco de acuerdo al Presbítero Varela con otro vicario del obispo de Nueva York, trata de dejar aquella Diócesis para irse a otra parte. De todo se enterará V. E. mejor por la copia que le incluyo de la Nota confidencial que me ha pasado el Cardenal secretario de Estado en respuesta a la mía de 22 de julio, de la cual envié copia a V. E. en 26 del mismo mes con mi Oficio número 470.

Dios guíe a V. E. ms. as. Roma 26 de agosto de 1830

Excmo. Señor.

B.L.M. de V. E. su más atento servidor

Pedro Gómez Labrador

(Rubricado)

Señor 1.º, secretario interino de Estado

Tres cartas políticas de Félix Varela (1825)

Cartas a don Joel R. Poinsett
New York, 27 de Eno de 1825.
Muy señor mío:
En este momento acabo de recibir la apreciable de usted fha. 20 del corriente incluida en otra del Señor Salazar fha. 24. Esta circunstancia manifestará a usted que de mi parte no ha habido demora en contestar a un asunto tan interesante y siento infinito no poder hacerlo en las pocas horas que faltan para la salida del correo, con la extensión que desearía hacerlo.

Usted sienta un principio de eterna verdad. Los piratas no se extinguen mientras no haya en la misma isla un principio interior enérgico que auxilie los esfuerzos del gobierno de estos Estados; y no habrá ni puede haber tal principio mientras aquella isla pertenezca a España, pues su auxilio es nulo, y sus funcionarios en ella no cuentan con la gran masa que solo desea ser libre. El nuevo gobierno que se estableciere tendría a su disposición infinitos medios, pues estoy bien seguro que serán muy contados los individuos que espontáneamente no ofrezcan sus personas y capitales al servicio de la patria y para consolidar el nuevo orden de cosas. Tampoco es de dudar que siendo motivo de descrédito y si se quiere de degradación para aquella isla la existencia de la piratería, pondrá el nuevo gobierno todo su empeño en removerla y acreditarse, y creo que no es infundada la esperanza de que lo consiga. Los piratas principales no ignora usted que son los mismos compradores que todo el mundo conoce y parece que solo ignora el actual gobierno. Hablemos claro, los conoce, pero teme arrostrarles porque son los únicos que tiene a su devoción y teme que los buenos hagan lo que deben.

España, amigo mío, es un cadáver, y no puede dar de sí más que corrupción y principios de muerte. Nada hay que esperar. Por el contrario, un Estado nuevo (¡ah! ¡si le viéramos en la isla de Cuba!) tiene todo el calor de la naturaleza en su juventud; desplega los gérmenes del honor y la virtud; y por un impulso irresistible camino al bien y destruye toda planta nociva. Yo no puedo extenderme más porque no hay tiempo, pues ya por instantes

debo cerrar esta carta. Solo me resta asegurar a usted el respeto y consideración de su mas affo. amigo y seguro servor. Q. S. M. B. (f) Félix Varela.
Señor don Joel R. Poinsett.[72]

New York, 28 de Eno. de 1825.
Muy señor mío: En la carta que con la mayor precipitación tuve el honor de dirigir a usted ayer me fue imposible hacer aun las indicaciones más substanciales sobre el delicado asunto de la extinción de piratas e independencia de la isla de Cuba. Yo quiero suplir de algún modo los vacios de la anterior, si no con toda la extensión de que es susceptible el negocio; por lo menos con la que permiten las graves ocupaciones de usted, cuya indulgencia no dudo obtener cuando me tomo la confianza de repetir mis cartas, y con ella la interrupción de los interesantes trabajos a que usted se dedica.

Si este gobierno intenta por medios puramente externos contener la piratería, es perder absolutamente el tiempo, y exponerse al ridículo, ps. las armas de una nación respetable serán siempre burladas por una porción de pícaros, sostenidos por otros iguales pero más codiciosos; y tolerados por un gobierno a quien solo queda el nombre. Si se emplean medios violentos (prescindiendo de una declaratoria de guerra), este paso como usted dice es injusto, y además lleva consigo el ultraje. Yo conozco a mis paisanos, y si por desgracia yacen en una lamentable apatía, no por esto carecen de un carácter firme y pundonoroso, y acaso la idea de ser vejados es la que más puede moverlos a una resistencia, y será preciso concluir por una guerra que desde el principio puede hacerse (si se quiere) con más decoro y más ventaja; porque en el país no hay ahora disposición ni voluntad de sostenerla.

Yo deseo considerar todo este asunto con relación a la independencia. El partido más fuerte que existe entre los independientes de la isla está porque ella se constituya por sí sola, o que en caso de agregarse a alguna nación, sea a estos Ests. no formando propiamente uno de ellos, sino mirándolos como nación protectora y estableciendo pactos políticos y mercantiles ventajosos a ambas partes. Ahora bien; si por un paso violento se logra indisponer la plebe, que es en estos casos la que no reflexiona, servirá de

---

72 MSS. en *The Historical Society of Pennsylvania*, Filadelfia, Penna.

grande obstáculo para los procedimientos futuros, que son indispensables. Amigo mío usted ha pensado muy bien, las cosas deben hacerse de un modo noble y decoroso, ir al tronco y no andarse por las ramas.

Una sentencia cruel en la causa de conspiración acaba de separar para siempre de la isla 34 personas, y entre ellas capitalistas de consideración. Otros muchos han perdido casi todos sus bienes para salir mejor librados, cada día se aumenta el descontento y aun la desesperación. Sea el gobierno de los Estados Unidos el gobierno libre por excelencia, el ángel tutelar de un pueblo, que sin ser menos amante de la libertad no es tan feliz en poseerla. Agregue usted amigo mío a sus fructuosos trabajos en favor de la libertad americana, este último golpe, que dará nuevo lustre a su carrera política y le dará un nuevo título al aprecio de los pueblos americanos.

Es de usted con la mayor consideración su ato. Q. S. M. B.

(f) Félix Varela.

Señor don Joel R. Poinsett.[73]

[Herminio Portell Vilá: «Sobre el ideario político del Padre Varela». *Revista Cubana*, Vol. I, enero de 1935.]

Carta al S.D.P.I. de A.

Contestando a la que se sirvió dirigirle impresa en el *Correo político de Trinidad* de 5 del pasado.

Nueva York, 7 de julio de 1825

S.D.P.I. de A.

Muy señor mío: la impugnación a mi Habanero hecha por uno que se finge mi discípulo dice usted que le indujo a creer que yo soy el autor de dicho papel, lo cual nunca hubiera sospechado por no parecerle conforme a mis ideas. Perdono a usted el mal concepto que había formado de mí, y le agradezco su rectificación. Tomando el giro que acostumbran los que se creen en la necesidad de ser mis enemigos dice usted que cuando yo ocupaba la cátedra de Filosofía en el Colegio de S. Carlos de La Habana mi espíritu estaba Virgen, mi voluntad y mis acciones pero que ya alteradas mis facultades es preciso lo dé a conocer por actos de un arrepentimiento sin

---

73 MSS. en *The Historical Society of Pennsylvania*, Filadelfia, Penna.

recurso, y que tiro patadas de ahorcado, porque no puedo tener mi Cátedra y me veo precisado a redactar el Habanero.

Cuando yo ocupaba la Cátedra de Filosofía del Colegio de S. Carlos de La Habana pensaba como americano; cuando mi patria se sirvió hacerme el honroso encargo de representarla en Cortes, pensé como americano; en los momentos difíciles en que acaso estaban en lucha mis intereses particulares con los de mi patria pensé como americano; cuando el desenlace político de los negocios de España me obligó a buscar un asilo en un país extranjero por no ser víctima en una patria, cuyos mandatos había procurado cumplir hasta el último momento, pensé como americano, y yo espero descender al sepulcro pensando como americano. Si esto es el carácter que usted abomina, si esta es la depravación que usted lamenta, ah! hónreme usted abominándome y no me injurie compadeciéndome.

El Habanero no se escribe para mantener a su autor, este por el contrario hace sacrificios pecuniarios para su redacción gravosísimos en las circunstancias en que se halla. Por más esfuerzos que usted haga no creo que conseguirá persuadir a nadie que el autor del Habanero no piensa como escribe, y que solo escribe para comer. No me haría justicia a mí mismo, ni la haría a mis compatriotas si me creyera obligado a desvanecer tan degradante idea. Toda la impugnación que usted hace al Habanero se reduce a comparar mi conducta política con la de un médico imprudente, o mejor dicho, rastrero e interesado que se empeñase en aconsejar a un hombre sano robusto y sin temor de dolencia alguna que entrase en una cura costosa y arriesgada, sin otro objeto sin duda, que el de proporcionar algunas pesetas a su consultor. Pues, señor Galeno de barrabás, busque usted quien esté tan apurado como usted para que halle en la desesperación un remedio que anhelan los ambiciosos no contento con lo bastante y que ansían por lo superfluo.

Con estas notables palabras concluye FV. su símil, y aunque ellas dan margen a reflexiones muy serias, yo me contentaré con insinuar a usted que no me hallo en ese estado de desesperación que usted supone, que en lo que menos pienso es en que mi patria me proporcione pesetas, que podré ganarlas fuera de ella sea cual fuere su suerte futura. Pero contrayéndonos al símil ¿puede compararse la isla de Cuba a ese hombre sano y robusto, que ni siquiera teme una enfermedad? Si. Usted lo cree no hay con qué convencerle, su espíritu está trastornado. Casi todos los habitantes de la isla de Cuba dice usted que son propietarios, y que no deben ni siquiera alterar el orden actual de cosas. Enhorabuena, quietecitos estarán cuando por un efecto necesario en toda guerra vean volar esas propiedades que tanto acarician. La cuestión debe ya dejarse al tiempo; yo he sostenido que el interés de la isla de Cuba exige un cambio político, y que este sería más ventajoso anticipándose a toda invasión, pero que verificada esta no es del interés del pueblo resistirla, aunque lo sea del gobierno. Usted y todos los de su partido sostienen que no debe hacerse alteración alguna, sino prepararse a una defensa heroica hasta que, como suele decirse, no quede piedra sobre piedra. Dejemos al pueblo que decida cuál partido le conviene más, y al tiempo que nos presente los resultados.

Aunque es materia bien extraña de la cuestión, yo no puedo menos de advertir a usted que se ha equivocado grandemente cuando asegura que yo he enseñado con Buffon que el alma no reside en la cabeza sino en el diafragma, y en consecuencia dice usted Varela y Buffon no saludaron la filosofía y por lo tanto cometieron ese pecado metafísico. A la verdad que me sería honroso ser tan ignorante en fisiología como Buffon, a menos que por fisiología no se entienda la jerga de Lázaro Riverio, pero el caso es señor mío, que yo en mi vida he averiguado el lugar en que está el alma, antes siempre he creído que es contrario a su naturaleza espiritual el confirmarla en tal o cual parte del cuerpo. Tampoco creo que Buffon tuvo jamás el delirio de investigar este punto; solo dijo que el centro de la sensibilidad, o mejor dicho el centro de la reacción sensible está en el diafragma y los músculos del pecho y no en el cerebro. No admitía este célebre físico propagaciones al diafragma, como tampoco al cerebro, solo dijo que en las sensaciones fuertes y en los grandes trastornos del sistema nervioso, se producía una reacción en su centro o sea el centro del hombre, para restablecerlo en sus funciones. Esta es la doctrina de Buffon que yo he seguido y enseñado, doctrina que sin duda necesita explicaciones más prolijas, que no son del objeto de esta carta. Sin embargo, lo dicho creo que basta para manifestar que ni Buffon ni yo hemos cometido el pecado metafísico de que usted nos acusa, bien que hablando con franqueza para esto de pecados metafísicos tengo la conciencia un poco ancha.

He observado, o mejor dicho me han hecho observar que algunos periodos de la carta de usted que más hacen relación a mi persona terminan por.: Dícenme que estos puntitos son unas de las simplezas masónicas, y que acaso los ha puesto usted para indicar que yo pertenezco a esa sociedad. Pues sepa usted señor mío, que jamás he pertenecido, ni pertenezco, ni perteneceré a esa ni a ninguna de las sociedades secretas, y usted podía haberlo conocido leyendo el primer número del Habanero; con lo cual se hubiera abstenido de una calumnia tan poco ameritada.

Continúe usted sus buenos servicios al gobierno español, mientras yo no olvidaré los que debo a mi patria, estando siempre a las órdenes de usted su at. Q. S. M. B.

Félix Varela

[Biblioteca Nacional «José Martí». Sala Cubana, donativo.] Este documento se encuentra adjunto al Tomo I, n.º 1 de *El Habanero* en fotocopia.

Félix Varela. Correspondencia con José de la Luz y Caballero (1825-1829)

Carta a José de la Luz y Caballero, 29 diciembre, 1825

¿Qué le escribiré a usted amigo mío? A esta pregunta me obliga mi situación. *Inteligenti Pauca.*

Si ha habido exámenes venga el elenco Vuestro amigo Saco enfrascado en su Química, yo ocupado en mi ministerio (aunque no tengo ninguna colocación como han corrido por allá) y ocupando algunos ratos en proporcionar material para las tertulias de La Habana.

Es de usted

Félix Varela

[Archivo Nacional de Cuba. Fondo: Donativos y Remisiones, legajo 604, signatura o número 41.]

Carta a José de la Luz y Caballero

New York 6 de enero de 1827

Señor don José de la Luz

Mi estimado amigo: Carta con petición ¡Qué mala carta! Estoy en el proyecto de comprar o fabricar una iglesia, por ser absolutamente necesaria, y pido a usted una limosnita, y con agregado que es el de hablar al señor don Thomas de Herrera suplicándole me dispense no le escriba directamente. Si hiciera usted lo mismo con otros y me buscara mucho mucho mucho dinero ¡Qué bueno! Pero yo soy conformadizo; venga aun sea un peso.

Esta carta necesita mil dispensas, mas yo las espero de la amistad de usted atendida la santidad del objeto.

Es de usted su afmo.

Félix Varela

[Archivo Nacional de Cuba. Fondo: Donativos y Remisiones, legajo 604, número 41.]

Carta manuscrita firmada por Félix Varela a José de la Luz y Caballero

New York 17 de Octe de 1829

Señor doctor de la Luz y Caballero.

Mi estimado amigo

La señorita doña Enriqueta Purroy que entregará esta carta pertenece a una familia de mi amistad apreciabilísima, y digna de todo respeto —Intenta establecer una Academia para Señoritas, si las circunstancias son favorables, en cuyo caso pasarán sus hermanas a reunirse con ella. Nadie mejor que usted puede informarle y aconsejarla sobre este asunto, y le suplico que lo haga quedando agradecido su afmo y s.m.b

Félix Varela

[Archivo Nacional de Cuba. Fondo: Donativos y Remisiones, legajo 604, signatura o número 41.]

Escritos varios 1826-1830

Instrucción Pública

Las ideas presentadas por los escritores son unas ofrendas hechas al público para que las admita o deseche libremente, y a nadie ofenden cuando no son efecto de la animosidad. No la hay de nuestra parte, ni tememos se nos atribuya; y así no dudamos manifestar con franqueza nuestra opinión bien que contraria a la generalmente recibida.

Es un error creer que la instrucción pública está adelantada, cuando lo están las ciencias. Hállanse esas en muy pocos individuos, y sus progresos dependen del número de las verdades conocidas, aunque lo fuesen por un solo entendimiento. Sin embargo de que las ciencias se enseñen públicamente, no pueden menos de pertenecer a la instrucción privada, pues solo están al alcance de unos pocos a quienes ha cabido la fortuna de tener medios para sufragar gastos cuantiosos, aun cuando no sean otros que los indispensables para sostenerse durante la dilatada carrera del aprendizaje. El derecho que tiene el pueblo a ellas, es nulo en sus efectos, y solo sirve para evitar el agravio de la exclusión. Las ciencias son como los grandes edificios que se ponen en venta pública, pero ya se entiende que están excluidos del concurso nueve décimos de la sociedad. Si fuese dable formar un pueblo de sabios, lo sería de felices; pero siendo imposible lo primero para aproximarse a lo segundo, debe esparcirse la instrucción por todas las clases, llevándola no al grado que constituye ciencia, sino al que basta para que el hombre tenga medios de conocer sus deberes religiosos y sociales, los particulares de su estado, y los modos sencillos de emplear la naturaleza para satisfacer las necesidades y proporcionar sus goces. La riqueza científica es como la material, que si no se esparce, presenta el cuadro lastimoso de un país rico habitado por un pueblo pobre. Los sabios confundidos en una masa bárbara son como las perlas en el cieno, que no solo son inútiles sino que están en peligro de ser sumergidas. En tales casos el talento es una desgracia, la aplicación un crimen y la ciencia un tormento; y los hombres que rara vez tienen firmeza en el sufrir sin la esperanza de merecer, abandonan los trabajos literarios, o bien hacen treguas con la ignorancia o halagan la malicia para conseguir favores. De aquí la degradación de las ciencias, de aquí esa multitud de farsas científicas calculadas para sorprender y alucinar una multitud idiota, pero vana y con pretensiones de civilizada; de aquí la infamia de hacer servir las mismas ciencias de instrumento para destruir todos los bienes sociales.

Creemos, pues, que es equivocada la marcha que generalmente se sigue para promover la instrucción pública, y que en vez de empezar por el cultivo de las ciencias para que ellas produzcan la ilustración del pueblo, debe empezarse por esta, para que aquellas puedan existir, por lo menos de un modo ventajoso. En todas las cosas humanas entra como elemento la vanidad y las pervierte. La mayor parte de los caudales empleados para promover las ciencias se gastan o desperdician en edificios suntuosos y ornatos enteramente inconducentes al progreso de los conocimientos; al paso que la masa popular yace en la ignorancia. ¿No podría sin menoscabo de las ciencias, dárselas unas habitaciones más modestas, y emplear estas sumas en promover la primera educación que es la que debe servirlas de apoyo? Sentiríamos que se creyese equivocadamente que hacemos guerra a los grandes y costosos institutos literarios, cuando solo nos oponemos a lo mucho que hay de superfluo en ellos, y a que por fomentarlos se abandone la primera y más interesante enseñanza. Confesamos que no solo son útiles sino necesarios, mas esta necesidad no es tan urgente como la de proporcionar la primera educación, y un pueblo puede ser ilustrado sin grandes institutos, y muy bárbaro teniéndolos.

Por una desgracia de la sociedad aspiran todas las naciones no solo a figurar como científicas sino como creadoras de las ciencias; pero muy pocas tienen el noble orgullo de manifestarse como verdaderamente ilustradas, haciendo ver que en su territorio no hay tinieblas sino más o menos iluminación según las circunstancias. Inglaterra tan célebre por sus conocimientos es un astro muy manchado. ¿Qué es Francia sino un bosque oscuro penetrado acá y allá por los rayos del Sol? Sin que se crea que influye en nuestro juicio la hospitalidad recibida en el país que habitamos, podemos asegurar que es el único verdaderamente ilustrado. Los americanos del norte están muy lejos de rivalizar a las primeras naciones europeas en punto a ciencias, pero exceden a todas ellas en punto a ilustración. Una multitud de ingleses no sabe leer, y en Francia y Alemania el idiotismo es bien abundante: mas entre los hijos de la América del Norte es un fenómeno extraordinario el que haya uno que no puede leer la gaceta. No es de nuestro objeto deducir las consecuencias que naturalmente se desprende de estos datos, que solo hemos presentado para demostrar que el estado de las ciencias no es el exponente de la ilustración de un pueblo.

La educación científica es distinta de la pública. De la primera recibe la sociedad los adelantamientos en las partes que no están sujetos a un mero mecanismo, las mejoras de su legislación, los medios de conservar la salud pública, en una palabra su parte directiva; de la segunda su parte operante. Si esta es bruta, aquella es inútil, o por lo menos encuentra muchos obstáculos, y ve frustradas sus direcciones. Forma la primera clase el esplendor del pueblo, la segunda produce su sensatez. Cuando todos los miembros de la sociedad tienen la instrucción suficiente para conocer sus deberes y sus utilidades, solo se necesita un pequeño estímulo para ponerlos en acción y casi puede decirse que continúan por sí mismos con cierta regularidad y tino que es lo que entendemos por sensatez popular; y los sabios se animan a sugerir ideas correctas y planes ventajosos porque están seguros de la buena acogida, y de que su trabajo será fructuoso: mas cuando la masa popular es bruta, aun cuando abunden los sabios, el pueblo no será sensato, y siempre será preciso tratarle como a un conjunto de niños o de locos: siempre será el juguete de todo el que quiera engañarle, y siempre será una víctima sacrificada a la ambición y a la avaricia. En las naciones así como en los individuos la sensatez se distingue de la ciencia, echándose menos en muchos sabios el sano juicio que admiramos en hombres de muy poca instrucción. La práctica de pensar es la que facilita el acierto, y cuando un pueblo no tiene, por decirlo así, medios para pensar, no puede esperarse que adquiera dicha práctica. Antes al contrario, se familiariza con la idea de su incapacidad, deja a otros el cuidado de discurrir, y se constituye una masa inerte. Cuando sale de esta inercia es para entregarse a una furia brutal o a un júbilo insensato, ni más ni menos que un demente.

Manifestada la idea que formamos de la instrucción pública, y demostrada su necesidad, examinemos a quien toca promoverla. Comúnmente se deja esto a cargo del gobierno, y el pueblo se reserva el derecho de criticar con mas o menos libertad según las circunstancias. No negamos que es un deber del gobierno pero lo es aun mucho más del mismo pueblo que nunca debe perder de vista su necesidad de mejorarse y de preparar días aun más felices a las generaciones futuras. Jamás el gobierno debe servir de disculpa al pueblo, sino cuando por actos positivos le impide sus adelantamientos; mas la ignorancia o la apatía del gobierno es solo un pretexto para los que son tan apáticos, y acaso más incapaces que los mismos gobernantes. Es una verdad inconcusa en moral, en legislación y en política que nadie puede justificar sus negligencias con las de otro, y que solo cuando se han hecho todos los esfuerzos para llenar un deber, puede obtenerse una justa aprobación aunque desgraciadamente no se haya conseguido el efecto deseado. Ahora bien ¿qué hacen nuestros pueblos respecto a la instrucción pública? Estarse quieto y esperar que el gobierno lo haga todo, quejarse cuando nada hace, y execrarle cuando se equivoca. En este artículo prescindimos enteramente de la forma de gobierno que tenga el pueblo y sostenemos que el fomento de la instrucción pública es en todas ellas una obligación que puede llamarse popular. Si el gobierno es tan perverso que se opone abiertamente a ella, el pueblo debe también por su parte sostener abiertamente la oposición, aun cuando sepa que es sin fruto, solo por no degradarse, presentando una insensibilidad tan funesta. Si el gobierno hace una guerra oculta, el pueblo debe proceder como si nada supiese, y presentarle lances para que se quite la máscara, y todo el mundo le conozca, destruyendo de este modo cierta hipocresía política tan funesta en su línea como la religiosa. Si el gobierno por falta de luces, de actividad, o de tiempo no atiende a la instrucción pública, el caso es más sencillo, pues claro está que el pueblo no encontrará obstáculo de parte de la autoridad. Este último caso es el más común, pues en los pueblos que podemos llamar nacientes por el estado de su educación, los gobernantes suelen no ser muy aventajados, y aunque lo sean, tienen tanto que hacer, y tan poca práctica para hacer mucho en poco tiempo, que no es extraño se note un descuido, por otra parte tan reprensible. Desearíamos que los demás pueblos de América imitasen a este, que como hemos dicho es el clásico entre todos así americanos como europeos en punto a instrucción pública. El gobierno hace aquí mucho, pero el pueblo fía su instrucción a sus propios esfuerzos, y mira los de los gobernantes como una cosa accesoria bien que de gran influencia.

Puede decirse que apenas consta una población de veinte casas, cuando ya una de ellas es escuela, y en siendo algo notable, ya tiene imprenta y gaceta que es leída aun por los niños más pobres. Uno de los editores de este papel presenció un hecho que le causó placer, y al mismo tiempo avivó su deseo de ver la educación del resto de América como la de este país normal. Iba por la calle una niña como de siete a ocho años algo sucia, descalza, y con una canastita en la cabeza; todo indicaba la suma pobreza y en cierto modo abandono de sus padres en un país de tanto aseo. Vio en el suelo un pedazo de una gaceta, le tomó prontamente y siguió su camino leyéndole. A tal edad y en tanta pobreza, tanta capacidad, y tanto gusto por la lectura, no pudieron menos que sugerir muchas reflexiones sobre las ventajas de la instrucción pública. Dícese de algunos gobiernos, que tratan de apagar las luces, mas si el pueblo se empeña en encenderlas, serán los esfuerzos de la autoridad unos débiles soplos, que lejos de extinguirlas, servirán para aumentarlas. Hablemos claro, ningún pueblo es ignorante sino cuando no hace esfuerzos para instruirse, y uno de los principales obstáculos de la instrucción pública es creerla imposible solo por que se sea más o menos dificultosa, y hacerla depender enteramente del gobierno, creyéndose el pueblo exento de la obligación de contribuir por su parte, y olvidándose de que la vida social es la instrucción, y que la vida solo en caso desesperado se pone en manos ajenas.

Pasemos a considerar los deberes del gobierno respecto de la instrucción pública, no olvidando que la hemos distinguido de la científica. Por muy poco que se reflexione, se conocerá, que la instrucción pública o general consiste meramente en proporcionar los medios de saber, y que después cada individuo en su maestro, haciendo uso de ellos para adquirir los conocimientos propios de su clase, no siendo posible enseñar a todo un pueblo. Redúcese pues, a que sepan leer y escribir; que tengan alguna noción del globo en general, y algo más extensa del país propio, que conozcan su idioma cuanto baste para no hablarle mal, y que sepan aquella parte de la Aritmética indispensable en el trato humano. Con estos medios puede ya el hombre instruirse por sí mismo o recibir las instrucciones de un maestro, y pasar de los límites de la instrucción pública o general a los de la científica. No puede por tanto la instrucción pública alterar el orden social ni la naturaleza del gobierno, y este no debe temerle a menos que no se declare enemigo de todo saber. El gobierno tiene derecho para impedir que se difundan ciertas ideas; mas la instrucción pública no difunde algunas, sino solamente los medios de saber, y toca luego a los encargados del orden social el vigilar sobre el uso que se hace de estos medios. Resulta pues, que sea cual fuere la forma del gobierno, debe proteger la instrucción pública, y de no hacerlo, dará una prueba evidente de su perversidad.

Pero en qué consiste esta protección? He aquí un punto en que con las mejores intenciones pueden causarse muchos y graves males. Suele el gobierno fungirse un bello ideal de instrucción pública, que prescindiendo de que solo es tal a su vista, tiene el gran inconveniente de no ser practicable, y aun en caso de serlo, no produce frutos tan abundantes como produciría la enseñanza libre. En el momento en que el gobierno ejerce un poder sobre la instrucción pública, queda esta entorpecida y casi paralizada. Como ella no puede producir males según hemos demostrado, y sí producir bienes sea cual fuere el método que se emplee para conseguirla; es claro que ni en sí mismo ni en ninguno de sus métodos puede ser objeto de las prohibiciones del gobierno que solo deben recaer sobre las causas de los males de la sociedad. El gobierno puede dar la preferencia a un método y establecerse en las escuelas que paga, por que entonces se considera como un individuo autorizado para invertir los fondos públicos, y es claro que cada uno procede según sus ideas; pero cuando pasa a prohibir directa o indirectamente la introducción de otro método en las escuelas particulares; ejerce una acción gubernativa sobre un punto puramente literario, y causa un grave daño. Si el método establecido por el gobierno en sus escuelas es el mejor, muy pronto será adoptado por todas las demás, y adoptado con placer y de buena fe; lo cual tiene un gran influjo en la enseñanza, y el mismo gobierno quedará mucho más satisfecho de su acierto, viendo que los efectos corresponden, y que su opinión ha sido generalmente admitida. Si el método que establece no es el mejor, tendrá oportunidad para desengañarse, cotejándolo con otros innumerables que aparecerán si no se prohíben. ¿Cómo podrá saber el gobierno que su plan es el mejor si no se compara con ningún otro? Cuando más, podrá decir que es bueno; y aun en esto puede equivocarse. Supongamos que efectivamente es el mejor, y que por una ignorancia o por una obstinación inconcebible no es seguido por los maestros en las escuelas particulares; aun en este caso tan extraordinario que muy bien podríamos llamar imposible, no recibiría perjuicio la instrucción pública. Los que aprendiesen a leer y a escribir, sea por el método que fuese, al fin estarían tan en aptitud para continuar su instrucción como los que hubiesen aprendido por el sistema de enseñanza más perfecto. Sepan todos leer y escribir y nada importa el método con que fueron enseñados.

Debemos de perder de vista que la libertad en el que enseña, es lo que más perfecciona la enseñanza. El hombre a quien le obligan a enseñar de un modo contrario a sus ideas, no puede menos que estar en perpetua lucha consigo mismo, y si su disgusto se percibe por los discípulos, se concluyeron todos los buenos efectos del mejor plan del mundo. Esta consideración parecerá a algunos de poca importancia, por que al fin se espera que el tiempo produzca el convencimiento, o por lo menos la conformidad. Acaso lo conseguirá el tiempo, pero debe ser muy largo; y entre tanto es considerable el atraso de la enseñanza. ¿Y si como es probable nunca llega a conseguirlo? Una de las causas de los planes generales es la suspirada uniformidad de la enseñanza. Por nuestra parte confesamos que no nos inquietaríamos por ella, pues un mismo fin puede conseguirse por distintos medios igualmente buenos, y el dar la preferencia a uno con exclusión de los demás es muy arriesgado, y acaso muy absurdo. Además, dicha uniformidad cuando fuese conveniente, se conseguiría sin que interviniese el gobierno, y de un modo más propio cual es el convencimiento producido por la experiencia y a prueba de la oposición que es el crisol en las materias.

Otra de las equivocaciones en punto a instrucción pública, es creer que vale más tener pocas escuelas y buenas, que muchas y malas. Nada parece más racional a primera vista, pero nos convenceremos de su inexactitud si examinamos la cuestión sin alucinarnos con el dicho común más vale poco y bueno que mucho y malo, que ha llegado a ser como un principio, y a producir los mismos errores que todos los principios mal aplicados. Bueno en materias de escuelas quiere decir más ordenada, en términos que se enseñe en menos tiempo y con más perfección. Malo no quiere decir que no se consigue el mismo efecto de enseñar a leer y escribir, sino que acaso no se consigue con tanta perfección, y se tarda más tiempo. Muchas veces buena y mala equivalen a costosa y pobre. Nadie puede negar que en muchas escuelas de las que llaman malas, se enseñan muchos más individuos que en pocas y buenas, y por tanto es claro que la ilustración pública gana más con la multitud de escuelas que con la perfección de unas pocas. ¿Quién puede negar que es más ilustrado un pueblo en que todos saben leer y escribir medianamente, que otro donde un corto número lo hace con toda perfección pero la gran masa está en tinieblas? El que quiera saber si poco y bueno vale más que mucho y malo, dé poco pan y muy rico a un gran pueblo, y provea a otro de pan malo pero abundante. El resultado es que el principio se convierte en este otro: más vale malo que nada, el cual tampoco es siempre exacto, pero sí lo es en el caso propuesto. Se dirá que extendiéndose las buenas escuelas, ya se conseguirá el fin deseado que es la instrucción sea general y perfecta. La suposición de que las escuelas, establecidas o por lo menos reglamentadas por el gobierno, lleguen a difundirse cuanto es necesario para la instrucción pública; nos parece gratuita, y mucho más en países que podemos llamar nacientes, donde el gobierno a duras penas tiene fondos que destinar al intento. Muchos años deben pasarse antes de conseguir tal resultado, y entretanto crece la niñez actual en tinieblas, llega la juventud y a la inmoralidad y ya la importa muy poco que se establezcan esas magníficas escuelas. La necesidad de instruir a un pueblo es como la de darle de comer, que no admite demora. Si se omite, produce la muerte civil retrogradando la sociedad al estado salvaje. Por lo mismo que no es obra de pocos años, si a su natural demora agrega otra la equivocación o la indolencia; se pasará en muchos pueblos la presente generación sin esperanza de gozar de beneficios. Nada puede haber más triste; enhorabuena que se siembren semillas para que recoja los frutos la posteridad, pero si podemos recogerlos nosotros aunque sea a medio madurar, no los dejemos en el árbol. Esta doctrina tendrá acaso muchos impugnadores de boca pero ninguno de corazón. Pocos hombres hablan o por lo menos escriben como piensan, y por eso hay tantas simplezas autorizadas. El que viene atrás que arre. Así es como piensan y sienten los hombres, y como hablan cuando dicen la verdad.

Concluyamos pues, que el mejor medio de promover la instrucción pública es dejarla en perfecta libertad, dirigirla por medio de la prensa, presentarla buenos modelos en los establecimientos costeados de los fondos públicos, y ofrecerla premios. Una sola dificultad puede ofrecerse y es que enseñándose los dogmas de la religión en las escuelas, no parece conveniente permitirlo a toda clase de personas. Prohíbase enhorabuena, y solo enseñen la doctrina cristiana los maestros aprobados, mas no se niegue la facultad de enseñar a leer y escribir porque no se tenga la de explicar el catecismo. En ese punto nuestra opinión es más rigurosa, pues no solo creemos que no se debe permitir a todos los maestros de primeras letras enseñar la doctrina cristiana, sino que no debía permitírsele a ninguno, pues a la verdad muy pocos son capaces de desempeñar tan arduo encargo. Se necesita un gran tino, instrucción, y prudencia para enseñar a un niño las primeras ideas religiosas. El fanatismo y la impiedad son dos clases de ignorancia muy contrarias, pero que suelen tener un mismo origen. Los errores comunicados en la infancia por la incapacidad de los maestros, el descuido, en resolver las dudas que asaltará a la niñez, la imprudencia en el modo de hacerlo, el método de enseñar la religión como una historia sin exponer su fundamento, el presentarlos de un modo inadecuado a la comprensión de la tierna edad; en una palabra los defectos de la primera educación religiosa son la causa de que muchos en mayor edad impugnen lo que jamás entendieron o defiendan acaloradamente lo que entendieron a su modo, y de aquí la impiedad y el fanatismo.

Creemos que los curas o los eclesiásticos que ellos nombraren, son los únicos que deben enseñar la doctrina a los niños que con este objeto deberían concurrir a la iglesia uno o dos días en *La Semana*, y que sus padres deben ser los más empeñados en cuidar de su asistencia. La santidad del hogar, el respeto a la persona que enseña, la propiedad de la enseñanza, todo contribuiría a llamar la atención de los niños, y a imprimir en su alma de un modo sólido las verdades religiosas.

Acaso hemos escrito con más claridad de la que algunos quisieran, acaso nuestra franqueza se tendría por imprudencia; pero sírvanos de excusa el no haber querido medir nuestras fuerzas con las de la verdad, que es un ser imperioso y mal contestadizo, que ni da paz al que la calla, ni se satisface con presentarse a medias. Insta, hostiga, impele, derriba cuanto quiere ocultarla, y al fin rasgando con violencia todo velo, se burla de los esfuerzos del disimulo y del poder humano, como hija del Omnipotente franca y bella naturaleza. ¡Puedan todos decirlas!

[*El Mensajero Semanal*, tomo I, Nueva York, sábado 13 de junio de 1829.]

Artículo sobre el presidente de Portugal supuestamente escrito por Félix Varela

Por un buque que acaba de llegar de los Azores, se sabe que la expedición enviada por don Miguel fue rechazada cuando atentó un desembarco en la Isla Tercera. Hace tiempo que se esperaba este ataque; salieron de San Miguel el 28 de julio, un navío de 74, tres fragatas, cuatro transportes y otros barcos menores, formando todos 17 velas, pero no llegaron a la Tercera hasta el 9 de agosto. Bombardearon la ciudad por algunas horas, y al fin intentaron el desembarco de 1800 hombres en tres divisiones; más apenas pusieron pie en tierra las dos primeras, cuando fueron vigorosamente atacadas y aun se dice que completamente destruidas, sin haber escapado más que un hombre y este a nado.

Dirigieron entonces las baterías contra los buques y botes con tanto efecto que mataron de 200 a 400 hombres. Retiráronse inmediatamente los buques y abandonaron la Isla.

Este es el primer golpe serio que lleva don Miguel, y puede ser el presagio de alguna alteración en sus negocios. También se sabe que la Goleta Americana Glinar fue sacada de Angro por unos botes de la escuadra de don Miguel y conducida a San Miguel donde fue descargada y después remitida a Lisboa para que se sentenciase el caso. Los soldados robaron toda la ropa de la tripulación, la cual ha venido en el Bergantín Sicilia habiéndose quedado el capitán y algunos otros para entender en el negocio.

Otros varios buques americanos han sido abordados por los de la escuadra de don Miguel, y entre otros casos sabemos el de la Galatea, que en 4 de julio fue abordada por un bergantín, y después conducida por una fragata al punto de San Miguel, donde fue descargada y fueron puestos en prisión once de los individuos que la tripulaban. El capitán y su segundo, acompañados de un capitán Inglés, trataron de ir abordo de la Galatea con sus papeles para continuar su viaje, pero fueron rechazados por alguna tropa que se había puesto a bordo la cual hizo fuego e hirió al capitán Inglés y a otro individuo. El 27 fue entregado el buque a un capitán portugués, y el 29 salió para Lisboa, quedando presos muchos de la tripulación. El cónsul americano los ha reclamado mas los agentes de don Miguel no han querido entregarlos, diciendo que deben remitirlos a Lisboa.

Este gobierno acaba de reconocer a don Miguel como legítimo soberano de Portugal, medida que prueba a la evidencia que el gobierno es una cosa y el pueblo es otra, y que la política no conoce otras reglas que las del interés, valuado a juicio de los gobernantes. Para nosotros es también esta una prueba (si es que necesitábamos alguna) de que Inglaterra es una dictadura política, aun sobre los países que podían estar sujetos a ella; dictadura que no aparece tal por la maestría del más astuto de los gabinetes.

El señor Figaniere, cónsul portugués de esta ciudad, en consecuencia de este procedimiento del gobierno ha remitido su *exequatun* al ministro de Estado protestando que por su parte no reconocerá jamás otro soberano de Portugal que el que le nombró cónsul, y que así cesaba enteramente en sus funciones, puesto que no podía ejercerlas en favor de su legítimo soberano. Al mismo tiempo que ha publicado su dimisión, o mejor dicho la suspensión de su ejercicio, ha protestado que siempre se considera como el único cónsul de Portugal para el Estado de New York. No podemos menos de elogiar al señor Figaniere por la firmeza de su carácter y la honradez de sus procedimientos, pues ha sabido sacrificar sus intereses políticos y pecuniarios oyendo solo la voz de la razón y del honor. ¡Qué raros son estos hombres firmes en tiempo de tantos cambia colores!

[*El Mensajero Semanal*, tomo II, Nueva York, 1.º de octubre de 1829.]

Consejo a los casados

Querido primo, con que tiene tu T. ¡Válganos Dios con el hombre casado! No quiero preguntarle si haces todas aquella locuras que en Madrid, porque voy a hablarte seriamente. Yo me complazco en tu matrimonio, y te deseo mil felicidades en él, con cuyo objeto quiero darte algunos consejos, pues siendo tú para mi como un hijo, creería faltar a mi obligación si no le hiciera.

1.º Evita por todos medios el primer disgusto con tu esposa, porque al primero se siguen ciento: el hombre prudente y de honor jamás sufre nada que pueda degradarle, pero disimula, y aun afecta que no percibe todas las que se llaman impertinencias o caprichos. El que quiera que lo sufran, es menester que sufra, y créeme que cuando dos personas se resignan a sufrirse mutuamente son felices: la vida humana es una serie de sufrimientos más o menos contrapesada por otra de placeres; pensar lo contrario es una locura, y muchos por evitar el sufrimiento sufren espantosamente.

2.º Jamás tengas celos porque eso es de mentecatos; el que no lo es sabe cuando le ofenden, y manda a pasear a doscientas mujeres sin más formalidades, pleito ni diligencias que un no quiero; pero no se espanta de sombras, ni se ridiculiza con puerilidades. Mira que no hay cosa más ridícula que un hombre celoso, porque prueba o que es tan tonto que no puede descubrir un negocio tan fácil de percibirse, o que es tan débil que no se atreve a tomar un partido, o tan temerario y bruto que sin datos ni fundamentos mortifica no solo a su mujer, sino a todos los que la tratan, pues no hay quien no esté sobre ascuas en la casa de un hombre celoso. Por otra parte, el modo de infamar a una mujer es que su marido tenga celos de ella aunque sea una santa; y si no lo es los celos la precipitan, y hacen comprender a otras personas que es accesible, de modo que por una temeridad viene a producirse lo mismo que se quiere evitar.

3.º Nunca permitas que tu mujer te ponga prohibición de ninguna especie; pero averigua tú con el mayor empeño todo lo que ella quiere que hagas o que omitas, y procura ser un fiel observador de sus voluntades siendo justas.

4.º También procura, no con palabras sino con obras, persuadir a tu mujer de que para ti nada hay en el mundo primero que ella, y que todo lo que le pertenece es para ti un objeto de predilección. Te aseguro que aunque fuera una víbora te amaría. La gratitud entra siempre en el amor, y el arte de ser amado es amar.

5.º Jamás contraríes ni en público ni en privado ninguna determinación tomada por tu mujer sin tu consentimiento a menos que no perjudique a tu honra. Al contrario, sostenla aunque hagas un sacrificio, pues ella lo percibirá, y te recompensará con su amor que influye más que todo en la felicidad doméstica. Aun de cosas de grande entidad has de observar la misma conducta: todo eso de que las mujeres no tienen persona, son teorías de los jurisconsultos, que si se quieren valdrán algo en el orden legal, pero que las desconoce el corazón humano. Lo cierto es que en el tribunal del amor de la felicidad tienen persona y persona muy principal. Si sonrojas una sola vez a tu mujer, prepárate a hacerlo un millón de veces sin necesidad de jueces ni tribunales. En esta especie de guerra artimaña todos los hombres son niños de teta en comparación de las mujeres.

En fin, Dios te colme de bienes y me conceda el gusto de saber que vives con felicidad.

(El Pbro. Félix Varela)

[*La Moda o Recreo Semanal del Bello Sexo*. Tomo I, año 1829-1830.]

Epistolario político, filosófico (1832-1834)

Carta a los redactores de la *Revista Bimestre Cubana*
New York, 28 de febrero de 1832.

Señores Redactores de la *Revista Cubana*: Remito a Ustedes, mis amigos, el ratón hijo de los montes: quiero decir, mi pobre artículo sobre la Gramática de Salvá, que no corresponde al mérito de la obra, ni al trabajo que supone tanta demora. Bien quisiera yo ser útil; pero mi espíritu, agitado por diversos y desagradables pensamientos, no es susceptible del placer que requiere la literatura, y solo me encuentro algo dispuesto para las serias investigaciones filosóficas, porque al fin como fui zapatero de antaño algo me acuerdo de hacer zapatos. Siento, sí, siento a veces, renacer mi antiguo amor a las ciencias naturales, que me recuerda lo que de otro muy diverso dijo aquel adulador mantuano, *agnosco vestigia flamma*; pero estas ráfagas pasan pronto, y vuelvo a mi fastidiosa indiferencia.

Por otra parte, mi deber me obliga a hablar con un gran número de personas; y los silbos ingleses, cual moscas impertinentes me inquietan con frecuencia, y destruyen toda mi ilusión, escribiendo en el hermoso idioma castellano. De aquí mi disgusto, y en consecuencia mi abandono. Mas, gracias a la Revista y a sus editores, se me proporciona ahora una ocasión muy honorífica para salir de esta ominosa apatía, y consagrar a mi patria los frutos de algunos momentos, que en su obsequio robaré al descanso.

Sí, amigos míos; yo velo cuando todos duermen y trabajo cuando todos reposan. Yo gozo de la vida cuando todos dejan de gozarla, y solo me veo libre cuando la sociedad importuna yace encadenada. Todo está tranquilo, y puedo ya escribir; pero mi ánimo nada encuentra que lo excite. En estos silenciosos momentos (pues son las doce de la noche) al través de las tinieblas que cubren la helada naturaleza, mi activa imaginación solo me presenta esqueletos vegetales, aguas empedernidas, animales casi yertos, montes de nieve y llanuras desoladas...

Pero ya un grato recuerdo me saca de esta región de inercia, y me trasborda al vergel de las Antillas, donde todo está animado. Veo aquellos árboles frondosos, aquellos inquietos arroyuelos, aquellos copados montes, y aquellas floridas llanuras, que tantas veces recorría, y tan pocas contemplaba. ¡Cuán cierto es que la belleza debe ser esquiva, y que la sal de los placeres es su carestía! Estas delicias de mi imaginación se aumentan por el contraste que con ellas forma la vista del pequeño aposento donde escribo, a beneficio de una buena chimenea, que no dista de mí una vara, y aun estoy más próximo al lecho, cubierto con mantas pesadísimas. Pero yo estoy entre ustedes, a todos veo, a todos hablo; vamos, pues, a ocuparnos de la Revista.

Atácanse en ella varios ídolos de una tribu envanecida, que arrogándose la ciencia y la virtud, no cree encontrarlos fuera de sí misma, y gradúa de insulto y desacato cualquiera oposición a sus principios. Deseo que los editores de la Revista no tiren chinitas a esa fiera. No se halla la tierna planta en tiempo de sufrir los fuertes huracanes, ni jamás la débil navecilla se arrojó al agitado golfo, si ya no el que la condujo a su ruina la imprudencia de su piloto. En vano alegarán ustedes sus puras intenciones: en vano reclamarán contra la maliciosa interpretación de sus palabras: todo, todo será inútil, si tienen la desgracia de tocar el limbo del gran torbellino; pues arrebatados en funestos giros, solo habrá tiempo para perecer.

No permita el cielo que yo vea en tanta desgracia los esfuerzos generosos de una apreciable juventud que en el letargo de la patria, levanta la voz en el alcázar de las ciencias, convocando los genios que dispersados por varios temores, yacen unos en los brazos de la indolencia, mientras otros dirigen miradas inciertas, deseosos de encontrar una mansión de refugio para el saber y de consuelo para la virtud. Cautela, mis amigos; sí cautela. Es preciso contar con la miseria humana, que dañándose a sí misma todo lo trastorna; y viene a ser la inocencia el juguete de la perversidad, como la instrucción lo es de la autorizada ignorancia, y a falta de razones supla la calumnia. No hay que echarlas de fuertes contra la adversidad, antes debemos echarlas de prudentes para precaverla; y en nada, se necesita más juicio que en aspirar al heroísmo.

Tienen las ciencias, como la santa Religión, que es la primera de ellas, el gran poder de calmar los ánimos, aproximándolos a la Divinidad; y los hombres de todos los partidos se dan un ósculo de paz en el templo de la sabiduría, cuyos frutos siguen al espíritu, cuando el sepulcro guarda para eterno olvido las míseras pasiones que tanto lo agitaban. Sea la Revista como este augusto templo: únanse en ella los ánimos para hacer el bien; y no se conteste a los que intentan perturbarla. No: no se conteste. Pídolo encarecidamente. Pídolo en nombre de las ciencias y de la amistad. No se conteste. Si alguna pluma guiada por el amor de la verdad notase con moderación y franqueza los defectos de la Revista, contéstese con signos de gratitud y aprecio; mas cuando el enemigo está emboscado, pasemos a lo lejos dejándolo en el bosque donde rabie a sus solas, en pena de su artificio.

Avísame ya el sueño que debo acabar esta carta; y es tan petulante que no me da treguas. Adiós, mis amigos.

Con invariable afecto, Félix Varela

[José Ignacio Rodríguez: *Vida del presbítero don Félix Varela*, Segunda Edición, Arellano y Cía, La Habana, 1944.]

Carta a José de la Luz y Caballero

Nueva York, marzo 7 de 1832.

Mi estimado Luz: Espero que haga usted todo esfuerzo para impedir que se conteste en la Revista al artículo que contra ella ha salido en un periódico de esta ciudad. Sospecho que es remitido por alguno, o algunos, de los afrancesados; pero sea lo que fuere, yo le considero como un buscapié para sacar de trinchera a los redactores, y destruir el papel con armas bien conocidas. Los afrancesados son por esencia orgullosos, y jamás perdonan ataques contra su decantada sabiduría. Hay excepciones, y yo las hago muy gustoso, pero me precavo contra todos ellos némine excepto. Puede decirse que se han apoderado de la Hacienda y Policía de España, y esto aumenta su orgullo y su poder.

Los liberales, principalmente los del año de 1812, se habrán alegrado infinito de la paliza que llevó Hermosilla en la Revista; y crea usted que el número que trata esta materia habrá sido y será leído por todas partes. Los serviles, aunque parecen estar con los afrancesados, no hay tales carneros: los sufren, porque son enemigos de los liberales, y nada más. Resulta pues, que en punto a bajarles el orgullo, y contener a los afrancesados, están de acuerdo con todos los del año doce; y así la Revista, en este punto, será también aplaudida por el partido servil. Pero estos elogios son su enfermedad que puede terminar en muerte. Me atrevo a asegurar que los afrancesados creen que el golpe les viene por carambola, y esto los pone como unas furias. Tienen talento, y lo emplearán en destruir este panteón, o mejor dicho, teatro, en que esperan se saquen como suele decirse los trapitos al aire.

Creo que no he dado pruebas de temerlos; pero quiero darlas de que no soy su enemigo, aunque jamás he podido pensar bien de ellos. Si el negocio fuese solo para desfogar pasiones, y decir verdades duras, yo suplicaría que se les atacase, para tener yo mi partecita en el ataque. Yo poseo datos y elementos para destrozarlos, y ponerlos en ridículo; pero lo que necesitamos es hacer bien a la isla, y allá se las partan los afrancesados. Será una lástima que los editores contesten, porque en tal caso auguro mal de la Revista. Tiene ésta un gran pecado, y sus enemigos llamarán la atención del Gobierno sobre él para castigarlo. Consiste mi amigo, en que es el mejor papel de toda la monarquía; y no conviene que... por América... De modo que los serviles después de alegrarse de la guerra de los afrancesados, no serán sordos a sus insinuaciones sobre la conveniencia de quitar ese escándalo. Yo no temo que se mande suprimir la Revista: tampoco temo un ataque abierto; pero sí una orden de muerte lenta con solo indicar que no merece la aprobación del Gobierno.

Medite usted sobre esos puntos; y creo que convendremos. Es de usted su afectísimo.

Félix Varela

[José Ignacio Rodríguez: *Vida del presbítero don Félix Varela*. Imprenta O Novo Mundo, New York, 1878.]

Carta a José de la Luz y Caballero

New York 1 de junio de 1832

Mi estimado Luz me alegro que convengamos en ideas acerca de la Revista, y que los demás amigos convengan con nosotros. Han dado usted un paso acertadísimo en confiar la redacción a Saco, yo estoy saltando de contento. Ahora sí me prometo bienes reales para la isla, porque veo que la Revista no será un periódico de existencia efímera que como los que no llegan a crecer, mueren sin dar fruto y habiendo dado trabajo. Yo tengo muchas ocupaciones mas a pesar de todas ellas voy seriamente a dedicar media hora diaria (y no puedo más) para escribir algunos articulitos, y espero mandar uno para cada número. Tengo ya entre manos el análisis de las obras de La Mencas, pero este es trabajo dilatado aunque no sea más que por necesidad de leer y extractar 6 tomos muy regulares. Por esta razón escribiré otros artículos más ligeros mientras la voy dando casi despacio y si puedo con tino algunos golpes a la cantera inagotable que presenta dicha obra.

Dígame usted algo sobre el señor obispo ¡cuánto temo que lo perdamos! Vamos a otra cosa. Es menester que con el influjo y cariño de sobrino le caiga usted el doctor Caballero para hacer una edición de sus sermones y sus trabajos manuscritos que sobre usted rellenan aquel pergamino de un libro en folio que siempre tiene guardado en su alcoba y que ojalá pudiera yo robárselo, que lo haría sin escrúpulos. Hace tiempo que deseo ver impresas sus obras por su gran mérito y porque no creo que tiene el doctor Caballero es discípulo y compañero que lo quiera más que yo [roto] la obra con eficacia.

Mi regla es ir a la cama a las doce, y ya son las doce y media conque *I must just an end to my letter*. de usted su afmo.

Félix Varela

[Archivo Nacional de Cuba. Fondo: Donativos y Remisiones, legajo 604, número 41.]

Carta a José del Castillo

New York 13 de Septe. 1832

Señor doctor José del Castillo

Muy Señor Mío: El niño que usted ha tenido la bondad de poner a mi cuidado es de carácter bellísimo y me prometo formarle en términos que corresponda a los deseos de usted y a mi esperanza. No habla una palabra de español ni tampoco lo entiende, y así mi principal empeño por ahora es que lo recupere o mejor dicho lo adquiera para que no baya a su patria como un extranjero. Continúa sus estudios en inglés con mucha aplicación y para hacérsele más llevaderos voy a que empiece el dibujo y la música. Entre seis meses podré decir a usted como brota la semilla que ahora siembro.

Es de usted cos., la mayor consideración su afto. amigo Félix Varela

[Archivo Nacional de Cuba. Fondo: Donativos y Remisiones, caja 421, signatura o número 15.]

Carta a un amigo mencionando que una obra suya ha sido desechada por no considerarse útil

New York 16 de Nov. 1832

Ven en hora buena señor director a quien encargo haga el mismo cumplimiento de mi parte a su compañero de oficio que no contesta ninguna de mis cartas o ninguna recibe. No puedo juzgar de la marcha de la revista pues por acá no hemos visto el último o los últimos números. Gener que acaba de estar a verme me encarga diga lo mismo de su parte. Estoy persuadido que se pierden muchas cartas y papeles, pues yo se que ni usted ni Saco se descuidan. Vaya un dato a la pérdida. No me ha contestado Saco a una carta en que le transcribí un párrafo del informe de Velez sobre estudios en el cual decía que se pensaba desechar mi obra por no ser útil bajo ninguna consideración y substituir por un autor de la escuela escocesa. Yo sé que Saco no hubiera dejado de contestarme y mayormente cuando le supliqué se viera con usted para que...[74] su opinión sobre escribir describiendo los errores de la tal escuela. He aquí amigo mío por qué no han ido los tomos de mi obra que ya están impresos. ¿Cómo quiere usted que me arriesgue a encuadernar si no sé si he de vender o si tendré que pagar mis notas cuyo término ya va expirando sin recibir nada por la obra? La distancia es una enemiga cruel e invencible. De usted la enhora buena a Ruiz pues no tengo tiempo de escribirle aunque esta mañana de una recomendación para él y creo no será infructuosa.

Reciba de usted Su afmo

Félix Varela

[Archivo Nacional de Cuba. Fondo: Donativos y Remisiones, legajo 603, signatura o número 5.]

Carta a José del Castillo

New York 19 de marzo 1833

Señor don José del Castillo.

---

74 Ilegible en el original.

Muy Señor mío: No sé a qué atribuir la pérdida de mis cartas, y de las de Panchito. Él ha escrito más que yo y el pobrecillo se disgusta cada vez que usted escribe reconviniéndole por una falta que no ha cometido.

Mis cuentas respecto de este niño pienso se reduzcan a $60 ps. trimestre incluyendo todo gasto. Por lo que hace a ropa el señor doctor Carlos del Castillo me entregó los ps. los cuales bastan para comprar cuanto necesite en todo el tiempo que estuviere conmigo.

El muchacho se ha granjeado el cariño de todos, y el mío le tiene sin límites. No me acuerdo haber manejado un muchacho más dócil. Va progresando en conocimientos pero aun más en virtud. Su maestro me hizo notar una gran perfección en este niño y es que jamás dice una mentira. Espero que esta veracidad habitual vendrá a ser un verdadero principio de honradez.

Sobre Religión he conseguido los resultados que esperaba. Vino cargado de libros protestantes y de su Biblia calvinista. Yo nada le dije y él mismo los regaló sin decírmelo a una mujer protestante. Empezó con empeño a aprender el catecismo católico, cuya lección da conmigo, y he oído decir a sus compañeros que dice que se va a confesar y aun no sé si ya ha ido, porque sobre esto yo no le pregunto. De este modo estoy seguro que hará una buena confesión, y si yo se lo insinuara dudaría mucho.

En fin mi amigo espero que nuestro hombre será útil a su patria como ambos deseamos.

Es de usted su afmo.

Félix Varela

[Archivo Nacional de Cuba. Fondo: Donativos, caja 364, signatura o número 19.]

Carta a José de la Luz y Caballero, 16 de agosto de 1833

Mi estimado Luz.

Pedro me ha escrito francamente que desista de imprimir el 4 tomo de mi obra pues no hay la más ligera esperanza de venta hasta septiembre de 1834. Yo agradezco la generosa oferta de usted y el interés que toma por mí, pero la prudencia que yo no comprometa a mis amigos causándoles pérdidas en todos sentido infructuosas.

Deseo infinito ver la obra de usted sobre enseñanza, y aun más deseo que mis paisanos hagan uso de ella pues antes de leerla anticipo mi opinión sobre su utilidad. Don Justo me ha dado idea del plan, y sobre el desempeño no hablemos. Tiene usted un solo enemigo y es la señora Candileta, a quien conoce usted por reputación, y en todo caso nuestro amigo don Ricardo dará noticias de ella.

Recuerde usted al doctor Caballero la promesa que hizo a usted de ordenar desalojo a la familia que ocupa la gran bolsa de pergamino o sea cubierta de un inmenso libro. Velez anda corriéndola y perfectamente bueno según creo, pues lo estaba cuando salió de aquí, y ya usted sabe que en su paseo con Layseca con todas comodidades y precauciones no hay mucho riesgo de enfermar.

Páselo usted bien y escriba y ordene a

Su afmo

Félix Varela

[Archivo Nacional de Cuba. Fondo: Donativos y Remisiones, legajo 604, signatura o número 41.]

Carta a José de la Luz y Caballero, 20 de agosto de 1833

Mi estimado Luz: Acabo de visitar al señor Anto de Casas, digno del lugar que ocupa, y del compañero, que tiene. Como artista retirado que encuentra con otro en vigor y unión, empecé muy pronto muy pronto a hablar de herramientas como si aun pudiese manejarlas, y el que conoció mi pasión, tuvo la bondad de darle pábulo con las observaciones más juiciosas. Entró Vele y puede usted inferir que fue completo el rato. De nuestra primera entrevista ha resultado una promesa que quiero cumplir cuanto antes, y es la de escribir a usted esta carta suplicándole a nombre de las ciencias y de la patria que modere sus tareas. El acusador es testigo de vista, y no hay que negar el crimen de aniquilarse con un trabajo desde las seis de la mañana hasta las doce de la noche.

He leído el primer libro de la obra de usted que apruebo y aplaudo. Sin embargo debo decir con franqueza que no percibo la utilidad de las cinco tablas alfabéticas con que empieza, y temo que produzcan confusión en los niños. En la página 52 hace usted un cálculo que no sé yo si podrán hacer los niños de corta edad; y por lo menos creo que no entenderán ni aun sabrán leer 1000$, 1600$ 3240$ pues aun nada saben de números ni se les ha dado alguna idea de ellos. Yo no sé si podrán obedecer cuando usted les dice, Multiplicar 5.840 por 5. Tal vez esta enseñanza estará combinada con otra, y de aquí provendrá mi equivocación, pero considerando que hace poco que se han dado al niño las primeras ideas del alfabeto, no creo que pueda estar en disposición de multiplicar. Según la doctrina del Diálogo primero no hay vida vegetal, y el niño reprenderá a todo el que diga en su presencia esa planta está viva, más aquella está ya muerta y es preciso arrancarla, y ya usted ve que este es un lenguaje recibido. *I make too free with you*, pero usted es mi amigo y me dispensará.

Es de usted

Su afmo Félix Varela

[Archivo Nacional de Cuba. Fondo: Donativos y Remisiones, legajo 604, signatura o número 41.]

Carta a José de la Luz y Caballero, 24 de agosto de 1833

Mi estimado Luz: Tercera carta. Tal ha sido la demora de la barca Navarino.

He leído el artículo impreso en el diario de esa ciudad sobre el Establecimiento que usted dirige, y advierto con gusto que ha elegido usted a Sulpicio Severo para la traducción en la primera clase de Latinidad.¿Ha fijado usted la atención sobre el parrafito con que empieza la Historia de Saúl? Si usted lo traduce y lo imprime en castellano se acabó la jarana del Colegio. Mi ejemplar es del año 1693 y está durito en este pasaje. No sé si las ediciones modernas se hallarán suavizadas. El lapo a Ripalda es muy fuerte, y yo desearía que la sustitución se hubiese hecho sin mencionarla, sino diciendo simplemente que se enseña por Henry. Yo me entiendo... y creo que usted me entiende...

A la verdad que no me ha gustado el que usted publique que los muchachos están acompañados hasta para sus necesidades corporales. *The expresion is rather condelicate*. Pregunto ¿y a los guardas quien los guarda? Y si los maestros son los guardas, no será extraño que sufran una atroz calumnia. Esta no es teoría, usted sabe que ha había casos en La Habana, y también aquí... Por otra parte mi amigo una extrema presunción supone una experiencia lamentable, y aunque sé que la hay, no quisiera verla publicada.

Su compañero de usted y Velez han salido para Saratoga: Es de usted F. Varela

[Archivo Nacional de Cuba Fondo: Donativos y Remisiones, legajo 604, número 41.]

Carta a don José del Castillo
New York Dice 28 1833

Señor don José del Castillo Muy Señor mío: no sé cómo se pierden mis cartas y las de Panchito, pero al fin se pierden. Acaso esta será mas afortunada.

Mi ida a La Habana está muy remota y así no debe usted inquietarse en cuanto este niño que estará siempre a mi cargo.

Yo no me [ilegible] con decretos como el de la Reina aun cuando me incluyere. *I Knows better.*

Desearía tener tiempo para escribir más largo pero lo haré en primera ocasión.

Es de usted

Su afmo Félix Varela

[Archivo Nacional de Cuba. Fondo: Donativos y Remisiones, caja 421, signatura o número 15.]

Carta a don José del Castillo
New York, abril de 1834

Señor don José del Castillo: Mi estimado amigo: La pintura que usted me hace del estado de inmoralidad de La Habana corresponde perfectamente con los informes que ya había recibido por diversos conductos, mas usted ha puesto el dedo en la llaga con más tiro que nadie en cuanto a las causas y conveniencias enteramente. Confieso que la carta de usted aunque triste me ha llenado de consuelo porque al fin ha venido a mis manos algo de La Habana en que se hable del interés vital que es la religión. Yo aseguro a usted que no se ha equivocado en decir a Pedro de Hara que mi vida en

La Habana sería un continuo martirio y además infructuoso. En un artículo que se imprimió en la Revista con el título de Espíritu Público y que supongo sabe usted que es mío propuse la formación de una sociedad de moral como hay muchas en este país, creyendo un primer impulso pondría a otros en movimientos, pero nada ha habido. Yo verdaderamente no sé qué partido tomar.

Hace dos y acaso cuatro años que tengo una obra en proyecto, quiero decir todo el plan de ella y las principales ideas para formar cada capítulo, de modo que solo falta vestir de carne este esqueleto o armadura. Dicha obra debía tener por título La impiedad la superstición y el fanatismo en sus relaciones con la política. Hasta ahora se han atacado estos monstruos en sus relaciones religiosas, y por consiguiente el ataque no produce efecto para los que no tienen religión; mas todos los hombres tienen un interés social y me había ocurrido que esta especie de ataque sería más fructuoso. Bien puede usted inferir que para que la obra corresponda a su título es preciso decir verdades de calibre, y dar palos a un lado y a otro sin misericordia. Yo estaba pronto a darlos, pero Gener a quien únicamente comuniqué mi plan me hizo soltar la pluma con una sola reflexión —«Escribirá usted —me dijo— mas no se venderá la obra, y habrá usted aumentado sus apuros pecuniarios sin conseguir su intento». Resulta pues que no hay medio a lo menos en mi poder —si propongo operaciones no se ejecutan, si escribo no se leen y aun se desprecian las obras.

Los amigos me acusan de poco afecto a mi patria solo porque no he ido para allá en el momento en que la tempestad habría en claro. Cada cual habla de feria como le va en ella y a mí por desgracia me va muy mal. Quieren que vaya mas no dicen a qué, y a la verdad que es difícil decirlo.

En fin amigo mío no creo que debo cansar más a usted con un asunto personal. Solo suplico a usted que no me escasee las cartas del mérito de la última que me ha escrito pues me hace con ellas un gran favor.

Panchito continúa bien y escribirá a usted por el buque en que pienso vaya esta carta.

Es de usted su afectísimo
Félix Varela

[Archivo Nacional de Cuba. Fondo: Donativos y Remisiones, caja 421, número 5.]

Carta a José del Castillo, 18 de abril de 1834. New York

J. D. José del Castillo

Mi estimado amigo: Panchito no ha sido tan indolente en escribir como usted cree, ni tan activo como yo deseo; todo proviene de una niñada, y es que tiene vergüenza de escribir a usted porque dice que solo podrá escribir simplezas. Deseo que usted le escriba animándolo. Hace días que lo he examinado para ver cómo va en la escuela y creo que va bien. Necesito sin embargo que usted me ayude encargándole que aprenda los idiomas principalmente el español, pues es una continua batalla la que tengo con él sobre este asunto.

No pienso ir a La Habana por ahora y así no es preciso buscar quien se haga cargo de Panchito, pero seguramente no sería el señor de Stedman a quien yo le entregaría este ni otro joven alguno. Tiene la imprudencia de catequizar para su religión a los jóvenes que se le recomiendan, y esto debe bastar para que no tenga recomendados. Entre él y otros del pueblo inmediato a su establecimiento han pervertido a un joven español que ya es presbiteriano y está estudiando para ser ministro.

El muchacho Manuelito Crucet sufrió insultos directos por la religión, y fue llevado de por fuerza a la Iglesia Presbiteriana de donde salió luego que el ministro empezó a hablar contra la religión católica; causando bastante incomodidad al señor Stedman con su salida. Las cosas llegaron a tal grado que Manuelito se vio en la precisión de faltarle al señor Stedman diciéndole que por [ilegible] en la religión católica no se entra con sombrero puesto en la Iglesia, ni se lleva en el bolsillo comida para comérsela en la Iglesia. En fin se dijeron cosas muy lindas.

Es de usted su afmo amigo
Félix Varela

Carta de Félix Varela y Tomás Gener sobre la trata y la esclavitud (Nueva York, septiembre 12 de 1834)

Nueva York setiembre 12 de 1834

Amigos nuestros: Es muy sensible no complacer a la amistad, pero lo sería mucho más el comprometerla; y en esta terrible alternativa, creemos de nuestro deber abrazar el primer miembro. No estamos pues, por la impresión de la obra de N[75] traducida al Castellano por unos individuos cuya amistad nos honra, cuyo celo aplaudimos, y cuyos talentos prometen tanto a nuestra patria.[76] Confiados en su indulgencia, pasamos a exponer las razones de nuestro dictamen.

Ustedes se proponen 1.º ilustrar la opinión. 2.º impedir el tráfico de esclavos 3.º preparar el camino a la futura emancipación de los negros.

Es un error creer que la opinión se halla extraviada. No hay chico ni grande en la isla que no conozca que el tráfico es infame y sus consecuencias funestas. Podrán algunos no ver estos males en toda su extensión, y respecto de este corto número podría la opinión ser no rectificada pues lo que ven es recto, sino adelantada, si podemos valernos de esta expresión. Confesamos que este adelantamiento sería un bien, pero de tan corta influencia, que no contrapesaría los males contrarios, ni induciría a operaciones generales, que es lo que necesitamos, por ser muy corto el número de los que se hallan en ese caso según hemos observado. Creemos que el crimen es de pura malicia, y que en muy pocos influye la ignorancia. Los traficantes de negros son como los borrachos que conocen los efectos de la embriaguez; pero beben siempre que se proporciona. Los introductores quieren dinero, y los hacendados quieren azúcar y café, y para ellos no valen reflexiones.

La consecuencia es que el tráfico no se impide con escritos, y así quedan frustradas las miras de ustedes en este segundo punto. Si en cada casa hubiera un ejemplar de la obra, y fuese leída por todos, y cada uno de los habitantes, entraría con todo el mismo número de negros, y el amo de Hacienda cerraría el libro para ir al barracón a comprar nuevos esclavos.

No impidiéndose el tráfico, es claro que lejos de prepararse el camino a la emancipación de los esclavos, cada día se dificultará mas, por aumentarse el número de ellos. Quedan pues, frustrados los tres objetos que vos se proponen.

---

75 Tratado de Legislación por Carlos Comte.
76 D.r Man.l G.z del Valle, D.r Vic.te Oses, y Domo del Monte.

Si el único peligro fuese el no conseguirse el intento no se aventuraría mucho en la impresión de la obra; pero creemos que además puede producir efectos totalmente contrarios a las intenciones de sus traductores

1.º Todo cuanto se dice de la esclavitud escudándose con el ejemplo de los más célebres de los pueblos.

2.º Los detalles que se hacen del tratamiento de los negros en otros países formaría el elogio de nuestros hacendados que los tratan mejor, y esto les serviría de disculpa. —Por el contrario varios pasajes en que se refiere que por efecto de la legislación de algunos países que limita el castigo de los esclavos se han desmandado estos, servirán de prueba de la necesidad en que están los amos de ser crueles, repitiendo la máxima escandalosa que habrán vos oído tantas veces: que es preciso tiranizar o correr el riesgo de ser tiranizados 3.º En muchos lugares se dice abiertamente que es una injusticia reclamar libertad para los blancos y negarlas a los negros. Aun se va tan adelante en una de las notas, que casi se dice claramente, que los negros deberían tener también su Washington y su Lafayette, quiere decir que deberían levantarse y ser libres o matar los blancos. Esta doctrina no necesita comentos.

4.º Se inculca repetidas veces, una verdad bien sabida pero que conviene callar, esto es, que la esclavitud de los negros es la causa de la esclavitud de los blancos. Demasiado lo sabe el pueblo, y demasiado lo sabe el gobierno... mas este puede con gran hipocresía darse por agraviado... o con gran descaro tratar de reforzar este ejército formidable —Acuérdense ustedes de la conducta de Vives... Esta declaración en una obra traducida por ustedes podrá además servir de disculpa a los serviles que aspiran a que la isla nunca salga del estado Colonial, fundándose en que cada tentativa de dar franquicias a los blancos, es un incentivo al levantamiento de los negros, y con este argumento han querido persuadir que aunque el mal es lamentable, es ya necesario. Todavía produce semejante declaración otro resultado aun más funesto, y es el del tildar como revolucionarios a todos los que propendan directa o indirectamente a la emancipación de los negros, y clasificar de patriotas beneméritos a los traficantes de negros que alejan esa temida independencia.

5.º Si la obra no tiene una gran circulación, no produce efecto, y si la tiene, cae en manos de los libertos resabidos de que abunda la isla, y en la de muchos blancos tunantes que no dudarán incitarlos valiéndose de la terrible arma de la confesión de sus tiranos. —En el momento que vean que la España no apresta como la Inglaterra un capital suficiente para indemnizar a los propietarios, como verán claramente que todo se vuelven palabras, y que no tienen otro medio que la revolución para libertarse de unos tiranos que se confiesan tales. Por otra parte, nunca conviene que sepan que los tememos.

6.º Dos terceras partes de nuestros paisanos tienen la debilidad de creer que ningún país igual al nuestro en ilustración, finas maneras y generosidad de sentimientos. Por consiguiente la idea que tanto se inculca en la obra de que la educación de los blancos siempre será viciosa, mientras se creen entre esclavos, puede producir muy mal efecto considerándose como un insulto no merecido. Es muy arriesgado decir a un pueblo aquí no hay educación. En nada debe haber más prudencia que en la manifestación de la verdad. —Bien dice el autor de la obra, que el que se atreviera a manifestar estas y otras ideas de que abunda, en medio de uno de los pueblos de las Antillas, atraería sobre sí un odio general, y se expondría a ser despedazado.

7.º No juzguemos según nuestros deseos, sino conforme a fundadas esperanzas —Supongamos que ya está la obra impresa —Debe ir a la censura y esta seguramente prohíbe su introducción. Asunto concluido. Si se introduce sin licencia, queda desacreditada, entrando como un asesino que necesita disfrazarse, pues así será representada por los verdaderos asesinos. Ninguno de los traductores tiene ingenio ni es probable que sea circulada por ninguno que lo tenga, y he aquí la contestación de los Hacendados, respuesta que adornarán con mil lindezas. Pero supongamos que la obra corre, y aun concédase que sea aprobada por el gobierno. — Preguntamos, ¿será leída? Se hallará el libro por donde quiera, pero serán muy pocos sus lectores, porque la obra es un poco larga, y la materia no es agradable —De los pocos que la lean, la mayor parte la tomará en las manos saludándola con maldiciones y con resolución de oponerse a ella aunque contenga el evangelio —Será pues la obra una cosa mala de que todos hablarán sin haber visto, y este modo de juzgar producirá un efecto funestísimo, empeorándose las cosas en vez de mejorarse.

8.º Los interesados en afectar lealtad escribirán mil cartas, y acaso representaciones a España, manifestando los perjuicios que resultan a la isla de la circulación de semejante obra & & &, y cuando se quiera hacer una justa petición por la parte sensata del pueblo, encontrará acaso muchos obstáculos que superar porque la prevención hará vacilar al gobierno aunque esté poseído de las mejores intenciones. Este sería un mal gravísimo.

9.º Los acaecimientos que ha habido en este país acerca de los negros, hacen peligrosa toda publicación sobre la materia en la isla de Cuba mucho más cuando la Inglaterra ha declarado la libertad de sus esclavos. Una gavilla de pícaros que efectivamente quieren levantar los negros para sacar partido con ellos o para ameritarse luego con el gobierno diciendo que los contuvieron, o hicieron por contenerlos; puede inspirar a los libertos el temor de ser o expelidos o atacados, y de aquí la necesidad de defenderse, y de buscar defensores libertando a sus hermanos. Por consiguiente, una obra en que no solo se ataca la esclavitud, sino que se presentan los derechos del hombre en toda su extensión, y se hacer ver que corresponden a la raza de color no menos que a la blanca, es un bota fuego en tales circunstancias.

Esto es en cuanto a la obra, vamos a considerar lo que dice relación a sus traductores. —Estos no van a chocar con una clase sola de la sociedad cubana, sino contra todas, pues la familia más pobre posee uno o dos esclavos. Se esparcirá la voz de que se ha publicado una obra para levantar a los negros, y sin leerla, empezarán a maldecir a sus autores. Pueden los amos aquí no ser muy prudentes, y las maldiciones pueden ser oídas por los esclavos, que equivocadamente creerán que el negocio es cierto, y colmarán de bendiciones a los que creerán héroes de su libertad. He aquí el peligro. Al primer movimiento de los negros en un ingenio para evitar la crueldad de un mayoral, se le dará carácter político, y se dirá tienen la culpa los autores de esa obra infernal —Si el gobierno quiere deshacerse de alguno de ellos, la obra presta mérito para una medida gubernativa, por lo menos ya quedan marcados, y puede decirse inutilizados. ¿Y no es este un mal terrible? Estamos muy lejos de aconsejar un temor hijo de la cobardía, pero es nuestro deber aconsejar una precaución hija de la prudencia. Un sacrificio inútil en la vida social es un triunfo para los sacrificadores, que no honra a la víctima. ¿Y qué diremos cuando el sacrificio puede dar origen a otros muchos igualmente inútiles? Nuestra opinión es que el mal debe curarse en su origen, debe ocurrirse al gobierno Supremo con una representación enérgica para conseguir que declaren piratas los diabólicos traficantes, y se impongan otras penas y no flojas a los compradores de los negros. —No se debe hablar ni una palabra de libertad porque se alarman y no conceden nada. Debe tratarse solo de aumentar la población blanca, y concluir el tráfico de negros. Estas dos medidas preparan el campo, y abrevian el término de la esclavitud de los negros, que de otra suerte no tendrá fin a menos que no sea con la destrucción de los blancos. Esto es lo que debe pedirse casi con seguridad de conseguirse del gobierno y sin comprometerse nadie; y así aconsejamos que esto sea lo que se pida: medios y franquicias para aumentar la población blanca y destruir el tráfico de negros. Bien conocemos que esto no es todo lo que debe ser, pero es todo lo que puede conseguirse. Al gobierno toca tomar otras medidas como declarar libres a los que nacieren en adelante, y otras de plazo más corto.

Deseamos que nuestras observaciones no disgusten a unos amigos que por tantos títulos aprecian.

Félix Varela y Thomas Gener.

[Domingo del Monte: *Centón epistolario*, tomo II, Imprenta El Siglo XX, Habana, 1924, págs. 92-96.]

Carta a José de la Luz y Caballero, 10 de diciembre de 1834
Señor don José de la Luz

Mi estimado amigo: Sabiendo lo que aprecia a los hombres de mérito tengo el honor de recomendar a usted al portador de esta don Juan Camberes músico eminente, a quien además puede usted introducir como caballero en las mejores sociedades.

Es de usted su afmo Félix Varela

[Archivo Nacional de Cuba. Fondo: Donativos y Remisiones, legajo 604, signatura o número 41.]

Colaboraciones para la Revista Bimestre Cubana (1832-1834)

Reseña del libro Gramática de la lengua castellana según ahora se habla de don Vicente Salvá (Revista Bimestre Cubana; marzo-abril de 1832)

Nada más común que una gramática, y nada más raro que una buena. El señor Salvá nos ha proporcionado esta prenda inestimable, y cábenos la honra de darla a conocer. Sin parcialidad por el autor, aunque digno del mayor aprecio, ni por la obra, aunque nueva y acabada en su género, podemos asegurar que ha pasado felizmente entre Scila y Caribdis; pues que ha evitado la rutina fastidiosa de la mayor parte de las Gramáticas, y el afectado filosofismo de otras, cuyos autores, consultando una naturaleza ideal, parece que cerraron los ojos, para no observar la obra del Eterno, cuyas lecciones los hubieran conducido a resultados más sencillos y planes más luminosos.

Confesamos con placer, que la simple lectura de algunas de las máximas difundidas en el prólogo de la obra nos previno en su favor, pues desde luego anticipamos que el juicio más que la imaginación, la experiencia más que la teoría, y la utilidad más que la brillantez, habían dictado unas páginas consagradas a la más noble y hermosa de las lenguas por uno de los más constantes y felices de sus cultivadores.

Nada parece más sencillo a algunos, dice el autor, que hacer de un golpe todas las mejoras imaginables de la Gramática y escribirla de una manera verdaderamente filosófica. Así debería ser sin disputa, si mientras el sabio examina en pocas horas los diversos sistemas de una ciencia, y aun crea nuevas hipótesis, no costase muchos años a la mayor parte de los hombres el adelantar un solo paso. El análisis del lenguaje, de que tantas ventajas reporta la Metafísica, puede ser a veces perjudicial, aplicado a los elementos para enseñar la Gramática de una lengua.

Los que pretenden que los jóvenes pueden recibir toda doctrina de cualquier modo, y en cualquiera dosis que se les suministre, se olvidan de las muchas vigilias que les ha costado desenmarañar y poner el claro la de los autores que han leído.

No olvidemos que hay unos límites prefijados a nuestro entendimiento, como los tiene la ligereza de los ciervos y la fuerza de los leones. Quizás por este motivo, la tal cual perfección de las cosas humanas precede tan de cerca a su decadencia. El ideólogo toma una especie de este idioma, y otra de aquel, y analizando el rumbo y progresos del discurso humano, describe las lenguas como cree que se han formado o debieron formarse. Pero al escritor de la Gramática de una lengua, no le es permitido alterarla en lo más mínimo: su encargo se limita a presentar bajo un sistema ordenado todas sus facciones, esto es, su índole y giro; y la Gramática que reúna más idiotismo, y en mejor orden, debe ser la preferida. Estas solas máximas son sin duda el fruto de continuas y acertadas reflexiones sobre el poder creador que alucina, y la mesurada observación que instruye. Nada se sabe, si nada se practica, y por más que quiera engalanarse la ignorancia con nombres vanos de una afectada exactitud, deja siempre traslucir su triste origen en la misma inutilidad de sus aplicaciones. La piedra de toque es la experiencia, y el medio de aplicarla es la observación. Esta doctrina, que hace tanto tiempo forma la base del método en las ciencias, llamadas naturales, ha sido muy poco observada por los filólogos.

Entregados al placer de superar dificultades, no advirtieron que las producían, y mientras tomaban por experiencia el sentido íntimo, a su parecer de un sano juicio, cuando solo era de una desatinada imaginación, se erigieron en atormentadores de la juventud, autorizados por los años, y detestados por la ciencia.

Mas el tiempo, que halaga al error permitiéndole que usurpe y goce los honores de la verdad, al fin le destruye, para escarmiento de la soberbia humana, y ventaja de la filosofía. Si sabemos, es a veces porque otros han errado, y los vestigios del error destruido vienen a ser, como los restos flotantes de la nave deshecha, que indican el funesto escollo, para que lo eviten otros. ¡Qué triste cuadro presenta a nuestra vista la serie de años malgastados en almacenar sin orden y con sumo fastidio un fárrago de reglas gramaticales, que basta saberlas para no saber Gramática! Divisiones minuciosas, términos mal aplicados, preceptos numerosos, excepciones infinitas, contra-excepciones, y contra-contra-excepciones... todo, todo forma en la Gramática un bosque espeso y tenebroso, que solo penetra la juventud, a fuerza de la autoridad de los maestros, el temor de los castigos, y la irreflexión de los primeros años.

Los reformadores de estos abusos han caído en otros no menos lamentables, aunque paliados con el interesante nombre de investigaciones filosóficas, cuyo objeto son las lenguas, como se cree que se han formado, o que debieron formarse, según observa con sumo juicio el autor de la Gramática que revisamos. No solamente los antiguos dómines, sino también los ideólogos modernos, han estropeado la verdadera Gramática llenándola aquellos de giros y escondrijos caprichosos y estos de vanas abstracciones, que de simples pasan a tontas: y acaso el célebre maestro del duque de Parma no se presenta al observador filósofo de una manera más favorable, que aquel antiguo Orvilio, bajo cuya férula se formó el taimado y penetrante Horacio.

Efectivamente, desde que Condillac estableció su carpintería filosófica, en que a su sabor, divide, reúne, angosta, rebaja, contornea, pule y acaba, ora ideas, ora juicios, ora discursos, cual pudieran formarse bancos, mesas, estantes y otros muebles, llevando al extremo su sistema de sensaciones: desde que el fácil y claro, pero locuaz y minucioso Desttut Tracy dio cierto aire de misterio a las más frívolas observaciones, parece que la Gramática se ha convertido para muchos en el conocimiento de la lengua de un pueblo ideal, sin que pueda corresponderla el juicioso título de «Gramática de la lengua castellana, según ahora se habla» que tanto recomienda a la obra de que nos ocupamos.

Dijo muy bien aquel Séneca juicioso, que la ignorancia de ciertas cosas forma gran parte de la sabiduría; pues parece que los hombres dedicados a crear las ciencias, y a aprenderlas, yacen en el profundo sueño del error al silbo funesto de la sirena del orgullo; y mientras unas generaciones acusan a otras de inertes y poco apercibidas, la naturaleza se burla de todas, ya ocultando el verdadero principio de las cosas, ya probando la inutilidad de conocerlo.

¡Cuánto se ha escrito sobre el origen del lenguaje! ¡Con cuánta prolijidad se han seguido los pasos de la infancia, y el desarrollo de la juventud para indicar el origen de las ideas, los fundamentos de la Gramática general y sus aplicaciones a la particular de cada idioma! Pero, ¿son exactas las observaciones? ¿Lo son las inferencias? Y puesto que todo sea exacto ¿podrá su conocimiento conducir al de la lengua de un pueblo determinado? ¡Ah! Las lenguas son hijas del capricho, más que de la reflexión, y de la casualidad más que del cálculo. Lejos de nosotros la vana pretensión de la singularidad: no se crea que con un ridículo y osado pirronismo, desconocemos el mérito de las investigaciones, y pretendemos marchitar los laureles recogidos en el campo de las ciencias por genios que su tiempo admiró y la posteridad venera; pero séanos permitido aplicar el *ne quid nimis* respecto a una aparente sencillez, principio a veces de grandes confusiones. Creemos que el autor lo ha aplicado con acierto, y que el análisis de la obra aprobará nuestra opinión.

Comprende la Etimología, Sintaxis, Ortografía y Prosodia, tratadas sin un laconismo que produzca oscuridad, y sin una difusión que cause fastidio.

Tuvo sin duda el autor, muy presente la observación de Horacio: *Brevis esse laboro, obscurus fio. Sectantem Lenia, nervi dificiunt, animique. Professus grandia turget...* y parece que todo su empeño ha sido conducir al lector por el camino que siempre ha trillado, haciéndole observar aquí y allá los defectos y belleza con sumo tino y sagacidad. Léese esta Gramática sin parecer que se aprende; pues no se atormenta la memoria con voces raras, ni el entendimiento con reglas abstractas.

Excusado es decir que no pudo reducirse a un volumen muy pequeño, si bien no es tan extensa que arredre a los lectores. Ha evitado el autor un gran defecto de otras Gramáticas que se reducen a un conjunto de reglas aisladas que bastan para recordar al que ya sabe, mas no para instruir al principiante.

Empieza por unas juiciosas observaciones sobre la lectura, notando la naturaleza y uso de los acentos, pero con suma prudencia para no avanzar reglas que serían poco perceptibles sin otros conocimientos.

Observamos que ha erigido en regla con bastante razón lo que el uso tiene recibido con generalidad en Castilla, y casi en toda España; esto es, que la *d* no suena, o apenas suena entre a y o al fin de dicción: v. g. quemado, pronunciándose *quemao*. Sin embargo, creemos que esta regla no puede extenderse a censurar como defectuosa la pronunciación contraria; pues que ha sido en otro tiempo la legítima española, y es en el día la de todas las partes de América, donde se habla nuestra lengua. Sin duda, un defecto al principio de la pronunciación del vulgo se ha llegado a extender a la parte culta de la sociedad, y a formar el que puede llamarse uso, *quem penes arbitrium est et just et norma loquendi*; mas no es tan universal que baste a destruir el uso contrario, conversando por muchos millones de individuos. A la verdad que en algunos casos suena muy mal, por lo menos a nuestros oídos, la pronunciación de los actuales castellanos. ¿Quién sufre *amao* esposo, en lugar de amado esposo? Parécenos una portuguesada completa. Convenimos en que pronunciando la *d* resulta el sonido menos suave, pero es más distinto, y se asemeja menos a la pronunciación de un balbuciente. Evítese además una imperfección en el idioma, cual es escribirse de un modo y pronunciarse de otro, como ya nos sucede respecto de la *h* que bien podría desterrarse del alfabeto español con solo alterar la Ortografía. Merece, no obstante, nuestra aprobación la regla introducida por el autor, que no hemos leído en otro alguno, puesto que se propone darnos la Gramática de la lengua, cual ahora se habla. Todos los castellanos dicen *tratao*, y *tratao* ha de ser, que no tratado, aunque mil autores escriban lo contrario. Dícenos con una suma prudencia, que la *d* no se pronuncia, o apenas se pronuncia entre a y o al fin de dicción, como para indicarnos que debiera pronunciarse, aunque no tan fuerte como en otros casos; pero él sabe mejor que nosotros, que apenas se encontrará un castellano que deje percibir la *d*, pronunciando quemado u otra palabra semejante.

A estas nociones sigue un artículo sobre las partes de la oración, en que ha procurado el autor no complicar las reglas, interpolando excepciones, que solo se encuentran a manera de notas. Nos ha parecido muy conveniente este método, que ya hubiera observado Heinecio; pues la lectura no interrumpida sirve para fijar las ideas, y percibir el plan de la obra.

Nos parece muy exacta la definición del nombre, diciendo que es la voz que significa un ser o cualidad, y que es susceptible de número y género; mas quisiéramos que hubiese terminado en la palabra cualidad, por razones que alegaremos cuando indiquemos los descuidos que hemos notado en esta obra.

Lo mismo decimos de la definición del verbo, que, según el autor, es la parte de la oración, que, expresando la acción, estado o existencia de las personas o de las cosas, se conjuga por modos, tiempos y personas.

Desearíamos que la definición terminase en la palabra personas, poniendo expresa, en lugar de expresando.

Presenta el autor con bastante claridad la conjugación de los verbos y sus irregularidades. Sobre este asunto es muy importante una pequeña nota (página 76) en que observa el autor que tanto en las lenguas antiguas, como en las modernas, son casi unos mismos los verbos irregulares, proviniendo de su frecuente uso, el cual los gasta, ni más ni menos que las cosas materiales. Por eso los verbos haber y ser son siempre los más irregulares. Efectivamente, si consideramos que la irregularidad proviene del capricho, es fácil inferir que este ha sido mayor en los verbos que se han usado más, diciéndose lo mismo de los nombres; pues como observa el autor, los más comunes, como José, Francisco, han recibido más transformaciones, v. g. Pepe, Pancho.

Debe, sin embargo, notarse que las alteraciones en los nombres no han destruido el primitivo, antes se tienen nombres como de confianza, de los cuales jamás se usan, hablando de los nombres de personas de respeto, o en discursos serios; más las alteraciones en los verbos pasan a ser reglas, destruyendo la conjugación ordinaria.

Siguen después algunos verbos de su conjugación particular, v. g. adquirir, andar, y esta parte nos ha parecido muy útil, pues solo familiarizándonos con toda la conjugación de dichos verbos, podrán evitar errores de lenguaje, en que vemos caer aun a muchos que creen saber nuestro idioma.

Síguese una utilísima lista de los verbos, que tienen dos participios de pretérito, igualmente recibidos, y termina el tratado de la Etimología por un capítulo sobre las partículas indeclinables, sin omitir nada interesante.

Dice el autor en una nota, que a imitación de algunos extranjeros que han escrito gramática española en sus lenguas, él ha dado el nombre de futuro condicional de indicativo al tiempo acabado en *ría*, como *amaría*, que hasta ahora se ha tenido por pretérito imperfecto de subjuntivo. Nota que trae su origen del infinitivo y el auxiliar haber, pues los antiguos decían, *cantar había* o *hía* y, y nosotros *cantaría*: observa igualmente que dicho tiempo puede resolverse por el había de del infinitivo, v. g. que se anunció que cantaría», esto es, «que había de cantar». Advierte, por último, que tiene las mismas anomalías que el futuro de indicativo, y así parece que es de la misma naturaleza.

Poco interesa que el tiempo acabado en *ia* se llame de indicativo o subjuntivo, si en ambos casos sugiere una misma idea, y exige un mismo régimen gramatical, y así no impugnamos esta innovación, ni la sostenemos. El condicional siempre es futuro, y siempre es subjuntivo, esto es, siempre va unido a otro, del cual depende. Cuando se presenta por sí solo, nos deja en suspenso, deseando saber la condición de que depende: si decimos, v. g. «tendríamos mucho dinero», el que oye espera que digamos en que caso o bajo qué condición le tendríamos, y así este tiempo depende de otro, aunque tácito. Recordando el origen latino de la palabra subjuntivo, que casi no está alterada, conoceremos que la cuestión es de nombre. Viene de *subjungere*, compuesto de *sub* y *jungere*, esto es, debajo y unir; de modo *subjungere* es unir debajo. Por tanto, siempre que un tiempo se halle precisamente unido a otro, que debe precederle, no puede menos de ser subjuntivo; y también futuro, pues dicho antecedente aun no existe. Ambas circunstancias concurren en el tiempo acabado, en *ia*, según hemos observado, y así creemos que es un verdadero futuro de subjuntivo. Nada obsta que atraiga su origen del infinitivo con el auxiliar *haber*, pues este le da el carácter de futuro y de subjuntivo; pues cuando se dice cantar conviene a todos tiempos o es infinitivo; mas diciendo *cantar había*, se indica un futuro, que igualmente es subjuntivo, porque supone otro verbo, que forme una oración precedente, v. g. «me dijo que cantar había». Este ejemplo acaso prueba que el futuro *cantaría* no es condicional, pues se resuelve en *cantar había*, que no expresa, ni supone condición, antes parece indicar una promesa absoluta. Convenimos en que todo condicional es futuro, mas no al contrario, y dudamos que siempre lo sea el acabado en *ía*, pues a veces aun excluye toda condición; y v. g. «le dije ayer que vendría», esto es, «que le dije ayer, vendré»; pues el que habla se supone en el día en que habló, esto es, ayer, y su exposición no es más que un recuerdo de la absoluta, de que usó entonces.

Acaso parecía extraño que algunos gramáticos hayan considerado este tiempo como pretérito, y otros como futuro; mas todo se aclara, si consideramos las circunstancias y tiempos que se imaginan. Si decimos v. g. «el aire entraría, si rompiesen los cristales de la ventana». Unos gramáticos se suponen existiendo en el momento en que habiendo sido rotos los cristales, empieza a entrar el aire, y así consideran el tiempo entraría, como posterior a otro que acaba de pasar, esto es, como pretérito perfecto. Otros se figuran que están presentes cuando se profiere la proposición anterior, y entonces ciertamente es futura la entrada del aire. Todos dicen bien, y así nada decidiremos en cuanto a la exactitud de la doctrina; pero si nos inclinamos a caminar por la senda trillada, aplaudimos la imparcialidad, con que el autor se expresa en otra de sus notas. (N. 52.) Si quisiéramos indicar todo lo que merece nuestra aprobación en la segunda parte, que trata de la Sintaxis, incurriríamos en una prolijidad fastidiosa, y acaso para evitarla, no atinaríamos en dar la preferencia a lo que dijésemos, sobre lo que dejásemos de decir. Bástenos asegurar que en ella se hacen notables la exactitud, la claridad y el método, con una abundancia de ejemplos, juiciosamente escogidos, y observaciones imparciales que demuestra a veces los descuidos de los autores más célebres, sin rebajar su mérito, ni desconocer sus servicios.

Como la ignorancia siempre es atrevida, y la soberbia siempre es baja, pusieron ambas en ejercicio varias plumas, ciertamente malhadadas, cuyas horribles composiciones procuraron elevarse a la dignidad clásica, por medios muy rastreros, que solo sirven de oprobio a los que tuvieron la imprudencia de emplearlos. No son estos monstruos los escollos de la juventud, pues el vicio manifiesto lleva la corrección consigo mismo: y así el autor de esta nueva Gramática no ha hecho caso alguno de ellos, dirigiéndose únicamente a objetos dignos de consideración por su indudable mérito y fama bien fundada.

Merece la pena el borrar ligeras manchas en rostros muy hermosos; pero se malgasta el tiempo en mejorar los feos, que siempre lo serán, y vale más conservarles su derecho al ridículo. Lo que más recomienda la Gramática del señor Salvá es la noble franqueza y loable osadía con que se notan en ella los defectos cometidos por los que podemos llamar genios de la lengua española. Conviene mucho evitar que la veneración sirva de velo al error, y que unos defectos, cuyo origen es acaso una distracción, lleguen a arraigarse en el hermoso campo de las ciencias, por timidez del cultivador, que no se atrevió a tocarlos. Lejos de complacer a los verdaderos liberatos este disimulo de unos defectos que no los degrada, lo consideran como una prueba de la idea mezquina como se ha formado de su generosidad. Mira el sabio sus descuidos como el sueño, a que le obliga la naturaleza, y en que suele divertir a sus compañeros, que al fin lo despiertan, ríen todos, y reina la armonía, o como el polvo que cayó sobre diamantes, y fue disipado al sueño benéfico de la amistad, para que aquellos aumentasen su brillo y ostentasen su riqueza.

Tal es el gran servicio que ha hecho a la juventud la Gramática de Salvá. Los italianismos del dulce y encantador Garcilaso, no menos que las violentas colocaciones del grandioso Jovellanos y del ameno Quintana, sirven a los jóvenes de alarma, para que viendo caídos a los grandes maestros, atiendan cuidadosamente a percibir los obstáculos, y no desprecien los consejos de la experiencia, en la peligrosa carrera de la literatura española. Es nuestra hermosa lengua como aquellos órganos delicados que formó la naturaleza para manifestar su poder y variada sensibilidad, pero que se resientan de la menor injuria. Un polvo imperceptible ofende la vista: una ligera disonancia atormenta el oído; mientras que el duro cutis de las manos recibe sin pena impresiones más fuertes. A esta manera otros idiomas conceden a sus escritores muchas libertades, que la rigurosa madre española condena en los suyos, imponiéndoles, o un prudente silencio, o un castigo merecido. Todo es difícil escribiendo en castellano: aquí las vocales no hermanan y disgustan; allá dos consonantes como que tropiezan y riñen; ora parecen violentos los incisos, ora el período pierde su armonía. Ocurrimos cuidadosos a enumerarlos... vense las marcas de la lima, y se manifiesta el arte. Invertimos la colocación, y como que volvemos las palabras para ocultarle... queréllase el pensamiento, porque le presentamos débil. Substituimos otras voces... resiéntase la precisión del estilo. Buscamos otras... mas no tienen el sello de la antigüedad, y tememos la férula de una purista... Deslízase la pluma de la mano, fastidiámonos del período, y le dejamos para momentos de más feliz inspiración... Volvemos a emprenderlo, dejamoslo otra vez; y solo al cabo de repetidas alteraciones y de ensayos numerosos, quedamos, no satisfechos, sino menos disgustados.

No debe sin embargo arredrarse la juventud a vista de tantas dificultades, pues la medianía es un grande honor, en materias en que la perfección es muy rara. Tiene además el trabajo la gran virtud de premiar a sus amantes con dádivas oportunas, que siempre los recrean, pero jamás los alucinan; pues son muy bisoños en la carrera del saber, los que los creen limitándose en algunos de sus ramos. Por la invención del juicioso y modesto nombre de Pitágoras, que lo contrariaba tras un velo, que cubría más su malicia, que su persona, comunicóse por medio de sus favoritos, el degradante *magister dixit* a una turba de discípulos fascinados, que creyó dirigirse al templo de la sabiduría por el camino de la insensatez. ¡Puedan nuestros jóvenes más apercibidos merecer aquel ilustre nombre en el interesante estudio de su lengua, cultivada en otro tiempo con el mayor esmero, y ahora abandonada a la merced del pueblo irreflexivo! Mas volvamos a la Gramática de Salvá.

Son muy exactas las observaciones sobre los artículos, principalmente en cuanto al uso de la y lo; pues, como dice el autor, no hay duda que debe ponerse la con el acusativo, v. g. castigarla; pero no con el dativo, esto es, cuando hay otro nombre, sobre que recae la acción, v. g. así que vio a nuestra prima, le dio esta buena noticia. «Con todo, dice es muy frecuente en el lenguaje familiar el uso del la y las particularmente en Castilla la Vieja y la provincia de Madrid». Conviene advertir a los principiantes que hay muchos verbos, que piden este pronombre femenino, ya en acusativo, ya en donativo, según es o no el término de la acción del verbo. Diremos: la aconsejé que se arrojase, y le aconsejé tal cosa, porque estas oraciones, vueltas por pasiva, dirán: ella fue aconsejada por mí, que se arrojase, y tal cosa fue aconsejada por mí a ella». «Algo más dudoso está el uso de los doctos respecto del pronombre masculino; y si bien hay quien dice siempre lo para el acusativo, sin la menor distinción, y le para el dativo: lo general es obrar con incertidumbre; pues los autores más correctos, que dicen adorarle, refiriéndose a Dios, solo dirán publicarlo, hablando de un libro. Pudiera conciliarse esta especie de contradicción estableciéndose por regla invariable usar del le para el acusativo, si se refiere a individuo del género animal, y de lo cuando se trata de cosas, que carecen de sexo, y de las que pertenecen a los reinos mineral y vegetal. Quisiéramos que el autor solo hubiera dicho las que pertenecen al reino vegetal; que las del mineral están incluidas en las que carecen de sexo, y es una redundancia. «Debemos de usar también del le y no del lo, si está delante de la reduplicación se en las frases de sentido pasivo v. g. en el reino de Valencia se coge mucho esparto y se le emplea para sogas. Los parece el acusativo más propio del plural, v. g., los aniquilaron, locución que es indispensable, aunque no sería ni una...» Creemos que la regla precedente no es tan universal, como lo establece el autor, pues hay infinitos casos en que no se pone les, aunque preceda se, v. g. tenía muchos doblones, y se los robaron todos; no podíamos decir, se les robó. Tomó varios anillos y se los puso todos; no diríamos se les puso todos. El mismo ejemplo de Quintana sería muy propio si se refiriese a otro objeto; v. g. el ladrón percibe que hay peligros en la empresa; mas por grandes que se los suponga, no le arredra su idea, porque le ciega el interés. Inferimos pues, que la regla debe limitarse a los nombres masculinos o femeninos por significar individuos de algún sexo, usando de los o las después de se. Acaso en este sentido del autor, aunque expresado de manera que indica que es universal la regla, y que sirven como ejemplos de ella los casos, en que se emplean los pronombres masculinos o femeninos, por significar individuos de algún sexo. En tal caso podría hacerse una ligera inversión del modo siguiente: Locución que es indispensable retener, cuando precede se al verbo, refiriéndose a personas del género masculino o femenino, que solo está bien dicho, se les acusó y se las acusó».

Es igualmente acertada la observación sobre la impropiedad en usar del pronombre ese, en lugar de aquel. Llama el autor andalucismo a este defecto, y lo nota en la Poética de Martínez de la Rosa (pág. 369), cuando dice: «Son como esas plantas, que nacen al arrimo de otras...» y en la pág. 370: «Este pegadizo importuno... es el defecto de ese drama». Ese es cabalmente, dice Salvá, el pronombre que menos debe ocurrir en los escritos y el que menos dificultad ofrece en su uso; pues nunca lo empleamos, sino en el diálogo, o cuando el autor lo forma en cierto modo con el que lee, y personificándole, casi le dirige la palabra, respondemos, «eso ya lo sabía».

No permiten los estrechos límites de un artículo presentar todos los pasajes, en que se hace notable el autor por sus sensatas observaciones sobre la sintaxis; pero no omitiremos un justo elogio a los tres últimos capítulos, que contienen doctrina sobre el estilo castellano actual, y los arcaísmos. Nada más necesario, ni más bien desempeñado; pues ha conseguido presentar con suma sencillez «dos vicios que deben huirse igualmente en toda lengua viva: incurren en el uno, los que están aferrados a los escritores clásicos, que nos han precedido, que no creen pura y castiza ninguna voz, si no está autorizado por ellos; y el otro, que es el más frecuente, como que se hermana más con la ignorancia, consiste en adoptar sin discreción nuevos giros y nuevas voces, dando a las cosas que ya conocieron, y llamaron por su nombre nuestros antepasados, aquel con que a nuestros vecinos les parece designarlas ahora».

Evitados estos dos vicios se vería libre la literatura española de una multitud de puristas impertinentes, que sin acordarse de que el lenguaje es obra de los hombres, y debe ceder a la voluntad general, nos atormentan con observaciones fundadas en el descubrimiento de voces de antaño; que pasaron con la generación que las inventó, y ningún derecho tiene que reclamar contra la presente. También nos liberaríamos de los caprichos, o más bien de la ridiculez de la Francia española o si se quiere la España francesa, que tanto llegó a dominar no ha muchos años, más por fortuna va decayendo y pronostica muy corta duración, como sucede a los monstruos. No creemos que hay mucha semejanza entre nuestra lengua y la francesa; pero al fin algo se parecen, y esto basta para que una ridícula admiración haya encontrado fundamento para introducir palabras, frases y construcciones totalmente francesas quitando toda su hermosura el noble lenguaje castellano.

El autor indica muchas frases del siglo XVI que ha consideran anticuadas, y sería absurda pretensión de revivirlas. Opónese al *Diccionario de la Academia*, que considera como tales muchas voces, solo porque son de poco uso, o no tienen ya un equivalente. Nota muy bien que varias voces de que usaron nuestros clásicos, serían hoy miradas como galicismo, v. g. afamado por hambriento, defender por prohibir, etc. A este modo hace otras indicaciones utilísimas que prueban lo mucho que se ha penetrado del genio del idioma antiguo y moderno, ahorrando a la juventud el gran trabajo de una dilatada lectura, y penosa comparación de innumerables autores. Una de las principales causas de la corrupción de nuestra lengua es la multitud de traducciones que a ella se hacen de obras escritas en idiomas de un carácter sumamente opuesto. La gran dificultad del negocio y la falta de instrucción en los traductores han introducido insensiblemente, no solo voces, sino frases y aun giros en los períodos, que a veces nos hacen desconocer la lengua de los Cervantes y Saavedra. Para ocurrir a este gran mal, traduce el autor, como por ensayo, la introducción al «Siècle de Louis XIV», ajustándose al giro francés sin faltar a la propiedad castellana. Preséntanos después una traducción del mismo texto, según el estilo, que podemos llamar del día, para que se note la diferencia, y se eviten los defectos, siendo uno de los mayores el monótono clausulado que tan mal se amalgama con la pompa y majestad de la lengua castellana. Tradúcenos también un pasaje de la vida de Alfieri para que evitemos los italianismos, en que es tan fácil caer por la mayor semejanza de las dos lenguas: y últimamente traduce un rasgo de Nume, para hacer notar hasta qué punto puede aspirarse a la exactitud en las traducciones del inglés al español. Confesamos, sin embargo, que ha escogido un autor, y un pasaje de los más parecidos en su estilo al de nuestra lengua. Sigue un hermoso paralelo entre el estilo de Cervantes y el que debe observarse actualmente; pues sería muy ridículo el autor, que escribiese imitando al Quijote, y solo conseguiría el desprecio por los mismos medios, que granjear a Cervantes tanta gloria. Quiere el tiempo que obedezcamos sus órdenes irrevocables, y castiga severamente a los que intentan detenerle su carrera. Bástenos decir sobre el capítulo de los arcaísmos que se presentan con brevedad sencillez y exactitud en solo cuatro páginas, que bien valen un volumen.

Dice muy bien el autor que «no ha sido casualidad, ni inadvertencia de los autores que han escrito gramática el no haber tratado ninguno de ellos esta materia sin cuidadoso estudio, nacido del conocimiento de su delicadeza y de sus espinas. Porque las tiene, en efecto, el señalar las pequeñas y casi imperceptibles particularidades, que varían la dicción de un mismo idioma en distintas épocas». Debemos sin embargo, felicitarle por haber manejado con tanto tino este difícil negocio, sin punzarse con tantas espinas.

El tratado sobre la Ortografía, aunque muy recomendable en su totalidad ofrece pocos puntos, que llamen la atención, a no ser las observaciones sobre el uso actual de la b y de la v; pues esa ha perdido mucho, mientras aquella ha ganado: sobre la utilidad de conservar la x en los nombres propios como Jenofonte, reprobando el uso de escribir Jenofonte; y sobre las siguientes reformas, a que el autor propone:

«1.ª Usar, para la conjunción y, igualmente que para todos los diptongos en que entra la i, de esta vocal y nunca de la y, cuyo oficio no debe ser, sino el que corresponde a una consonante.

2.ª Como la r es siempre doble al principio de dicción, y parece por tanto que no puede empezarse sílaba por ella, tal vez convendría, cuando es suave, seguir la práctica de los que dividen las sílabas, uniéndola con la vocal que precede, v. g. car-o, dur-o.

3.ª La rr, como que es una sola letra, nunca debía partirse al fin del renglón por la misma causa, que no separamos la ch, ni la ll, y ya que dividimos así a tacha, ca-ba-llo, también debiéramos silabear a-rrebol, ca-rro.

4.ª La acentuación quedaría mucho mas simplificada, no acentuando más monosílabos que los pocos que requieren para distinguirse de otros de distinto significado, o por constar solo de un diptongo, y pronunciarse el acento en la segunda de las dos vocales.

No es menos interesante la Prosodia, en que se explican con la mayor claridad todas las reglas, sin darles aquel orden mecánico que suele observarse en otras obras. Es muy juiciosa la observación del autor sobre la Poesía antigua, y su diferencia de la moderna. «Se tiene generalmente la idea de que los antiguos medían sus versos por pies, cuyas sílabas debían ser de una cantidad determinada, y que en los versos que admitían variedad en sus pies, podía resultar mayor número de sílabas en uno que en otro; mientras que los modernos están por el contrario, atenidos al número estricto de sílabas, sin cuidarse nunca de la mayor o menor pausa en su pronunciación. Pero poco examen se necesita para conocer que la mayor parte de los versos de los antiguos, aunque en distinto número de sílabas, tenía uno mismo de tiempo si por cuanto el hexámetro, por ejemplo, no pudiendo constar sino de seis pies, o dáctilos, o espondeos, precisamente ha de resultar de veinticuatro tiempos, siendo de cuatro así el espondeo como el dáctilo. Lo propio sucede entre nosotros, pues el verso octosílabo, y lo mismo puede decirse de cualquiera otra especie de metro, puede estar cabal con siete sílabas, si es aguda la última: con ocho, cuando se halle el acento en la penúltima: con nueve, si concluye por esdrújulo; y con diez también en mi opinión, si el acento está en la cuarta sílaba antes del fin». Así se expresa el autor, y le creemos bien fundado.

Manifestadas las bellezas, que tanto nos deleitan en la obra que hemos analizado, permítasenos indicar algunos ligeros lunares, que minoran su gracia, y que no dudamos corregirá el autor, en cuanto creyere fundadas nuestras observaciones. Empieza presentando el alfabeto español, y al canto la pronunciación de cada letra por medio de una sílaba, v. g. B-b... be. Hh... ache, J-j... jota. Si el principiante no sabe pronunciar b. c. h. j. menos sabrá pronunciar be, ce, ache, jota, en que entran dichas letras, y en vez de enseñarle la pronunciación a vista de estas combinaciones de letras, que le confunden, vale más presentarle limpiamente a, b, c. Podría el autor omitir toda la tabla alfabética, sin que perdiese cosa alguna su Gramática. Desearíamos se hubiese omitido en la página 7 el párrafo en que dice el autor que no tratará de la letra gótica o semigótica; pues quisiéramos que los jóvenes encontrasen en la Gramática lo que deben aprender, y no lo que no se quiere enseñarles. Estos y otros descuidos semejantes provienen del deseo de evitar la crítica de los profesores, a quienes convendría olvidar teniendo solo presente a los discípulos. Con dificultad pueden conservarse en la memoria los innumerables diptongos que se expresan en la página 8, y valdría más indicarlos en términos generales. En varios pasajes supone conocida la significación de voces que no se han explicado, y que acaso no se explican en la obra, como en la página 9 en que se dice que el acento está en la penúltima si es la persona de algún verbo terminado en n; y aun no se ha dicho qué son verbos, ni qué son personas. En la página 14 se comete el mismo defecto, diciendo que carecen de plural los infinitivos de los verbos, sin saberse aun lo que es infinitivo. En la página 49: «pero si la reduplicación está en dativo, por hallarse además un acusativo en la oración, etc.» sin haber dicho lo que es dativo en parte alguna, aunque sí lo que es acusativo en una nota que se halla en la página 13. En la página 12 reduce las partes de la oración, e indica sin necesidad las suprimidas, cuyos nombres nada interesan por entonces al discípulo, y o bien fatigan su memoria, o excitan una curiosidad que no queda satisfecha. Valdría más poner como nota la extensa lista de nombres que solo tienen plural, que se halla en la página 15, dándole un aspecto aterrador para los principiantes, que más bien sufren estos catálogos cansadísimos y fastitiodísimos, aunque útiles, cuando se presentan como cosa accesoria. En la página 27 se dice que en castellano se necesita para la formación del comparativo de un rodeo que excusaban la lengua griega y latina, y que excusan hoy día algunas lenguas de Europa. En la página 419 se entra en la averiguación de la causa que tienen los italianos para no fijar la semirrima, y se hace una ligera observación sobre la naturaleza de los verbos ingleses, empleando casi dos párrafos. Todo esto es inútil; pues los discípulos no están aprendiendo ni griego, ni latín, ni ninguna de las lenguas extranjeras. En nada debe ponerse más cuidado que en no avanzar nociones innecesarias, cuando nos proponemos enseñar. Notamos una especie de redundancia en el lenguaje de la regla siguiente: página 27. Podría decirse que el superlativo se forma añadiendo al positivo la terminación *ísimo*: pero quitándole la vocal, si acaba por ella. Tenemos igualmente algunos reparos contra varias definiciones del autor. En la página 12 dice: los gramáticos reputan por nombres a las voces, que significan un ser o calidad, y que son susceptibles de número y género. Esta última cláusula es redundante, aunque usada por todos los gramáticos, pues la naturaleza del nombre queda suficientemente explicada sin ella, y la brevedad es lo principal en una definición. El ser susceptible de números y géneros es una propiedad y aun podremos decir una consecuencia del objeto, a que se refiere el nombre y si pretendiésemos indicar todas sus propiedades, escribiríamos un tratado difuso para explicar o definir cada nombre. Parécenos además que en el pasaje en que se halla la definición, podía haberse omitido la última cláusula por no haberse aun dado idea de números y de géneros. Decimos lo mismo sobre la siguiente definición del verbo: es aquella parte de la oración que expresando la acción, estado o existencia de las personas o las cosas se conjuga por modos, tiempos y personas: debió omitir desde «se conjuga».

Para que no se crea que es un exceso de rigor de nuestra parte, o una afectación de exactitud filosófica suplicamos a nuestros lectores que se figuren que han perdido todos los conocimientos que poseen, y que se hallan en el estado de un joven que empieza, y que por no saber ni aun sabe la Gramática de su lengua. En este estado puede el entendimiento percibir de golpe, o por lo menos con una cortísima explicación, lo que quieren decir las voces: calidad, acción, existencia, pero no percibirá tan fácilmente el significado de las palabras: números, géneros, modos, tiempos y personas; que aunque son tan claras como los precedentes, su mera colocación en las definiciones indican que están tomadas en un sentido que aun no se comprende; o por lo menos se duda si se ha comprendido. La niñez y la juventud en sus primeros años necesitan muy poco para fastidiarse, y nada produce este efecto con más prontitud que la complicación de voces. Mientras menos se hable enseñando, tanto más progresa el discípulo ni afortunadamente atina el maestro a no omitir nada necesario. Nuestro autor ha tenido esta fortuna en la mayor parte, y aun casi diremos en la totalidad de su obra; y él mejor que nosotros, podrá limarla y ofrecer a la juventud la segunda edición, mucho más perfecta. Es imposible que una obra salga a luz por primera vez sin algunos ligeros descuidos, mucho más cuando el autor la presenta solo como un primer ensayo, de que el mismo desconfía, convidando con suma modestia y generosidad a todos los amantes de la literatura, a que le indiquen los defectos que notasen. Por nuestra parte creemos que en justicia debemos explicar a esta apreciable obra los juiciosos versos de Horacio:

> *Non ego paucis*
> *Offendar maculis, quas aut incuria tulit*
> *Aut humana parum cavit natura.*

Trabajo inédito de Félix Varela en el que se analiza la obra de W. Paley titulada «Teología natural o demostración de la existencia de los atributos de la divinidad, fundada en los fenómenos de la naturaleza» publicado en 1825[77]

Teología natural o demostración de la existencia de los atributos de la divinidad, fundada en los fenómenos de la naturaleza. Por W. Paley, doctor en Teología, traducida a la lengua española por el doctor don José Lorenzo Villanueva de la Academia Española y de la Historia. Un tomo en cuarto. Londres 1825.

---

[77] Trabajo inédito del Pbro. Félix Varela y Morales, cuyos originales obran en nuestro Archivo Nacional preparado seguramente para ser enviado a la *Revista Bimestre Cubana* el 17 de julio de 1832.

El Presbítero doctor don José Lorenzo Villanueva que tantos títulos tiene al aprecio nacional, no menos por sus esclarecidas virtudes que por sus distinguidos talentos y asidua laboriosidad ha hecho el más eminente servicio a la moral, a la religión y a nuestra literatura, traduciendo al español la presente obra, con tal pureza, corrección y elegancia de estilo y lenguaje, que no dudamos considerarla acreedora a que se la coloque entre nuestros más distinguidos clásicos; casi dándole además al señor Villanueva el relevante mérito de haber vencido los gravísimos inconvenientes con que ha tenido que luchar en posición tan desventajosa, por lo profundo y delicado que es el asunto de suyo, y porque jamás se ha tratado bajo forma tan nueva y original en nuestra lengua. ¡Cuánto no ganaría ésta y la civilización si en lugar de esta caterva de traductores que no menos estragan en el gusto que corrompen las costumbres con sus bastardos escritos a destajo, hubiese muchos Villanuevas que la enriqueciesen e ilustrasen cada día con sus producciones científicas y literarias! La impiedad por lo común medra a la sombra de la ignorancia y del falso saber: por eso fue que viendo el doctor Paley el progreso que hacía aquel monstruo, quien con su pernicioso aliento infestaba la clarísima fuente de las costumbres, atacando en sus bases los principios de moral y religión con que amenazaba destruir el orden social, osa acometerle en su propio terreno y batirle con las armas que le suministra una sana filosofía. No se presenta en la arena con lanza en ristre cual un campeón que amenaza con la muerte al que se oponga al símbolo de su esencia: otros son los principios de nuestro autor. A fuer de ilustrado y amante de la humanidad, no quiere violentar, sino convencer al entendimiento. Se constituye en abogado del Ser Supremo y defensor de su divina existencia, no para que nos amedrentemos cual viles esclavos ante su augusta presencia, sino para que conociendo sus atributos, admiremos su supremo poder, sabiduría y bondad infinitas y le tributemos el homenaje debido por la beneficencia con que incesantemente nos atiende.

Bien penetrado de la difícil tarea en que se empeñaba, pues comprendió muy bien el espíritu de su siglo, quiso prepararse antes de acometerla con vastos y profundos estudios que le proporcionasen gran copia de conocimientos en varios ramos de las Ciencias Naturales, para demostrar por el simple análisis de cualquiera de los objetos a que se refieren «el designio de la obra y por consiguiente la existencia de su autor». No la trató cual los ascéticos en un lenguaje místico que solo expresa los éxtasis y puras emociones del corazón, útiles acaso para quien se sienta inspirado de ellas, mas perdidas para el resto de los hombres; tampoco se empeñó en demostraciones metafísicas que considerando la existencia de Dios y cuanto tratan por meras abstracciones, confunden más bien que aclaran nuestras ideas, sin que adelantemos un ápice después de haber agotado nuestro cerebro en el conocimiento de la esencia divina, ni naturaleza de los objetos a que se contrae. Así es que, al nivel de la época, quiso que sus investigaciones fuesen sobre objetos positivos abarcando para esto la naturaleza entera, cuyo régimen y sistema comprendió perfectamente, según lo indica el análisis que nos hace de todas y cada una de sus partes.

No solo conoció, cual experto anatómico y profundo fisiólogo, la estructura y funciones del cuerpo humano y de otros varios animales, sino que internándose, por así decirlo, en las miras del Ser Supremo descubre los motivos o causas finales de haber adoptado en la conformación de nuestro cuerpo por ejemplo tales medios, más bien que otros. De suerte que esta parte de su obra puede considerarse como un curso de Anatomía Comparada y Racional en la que expone con suma perspicuidad el plan tan vasto como sencillo de las leyes que rigen el mundo viviente.

No menos profundo le encontramos en la Botánica cuanto trata de las plantas, investigando con exquisita sagacidad las más delicadas relaciones que tienen entre sí y con el resto de los seres que pueblan el mundo; de cuyo análisis deriva el designio del Autor Supremo en la conservación de seres tan varios y bellos como forman el reino vegetal, proveyéndolos con suma previsión de medios que resistiesen los ataques a su conservación lo que prueba no solo la existencia del Supremo Autor sino su benevolencia infinita.

Tan modesto como sabio confiesa al tratar de los elementos nuestra ignorancia sobre su organización, pero consolándonos al mismo tiempo porque considera que no nos es necesario el conocimiento de su constitución, sino bastan el de algunas de sus propiedades aplicables a las necesidades de nuestra vida; sobre lo cual presenta las más profundas ideas en las Ciencias Físicas manifestándolas no inferiores en las Matemáticas sublimes y trascendentales, cuando enseguida trata de la Astronomía sin perder nunca de vista el objeto primordial a que se contrae su obra y presentando con tal sencillez y claridad los cálculos más sublimes, que basta para comprenderlos un sano juicio y una inteligencia común.

El estudio de la naturaleza y sus leyes le hizo percibir la íntima relación que existe entre todos los seres, sin que jamás llegue a interrumpirse la trabazón que constituye la gran cadena, y apoyado en tan sólidas bases osa remontarse hasta el excelso trono de la divinidad, de quien nos descubre gran parte de su esencia, revelándonos, con solo el auxilio de la Filosofía, sus misteriosos atributos. Sentimos no alcanzar toda la profundidad del autor en los varios ramos que comprende el vasto y bien combinado plan de su obra, ni poseer la vigorosa didáctica con que discurre sobre ellos para bosquejar, con pincel diestro y seguro, un débil trasunto, que dejando entrever al menos toda la extensión y profundidad de sus miras, despertase el deseo de conocer su obra. Pero ya que no nos es dada tanta ventura, supliremos en cuanto podamos este vacío permitiéndosenos transcribir algunos de los infinitos pasajes que muy particularmente han llamado nuestra atención. Haciendo consideraciones sobre la organización del ojo para probar el designio en las obras de la naturaleza, dice: «El ojo tenía necesidad de dos propiedades de que no necesita en igual grado el anteojo. Desde luego era necesario que pudiese prestarse este órgano a los varios grados y modificaciones de la luz y además que estuviese en igual aptitud para desempeñar su operación, cualquiera que sea la distancia del objeto, desde tres o cuatro pulgadas hasta muchas leguas: dificultades que no se presentan al fabricante de anteojos o telescopios, el cual necesita de toda la luz que pueda acopiar y el instrumento no se construye para mirar de cerca. Para que provea el ojo a ambas cosas, se empleó en su estructura un admirable mecanismo. La pupila o el agujero por donde penetra la luz en el ojo, está de tal suerte construida que puede contraerse cuando hay demasiada luz y extenderse cuando es escasa. Lo interior del ojo es una cámara oscura, cuya ventana se abre más o menos para templar los rayos de luz que entran en ella: hácese esto sin violencia, con prontitud y en el momento oportuno por el solo efecto de este curioso mecanismo. Obsérvese de paso, continúa, que la pupila del ojo humano, cualesquiera que sean sus dimensiones, conserva siempre exactamente su forma circular. Es sobremanera maravillosa su estructura: el artista que hiciese ensayos para imitarla vería que solo de un modo pudiera ordenar los cordones o los hilos para que quede resuelto el problema; es decir, para que la pupila pueda formar un exacto círculo, cuyo diámetro varíe sin cesar, pues así cabalmente han sido ordenados los cordones o fibras de la pupila. Hay ciertas leyes hijas de efectos calculados que determinan el modo como debe transmitirse la luz. Necesario era que el ojo fuese capaz de cierta modificación para poder unir siempre en un punto de la retina (membrana extendida donde se reciben las imágenes) los rayos que le llegan de diversas distancias bajo diversos ángulos. Los rayos que salen de objetos menos próximos al ojo, y que por lo mismo entran en él con gran divergencia, no pueden ser unidos por un simple instrumento óptico para que formen una clara imagen, en el mismo punto donde se unen rayos entre sí casi paralelos, esto es, que salen de un objeto muy distante. Para esta unión se necesitan lentes más o menos convexos según las distancias. Cada lente tiene su foco, esto es, el punto de unión de los rayos que llegan a su superficie, y que está a una distancia fija e invariable. Mas, para que se vea claro el objeto, es necesario que el foco del lente del ojo esté precisamente en la retina. A pesar de esto, por las propiedades inmutables de la luz, dista más el foco del lente cuando el objeto está cerca que cuando está lejos. En los instrumentos ópticos se mudan los vidrios oculares o se acercan o se alejan unos de otros para lograr el deseado efecto, que es ver la imagen con claridad. Mas, ¿cómo podrá lograrse esto por medio del ojo? Cuestión es ésta que ha ocupado mucho a los anatómicos y a los físicos. Tan sutil es la modificación que debe llenar este objeto, que en mucho tiempo no han podido dar con ella los observadores, hasta que por último triunfó de estas dificultades un preciso y constante examen del órgano del ojo. Descubrióse que cuando se dirige la vista a un objeto muy cercano, se hacen a la vez tres mudanzas en la disposición de estas partes del ojo; hácese más convexa la córnea que envuelve exteriormente el globo del ojo; va hacia adelante el humor cristalino, y se aumenta la hondura del ojo. Estas tres mudanzas hacen variar la acción del órgano para recibir los rayos de la luz en el punto donde debe verse el objeto, esto es, para que se pinte claramente en la retina la imagen del objeto cercano. Por el contrario, para mirar un objeto apartado, se hace menos convexa la córnea, se aleja el humor cristalino y se acorta el eje de la visión. Por donde a medida que recorre el ojo objetos más o menos distantes, se hacen súbitamente estas mudanzas, sin violencia ninguna, con la rapidez del pensamiento, resultando de ellas el que se pinten claridad en la retina los objetos que estamos mirando. ¿Quién podrá decir que en esto no hay designio? Evidentemente conocía las más recónditas leyes de la óptica quien tan maravillosamente adoptó la estructura de las partes del ojo a las leyes de la transmisión de la luz.

«Nunca acabaríamos si hubiésemos de transcurrir todo cuanto dice con relación al órgano de la vista no solo del hombre, sino de otros varios animales así acuáticos como volátiles, haciendo ver las distintas modificaciones y costumbres que ella experimenta según los diversos medios por donde atraviesa la luz para llegar a su retina; pero a fin de hacer menos incompleta la descripción exacta que nos hace de la estructura de este órgano tan precioso como delicado del cuerpo humano, continuaremos nuestro trasunto. «La interior estructura del ojo —dice— demuestra la inteligencia que le inventó; mas no exalta menos nuestra admiración todo cuanto rodea este órgano y concurre o a dar seguridad a sus operaciones o a protegerle como parte preciosa y débil. El ojo está colocado en una sólida y profunda órbita compuesta de la reunión de siete huesos almenados en su contorno. Esta órbita está henchida de gordura singularmente acomodada, no menos al descanso que al movimiento del órgano. Las cejas que están delante, como inclinadas, son como un parapeto que defiende al ojo, así contra la excesiva luz como del sudor de la frente. Protégenle los párpados con tal facilidad, con tal prontitud y con tan buen efecto, que excede toda admiración. Paréceme imposible que entre las obras de arte se halle un solo ejemplar de un mecanismo cuyo objeto sea más admirable o en que aparezca más claramente la utilidad de los medios empleados para el fin de su construcción. Para hacer el ojo su oficio necesita conservarse siempre húmedo y claro y he ahí derramada una especial secreción para proveerle de un humor que le humedezca y facilite los movimientos del globo en su órbita. Lo superfluo de este humor filtra por los ángulos lacrimales al conducto de la nariz a cuya membrana interna se extiende luego, donde según va llegando se evapora la corriente del aire cálido que sin cesar va y vuelve. ¿Puede darse invención más propiamente mecánica que la de este desahogo continuo que por el canal de su hueso agujereado recibe el ojo, tomando de sí el exceso de un licor necesario? Hasta aquí del ojo, oigamos ahora cómo se explica sobre el sentido del oído del cual habla con no menos exactitud y profundidad, siendo digno de todo elogio la franqueza con que manifiesta la menor extensión de sus conocimientos sobre órgano tan precioso.

Hemos escogido el oído, dice, como prueba adecuada del asunto de este capítulo. Convenía presentar un ejemplo y el ojo ofrecía la ventaja de poder ser comparado exactamente con un instrumento óptico. Probable es que no sea menos maravilloso el artificio de la oreja ni menos apto este órgano para desempeñar sus funciones, mas no conocemos tan bien la acción del mismo ni la mutua dependencia de sus diversas partes interiores. Sin embargo, su forma general externa e interna denota ser un instrumento para recibir el sonido. Sobre el conocimiento que tenemos de que el sonido se propaga por las repetidas vibraciones del aire, observamos que está construida la oreja de manera de poder recibir esta especie de impulso y comunicarla al cerebro. Porque, ¿de qué consta esa estructura? De una voluta externa dispuesta a recibir las vibraciones de que hemos hablado: voluta que en los grandes cuadrúpedos se vuelve hacia la parte de donde viene el sonido, por medio de una contracción y de un movimiento que les facilita este uso; de un tubo que pasa de esta concavidad exterior al interior de la cabeza, cuyos dobleces y senos conducen a este punto las impresiones del aire; de una membrana delgada extendida en este conducto sobre un borde osudo, como la piel de un tambor; de un conjunto de huesecillos movibles y exquisitamente trabajados que forman una comunicación, la misma que se observa entre aquella membrana y los senos recónditos del cerebro; de unas cavidades semejantes a los instrumentos de viento, en forma de espiral o de porción de círculo, de la Trompa de Eustaquio que da entrada y salida al aire contenido en la cavidad, del tímpano con proporción a las vibraciones de la membrana o a las mudanzas de la atmósfera, haciendo cabalmente el mismo oficio que los agujeros en el tambor, y todo este laberinto entallado en la masa sólida del hueso más duro del cuerpo humano. Esta reunión de partes constituye un aparato evidentemente relativo a la transmisión del sonido o del impulso que el sonido comunica, y lo doloroso es que no lo conocemos más profundamente. Sigue haciendo consideraciones sobre el adecuado destino de cada una de esas partes a su objeto y el delicado mecanismo en sus procedimientos, cuyos pasajes sentimos que la naturaleza de este periódico no nos permita transcribir. Y así pasemos a manifestar como muestra de su vigorosa dialéctica, varios de sus razonamientos refutando a los ateos.

Procúrese combatir también la consecuencia que hemos sacado de la inteligencia y de la invención que se echa de ver en la estructura de los cuerpos, diciendo que las partes de estas maquinarias animadas no han sido hechas para determinado uso, sino que el uso resultó de la existencia de las partes.

Esta distinción es bien comprensible. Frota un ebanista la madera con la piel del perro marino; mas no sería justo decir que la piel del perro marino había sido hecha por la naturaleza y con el objetivo de atezar el nogal o el ébano o la caoba. Este raciocinio de los ateos equivale a decir que un menestral se vale de sus herramientas porque el acaso ha hecho que el hacha, el cepillo, el cincel, sean cabalmente los instrumentos que él necesita para dar lustre a las maderas y que habiéndose hallado fabricados estos instrumentos sin designio ninguno, se convenció de la utilidad de aplicarlos a sus manufacturas. Aun se haría más y más palpable lo absurdo de este raciocinio, si pretendiésemos aplicarlo a los órganos del animal cuyo juego no pende de su voluntad en manera ninguna. ¿Sostendrá nadie seriamente que el ojo fue hecho sin intención ninguna relativa a la vista, sino que habiendo descubierto el animal que podía servirse de él para ver le dedicó a este uso? Otro tanto puede decirse de la oreja y de los otros órganos sensorios. No hay sentido ninguno que dependa de la elección del animal y por lo mismo ni de su sagacidad ni de su experiencia. Su uso la constituye la impresión que recibe de los objetos exteriores. Para el animal es indiferente la aceptación de la voz que designa cualquiera de sus sentidos. No es satisfactoria esta solución en cuanto al empleo de las partes del cuerpo sobre que ejerce mayor imperio la voluntad del animal. Están destinados los dientes a masticar, las manos a coger, las piernas a andar, ¿o el hombre es quien ha empleado estos instrumentos o estas diversas cosas por haberlas hallado a propósito para ellos? Voy a mostrar ahora la parte de este sistema que tiene algo de razonable. La organización del animal determina al parecer las acciones a que se habitúa y la elección de su tenor de vida. Mas reflexiónese un poco y se echará de ver que los hábitos así determinados son siempre favorables a la misma organización, lo cual no sucediera si las varias organizaciones de los animales no hubiesen sido inventadas y dispuestas para tener relación con la substancia que rodea al animal. Diráse que nada el ánade porque tiene palmeados los pies; mas ¿de qué les sirviera esta membrana que une sus dedos si no hubiese agua donde pudiese nadar? Diráse también que el ave de rapiña con el pico fuerte y retorcido, con sus pies armados de agudas garras, es naturalmente conducida a alimentarse de los pájaros que caza, pues las otras aves tienen un pico endeble y pies a propósito para arañar la tierra, y se ven precisadas a alimentarse del grano y de los insectos que descubren en el suelo. Mas ¿de qué servirían las garras del halcón y el pico de los pájaros granívoros si no hubiese animales que despedazar ni grano que comer? El hormiguero, de lengua redonda y prolongada, procura andar en busca de insectos tras la corteza podrida de los árboles y de extender la lengua como cebo para cazar las hormigas, mas si no hubiese hormigas ni insectos, inútil le fuera esta particular organización. Tiene la abeja una trompa que le facilita chupar la miel del cáliz de las flores; mas si no tuviesen las flores miel que extraer, por demás estuviera la trompa. En una palabra, si a los animales se les hubiesen repartido sus facultades por casualidad y sin relación con los objetos a que se dirigen, no les fueran estas facultades de provecho ninguno. Mas como estas relaciones existen por ellas, se convence que hay aquí un plan, una combinación, una intención, Por sí mismo cae en fin este raciocinio de los ateos si se aplica a las plantas. Las diversas partes de los vegetales desempeñan sus operaciones y su destino, sin que haya en ellas voluntad ni elección.

Como una muestra de sus conocimientos anatómicos y fisiológicos y profunda instrucción del mecanismo del cuerpo humano, se nos permitirá dar la descripción que hace de la columna dorsal. «El espinazo o hueso de la espalda —dice— es un encadenamiento de articulaciones de muy asombrosa constitución. Varios difíciles y en cierto modo contradictorios oficios se ejecutan por un mismo instrumento. Debe ser firme y al mismo tiempo flexible (no se conoce ninguna otra cadena, obra del arte que tenga a un mismo tiempo ambas propiedades; por que por firmeza entiendo no solo fuerza sino estabilidad). Firme para sostener el cuerpo verticalmente, y flexible para prestarse a cuantos movimientos tenga que hacer el tronco en todos grados de curvatura. También tenía que ser (lo que es un nuevo y distinto objeto) un tubo o conducto para el seguro tránsito desde el cerebro del fluido más importante de la estructura animal, que es la médula espinal de que dependen todos los movimientos voluntarios, substancia no solo de la primera necesidad para las funciones vitales, mas también de una naturaleza tan tierna y delicada que la menor obstrucción u opresión en su carrera, causa la paralización o la muerte. Ni solo estaba destinada la espina dorsal a ser el principal tronco para el tránsito de la substancia medular desde el cerebro: era necesario además que en toda su longitud facilitara dicha substancia el paso a los pequeños conductos laterales para que, subdivididos después indefinidamente con el nombre de nervios, distribuyesen este exquisito bálsamo a todas las partes del cuerpo. Debía también servir el espinazo para otro uso no menos esencial que el precedente, esto es, establecer un apoyo, seguridad o base (o con más propiedad una serie de todo esto) para la inserción de los músculos esparcidos sobre el tronco del cuerpo; en cuyo tronco no hay como en los miembros huesos cilíndricos a que pueden asirse; y del mismo modo (que es otro uso semejante) para servir de base a la colocación de las costillas».

Para comprobar la estudiada precaución del Autor Supremo, si se nos permite esta frase, en la colocación y organismo de las diferentes partes, no solo del cuerpo humano, sino de los demás animales, a fin de que correspondan a su objeto, elige la liebre y el carnero cuyas estructuras nos son muy fáciles, examinar comprobando con estos y otros ejemplos lo versado que se halla en la Anatomía Comparada. Toma por ejemplo, dice, en sus manos un hueso limpio de la espalda de una liebre que se compone de tres vértebras.

Hallará el hueso del medio de estos tres tan unidos por causa de sus proyecciones y procesos con los otros dos huesos de sus lados que, por más que les opriman no podrán hacerle salir de su lugar, ni por delante ni por detrás, ni por sus lados. En cualquiera dirección que quiera estrecharle, percibirá en la forma o juntura o en el roce de los huesos un impedimento a su violencia, un estorbo y una repulsa contra esta dislocación. En una parte del espinazo hallará además otro expediente de mayor fortaleza en el modo con que las costillas están adheridas a él. Cada costilla descansa sobre dos vértebras. Esto es digno de observarse y cualquiera lo podrá hacer partiendo un cuello de carnero. El modo es éste: el extremo de la costilla está dividido por un caballete que corre desde el medio en dos caras que se juntan con los cuerpos de dos vértebras contiguas y el caballete llega hasta la ternilla interpuesta». De aquí pasa a considerar las útiles aplicaciones que de esta invención se han hecho ya a las artes, describiendo con este motivo el famoso puente de hierro de Bishop Vermont sobre el Támesis en Inglaterra, y volviendo a la columna vertebral concluye así la descripción: «Sobre todo y como una guía a los que quieran proceder más adelante en la investigación de esta materia, el espinazo debe ser considerado bajo tres aspectos y en todos tres no puede menos de excitar nuestra admiración. Estos aspectos son sus articulaciones, sus ligamentos y su taladro y las consiguientes ventajas que el cuerpo saca de ellas para la acción, para la fortaleza y para lo que es esencial a todos los miembros que es la segura comunicación con el cerebro».

Después de haber descrito todas y cada una de las partes que constituyen el mecanismo del cuerpo humano comparado con el de otros animales y las leyes que siguen en sus movimientos, se expresa así hablando del sistema muscular: «¡Cuántas y cuán varias cosas deben concurrir simultáneamente para que nos conservemos una hora entera en sana salud! ¡Cuántas más y cuán maravillosamente combinados para que se mantengan en perfecto vigor todas nuestras facultades y se ponga en ejercicio nuestra actividad! A pesar de esto, la mayor parte de los hombres gozan del pleno uso de sus facultades y el desconcierto de un solo órgano o sentido basta para hacer miserable la vida. Yo he visto con gran lástima, y al mismo tiempo con afecto de gratitud hacia el conservador de la naturaleza, a un hombre perfectamente sano, pero que tenía debilidad en los músculos erectores del párpado. Vióse obligado, mientras le duró esta incomodidad, a valerse de las manos para levantar los párpados. Regularmente los que disfrutan el libre uso de todos sus órganos, no paran mientes en la complicación de los medios que continuamente se emplean para mantener intacto el ejercicio de sus facultades. Perciben el resultado, mas reflexionan poco sobre la multitud de circunstancias y rectificaciones que concurren a producirle».

Permítasenos para prueba de la particular atención con que había estudiado el organismo y funciones de algunos músculos en particular, copiar aquí lo que dice sobre la lengua, órgano tan precioso y que contribuye entre otras funciones a dar vida y existencia al pensamiento, mediante la palabra. Merece ser observado, por ejemplo, el modo cómo ejecuta la lengua los distintos movimientos a que está destinada. Cada sílaba que articulamos exige una especial posición de la lengua, de las mejillas, de los labios y de la garganta. Aun de la vista, cuando se repara, es perceptible la postura de la boca para la articulación de cada determinada letra o palabra. Saben que los sordos llegan a entender lo que se les dice, solo con ver hablar. Respecto de una misma persona, cuando ha aprendido a articular correctamente una sola posición de la lengua y de las partes que la rodean, puede producir en su habla un determinado sonido. Incomprensible es la rapidez con que hablando se suceden unas a otras las varias posturas de la lengua y de los demás órganos de la boca, y que cuanta es la variedad, tanta sea la seguridad en estas mudanzas tan rápidas. Aun en esto no es lo más admirable la facultad imitativa o la facultad de un trueque de posturas arbitrario y rápido, sino el que esta infinita variedad está sujeta a una regla fija encaminada a un efecto cierto y con respecto a los objetos para que fue calculada. La anatomía de la lengua da idea de la suma actividad de este órgano. A pesar de ser tantos sus músculos y de estar de tal manera enlazados entre sí, que no pueden ser trazados por la más prolija disección; ni la multitud de ellos ni su enlace embaraza en modo alguno la exactitud de las varias operaciones de este órgano; antes bien (lo que prueba su gran perfección) ni su número ni su complicación ni lo que puede parecer una madeja de su fibra, de ninguna suerte impide su movimiento o hace incierta la determinación o el éxito de sus esfuerzos.

Continúa describiendo fisiológicamente todos y cada uno de los órganos de los sentidos y prosigue con la boca, con las más delicadas consideraciones sobre su destino, y concluye así: «En ningún aparato hecho por arte o para objeto del arte, se conoce tal multiplicidad de usos tan altamente combinados como en la organización natural de la boca del hombre, cuya estructura comparada con su uso es tan sencilla. La boca con todos los oficios que desempeña, es una simple cavidad: es una máquina. Sus partes no se amontonan ni confunden, ni se embarazan: cada una de ellas puede cumplir su destino con el grado suficiente de libertad».

Exponiendo el sistema vascular y manifestando las relaciones tan precisas que hay en todas sus partes y la sabiduría con que supo prever el Supremo Autor los más pequeños inconvenientes que resultan de su delicado mecanismo, se expresa así refiriéndose a Hamburghen. En nada se ve con más gloria la sabiduría del Creador que en el corazón. ¡Cuán bien ejecuta su oficio! Un anatómico que examina la estructura del corazón podrá de antemano decir que debe moverse esta máquina: mas al considerar la complicación de su mecanismo y la delicadeza de algunas de sus partes, creo que se llenará de sobresalto, viéndola continuamente expuesta a un desconcierto o a una repentina destrucción. ¡Cómo puede tan maravillosa máquina estarse moviendo noche y día por espacio de los años, dando cien mil latidos en cada veinticuatro horas, teniendo que vencer en cada golpe una gran resistencia y continuar esta acción por tan largo tiempo sin desordenarse ni debilitarse! Veamos cómo nos traslada de las profundas investigaciones sobre el hombre al ameno campo de las bellas letras, discurriendo con su acostumbrada seguridad. Para prueba de la extensión y seguridad con que discurre sobre cuantos objetos somete a su análisis, trata de la belleza cuando trata de la estructura animal en su totalidad: «Objetan también que la hermosura en sí misma, así se explica, es una palabra vana de sentido: y que es hermoso lo que estamos acostumbrados a tener por agradable en su figura y en sus colores cualesquiera que sean. La idea que tenemos de la belleza es susceptible de tantas modificaciones por el hábito, por la moda o por la experiencia de las ventajas o del placer a que van unidas ciertas impresiones, que en efecto ha podido dudarse si existe la noción de la hermosura independientemente del influjo de todas estas causas. Mas a mi juicio, es abusar del raciocinio, negar la existencia de este principio (es decir, de una nativa capacidad de recibir la percepción de la hermosura). Antes bien, podemos discurrir de esta manera. La cuestión rueda sobre los objetos del sentido de la vista. Mas, cómo es que todos los demás sentidos hacen la misma distinción entre lo agradable y desagradable. Algunas cosas repugnan al paladar y otras le agradan; esta distinción del gusto de los alimentos es más fuerte y más regular en los brutos y en los insectos que en el hombre. El caballo, el buey, el carnero, el cerdo, cuando tienen libertad de elegir, esto es, cuando no les obliga la fuerza de un hábito, apetecen y desechan ciertas plantas invariablemente. Hay insectos que no comen sino determinados vegetales; y se dejan morir antes que mudar de alimentos. Véase en todo esto como una determinación y preferencia en el mismo sentido respecto de ciertas sustancias, y no menos señalada aversión a otras. Asimismo observamos que al olfato agradan ciertos olores y le repugnan otros. Al oído son deleitables ciertos sonidos, simples o compuestos, y otros le atormentan. Mucho puede sin duda el hábito para modificar todo esto, y para nosotros es éste un gran bien, porque muchas veces tenemos que acomodarnos a la necesidad; mas ¿acaso será por ello ilusoria y dejará de estar fundada en el mismo sentido la distinción entre lo agradable y lo desagradable? Lo que he dicho de los demás sentidos es rigurosamente cierto respecto de la vista (la analogía es irresistible), a saber, que a este sentido pertenece una natural constitución y aptitud para que les sean gratas ciertas impresiones y otras incómodas».

Después de hacer las observaciones más oportunas sobre la piel de los animales y la sabiduría del Supremo Autor en su invención cubriendo con ella todas las (roto) y demás partes delicadas del mecanismo de los cuerpos, se explica así con respecto a la facultad de tenerse en pie. «En los cuerpos de los animales considerados como masas se halla otra propiedad más curiosa de, lo que generalmente se piensa, que es la de poderse tener de pie. Esta facultad es más notable en los bípedos que en los cuadrúpedos, y más que en todos en el hombre, por su mayor talla y por la pequeñez de su base. En esta materia hay mucho más de lo que comúnmente creemos. La estatua de un hombre suelta sobre un pedestal, apenas podrá guardar el equilibrio por media hora. Es preciso fijarla por el pie a la piedra con tuercas y tornillos; de lo contrario, a la primera vibración, al primer soplo de viento vendrá abajo, aun cuando estén expresadas en ella todas las proporciones mecánicas de un modelo vivo. No basta pues la sola figura, ni la colocación del centro de gravedad dentro de la base. O la ley de gravitación se suspende en favor de la substancia viviente o alguna cosa más se ha hecho en favor suyo para que pueda sostenerse en esta postura. Ningún motivo hay para dudar que las partes de que se compone gravitan del mismo modo que las de toda materia inanimada. La facultad que a mi parecer se les ha concedido, consiste en poder mudar continuamente el centro de gravedad por un juego de oscuras pero velozmente balanceadas acciones que mantengan la línea de dirección, que es una línea tirada desde el centro de gravedad al suelo dentro de sus prescritos límites».

Tratando de la Anatomía Comparada, solo queremos detenernos en lo que dice respecto a la boca de los animales. «Comparando entre sí las diferentes especies de animales, no vemos parte alguna de su estructura que presente mayor diversidad, y en esta diversidad una más delicada adaptación a su respectiva conveniencia que la que se observa en las diferentes formas de sus bocas. Ora su configuración sea solo para recibir el alimento o para asir la presa, o picar las semillas o cortar la hierba o extraer los jugos o chupar los líquidos o romper y moler el alimento o saborearlo junto con la respiración del aire y a un mismo tiempo el uso de la voz; todos estos varios oficios ejecuta esta sola parte y en cada especie se halla provista su estructura según la necesidad de su diferente constitución. En la especie humana, como está provista de las manos para llevar a la boca el alimento, la boca es plana y como tal solo apta para la succión; al paso que las mandíbulas prolongadas, la ancha abertura, y los dientes puntiagudos de un perro y de las especies que se le asimilan, los habilitan para morder y apoderarse de los objetos que desean. Los gruesos labios, la lengua áspera, el paladar con arrugas cartilaginosas, los dientes anchos y cortantes del buey, del venado, del caballo y de la oveja, habilitan a estas familias de animales para pacer en el campo, o en la acción de coger grandes bocados de una vez cuando la hierba está crecida, que es el caso particular del buey, o tomándolos poco a poco cuando está baja, como lo hacen el caballo y la oveja en un grado que nadie podría esperar. La corta mandíbula inferior del cerdo obra en la tierra, después que el prolongado hocico superior actúa como un azadón o un arado que abre el paso a las raíces con que se alimenta. Una formación tan feliz no podría ser don del acaso.»

Ya que hemos extractado en otro lugar algunos trozos relativos al órgano de la vista, no queremos pasar en silencio lo que con respecto al mismo sentido nos dice al tratar de las invenciones que suponen previsión. «El ojo no es de ningún uso —dice— en el tiempo en que ha sido formado. Es un instrumento óptico hecho en un calabozo construido para la refracción de la luz en un foco, perfecto para su objeto antes que un rayo de luz tenga acceso a él, geométricamente adaptado a las propiedades y a la acción de un elemento con el cual no tiene comunicación ninguna. Ciertamente está próximo a entrar en esta comunicación, y esto precisamente es lo que hace la intención evidente. Esto es un prever lo futuro en el más estricto sentido que pueda darse a esta palabra, porque se prevé en él un futuro cambio, no en cuanto a la subsistente condición del animal, no en cuanto a algún progreso o avance gradual en esta misma condición, sino en cuanto a un nuevo estado, consiguiente a una grande y repentina alteración que se obra en el animal cuando nace. ¿Será creíble que haya sido formado el ojo, o, lo que es lo mismo, que sea fija la serie de causas por las cuales es formado el ojo sin la mira de este cambio, sin prever esta condición, en que su fábrica, de ningún uso al presente, está próximo a tenerlo muy grande sin consideración a las cualidades del elemento de que hasta entonces se halla separado, pero con el cual va muy luego a tener una íntima relación? Un joven hace para sí un par de anteojos antes de que llegue a viejo: estos anteojos ni le hacen falta ni los usa en el tiempo en que se fabrican.

¿Puede esto hacerse sin conocer o considerar el defecto de la vista a que está expuesta la edad avanzada? La precisa correspondencia del instrumento con su objeto de remediar el defecto del aplanamiento del globo del ojo, ¿dejaría de afianzar la certeza de la conclusión, a saber, que el caso antes de que se verificase había sido previsto, y se habían adoptado medidas para proveer a su remedio? Todas éstas son exclusivamente artes de un inteligente raciocinio. El ojo formado en un estado, para usar de el solo en un estado muy deseoso, presenta una aprueba lo menos clara de que su destino es para un objeto futuro; y una prueba a proporción más fuerte por ser el mecanismo más complicado y más exacta su adopción.»

Entre los muchos lugares que podríamos transcribir para muestra de los vastos conocimientos del autor, queremos presentar el que trae sobre las funciones del estómago y su mecanismo en la formación y distribución del quilo, cuando trata de las relaciones o correspondencia de las causas a producir el efecto. «La primera relación —dice— que de un modo o de otro es común a todos los animales, es la de las partes o facultades que obran sucesivamente sobre su alimento. Compárase esta acción con el proceso de una manufactura. En el hombre y los cuadrúpedos el alimento es primero desmenuzado y machucado por los instrumentos mecánicos de la mastificación, a saber, por clavos puntiagudos y duros martillos que golpean y frotan unos con otros: una vez molido y desmenuzados, es llevado por un tubo al estómago, donde le espera la grande acción química que llamamos digestión: verificada ésta, es conducido al primer intestino por un orificio que se abre y se cierra a su tiempo. En este vaso, después de mezclarse con ciertos ingredientes que se introducen en él por una abertura lateral, todavía sufre una nueva disolución: en este estado la leche, el quilo, o la parte que se necesita y se adapta a la nutrición animal, es extraída por las bocas de tubos sumamente pequeños que se abren en la cavidad de los intestinos. Separadas las partes más gruesas y de esta manera filtrando este fluido es conducido por una larga y tortuosa, pero perceptible carrera, a la principal corriente de la antigua circulación, por la cual es comunicada en su curso a todas las partes del cuerpo. Compárase a todo esto, vuelvo a decir, con el proceso de una manufactura: por ejemplo con una fábrica de cidra, con el aplastamiento de las manzanas en el molino, con el exprimirlas en la prensa después de aplastadas, con la fermentación en la tina, con su colocación en barriles del licor ya fermentado, con el embotellamiento y echarlo en el vaso para beber. Muéstrame quien quiera una diferencia entre estos dos casos en línea de invención.»

Continuando sobre el propio asunto, trata de la relación general existente entre los órganos externos del animal que le sirven para procurarse el alimento y su poderosa facultad interna para digerirlo. «Las aves de rapiña, dice, con sus garras y pies pueden hacer presa y devorar muchas especies, así de otras aves como de cuadrúpedos. La constitución del estómago cuadra exactamente con la forma de los miembros. El jugo gástrico de una ave de rapiña, de una lechuza, de un halcón, de un milano, obra solamente sobre las fibras del animal y de ningún modo sobre las semillas y la grasa. Por otro lado, la conformación de la boca de la oveja y del buey es adecuada para pacer la hierba. Nada hay en ella apropiado para masticar presas vivas.

Con esto van acordes los experimentos que se han hecho no hace muchos años por medio de balas agujereadas, demostrando que el jugo gástrico de los animales rumiantes, como la oveja y el buey, disuelve prontamente los vegetales; mas en las substancias animales no hace impresión alguna. Hay también otra particularidad más en este acuerdo. El jugo gástrico, aun en las aves granívoras, no obra sobre el grano estando entero. Haciendo en un vaso el experimento de la digestión con los jugos gástricos, debe ser machacado y desmenuzado el grano, antes de ponerle a la acción del monstruo, que es lo mismo que decir que debe suplir el arte fuera del cuerpo la acción preparatoria que dentro de él ejecuta la molleja, o no tiene lugar la digestión. Tan ajustada es en este caso la relación entre los oficios asignados al órgano digestivo, entre la operación mecánica y el proceso químico».

Luego probando la relación que existe entre cosas diversas, dice: «No falta en las obras de la divinidad esta muy clara especie de relación. Los dos sexos manifiestamente se han hecho uno para otro. Ellos forman la grande relación de la naturaleza animada, universal, orgánica, mecánica, subsistente a semejanza de las más claras relaciones del arte, en diversos individuos, incapaz de equivocarse y de explicarse sin el designio. Esto es en tal grado evidente, que si hubiera en la naturaleza alguna prueba dudosa u oscura de la invención, ésta solo sería suficiente. El ejemplo es completo. Nada le falta al raciocinio. No hay medio alguno para no ceder a este convencimiento. La naturaleza, que con suma previsión ha sabido ocurrir a nuestras necesidades, suplió ciertos defectos que se advierten en algunos órganos de los animales con la estructura de otra parte o de otro órgano, de cuya propiedad ha formado el autor un capítulo bajo el título de Compensación. Hablando de la trompa del elefante, dice: «Si alguno se persuade que esta proboscis o trompa ha podido ser producida en el discurso de muchas generaciones por el constante esfuerzo del elefante para alargar su nariz (que es la general hipótesis con que en estos últimos tiempos se ha intentado explicar las formas de la naturaleza animada) yo preguntaría: ¿Y cómo pudo entre tanto subsistir el animal, durante el proceso, hasta que se perfeccionó la prolongación del hocico? ¿Qué hubiera sido del individuo mientras la especie se estaba perfeccionando? Para manifestarnos enseguida las relaciones de los animales con la naturaleza inanimada, dice. «Tómese la tierra como es en sí; y considérese la correspondencia de las facultades de sus habitantes con las propiedades y condición del suelo que pisan. Tómense los habitantes como ellos son, y considérense las substancias que produce la tierra para su uso. Ellos pueden arañar su superficie y la superficie les rinde cuanto les hace falta. Esta es la extensión de sus facultades, y tal es la constitución del globo y la suya propia, que ésta basta para todo cuanto les pueda ocurrir». Hablando después de la relación del día y la noche se expresa así: «Si la relación del día con la noche, es real, no podemos reflexionar sin asombro acerca de la extensión a que nos conduce. El día y la noche son cosas para nosotros íntimamente unidas. El cambio de uno y otra llega inmediatamente a nuestras sensaciones. De todos los fenómenos de la naturaleza éste es el más obvio y más familiar a nuestra experiencia; mas, en cuanto a las causas que lo producen, tiene relación con los grandes movimientos que se ejecutan en los cielos. Mientras que la tierra hace su movimiento en torno de su eje, provee a las sucesivas necesidades de los animales que habitan en su superficie y al mismo tiempo obedece al influjo de aquellas atracciones que regulan el orden de muchos miles de mundos. La relación, pues, del sueño con la noche es la relación de los habitantes de la tierra con la rotación de su globo. Probablemente aun es más: es una relación con el sistema de que este globo es una parte, y, aun más, con el conjunto de sistemas, uno de los cuales es el suyo. Siendo esto así esta relación abraza hasta el más ínfimo individuo con el mismo universo, a un polluelo que está durmiendo sobre su rama con las esferas que ruedan en el firmamento.

Desvirtuaríamos la sublimidad de ideas y sentimientos que en sí comprende este trozo del autor, si tratáramos de comentarlo. Considera a los instintos como una especie de relación, y por eso trata de ellos inmediatamente después de las relaciones. «El instinto es una propensión —dice— que precede a la experiencia y es independiente de la instrucción. Doy por asentado que por instinto se buscan uno a otro los sexos de los animales; por instinto los animales crían su prole; por instinto el tierno cuadrúpedo se dirige a la teta de su madre; por instinto las aves fabrican sus nidos y con grande paciencia empollan sus huevos; por instinto los insectos no encuevan los suyos, mas los depositan en aquellos sitios particulares en que las tiernas crías al salir de las cascarillas puedan hallar su alimento; el instinto es el que lleva al salmón y a algunas otras especies de peces desde el mar a los ríos a desovar en agua fresca y dulce.

Para probar que este y otros hechos, como el de la incubación, no pueden explicarse por otras hipótesis que por la de un instinto impreso en la constitución del animal, dice: «Supongamos, que el huevo sea producido en el espacio de un día, ¿cómo pueden conocer las aves que sus huevos contienen sus polluelos? Nada hay en la forma exterior ni en la composición interior de un huevo que pueda conducir a la más atrevida imaginación a conjeturar que dentro de su cáscara va a salir en poco tiempo una avecilla viva y perfecta. La forma del huevo no tiene rastro de semejanza con el ave. Inspeccionando su contenido, hallamos aun que no hay razón para poder prever lo que de él va a resultar dentro de poco. Si quisiésemos venir hasta el punto de conjeturar, por la apariencia de orden y distinción que se halla en la disposición de las substancias líquidas, que conocemos en el huevo, que su objeto es servir de domicilio y sustento a un animal (hipótesis por cierto bien atrevida) entonces deberíamos esperar una rana atollada en una materia viscosa, más bien que una enjuta, alada y plumosa criatura. Un compuesto de partes y de propiedades imposibles de usarse en el estado del encierro dentro del huevo, y que ninguna concebible relación tiene, ni en la cualidad, ni en la materia, con nada de lo que hay en él. ¿Pudiera ver alguien en el blanco del huevo el plumaje de un pavo real? ¿O esperar que de un simple y uniforme mucílago, saliese la más complicada de todas las máquinas, la más diversificada de todas las colecciones y substancias? La serie del incubamiento, por algún tiempo a lo menos, no podría conducirnos a sospechar el éxito». ¿Quién al ver las rayas coloradas que se extienden por la delicada membrana que separa el blanco de la yema, había de dar por supuesto que éstas se hallaban a punto de transformarse en huesos y miembros? ¿Quién, al inspeccionar los dos puntos casi imperceptibles que empiezan a aparecer en la cicatriz, tendría aliento para pronosticar que estos puntos se habían de transformar en el corazón y la cabeza de un ave? Difícil es que llamen la atención las cosas que nos hace ver una continua experiencia. Difícil es que habituados y familiarizados con ellas nos causen sorpresa y exciten nuestros amortiguados sentidos. Mas si pudiéramos olvidar todo lo que sabemos y que nunca conocieron nuestros gorriones, acerca de la generación de los ovíparos, si pudiéramos dejar a un lado todo informe y no tener más fundamento que el raciocinio sobre las apariencias y cualidades descubiertas en los objetos que tenemos delante, estoy convencido de que el arlequín que sale de un huevo en el teatro, no causa más sorpresa a un muchacho, que la que causaría o debería causar a un filósofo la de un polluelo».

Pasando del reino animal al vegetal, oigamos sus profundas consideraciones sobre las plantas. «El único y grande propósito de la naturaleza en la estructura de las plantas —dice— parece ser el de perfeccionar las semillas, y, lo que es parte del mismo propósito, el de preservarlas hasta que hayan llegado a su perfección. Este propósito se manifiesta por sí mismo, ante todas las cosas, en el cuidado que al parecer se toma en proteger y madurar, aprovechando cuantas ventajas pueda proporcionar la situación de la planta, aquellas partes que muy inmediatamente contribuyen a la fructificación, es a saber: las antenas, los estambres y los estigmas, hállanse comúnmente colocadas estas partes en el centro, en el secreto o en el laberinto de la flor. Durante su estado tierno e inmaduro permanecen encerrados en el tallo, o están guarecidos en el cáliz o campanilla. Tan pronto como han adquirido la firmeza o textura suficiente para poderse manifestar y se hallan en aptitud de desempañar las importantes funciones a que están destinadas, se descubren a la luz y al aire, o abriéndose el tallo o extendiéndose los pétalos; después de lo cual tienen en muchos casos, por la misma forma de la flor durante su expansión, un reverbero de luz y de color procedente del lado cóncavo del cáliz. Lo que también se llama sueño de las plantas, es el disponerse las mismas hojas o pétalos de suerte que queden guarecidos los tiernos tallos, los cálices y el fruto. Vuelven hacia lo alto o miran hacia abajo, según que el objeto que desempeñan requiere que se cambie su posición».

Y hablando de la variedad de medios con que la naturaleza ha ocurrido a sus fines, dice: «Lo que en esta enumeración se descubre es, primero, la unidad del objeto en medio de tan varios expedientes. Nada más singular que el designio; ni más diversificado que los medios.

Películas, botones, pulpas, vainas, cáscaras, hollejos, costras con espinas, todo esto se emplea para llevar a efecto una misma intención. Segundo, también podemos observar que en todos estos casos se llena el objeto dentro de un justo y limitado grado. Podemos percibir que si las semillas de las plantas estuviesen más firmemente guardadas de lo que están, esta mayor seguridad podría impedir otros usos. Muchas especies de animales padecerían, y aun algunos perecerían. Las plantas cubrirían la tierra, o las semillas se extinguirían por falta de sitio donde reproducirse. Algunas veces es tan necesario destruir algunas especies particulares de plantas como en otras fomentar su aumento. En muchos casos deben ponerse en una balanza los usos opuestos. Las precauciones para la conservación de la semilla, al parecer se dirigen principalmente contra la inconstancia de los elementos y el rigor, intemperie e inclemencia de las estaciones. La depredación de los animales y los daños de una violencia accidental en nada disminuyen su multiplicación. El resultado de todo es que de tantos millares de plantas como cubren la haz de la tierra, ni una sola por ventura ha desaparecido desde la creación».

No son menos delicadas sus observaciones cuando se contraen a los elementos.[78] Veamos solamente lo que dice respecto del agua, pues nos alargaríamos demasiado si hubiésemos de mencionar también lo que hay digno de atención respecto del aire y del fuego. «Por la evaporación es elevada el agua en el aire y por obra inversa de la evaporación, desciende sobre la tierra. Mas, ¿cómo cae no convirtiéndose las nubes de golpe en agua y como una sábana; no precipitándose en columnas o arroyos, sino destilando en gotas pequeñas como por una coladera? Nuestras regaderas se han hecho imitando la lluvia. Sin embargo *a priori* (por la causa) me hubiera ocurrido que cualquiera de los dos primeros métodos debería tener lugar más verosímilmente que el último.

Remontándose después a las regiones celestes, veamos cómo se detiene a pagar el justo tributo de admiración y respeto que debemos al hombre por haber llegado, con solo la fuerza de su ingenio y asidua investigación, a comprender el sistema planetario. «Sobre todo, así discurre, lo que real-

---

78 Aquí nuestro autor, por acomodarse a la inteligencia común, quiso usar de la antigua y vulgar nomenclatura llamando elementos al aire, agua, fuego y tierra, sin embargo de no ser cuerpos simples.

mente debe causar admiración es que hayamos adelantado tanto en la ciencia anatómica. Que un animal confinado en la superficie de uno de los planetas, a proporción menor con respecto a él que el más pequeño insecto microscópico, respecto del árbol en que vive; que esta pequeña, activa, indagadora criatura, por el uso de los sentidos que se le han dado para sus necesidades propias y domésticas y por medio de los auxilios de estos sentidos que ha procurado y ha tenido arte para adquirir, se haya puesto en disposición de observar el sistema general de los mundos a que pertenece el planeta en que habita; las mudanzas de lugar de estos inmensos globos que le componen; y esto con tal exactitud que muy de antemano se prefija la situación o punto del cielo en que se han de hallar en cierto y determinado tiempo; y que estos cuerpos después de navegar por un inmenso espacio vacío y no trillado, han de llegar al punto donde se les espera no solo dentro de un determinado minuto, sino hasta de los pocos segundos del minuto señalado y prefijado. Todo esto es asombroso, ora se considere la constancia de los mismos movimientos de los cuerpos celestes, ora la perspicacia y precisión con que el género humano ha llegado a adquirir este conocimiento. Ni esto es todo, ni aun la parte principal de lo que enseña la Astronomía. El astrónomo tomando por fundamentos de sus raciocinios a la observación (raciocinios agudísimos fundados en las más exactas observaciones) ha llegado al punto de que además de la misteriosa comparsa y de la confusión (si tal es) con que los movimientos de los cuerpos celestes se presentan al ojo de un mero observador de la región etérea, pueda deducir su orden y seguirlos por toda su carrera.

Después de exponernos los varios sistemas que se han inventado para explicar el movimiento de los astros y sus leyes, continúa así: «Por último, lo grande y lo importante en la Astronomía es que se eleve la imaginación a la altura de su objeto, y esto muchas veces desechando y oponiéndonos a la impresión que causa en los sentidos, por ejemplo, la ilusión que, sin advertirlo, causa en nosotros la distancia desde la cual miramos los cuerpos celestes, esto es, la aparente lentitud de sus movimientos. La Luna gastará algunas horas en andar media yarda desde una estrella con la cual ha estado en contacto. Un movimiento tan tardío nos podrá parecer que se ejecuta fácilmente. Mas, ¿cuál es el hecho? El hecho es que la Luna en todo este tiempo se mueve por las alturas a razón de mucho más de dos mil millas por hora, movimiento mucho más que el doble del que lleva una bala cuando sale disparada por la boca de un cañón. Sin embargo, está tan sujeta a reglas esta prodigiosa velocidad, como si el planeta caminase constantemente despacio, o fuese conducido en su cuerpo pulgada a pulgada. También es difícil llevar la imaginación a concebir (lo cual sin embargo es necesario concebir para juzgar razonablemente de la materia) cuán sueltos, si así nos es permitido expresarnos, o abandonados a sí mismos, se nos presentan los cuerpos celestes.

Enormes globos que en nada se apoyan y nada los confina, giran por un libre e inmenso espacio siguiendo cada uno su carrera en virtud de un principio invisible: principio único, común, igual en todos y establecido para precaver a estos cuerpos de que se pierdan, de que se abalancen y se amontonen, de que unos a otros se embaracen e impidan sus respectivos movimientos en un grado incompatible con todo orden continuo, esto es, para obligarlos a formar los sistemas planetarios, sistemas que formados pueden sostenerse y más especialmente acomodados a las naturalezas organizadas y sensitivas que sostienen las plantas y que conocemos ser el caso, donde solo podemos conocerlo, sobre nuestra tierra. Todo esto requiere la intervención de una inteligencia. Porque puede demostrarse con respecto a este grande objeto que se requiere en él un ajustamiento de fuerza, distancia, dirección y velocidad, que de ningún modo pudiera producir el acaso; un ajustamiento que con respecto a su utilidad, es semejante al que tienen innumerables objetos de la naturaleza que están más próximos a nosotros; mas en el poder y en la extensión del espacio en que se ejerce este poder, es portentoso».

Apoyado en los conocimientos de las obras del Ser Supremo, se alienta a investigar su propia naturaleza, sometiéndole a un riguroso análisis. Veamos cómo discurre sobre la personalidad de la divinidad, esto es, sobre una mente inteligente e inventora. «Establecida la invención, dice, se prueba entre otras cosas la personalidad de la divinidad, como distinta de lo que unas veces se llama naturaleza y otras se llama causa o principio, cuyos términos en boca de los que hablan filosóficamente parece que quieren denotar y expresar una eficacia como la negativa y exclusiva de un agente personal. Mas aquello que puede inventar y que puede formar un designio, debe ser una persona. Estas facultades constituyen personalidad, porque suponen íntimo conocimiento y pensamiento: requieren una cosa que pueda percibir un fin y un objeto, como también que tenga facultad de disponer los medios y de dirigirlos a su fin.

Requieren un centro en que se unan las percepciones y del cual procedan las determinaciones, que es el entendimiento. Las artes del entendimiento prueban la existencia de un entendimiento, y cualquier cosa en que reside un entendimiento, es una persona. El asiento de la inteligencia es una persona. Nada puede autorizarnos para limitar las propiedades del entendimiento a alguna particular forma corporal o a alguna particular circunscripción de espacio. Estas propiedades subsisten en la naturaleza creada bajo una gran variedad de formas sensibles. Todo ente animado tiene también su sensorio; que es una cierta porción de espacio dentro del cual se ejercen las percepciones y los actos de la voluntad. Esta esfera puede tener una extensión indefinida, puede comprender al Universo; y esta idea con que se nos presenta a nuestra imaginación un ente, puede contribuir a que formemos tan buena noción, como somos capaces de formar de la inmensidad de la naturaleza divina, esto es, de un Ser infinito, tanto en su esencia, como en su poder y que no obstante reúne la personalidad.

«Ningún hombre ha visto a Dios jamás». Esto, a mi parecer, produce gran dificultad. Mas esta dificultad nace principalmente de que no consideramos como es debido el estado de nuestras facultades. Ciertamente la Divinidad no es objeto de ninguno de nuestros sentidos; mas reflexiónese cuán limitadas son las facultades de los sentidos animales. Muchos animales parece que solo tienen un sentido, o tal vez dos: a lo más el tacto y el gusto. ¿Podrá semejante animal inferir algo contra la existencia de los olores, de los ruidos o de los colores? A otras especies se les ha dado el sentido del olfato, ya es ésta una ventaja en el conocimiento de las virtudes y propiedades de la naturaleza; mas si este favorecido animal quisiese inferir de la superioridad sobre los de la anterior clase, que percibía todas las cosas que son perceptibles en la naturaleza, para nosotros sería notorio, aunque quizás ni aun sospecharlo podría el mismo animal que su presunción nacía de un falso y orgulloso concepto de la extensión de sus facultades. A otro se le añade el sentido del oído, el cual le presta una clase de sensaciones enteramente inconcebibles al animal de que antes hemos hablado. No solo diversas, sino remotas de todo cuanto jamás él ha podido experimentar, y en gran manera superiores a las suyas. Todavía este último animal no tiene más fundamento para creer que sus sentidos comprenden todas las cosas y todas las propiedades de las cosas que existen, que el que pudieran tener las familias de los animales inferiores a él. Porque nos es conocido que todavía puede poseerse otro sentido, que es el de la vista, el cual abriría, al que lo tuviese, un nuevo mundo. Este quinto sentido hace el animal humano; mas inferir que la posibilidad ya no pasa de aquí, que este quinto sentido es el último sentido, o que el quinto comprende toda la existencia, es cabalmente una conclusión tan falsa como la que se pudiera hacer por alguna de las diferentes especies que poseen menos sentidos, y aun por la que (si la hay) solo posee uno. La conclusión que saca el animal que solo posee un sentido y la conclusión del que tiene todos los cinco, se funda en igual autoridad. Puede haber más sentidos y otros que los que tenemos. Puede haber sentidos acomodados para la percepción de las facultades, propiedades y sustancia de los espíritus. Estos pueden ser pertenecientes a clases más elevadas de agentes racionales: porque aquí no hay razón ninguna, ni aun la más leve, para suponer que nosotros seamos la clase más alta o que la escala de la creación se detiene en nosotros. La grande energía de la naturaleza nos es solamente conocida por sus efectos. Las sustancias que la producen son tan ocultas a nuestros sentidos como la misma Divina Esencia».

Veamos ahora cómo se expresa contra aquellos que rechazan muchas pruebas en favor de la personalidad divina por obvias, cuya doctrina puede aplicarse a cuantos casos ocurran. «Por estas razones los talentos que andan habitualmente a caza de la invención y de la originalidad, sienten una irresistible inclinación a entregarse a otras soluciones y explicaciones. La verdad es que muchos talentos no están tan mal con cualquier cosa que se les ofrezca como lo están con la mengua de contentarse con razones comunes; y lo que es más digno de lástima, talentos de superior orden han sido los que más han incurrido en esta aversión». Y discurriendo sobre la eternidad de Dios, al hablar de sus atributos, dice: «La Eternidad es una idea negativa revestida de un nombre positivo». En aquello a que se aplica supone una existencia presente y es una negación de un principio y de un fin de tal existencia. Aplicada a la divinidad jamás ha sido puesta en duda por ninguno de los que reconocen absolutamente la divinidad. Seguramente no pudo haber tiempo en que nada existiese, porque este estado debió continuar así. Esta nada universal debió haber permanecido siempre. Nada puede ser producido por la nada: nada pudo existir de aquel principio: nada existiría al presente. Sin embargo, hablando con exactitud, nada tenemos que ver nosotros con la duración anterior a la del mundo visible. Sobre este artículo, pues, de la Teología basta conocer que necesariamente debió existir el inventor antes de la invención. He aquí la pintura que nos hace del hombre justo el doctor Percival de Manchester, copiada del capítulo sobre los atributos divinos. «Al hombre entendido y virtuoso presente la vejez una escena de tranquilos placeres, de apetito obediente, de afectos bien regulados, de maduro conocimiento y de una calmada preparación para la inmortalidad. En este estado plácido y lleno de dignidad, colocado como está en la frontera de los dos mundos, semeja el hombre de bien en su mente lo pasado con el placer de la aprobación de su conciencia, y pone su vista en lo porvenir con humilde confianza en la misericordia de Dios y con devotos afectos hacia su eterno y siempre creciente favor.» Es tan consoladora esta doctrina que la desvirtuaríamos si pretendiésemos comentarla.

Así se explica en el tratado sobre la bondad de la divinidad, sobre los objetos que constituyen nuestra verdadera felicidad. «Una de las grandes causas de nuestra insensibilidad hacia la bondad del Creador, dice: es la misma extensión de su liberalidad. Apreciamos muy poco lo que participamos en común con los demás o con la generalidad de nuestra especie. Cuando oímos hablar de felicidades, al instante nos fijamos en la idea de buen éxito en los negocios, de próspera fortuna, de honores, riquezas, empleos, esto es, de aquellas ventajas y superioridad sobre los demás que buscamos y codiciamos. Los bienes que son comunes a nuestra naturaleza, no nos merecen atención, a pesar de que son los de mayor importancia y constituyen los que más propiamente deben contarse entre los bienes de la Providencia, los que solo, si podemos explicarnos así, son dignos de su solicitud. El sueño y descanso de la noche, el pan diario, el uso ordinario de nuestros miembros, sentidos y conocimientos, son bienes incomparablemente superiores a los otros. Mas como vemos que los poseen casi todos los hombres no hacemos caso de ellos, no excitan nuestro sentimiento ni mueven nuestra gratitud. Hállase en esto pervertido nuestro juicio por nuestro amor propio. Un bien debía ser a la verdad más satisfactorio, y a lo menos la bondad del que lo concede debiera mirarse como más evidente, cuanto se difunde más, cuanto más se comunica y más abundantemente se concede: por haber tocado en suerte y hacer la felicidad de todo el gran cúmulo y cuerpo de nuestra especie, así como nos hace felices a cada uno de nosotros mismos. Y aun cuando no poseyésemos este bien, no por eso dejaría de ser un motivo de dar gracias el tenerlo los demás hombres. Mas nosotros seguimos otro camino para manifestar nuestro agradecimiento: queremos ser distinguidos. Lo peor no es esto: sino que nada vemos o apreciamos sino lo que consigo lleva una distinción que lo recomiende. Con esto reducimos a un estrecho círculo nuestras miras en orden a la beneficencia del Creador, pero con mucha injusticia. En estas cosas que son tan comunes y que se conceden sin distinción alguna, es en donde se ve la gran extensión de la divina benignidad».

Hablando en el mismo tratado de las mejoras sociales mediante el progreso siempre creciente de la civilización dice: «Cuando se habla de límites en general, debe entenderse que se habla únicamente de las provisiones para las necesidades animales. Hay fuentes y medios y auxiliares y aumentos de la humana felicidad que se comunican sin restricción del número: tan capaces de ser poseídas por mil personas como por una cola. Tales son las que se derivan de un suave gobierno en contraposición de otro tiránico, civil o doméstico; las que provienen de la religión; las que engendran la persuasión de la seguridad personal; las que vienen de los hábitos de virtud, sobriedad, moderación, orden, y últimamente las que se hallan en la posesión de los gustos y deseos bien dirigidos, comparada con el dominio de las pasiones atormentadoras, perniciosas, contradictorias, insaciables y voraces.

Las distinciones de la vida civil son bastante aptas para ser miradas como males por los que ocupan lugar inferior, mas a mi parecer con muy poca razón. En primer lugar las ventajas que dan, según se supone, las elevadas posiciones de la vida, no tienen comparación con las ventajas que nos proporciona la naturaleza. Los dones de la naturaleza son superiores siempre a los bienes de la fortuna. ¡Cuánto mejores, por ejemplo, la actividad que la dirección del trabajo, la belleza que el apetito, la digestión y la tranquilidad del estómago que todo el estudio del arte de cocina o que el más costoso amontonamiento de regalos atraídos de lejos!». Deriva gran parte de los males que recíprocamente se hacen los hombres en sociedad del don de la libertad cuya facultad, dice, comprende en su misma esencia la propensión a abusar de ella: mas si al hombre se le privase de esta facultad, se destruiría su naturaleza. De él puede obtenerse orden y regularidad, lo mismo que de las mareas y de los vientos generales; mas quitándole la libertad se aniquilaría su carácter moral, su virtud, su mérito, su responsabilidad y hasta el uso mismo de su razón. Haciendo en el mismo tratado sus consideraciones sobre la situación del hombre, dice que es un estado de prueba calculado para la producción, ejercicio y mejora de las cualidades morales con la mira de una suerte futura. Entre las muchas variedades, continúa, que presenta la vasta escala de la humana condición, apenas quizá habrá una que no debe comprenderse en el designio que aquí hemos indicado. La virtud es infinitamente variada. No hay situación en que un ser racional se halle colocado, desde el cristiano mejor instruido hasta el más rudo bárbaro, que no dé lugar a la urgencia moral por la adquisición, ejercicio y manifestación de cualidades voluntarias buenas o malas. La salud y la enfermedad, el placer y el disgusto, la riqueza y la pobreza, el saber y la ignorancia, el poder y la sujeción, la libertad y la esclavitud, la civilización y la barbarie, todos tienen sus cometidos, todos contribuyen a la formación del carácter; porque cuando hablamos de un estado de prueba, debe recordarse que los caracteres no solo son juzgados o probados o puestos de manifiesto, sino que también se engendran y se forman por las circunstancias. Las mejores disposiciones pueden hallarse entre las criaturas humanas más abatidas y lamentables. De dos agentes que son indiferentes al gobernador moral del Universo, el un podrá ser ejercitado y probado por medio de las riquezas, el otro por la pobreza. El trato que se da a estos dos parece ser muy opuesto, mas en verdad, es igual; porque aunque por muchos respectos hay una gran disparidad entre ambas condiciones, ambas son igualmente pruebas: ambas tienen sus obligaciones y tentaciones, no menos arduas, no menos peligrosas en un caso que en otro. Las virtudes pasivas, continúa, las más severas y sublimes de todas, y quizás las más aceptables a la Divinidad, deberían ser excluidas de una constitución en que la felicidad y la desventura fuesen regular consecuencia de la virtud y del vicio. La paciencia y la conformidad en la calamidad, aflicción y dolor; la firme confianza en Dios y en su bondad final, en el tiempo en que todas las cosas nos son adversas y nos desalientan; y (lo que no es menos difícil) un deseo cordial de la felicidad de los demás, aun cuando nosotros mismos carezcamos de ella: estas disposiciones que por ventura constituyen la perfección de nuestra naturaleza moral, no hallarán su propio oficio y objeto en un estado de declarada retribución y en que por consecuencia el sufrimiento del mal debiera ser solo someterle a un castigo.

Nunca terminaríamos este artículo si hubiésemos de transcribir todos los párrafos y lugares de la obra en que a manera del que acaba de leerse, se nota la doctrina más pura llena de la unción más consoladora; pero no podemos menos de copiar algunos párrafos del epílogo donde a la par de la buena doctrina, campea la más fina dialéctica. «En todos los casos en que el entendimiento se halla en peligro, dice, de que le embarace y confunda la variedad, procura asegurarse fijándose en unos pocos puntos demostrados o quizá ciñéndose a un solo ejemplo. Entre la multitud de pruebas, que se han presentado, una hay que puede citarse con especialidad. Si observamos que en cualquier materia apenas hay dos hombres que se fijan en un mismo ejemplo, la misma diversidad en la elección manifiesta la fuerza del raciocinio, pues manifiesta el número y la competencia de los ejemplos.

No hay materia en que sea tan común la tendencia a detenerse en tópicos selectos o singulares, porque no hay materia que en toda su extensión tenga tan grande latitud como la de la Historia Natural aplicada a probar la existencia de un creador inteligente. Por mi parte, me ciño a la anatomía humana; y los ejemplos de mecanismos que pueden citarse de entre el copioso catálogo que en ella hay, son el gozne sobre el cual la cabeza hace su movimiento rotatorio, el ligamento dentro del cuenco de la articulación de la cadera, la polea o músculo troilear del ojo, la epiglotis, los vendajes que sujetan los tendones en el talón y la muñeca, la hendidura y perforación de los músculos en las manos y los pies, la envoltura de los intestinos en el mesentéreo, el curso del quilo dentro de la sangre y la constitución de los sexos entendida por toda la creación animal. El lector hará memoria de estos ejemplos de que hemos hablado separadamente en su respectivo lugar: no hay uno solo de ellos que a mi parecer no sea decisivo, que no son exactamente mecánicos, ni he leído ni oído que se presente solución alguna respectiva a estas apariencias o fenómenos que en la más mínima parte se oponga a la conclusión que fundamos en ellos.

Recomendando la utilidad de este estudio, se explica así: «El hacer de esto una regla, un habitual sentimiento en nuestra mente, es echar el cimiento de todo lo que es religioso. El mundo desde entonces queda convertido en un templo y la misma vida en un continuo acto de adoración. La mudanza no es nada menos, que cuando anteriormente apenas pensábamos en Dios y ahora apenas podemos mirar cosa alguna sin distinguir la relación que tiene con Él. Las obras de la naturaleza no necesitan más que el ser contempladas. Contemplándolas, se ve que cada cosa que hay en ellas espanta por su grandeza, porque en la vasta escala de operaciones hacia las cuales nos conducen nuestros descubrimientos, en un extremo vemos un poder inteligente arreglando los sistemas planetarios, fijando por ejemplo la órbita de Saturno, o construyendo un anillo de doscientas mil millas de diámetro para que rodee su cuerpo, y está colgado como un arco magnífico sobre la cabeza de sus habitantes: y al otro extremo fabricando como garabaticos, concertando y apropiando un mecanismo para que puedan aflojarse y apretarse los filamentos de las alas de la más pequeña avecilla. Bajo este ser admirable vivimos. En sus manos está nuestra felicidad y nuestra existencia. De él debe venir lo que esperamos. No debemos tener por poco segura nuestra situación. En toda naturaleza y en cada porción de la naturaleza sobre la que podemos escribir, hallamos una esmerada atención aun sobre las más pequeñas partes. Los goznes de las alas de una mosca y las coyunturas de sus antenas o cuernecillos están tan perfectamente elaboradas como si el Creador no hubiese tenido que ocuparse más que en concluir esta obra. No vemos que haya señal alguna de que este cuidadoso esmero se disminuya por la multitud de los objetos o que por la variedad se distraiga su atención. No hay pues motivo alguno para que temamos ser olvidados o descuidados o abandonados».

Ojalá que este libro donde se contienen sentimientos tan puros y sublimes de moral y religión inspirados por la contemplación de la naturaleza, sea el texto por donde nuestra tierna juventud aprenda la doctrina santa que algún día haya de servirle de consuelo en su vejez después de haberle guiado en la primavera de sus días, cortejada de las virtudes, el templo de la mortalidad.

Aprobado por la Comisión de Literatura de la Real Sociedad Patriótica de La Habana, y julio 14 de 1832.

Domingo del Monte. Sec.

Excmo. señor

Esta debe sujetarse a la censura teológica. Habana y julio 17 de 1832.

José De—.

[Archivo Nacional de Cuba. Fondo: Donativos y Remisiones, legajo 603, signatura o número 37.]

Espíritu público (1834)
Dos hombres extravagantes llamaron la atención de la antigüedad, y comprando la gloria a expensas del capricho, han trasmitido sus nombres con el epíteto de filósofos, más como prueba de su miseria que como signo de su sabiduría. Hablamos de aquel llorón Heráclito y del risueño Demócrito. Son las risas y los lloros efectos de la debilidad y sensibilidad humana, mas no correctivos del error; y si nuestros Heráclitos y Demócritos modernos enjugasen sus lágrimas inútiles, u omitiesen sus insultantes burlas, y se aplicasen con valor y prudencia a destruir el crimen y proteger la virtud; harían servicios a sus semejantes a quienes ahora miran con inerte compasión, o con atrevido desprecio. ¡Qué fértil en recursos es la vanidad, cuando se une a la pereza! Uno se queja de que el pueblo nada aprecia, otro le ultraja, llamándole ignorantes; estotro le supone incorregible, y mientras que nada hacen para ilustrarle y moralizarle, creen hallar en su misma injusticia un velo que cubra su vana indolencia. Llamámosla vana, porque si bien se reflexiona, no tiene otro origen sino el deseo de la singularidad que se pretende obtener, y que por desgracia se obtiene a poca costa; y esto nada importaría, si solo pasasen por entes raros, y no por filósofos profundos.

Tiempo es ya de pasar de las ficciones a las realidades y de excitar el espíritu público por medios conducentes al laudable objeto de la rectificación social, disipando vanos temores que provienen de la inconsideración o la malicia.

El pueblo no es tan ignorante como le suponen sus acusadores. Verdad es, que carece de aquel sistema de conocimientos que forman las ciencias, pero no de las bases del saber social; esto es, de las ideas, y sentimientos que se pueden hallar en la gran masa, y que propiamente forman la ilustración pública. Esta se propaga y aumenta, consiguiéndose mayor grado de ilustración general y mayor número de ilustrados. No hay pueblo constituido, que no sea capaz de este aumento, y en que no sea fácil conseguirlo, si la prudencia dirige las operaciones. ¿Qué debe pues practicarse? La respuesta ocuparía muchos volúmenes, y argüiría en nosotros la misma vanidad que reprendemos. Encarguémosla pues a los sabios, contentándonos por nuestra parte con indicar las causas que animan, o desalientan el espíritu público.

Los medios de promover el bien social se distinguen del deseo de promoverles: aquellos forman las ciencias políticas y ecónomo-políticas; este constituye lo que llamamos espíritu público, y el mejor medio de crearlo, es suponer que existe. Hay ciertas anomalías en la sociedad, que es inútil sujetar a investigaciones; pero muy conveniente reducir a práctica, o valerse de ellas como de medios para conseguir un fin social. Contra todos los principios científicos prueba la experiencia, que inventar un nombre, es producir un objeto. Dado aquel, está formado un partido; pues la ficción de un hecho general le da existencia. Nada es más poderoso que el ejemplo, y cuando un individuo llega a persuadirse de que todos o la mayor parte de sus conciudadanos se hallan animados del deseo ardiente de promover el bien social, y que están dotados de energía para conseguirlo, no puede menos de sentirse igualmente animado, y su animación real, fruto acaso de otra ideal, produce efectos admirables. Cuando el pueblo opera en masa, no puede averiguar hechos: no sabe por qué opera; mas al fin opera. Llénase de un entusiasmo laudable, congratúlase de la universalidad del sentimiento público, y llénase de orgullo al creerse miembro de una sociedad ilustrada y activa, a que al cabo llega a serlo. De este gran bien le privarían nuestros mustios Heráclitos, y ridículos Demócritos.

¡Pero qué! ¿Aconsejamos que se engañe al pueblo? ¿Pretendemos que se le adormezca y adule? Lejos de nosotros tan inicuas ideas, de nosotros que tantas veces las hemos deplorado. Queremos sí, que no se le desaliente por medio de vagas declamaciones, que siempre exageran el mal, aunque jamás le curan. Creemos que es un deber de los amantes del pueblo, hacerle justicia, confesando que desea emplear los medios que puedan conducirle a la prosperidad y rectitud; y que en todos los escritos y en todas las conversaciones de personas de influencia debe suponerse la existencia del espíritu público; pues cuando acerca de su grado y extensión se guarda un juicioso silencio, no se comete ningún engaño. ¿No es una crueldad, por no decir una infamia, desanimar a los buenos, haciéndoles creer que sus esfuerzos serán vanos por no tener compañeros? ¿Y dejarán de tenerlos en una sociedad constituida, sea la que fuere? ¿Acaso es el crimen y no la virtud el vínculo social? No nos alucinemos; un pueblo de perversos es un ente tan imaginario, como un pueblo de insensibles. Aun entre los bárbaros, si es que se hallan reunidos, observamos rasgos de virtud a que deben su unión. El interés social no es un impulso de la sensibilidad, sino de la razón; y algunas teorías, llamadas filosóficas para deshonra de la Filosofía, no son sino delirios que sirven de castigo a los mismos delirantes. Existe sí, existe el espíritu público, y mucho más en los pueblos, cuyas circunstancias proporcionan pábulo a esta llama que destruye el crimen, y acrisola la virtud.

Otro de los medios de fomentar el espíritu público es la vigilancia en atacar sin demora, pero con suma prudencia sus más ligeros extravíos. La desgracia de haber errado, desanima a los pueblos no menos que a los individuos, pues confundiendo la timidez e irresolución con la prudencia, se pretenden evitar nuevos errores, cometiendo el gravísimo del abandono. De aquí la necesidad de corregir el mal en su principio, pues si vanagloriado el pueblo por largo tiempo con la rectitud de sus operaciones, se encuentra al fin desengañado, cae de golpe en una profunda tristeza y aun en la desesperación. ¿Pero qué tino no es necesario para que al ocurrir a este inconveniente, no se produzca a otro igualmente funesto? Las continuas insinuaciones de los escritores llegan a fastidiar a la muchedumbre, que empezando por desatenderlas, acaba por despreciarlas. Es preciso pues, un estudio de las circunstancias y carácter del pueblo, sin lo cual serán vanos todos los esfuerzos.

Contrayéndonos a nuestro país, que será siempre el objeto de nuestros escritos, ¿con cuánta injusticia suelen acusarle algunos imprudentes de falta de espíritu público? Existe, sí, existe entre nosotros el acendrado amor de la patria, el deseo de contribuir al bien social que caracteriza los pueblos mas cultos; queremos promover ese bien público que ha sido siempre el objeto de las leyes, el móvil de las almas grandes, las delicias de los sabios, la recompensa de los virtuosos y el terror de los criminales. La naturaleza que de todos modos nos llama a la prosperidad, no ha olvidado inspirarnos el amor a ella, y ha concedido con profusión los medios intelectuales para conseguirla. A juzgar de los pueblos como de los hombres (¿y de qué otra manera debe juzgarse?) no nos equivocaríamos en decir, que estando las pasiones en razón directa de la capacidad para sus objetos; y que encontrándose en nuestro suelo una capacidad extraordinaria, debe también existir esta pasión en un grado muy elevado. No falta pues, otra cosa, sino aplicar los medios. ¿Mas cuales son estos? ¿Cuáles las misteriosas fuentes del bien público? La ilustración y la moralidad. He aquí los dos grandes objetos de la reunión de los amantes de la patria.

No faltan planes; faltan solo recursos: mas estos no se adquieren con arengas, sino con trabajos. La indolencia es el cáncer de la prosperidad. Enhorabuena que los pueblos pobres, se contenten con la medianía: el de La Habana puede y debe aspirar a la perfección. Pero he aquí un punto sobre el cual desgraciadamente se tienen ideas muy equivocadas. Los grandes, pero efímeros esfuerzos producen efectos semejantes a sus causas; y el espíritu público que se manifiesta de este modo, es más bien un volcán que abrasa, que no un Sol que ilumina. La reunión de los medios debe ser permanente, para que lo sea su aplicación, y por consiguiente sus resultados. La brillantez halaga la vanidad, pero no consolida la virtud. De aquí es, que el gran edificio se desploma, y sus ruinas desalientan a nuevos fabricantes.

Guiados por estas ideas, aconsejaríamos como medio principal de fomentar la ilustración, que es la primera fuente del espíritu público, que se formase una suscripción general; y para que realmente lo fuese, debería de fijarse una cantidad mensual muy corta, procurando que las personas más ricas fuesen las primeras en suscribirse por ella y no más. De este modo, sus nombres servirían de estímulo a sus compatriotas de mediana fortuna, que dispuestos a contribuir, no lo hacen muchas veces, porque temen que se les exijan cantidades que no pueden donar. De este modo nadie sufriría, y todos, todos serían beneficiados. De este modo se conseguiría que el pueblo adquiriese el hábito, y se persuadiese del deber de fomentar la ilustración. De ese modo cada uno se congratularía al observar los buenos frutos, considerándolos debidos a sus esfuerzos, lo mismo que a los del hombre más acaudalado. De este modo, en fin, veríamos establecidas escuelas gratuitas en todos los pueblos; veríamos brotar como por una especie de magia los medios de la ilustración; y veríamos el país que hasta aquí ha sido de la abundancia, ser también el de los conocimientos, y recuperar por ellos el rango que va perdiendo. Si cierto número de personas caracterizadas e instruidas quisiesen dar el primer impulso, ¿quién duda que su voz de salud sería repetida por millones de ecos? Si quisiesen... pero quién duda que quieren. Parécenos ya ver estos astros protectores en el horizonte cubano, y a la juventud fijando en ellos la vista con risueño rostro para recibir su benéfico influjo. Existen, sí, existen entre nosotros estos seres dignos del aprecio público, y a quienes elogiamos con tanta más pureza, cuanto nuestros elogios no se dirigen a ninguno en particular. No temáis, hijos beneméritos de la patria, no temáis que la envidia atribuya a vanidad las pequeñas ofrendas que hiciereis en obsequio de la ilustración. Pagad una deuda sagrada contraída por vuestras virtudes, y aumentada diariamente por los homenajes que ellas arrancan. ¿Teméis la envidia? ¿Dudáis del éxito? ¿Os arredra el trabajo? ¿Os detiene la modestia? ¿Sacrificaréis a estos sentimientos el bien de la patria? No. Vuestras virtudes nos dan otra esperanza, y ya nos preparamos a recoger los frutos de vuestros esfuerzos.

La ilustración conducirá a la moralidad; mas esta requiere otros auxilios. Cualquiera que haya reflexionado sobre los fenómenos del corazón humano, conocerá, que no es tanto la falta de ideas, cuanto la de hábitos, la que forma los perversos. Conocemos el mal, pero habituados a practicarle y a verle practicar, desatendemos los dictámenes de la razón, y hacemos mal uso del don precioso de la libertad. El espíritu habituado a lo recto, siente una repugnancia, y encuentra gran dificultad en acomodarse al crimen; y de aquí el dicho antiguo: nadie es perverso de repente. Dedúcese pues, la necesidad de inspirar rectos hábitos populares, si queremos conseguir la moral pública. ¿Mas como se inspiran? Con la prudente vigilancia y el ejemplo. Los pueblos no se corrigen con arengas sino con prácticas virtuosas. Reúnanse los buenos, a nadie ataquen, a nadie mortifiquen, a nadie corrijan, y los corregirán a todos. Prediquen con el ejemplo, y cada palabra será un precepto. Muy bien, se nos dirá, ¿pero dónde están esos predicadores? ¡Dónde! ¡Ah! donde quiera que se halle un patriota; y si ya la patria no tiene hijos denodados que la ilustren, sino tímidos que la abandonen, lloremos su desolación, funesto presagio de su ruina. Esparza la ignorancia sus tinieblas; siembre la inmoralidad sus semillas ominosas; cúbrase de luto la virtud abatida, y de púrpura el vicio entronizado; gima la santa religión ante los terribles monstruos de la impiedad y el fanatismo; huyan las ciencias y escóndanse las artes; interrúmpase el comercio; aniquílese la riqueza, y en esta escena de aflicción y espanto, véanse los hijos de una patria malhadada tranquilos observadores del infortunio de tan augusta madre. No, no son estos, meros arrebatos de una imaginación acalorada; son sí los más puros sentimientos de un alma convencida de la realidad de los hechos, y penetrada de dolor al considerar sus funestas consecuencias.

La riqueza real en unos, y el deseo de aparentarla en otros, sirven de incentivo a la vanidad, y de obstáculo a la virtud, que jamás se aviene con la inacción, con la inacción que erróneamente se cree ser la prerrogativa de los ricos. Para destruir tan fatal preocupación, es preciso que la parte ilustrada de estos demuestre con su ejemplo, que la riqueza no es más que el medio de hacer bien, y que el rico que sabe serlo, vale más por su virtud a prueba de la abundancia, que por los mismos bienes que posee, pues la vanidad que se funda en ellos, es una pasión muy rastrera para las almas grandes que conocen su mérito. ¡Cuánto sufre la moralidad entre nosotros, por sostener la vana ficción de la riqueza! Este es el enemigo que debe combatirse, este el mal funesto que debe curarse. Mientras se crea entre nosotros, que la industria envilece, y que el trabajo, ora intelectual, ora mecánico, solo es necesario a los que carecen de medios de subsistencia; no esperemos más que inacción y orgullo, hasta cierto punto disculpables, porque llega a ser una necesidad social.

Para ocurrir a tantos males, y evitar tantos peligros, seríamos de opinión, que se formase una sociedad de moral pública, cuyo objeto fuese, no la ostentación de juntas y reglamentos, de arengas y poesías, sino de operaciones solo trascendentales por mero ejemplo. Debe procurarse que la juventud entre en esta sociedad; mas ella no debe formarla, y menos dirigirla. El empleo de todos debe ser el de aumentar el número de los asociados, los cuales convengan a en dar buen ejemplo, y nada más. Por este medio poderoso se destruye el vicio, sin exasperar al vicioso; antes al contrario, se le halaga con la idea, de que no debe su reforma a ningún género de compulsión. Veráse entonces una muchedumbre de jóvenes brillantes, que guiados por personas de alto mérito, desertarán de las banderas de la disipación, y tan noble espectáculo acaso bastará para derribarlas. Sosténganse las leyes, y respétese la religión, protéjase el mérito por una multitud asociada, y muy pronto se aumentará tanto su número, que los malos se aterren, los débiles se alienten, los alucinados se ilustren, y todos se mejoren. Para una sociedad de esta clase no es preciso ser sabio, basta ser virtuoso; no es preciso ser elocuente, basta ser ingenuo.

El principal objeto debe ser la religión. Materia es esta de suma importancia, y sobre la cual deseamos ser bien entendidos, protestando desde ahora contra toda siniestra interpretación o calumnia. La predicación del evangelio toca a sus ministros, y aunque a todos los católicos incumbe su defensa, pide la razón que se deje a aquellos, que por deber de su estado han adquirido los conocimientos competentes. No es pues una sociedad para defender la religión ni para predicarla, sino para demostrar con el ejemplo, que debe ser respetada. La práctica de la religión, su creencia, y su respeto son cosas muy distintas. Muchos practican sin creer, otros creen mas no practican, y otros por último ni creen ni practican, pero respetan la religión. Sería de desear, que todos creyesen y practicasen; mas este es un don de Dios, y a sus ministros toca preparar los ánimos para recibirle. En el orden social puede y debe exigirse el respeto a la religión aun de los que no la creen, ni practican; y ninguno que la ataca, tiene derecho a llamarse patriota. Afortunadamente, todos convenimos, en que la religión bien observada conserva la sociedad, y produce en ella infinitos bienes; y que solo su abuso acarrea los males que injustamente se le atribuyen. Por consiguiente, como miembros de la sociedad ninguno tiene derecho a atacar la religión, sino solo sus abusos. Enhorabuena que el hombre en cuanto a su creencia personal disponga de su conciencia; pero en el orden social no debe atacar un principio que la sociedad respeta, y de donde deriva infinitos beneficios, cuando estos no producen al incrédulo ningún daño personal.

En estas bases nos fundamos para creer, que la sociedad de moral pública, inculcando por medios prudentes y ejemplos saludables el respeto a la religión, sin entrar en discusiones ni censurar a nadie; no saldría de la línea de una sociedad puramente civil, y haría un gran servicio a la religión, sin exasperar a sus enemigos. El respeto religioso conduce naturalmente al orden civil, resultando de la combinación de ambos, la buena moral del pueblo que es el fin deseado.

Debe ponerse todo empeño en distraer el espíritu público de las cuestiones religiosas, pues la Historia nos demuestra, que siempre han causado graves daños a las partes contendientes. Estas disputas son en otras sociedades un mal inevitable; mas en la nuestra serían una calamidad buscada. Los libros que la fomentan deben considerarse como perjudiciales en alto grado. La unidad es el origen de la paz y del poder, y ninguna unidad más sagrada que la religiosa. Perturbarla, es perturbar la paz, y socavar el cimiento del edificio social. ¡Ridículo empeño de la ignorancia por más que se quiera atribuir a la sabiduría! Lejos de nosotros la infame hipocresía, pero también muy lejos de nuestra alma la debilidad con que muchos se presentan impíos, solo por presentarse raros. No pretendemos escudarnos con las leyes civiles ni canónicas de nuestra sociedad; escribimos este artículo según los principios filosófico-sociales que deben gobernar a todo hombre de reflexión, sea cual fuere la sociedad a que pertenezca. Todo gobierno, sea de la especie que fuere, todo padre de familia sea cual fuere su condición, todo político cualquiera que sea su sistema, desea ver la religión respetada por los suyos, y siente el más leve desacato cometido contra ella. No es este un sentimiento momentáneo, ni tampoco ha sido el de una u otra época. El género humano que en todo se presenta inconstante, ha guardado siempre una uniformidad y constancia admirable sobre este punto, si bien se ha equivocado a veces en elegir objetos religiosos, dignos de tan profunda veneración. Atacar pues, el respeto debido a la religión, es atacar presuntuosamente a todo el género humano.

¿Con qué derecho, se dirá, ataca la religión a la infidelidad, si esta no le tiene para defenderla? Si la respuesta a tan trivial cuanto capciosa pregunta debiera darse, en consecuencia del examen de la naturaleza de las cosas, diríamos, que con el derecho que tiene la verdad para destruir el error, sin permitirle que esparza su veneno; con el derecho que tiene la luz para disipar las tinieblas sin permitirlas; defensa con el derecho que tiene el sabio médico para aplicar su medicina, sin permitir que se administre o practique lo que puede aumentar el mal o impedir el buen efecto. Pero esto sería entrar en una cuestión teológica sobre los fundamentos de la religión en general, y sobre los del sistema de sus enemigos. Nuestro objeto es muy distinto, y así también debe serlo nuestra respuesta. Recibiremos los principios de ambas partes, y no los discutiremos. Nuestra operación se reducirá a deducir de ellos y de los que gobiernan toda sociedad, una regla de conducta, que sirva para justificar o reprender los procedimientos.

Creen las almas religiosas, que su salud eterna y la de sus semejantes depende de la religión; advierten que esta favorece igualmente a la sociedad en general que a las familias en particular; por consiguiente, la propagan, y su procedimiento es justo. Los incrédulos no se persuaden, que su salud eterna y la de sus semejantes depende de la incredulidad, pues esta empieza por negar la vida eterna; convienen en que la religión bien observada es útil a la sociedad; no tienen experiencia que alegar de un pueblo incrédulo y feliz, antes a pesar suyo la tienen de los estragos de la infidelidad, pues el siglo pasado les conserva siempre a la vista la imagen de un pueblo reducido a un estado brutal, solo por pretender la destrucción de todo principio religioso; humillado después hasta el extremo de confesar su error, mandando inscribir sobre los muros de los templos arruinados: «la República Francesa reconoce la existencia de Dios y la inmortalidad del alma»; y por último, este mismo pueblo se le presenta vuelto a la vida, cuando volvió a la religión. Aparece pues, que la incredulidad por sus mismos principios, y por la experiencia social que está contra ella, no tiene derecho a su propagación. Enhorabuena que cada hombre tenga sus ideas: nosotros no entramos, ni queremos entrar, ni entraremos jamás en esta cuestión que no nos pertenece. Solo decimos, que no puede jactarse de patriota el que quiere sujetar la sociedad a experimentos innecesarios; pues sin ellos se consigue el fin por medio cierto; y mucho menos a experimentos fatales, que siempre que se han ensayado, han producido la desolación.

Desearíamos pues que la reunión de los buenos se empeñase en conservar el respeto religioso como en antídoto del veneno que con tanta sagacidad propinas los alucinados enemigos de la moral, aunque pretenden serlo solamente de la religión. Los jóvenes, que por nada más que por sentimiento suelen hablar contra los principios religiosos, dejarán de hacerlo, y volarán a unirse a una sociedad que los honra, y les presenta objetos dignos de sus talentos. La juventud ama lo recto, y solo es necesario sabérselo presentar. El principal sujeto sería, no dar a esta sociedad un carácter religioso bajo otro sentido que el de una sociedad de buenos. Sabemos lo que puede el sarcasmo, y lo fácil que es encontrarlo y emplearlo. Un epíteto ridículo, una indirecta ignorante, una frase que suene bien, aunque nada diga, un rasgo copiado de un bajo pero elocuente declamador; bastarían para detener la carrera de la reforma de las costumbres. ¡Ah! Luego que el árbol se radique, bien pronto extenderá sus ramas, y a su sombra reposará la virtud. Bien pronto el placer de ser bueno atraerá a los malos, y la fuerza del ejemplo destruirá la de una preocupación tan perniciosa.

Otra de las relaciones del espíritu público, es la que podemos llamar espíritu de empresa, y en este somos tan fértiles, que ojalá lo fuéramos también en el de constancia! Apenas habrá un proyecto europeo o americano, que no haya tenido imitación en nuestro país, y de que no se encuentren planes en alguna de las secretarías. Todo lo imitamos, pero todo en miniatura y por el momento, bien que lo anunciamos, como si hubiese de tener un volumen colosal y una larga duración. Esperamos que nuestra ingenuidad no será desaprobada, pues solo tiene por objeto excitar a nuestros compatriotas para que no dejen dormir en el polvo los proyectos comenzados, y a que en la empresa de otros nuevos sean más circunspectos para ser más felices. ¿Pero de qué proviene este mal? Muchos que no quieren tener el trabajo de pensar, responden muy pronto, de que no hay espíritu público, de que todos son haraganes. ¡Cuánta injusticia! ¿Mas para qué demostrarla? La razón es otra, injustos acusadores. El mal proviene de una funesta preocupación fortificada por el tiempo, y protegida por el hábito; de una preocupación contra la cual todos claman, y de la que casi todos son víctimas; de una preocupación que consiste en persuadirse que solo el gobierno es quien debe procurar la prosperidad pública; que los habitantes, solo por un efecto de generosidad, y no por obligación contraída con la patria, se empeñan en hacer bien al país; que todas sus funciones se reducen al cuidado de sus negocios domésticos; y que finalmente no tienen ningún derecho a mezclarse en las cosas públicas, pues el gobierno se opone a ello. ¿El gobierno se opone a ello? ¿Y en qué puede fundarse esta aserción? Nosotros no adulamos al gobierno, así como tampoco adulamos a nadie; pero sí respondemos en su favor, que no ha dado motivo a semejante sospecha. Un gobierno, a menos que no esté compuesto de locos y entonces ya no es gobierno, jamás puede oponerse a lo que le acredita y consolida. No debe esperarse que él permita, que cada cual haga lo que le parezca respecto a las obras públicas del país, porque no siendo este de ninguno en particular, y sí de todos en general, al gobierno toca desempeñar estas atribuciones:

pero figurarse, que el gobierno de la isla de Cuba ponga obstáculo a ningún proyecto racional, es buscar una disculpa que sirva de velo a causas no muy decorosas.

La vanidad de creer, que un país así como una familia debe sacrificarlo todo al renombre y a la brillantez, ha inducido siempre a los nuestros a erogar grandes sumas, solo para dar gran tono a las empresas aun antes de comenzarlas. De este vano sentimiento o debilidad de los patriotas se aprovechan los codiciosos y los bajos para promover su interés privado a expensas del público; y ellos mismos, al paso que elogian ridículamente las empresas, presentan indirectamente mil obstáculos para que duren, y con ellas su ganancia. Al fin, todo se abandona, e inventándose nueva empresa, se adquiere nueva ganancia. Esta es la verdad limpia y sin rodeos; esta, la oposición del gobierno; esta, la falta de espíritu público; esta, la indolencia que se acusa; y esta en una palabra, la causa principal del mal que lamentamos. ¡Pueda este artículo removerla, o por lo menos darla a conocer; y quiera el Cielo, que nuestros compatriotas más apercibidos trabajen de concierto en promover la ilustración, la moral, y la industria, excitando el espíritu público para que consagre sus desvelos a estos objetos interesantísimos.

[*Revista Bimestre Cubana*, n.º 9, La Habana, 1.º de enero de 1834.]

Libros a la carta

A la carta es un servicio especializado para
empresas,
librerías,
bibliotecas,
editoriales
y centros de enseñanza;
y permite confeccionar libros que, por su formato y concepción, sirven a los propósitos más específicos de estas instituciones.

Las empresas nos encargan ediciones personalizadas para marketing editorial o para regalos institucionales. Y los interesados solicitan, a título personal, ediciones antiguas, o no disponibles en el mercado; y las acompañan con notas y comentarios críticos.

Las ediciones tienen como apoyo un libro de estilo con todo tipo de referencias sobre los criterios de tratamiento tipográfico aplicados a nuestros libros que puede ser consultado en Linkgua-ediciones.com.

Linkgua edita por encargo diferentes versiones de una misma obra con distintos tratamientos ortotipográficos (actualizaciones de carácter divulgativo de un clásico, o versiones estrictamente fieles a la edición original de referencia).

Este servicio de ediciones a la carta le permitirá, si usted se dedica a la enseñanza, tener una forma de hacer pública su interpretación de un texto y, sobre una versión digitalizada «base», usted podrá introducir interpretaciones del texto fuente. Es un tópico que los profesores denuncien en clase los desmanes de una edición, o vayan comentando errores de interpretación de un texto y esta es una solución útil a esa necesidad del mundo académico.

Asimismo publicamos de manera sistemática, en un mismo catálogo, tesis doctorales y actas de congresos académicos, que son distribuidas a través de nuestra Web.

El servicio de «libros a la carta» funciona de dos formas.

1. Tenemos un fondo de libros digitalizados que usted puede personalizar en tiradas de al menos cinco ejemplares. Estas personalizaciones pueden ser de todo tipo: añadir notas de clase para uso de un grupo de estudiantes,

introducir logos corporativos para uso con fines de marketing empresarial, etc. etc.

2. Buscamos libros descatalogados de otras editoriales y los reeditamos en tiradas cortas a petición de un cliente.

www.ingramcontent.com/pod-product-compliance
Lightning Source LLC
Chambersburg PA
CBHW032008220426
43664CB00006B/179